天道圣经注释

帖撒罗尼迦后书注释

冯荫坤 著

SJPC
上海三联书店

献给

中国神学研究院(1975～1999)
历届讲师/教授、同学、职员、董事
期待二十五周年校庆

出版说明

基督教圣经是世上销量最高、译文最广的一部书。自圣经成书后，国外古今学者注经释经的著述可谓汗牛充栋，但圣经的完整汉译问世迄今尚不到两个世纪。用汉语撰著的圣经知识普及读物（内容包括圣经人物、历史地理、宗教哲学、文学艺术、伦理教育等不同范畴）和个别经卷的研究注释著作陆续有见，唯全本圣经各卷注释系列阙如。因此，香港天道书楼出版的"天道圣经注释"系列丛书尤为引人关注。这是目前第一套集合全球华人圣经学者撰著、出版的全本圣经注释，也是当今汉语世界最深入、最详尽的圣经注释。

基督教是尊奉圣典的宗教，圣经也因此成为信仰内容的源泉。但由于圣经成书年代久远，文本障碍的消除和经义的完整阐发也就十分重要。"天道圣经注释"系列注重原文释经，作者在所著作的范围内都是学有专长，他们结合了当今最新圣经研究学术成就，用中文写下自己的研究成果。同时，尤为难得的是，大部分作者都具有服务信仰社群的经验，更贴近汉语读者的生活。

本注释丛书力求表达出圣经作者所要传达的信息，使读者参阅后不但对经文有全面和深入的理解，更能把握到几千年前的圣经书卷的现代意义。丛书出版后受到全球汉语圣经研习者、神学教育界以及华人教会广泛欢迎，并几经再版，有些书卷还作了修订。

现今征得天道圣经注释有限公司授权，本丛书由上海三联书店出版发行国内中文简体字版，我们在此谨致谢意。神学建构的与时俱进离不开对圣经的细微解读和阐发，相信"天道圣经注释"系列丛书的陆续出版，不仅会为国内圣经研习提供重要的、详细的参考资料，同时也会促进中国教会神学、汉语神学和学术神学的发展，引入此套注释系列可谓正当其时。

上海三联书店

天道圣经注释

本注释丛书特点：

- 解经（exegesis）与释经（exposition）并重。一方面详细研究原文字词、时代背景及有关资料，另一方面也对经文各节作仔细分析。
- 全由华人学者撰写，不论用词或思想方法都较翻译作品易于了解。
- 不同学者有不同的学养和专长，其著述可给读者多方面的启发和参考。
- 重要的圣经原文尽量列出或加上英文音译，然后在内文或注脚详细讲解，使不懂原文者亦可深入研究圣经。

天道书楼出版部谨启

目录

序言

“天道圣经注释”的出版是很多人多年来的梦想的实现。天道书楼自创立以来就一直思想要出版一套这样的圣经注释，后来史丹理基金公司也有了一样的期盼，决定全力支持本套圣经注释的出版，于是华人基督教史中一项独特的出版计划就正式开始了。

这套圣经注释的一个特色是作者来自极广的背景，作者在所著作的范围之内都是学有专长，他们工作的地点分散在全世界各处。工作的性质虽然不完全一样，但基本上都是从事于圣经研究和在学术方面有所贡献的人。

另外，一个值得注意的地方，是这套书中的每一本都是接受邀请用中文特别为本套圣经注释撰写，没有翻译的作品。因为作者虽然来自不同的学术圈子，却都是笃信圣经并出于中文的背景，所以他们更能明白华人的思想，所写的材料也更能满足华人的需要。

本套圣经注释在陆续出版中，我们为每一位作者的忠心负责任的工作态度感恩。我们盼望在不久的将来，全部出版工作可以完成，也愿这套书能帮助有心研究圣经的读者，更加明白及喜爱研究圣经。

荣誉顾问　鲍会园

主编序言

华人读者对圣经的态度有点“心怀二意”，一方面秉承华人自身的优良传统，视自己为“这书的人”(people of the Book)，笃信圣经是神的话；另一方面又很少读圣经，甚至从不读圣经。“二意”的现象不仅和不重视教导圣经有关，也和不明白圣经有关。感到圣经不易明白的原因很多，教导者讲授肤浅及不清楚是其中一个，而教导者未能精辟地讲授圣经，更和多年来缺乏由华人用中文撰写的释经书有关。“天道圣经注释”(简称为“天注”)在这方面作出划时代的贡献。

“天注”是坊间现有最深入和详尽的中文释经书，为读者提供准确的数据，又保持了华人研读圣经兼顾学术的优良传统，帮助读者把古代的信息带入现代处境，可以明白圣经的教导。“天注”的作者都是华人学者，来自不同的学术背景，散居在香港、台湾地区以及东南亚、美洲和欧洲各地，有不同的视野，却同样重视圣经权威，且所写的是针对华人读者的处境。

感谢容保罗先生于1978年向许书楚先生倡议出版“天注”，1980年11月第一本“天注”(鲍会园博士写的歌罗西书注释)面世，二十八年后已出版了七十多本。史丹理基金公司和“天注”委员会的工作人员从许书楚先生手中“接棒”，继续不断地推动和“天注”有关的事工。如果顺利，约一百本的“天注”可在2012年完成，呈献给全球华人读者研读使用。

笔者也于2008年10月从鲍会园博士手中“接棒”，任“天注”的主编，这是笔者不配肩负的责任，因多年来为了其他的工作需要而钻研不同的学科，未能专注及深入地从事圣经研究，但鲍博士是笔者的“恩师”，笔者的处女作就是在他鼓励下完成，并得他写序推介。笔者愿意接棒，联络作者及构思“天注”前面的发展，实际的编辑工作由两位学有所成的圣经学者鲍维均博士和曾祥新博士肩负。

愿广大读者记念“天注”，使它可以如期完成，这是所有“天注”作者共同的盼望。

邝炳钊

2008 年 12 月

旧约编辑序

“天道圣经注释”的出现代表了华人学者在圣经研究上的新里程。回想百年前圣经和合本的出现，积极影响了五四运动之白话文运动。深盼华人学者在圣经的研究上更有华人文化的视角和视野，使福音的传播更深入社会和文化。圣经的信息是超时代的，但它的诠释却需要与时俱进，好让上帝的话语对当代人发挥作用。“天道圣经注释”为服务当代人而努力，小弟多蒙错爱参与其事，自当竭尽绵力。愿圣经的话沛然恩临华人读者，造福世界。

曾祥新

新约编辑序

这二十多年来，相继出版的"天道圣经注释"在华人基督教界成为最重要的圣经研习资源。此出版计划秉持着几个重要的信念：圣经话语在转变的世代中的重要，严谨原文释经的重要，和华人学者合作与创作的价值。在这事工踏进另一阶段的时候，本人怀着兴奋的心情，期待这套注释书能够成为新一代华人读者的帮助和祝福。

鲍维均

作者序

本书是拙著帖撒罗尼迦前书注释(1989)的延续。帖撒罗尼迦后书的注释通常与前书的注释以一本“帖撒罗尼迦前后书注释”的形式同时面世,但在天道书楼本“注释丛书”中,这两卷书的注释是分开来出版的,此点在前书序言中已有交代。

为了尽量减少行文的主要思路被细节的讨论所阻,本书采用了一项较特别的做法,就是将一切属于字词研究的资料,除了少量的例外,全部在左边缩进两个字位,使这资料稍为突显出来。这种编排①可方便读者(若喜欢这样做的话)暂时把这资料略过不读,到认为适当的时候再回过来阅读它。

此注释书的导论部分比“帖前释”的相同部分长多了,这主要是由于后书的真确性问题需要加以较详细的讨论(占了导论超过一半的篇幅)。在这问题上,阿伯丁大学 Marshall 教授之注释书中的讨论,比笔者所参考的其他注释书都更详细和有帮助,因此亦是笔者常引用的资料来源。Marshall 的注释书出版后才面世的两本专论帖撒罗尼迦前书/后书的著作,②笔者亦对其论点作出回应。

对原文文法有兴趣的读者可能会留意到,本书对文法术语的翻译,部分跟前书所用的略有出入。这是因为本书大致上采纳了联合圣经公会刚于今年出版之《新约希汉简明字典》的缩写表所提供的翻译。

前书序言所表达的双重希望,同样是笔者对本书的祈愿。更愿帖

---

① ICC(见简写表)早已采用。亦参《中国神学研究院期刊》,第七期(1989 年 7 月),52-56,68。

② 上述三本书依次为 Marshall (1983),Jewett (1986),Holland (1988)。详见简写表。

撒罗尼迦前后书中的真理，帮助我们“警醒谨守”（帖前五 6），等候“主再来的日子”（帖后一 9，现中）。

冯荫坤谨志
1989 年 12 月 28 日
香港　中国神学研究院

简写表

参见笔者的帖撒罗尼迦前书注释（香港天道 1989）之简写表。另加：

石	石清州、周天和合著：《帖撒罗尼迦前后书·提摩太前后书·提多书·腓利门书》，《中文圣经注释》第卅八卷，香港基督教文艺 1988
多马斯	多马斯著，古乐人译：《帖撒罗尼迦前后书》，《种籽圣经注释》第卅五卷，香港种籽 1987
帖前释	冯荫坤著：《帖撒罗尼迦前书注释》，香港天道 1989
ConB	Coniectanea Biblica
HBT	*Horizons in Biblical Theology*
Holland	G. S. Holland, *The Tradition that You Received from Us: 2 Thessalonians in the Pauline Tradition* (HUZT 24; Tübingen 1988)
HUZT	Hermeneutische Untersuchungen zur Theologie
ibid.	*ibidem*, in the same place
Jewett	R. Jewett, *The Thessalonian Correspondence. Pauline Rhetoric and Millenarian Piety* (Philadelphia 1986)

导论

导论

壹 帖撒罗尼迦后书的作者

作者在信上两次自称为保罗(一 1,三 17),像在前书一样。西拉和提摩太于卷首与保罗联名出现,并且除了三次用单数第一人称“我”字外(二 5,三 17a、c),[①]全书都是用复数第一人称“我们”;这现象与前书所见的相同,亦可作同样解释(参“帖前释”19 - 20)。

帖撒罗尼迦后书的真确性(意即此书确为保罗之作)比前书有更强的外证支持。最早的新约目录,即是二世纪末叶罗马所用的穆拉多利经目,及马吉安(约二世纪中叶)所编的新约正典,都包括后书及前书在内;士每拿主教波利卡普(约 70 - 155/160)在其“致腓立比人书”中现今仅存拉丁文翻译的一段内,可能引用了后书一章四节及三章十五节的话(“……他〔保罗〕在那一切教会中拿你们来夸耀……所以你们……不要把这样的人当作敌人”,11:3～4);里昂主教爱任纽(二世纪末叶)和迦太基的德尔图良(约 160/170 - 215/220)在他们的著作中都提及后书;约主后 200 年的一份新约抄本(P46)将后书列为保罗的书信。[②]

内证方面,后书的体裁和词汇都与作者为保罗的假设相符,下列字词可作例证:“我们(所传)的福音”(二 14〔原文无括号内的字〕,参林后四 3)、“安息”(一 7〔新译〕,参该节注释首段)、“所以”(二 15,参“帖前释”400 连注 430)、“或……或”(二 15〔思高〕,参罗十二 6、7、8;林前三 22;林后一 6〔“如果……如果”:思高、新译、现中〕);“不要让人”(二 3

---

① 有关的原文依次为:*elegon*, *emēi*, *graphō*.

② Cf. Bailey, ‘II Thessalonians’ 131 - 132; Whiteley 8,11 - 12.

〔思高、新译〕,参林前十六 11〔"谁也不可",思高〕;林后八 20〔"免得有人"〕,十一 16〔"谁也不要":思高、新译〕,十二 6〔"免得有人":思高、新译〕;帖前五 15〔"谁都不可"〕)。[3] 虽然二章八节"来临的显现"(思高)一语中译为"显现"的原文另外只见于教牧书信,而没有在公认的保罗书信中出现,但此词并非后书的唯一专门名词。虽然信上有时用"主"字代替"神"字(例如:参二 13,三 16 与帖前一 4,五 23),但类似的交换情况亦见于保罗书信的其他地方(参帖前二 12〔"要叫你们行事对得起……神"〕及西一 10〔"好叫你们行事为人对得起主"〕)。[4]

简言之,后书的作者为保罗这看法有很强的证据支持。因此在六十年代早期曾有学者这样作结论说:"虽然后书的真确性常受到怀疑,但几乎所有的近期注释者都对此加以答辩。"[5]可是,自七十年代早期以来,学者的评论已决定性地从上述的立场改为赞成后书并非保罗所写的看法。[6] 以下我们要对此看法的主要论据逐点讨论。

(I) 文学方面的论据

后书所引起的问题,就是"如何解释此信与另一封出自同一手笔、不久之前才写给同一班人的信之间的异同之处"。[7] 上文提及后书在体裁和词汇上有很多地方跟其他的保罗书信相似,这构成了"作者为保罗"的一项论据。但与此同时,后书亦有很多地方(在结构、词汇和论题上)跟前书(并且只是跟前书)相似,对一些释经者来说,这就构成"作者并非保罗"的论据,因为(他们说)一个像保罗那么富创意的作者似乎不大可能会写出这么缺乏创意的一封信,更何况在保罗的其他书信中找

---

③ 以上六节,有关原文皆为 *mē tis*.

④ Kümmel, *Introduction* 267.

⑤ F.W. Beare, *IDB* IV 625b.

⑥ Cf. Marshall 29; Jewett 15. 这情况主要归功于 W. Trilling, *Untersuchungen zum 2. Thessalonicherbrief*(Leipzig 1972)〔笔者没有看过此书〕。Cf. Donfried, 'Cults' 352:"笔者已被〔该书〕说服,认为帖后并非自保罗手笔。"接受此说的近期学者还包括:Bailey, *art. cit.*; Holland 84 – 90; Roetzel, *Letters of Paul* 106 – 108; Giblin, 'Heartening Apocalyptic' 350; Havener, 'First and Second Thessalonians' 326 – 327.

⑦ Neil xxi.

不到另两封信之间有如此多相似之处的例子。⑧

(一) 结构方面

后书与前书在这方面的相同处可从下表⑨看出来:其中最特别的,就是两封信在其"主体"的中间都有感恩和末后有祝福(B1、2)。由于后书只有前书约一半的长度,却仍然有前书的复杂结构,因此使人怀疑后书的作者只是仿效了前书的骨架,却没有赋予足够的内容。

	帖后	帖前
A. 信的开端	一 1~12	一 1~10
1. 问安	1~2	1
2. 感恩	3~12	2~10
B. 信的主体	二 1~16	二 1~三 13
1. 中间的感恩	13	二 13
2. 末后的祝福	16〔~17〕	三 11~13
C. 信的结尾	三 1~18	四 1~五 28
1. 劝勉	1~15	四 1~五 22
2. 平安之愿	16	五 23~24
3. 问安	17	五 26
4. 祝福	18	五 28

可是,两封信之间结构上的相似主要是由于二者都沿用了典型的一世纪信札模式,因此不能用来断定作者是谁。其实两封信在结构上的相似并非绝对:后书主要的神学讨论部分(二 1~12)是在第二次感恩(二 13)之前,而不是之后,如在前书那样(四 13~五 11);后书有两次提到作者感恩(一 3,二 13),前书则有三次(一 2,二 13,三 9);后书有

⑧ Cf. Bailey, *art. cit.* 132.
⑨ 取自 Bailey, *art. cit.* 133. Cf. Frame 46.

三次祷告(二 16～17,三 5、16),前书只有两次(三 11～13,五 23)。至于有关 B1、2 那点,按传统的看法也不是不能解释的:若后书是保罗继前书后不久便写成,且保罗当时没有写很多其他的信,则后书重复了前书的结构(包括 B 点)是不足为怪的。此外,我们缺乏一种普遍为学者赞同的客观标准,可用以衡量前后二书之相似处有何意义。哥林多前后书、腓立比书——某种程度上甚至罗马书——的完整性都受到一些学者的质疑。无论如何,在长度上可与帖撒罗尼迦前后书相比的,只有腓立比书。其他的保罗书信全都被部分学者质疑为并非保罗之作,在那些认为后书并非出自保罗手笔的学者眼中,更是如此。我们既缺乏一种众所接纳的"核对法",就不能只因后书的结构与前书非常相似,便一口断定后书必是冒名之作。还有,若此信是保罗之后的作品,那么作者为何选择要摹仿(但又不是照抄)前书的结构,却不选择另一封保罗书信(不接受后书为保罗所作的学者,大都认为作者对保罗其他的书信有所认识)来作为摹仿的对象?如果当时有一种保罗书信一般结构的话,作者为何不采用它?若是没有的话,则后书与前书结构上相似处的意义,便不像一些学者所认为的那么大。[10]

(二) 词汇方面

除了上述整体结构的相似外,二书之间还有许多字词上的平行之处,而且这些平行的字词是按着同一个次序出现的,其中有来自两封信的同一部分,亦有来自两封信的不同部分。属于前一种的较重要例子有:(1)在上表的 A1,两封信的卷首问安比任何其他两封保罗书信的卷首问安更为相似;(2)在 A2,"信……爱……忍耐"三者并列(帖后一3～4;帖前一 3);(3)"信心的工作"一语(新译:帖后一 11;帖前一 3)原文在两封信的差别只是有无冠词之别,而且此语在其他的保罗书信中没有出现;(4)在 B2,祝福者是父神和我们的主耶稣(基督)二者,只是先后次序不同(帖后二 16;帖前三 11),而且两句祝福的话都含有"坚固你们的心"一语(帖后二 17〔见注释〕;帖前三 13〔参"帖前释"269〕),此语

---

⑩ Best 53 (cf. 57); Marshall 30 - 31.

在保罗的书信中不再出现；(5)在C1，“我们靠主耶稣(基督)……劝戒”(帖后三12)跟“我们靠着主耶稣……劝”(帖前四1)在原文是完全一样的；(6)在C2，赐平安者分别是“赐平安的主”和“赐平安的神”(帖后三16；帖前五23)；(7)在C4，两封信的祝福语几乎完全相同，在保罗的书信中再找不到另两封信的祝福语是这么相似的。

属于第二种(即是来自两封信的不同部分)的重要例子有：(8)“那不认识神的人”(帖后一8；帖前四5)；(9)“(被)……所爱的弟兄(们)”(帖后二13；帖前一4)；(10)“(呼)召”与“圣洁”一同出现(帖后二13～14；帖前四7)，在保罗书信中只有这两段；(11)“我还有话说”(帖后三1；帖前四1)原文在两封信中只是有无冠词之别；(12)“不按规矩”(副词：帖后三6、11)、“不按规矩而行”(动词：帖后三7)、“不守规矩的人”(形容词作名词用：帖前五14)——此组词汇在新约不再出现；(13)“辛苦劳碌，昼夜作工，(……)免得叫你们一人受累”(帖后三8；帖前二9)。除了一些公式和箴言外(参林前五6b；加五9)，在保罗书信中再没有两封信有这么相似之句的例子。

此外，后书还有许多单词似乎是由前书重复过来的，例如：“患难”(帖后一6；帖前一6)、“命令”(帖后三4、6、10、12；帖前四1)、“安静”(帖后三12；帖前四11)。上述种种非常近似的平行现象显示，两封信的关系是后书对前书有所倚赖而写成的。[11]

再一次，我们缺乏一种核对之法，可用以断定上述的现象是否与“后书是保罗于前书写后不久之作”的看法相符。虽然后书是保罗写于前书写成之后不久，他尚未晓得帖城信徒对前书有何反应之时，此说法似乎很不可能，但我们不能排除另一个可能性，即是保罗曾保存了前书的草稿，并在写后书之前看过此草稿。[12] 无论如何，简单的事实乃是：我们不晓得保罗在写了一封信之后不久再就同一个题目写第二封信时，他的心思是如何运作的。我们没有另一个这样的例子，就是他在数

---

⑪ W. Wrede, as cited in Best 51; Bailey, *art. cit.* 133–134. Cf. Collins, *Letters* 219–220.

⑫ Cf. Neil xxiii; Morris II 30. 后者认为，保罗需要记得他在前书说过什么话，因该信有一部分被误解了。亦参下面第叁节注64及所属正文。

月或数周内写了两封信给同一个教会，论及同一个题目（林前五 9～13 所提“先前”的信早已失传，故无从与该段比较）。倘若保罗在短期内给同一个教会写了两封论及相同题目的信，那么他在第二封信里所用的词汇跟第一封所用的词汇非常相似，是不足为怪的。⑬

又有学者作过统计，指出帖撒罗尼迦前后书独有的词汇只有五十八个，这与其他的保罗书信比较是个非常小的数目，按前后书的长度看来，应有八十至九十个独有的词汇才对；最可能的解释就是后书作者抄袭了前书。可是，前书独有的字词数目（三十八个）也是非常小的，按照此说法的理论，前书也得被视为并非保罗之作了。其实这些小的数目，只能表示两封信都是个别地只用了少量的词汇，不能成为后书并非保罗所写的论据。⑭

（三）体裁方面

有学者曾对保罗书信中句子的长度，以及各式各样普通的字词出现的比例性频率作出统计，从而得出以下的结论：罗马书、哥林多前后书及加拉太书在体裁上同属一组，传统认为是出自保罗手笔的其余各卷，其体裁都与该四卷不同，但帖撒罗尼迦前书和后书有同一种体裁。不过，鲜有其他学者把这些结论看为重要，因为这种着手法引致的结果，竟然使公认为保罗所作的腓立比书及帖撒罗尼迦前书都变成不是保罗的作品，故其可靠性可说是不攻自破的。⑮

反对以后书为保罗之作的学者，认为后书有以下的不寻常现象：(1)丰满的表达法，例如：复合动词“格外增长”“夸口”“算配得”“得荣耀”（一 3、4、5、10）；含有“一切/各样”一词的短语（一 11，二 4、9、10、17，三 16）；各种以名词连成的词组（如二 8“来临的显现”〔思高〕）使人想起以弗所书。(2)不寻常的表达法，例如：一章五节提到帖城信徒被“算〔为〕配得”神的国，此词在使徒教父的著作非常普遍，保罗的典型说

---

⑬ Marshall 31 - 32; cf. J. Stepien, as reported in *NTA* § 6(1961 - 62) - 229 and cited in Jewett 7. Differently, Bailey, *art. cit*. 135 - 136.

⑭ Marshall 32 (against K. Grayston and G. Herdan).

⑮ Marshall 32 - 33 (against A. Q. Morton and J. McLeman). 参冯：“腓立比书”19 - 20；“帖前释”19。

法是“承受神的国”(林前六 9、10，十五 50；加五 21)；二章十三节“拣选”一词并不是保罗通常用来指神的拣选的那个词(详见该节注释)。(3)作者爱用的一些词和短语，包括某些字根[16]的字及“主”字。可是，(1)保罗爱用复合动词，像“格外增长”的原文那样的独特格式，正是他喜欢自创的(参冯：“腓立比书”252 注 353；“帖前释”324 注 142〔三〕)；有“一切/“各样”一词的短语屡见于腓立比书(例如：一 4、9、18、20，二 9、10、11、29，四 6、7、12、19)。(2)保罗在任何一封信中都可以使用一些较不寻常的表达法，更何况有关的字词并不构成实质意义上的分别。(3)一个作者重复自己已用过的字词是很自然的现象，所用的字词自然会受题目的影响(论怠工者之时自然多用注 16 第四个字根的词，论受逼迫者会被显为正时自然多用第三个字根的词)；“主”字在信上频频出现，只是继续了在前书已见的一种趋势(参“帖前释”104 注 190〔三〕)。[17]

体裁方面的反对理由还有两点：其一是后书的“官式”语调，使此信显得拘谨、冷漠和缺乏亲切感；其二是此信缺乏保罗书信的一些特色，特别是短句、辞令式问句、强烈命令句等，而较多严肃的教导，缺少保罗的创意。可是，一个作者的语调跟他的心情有关，而心情是受环境影响的。那能“存慈爱温柔的心”或“带着刑杖”而来的保罗，大可以按不同的场合而改变其语调(参加四 20)。保罗写前书时，因为得到帖城信徒“信心和爱心的好消息”而大得安慰与鼓舞，心中正充满着喜乐和对神的感恩(参“帖前释”28)；帖城的教会虽有很多优点，但在保罗写后书时却有受人误导而对主的再来存错误看法的危险，并且那些怠工者仍然不改前态，因此若我们在前书较多看见保罗如母亲般温柔，在后书则只看见他像父亲般嘱咐帖城信徒(参帖前二 7、11)，是不难理解的。其实，全书隐含着作者对读者的一股真诚的关注之情，故此其语调不能说是冷淡的。认为“我们该为你们常常感谢神，这本是合宜的”(一 3)，比起“我们……感谢……神”(帖前一 2，二 13)，是一种冷漠拘谨的讲法，此一见解，更是全无根据的(参腓一 7)。至于上述第二点，虽然这项观

---

[16] *dox-*, *axio-*, *dik-*, *tass-*.

[17] Cf. Marshall 33 - 34 (against Trilling), over against Bailey, *art. cit.* 134 - 135.

察大致正确，但我们不能因此就认为后书不是保罗写的，因为我们并没有一些普遍被接纳的方法，可藉以断定体裁的问题。一个作者可以或不可以怎样写，视乎评论者的主观判断而定。⑱

其实，保罗书信的体裁和词汇是跟他写信时的处境密切相关的，每封信背后的特殊环境造成信与信之间的差异。这些差异的例子包括：加拉太书的语调比腓立比书更为满有敌意；罗马书对抨击性之辩论（哲学谩骂）格式的使用，是其他的保罗书信所不见的；腓利门书所用伦理性劝勉的体裁是间接和有技巧的，但在哥林多前书则为直接和不客气的；哥林多前书十三章用的是华丽修饰的诗体，罗马书十六章却是重复、枯燥和朴素的；罗马书一至三章所见的是希腊哲学论文的体裁；但以理书九至十一章所见的却是希伯来"米大示"式（"米大示"即犹太人的旧约注释）的体裁。若按反对后书为保罗之作的学者的理论来判断，则上述的每段经文或每封信便都可被断定为并非保罗原著了。⑲

关于词汇和体裁的问题，我们不可忘记另一个因素，就是我们无法确知保罗写某一封信时，他给予代笔人有多大的自由。当代非文学性的蒲草纸文献提示我们，代笔人的责任因人而异，至轻者如一成不变的笔录作者的口述，至重者如把作者一些概略的思想纲要以适当的言语充实起来。保罗自己的做法可能因所处的环境及所用的代笔人而异：若保罗书信卷首与保罗联名出现的人物同时是他的代笔人的话，他可能给了西拉及/或提摩太（帖前一 1；帖后一 1）或单是提摩太一人（林后一 1；腓一 1；西一 1；门 1），比他给所提尼（林前一 1）或德丢（罗十六 22）更大的"自行斟酌"之自由——也许最大的自由是保留给路加的，只有他在保罗最后监禁之时与保罗在一起（提后四 11）。也许保罗有时会把一封由代笔人写的信加以小心修改，另一个时候却让另一封信照

---

⑱ Cf. Marshall 34, 32 (against Trilling, with whom cf. Bailey, *art. cit.* 137; Collins, *Letters* 222–223); Guthrie, *Introduction* 572; Harrison, *Introduction* 266; Morris II 33–34; Moore 13; Neil xxiii.

⑲ Jewett 10–12, esp. 12 (against Trilling).

代笔人写成的样子送出去。[20]

(四)形式批判

反对后书为保罗所作的学者又从形式批判学的角度将后书加以分析,并屡次拿后书跟前书比较,而得出这样的结论:后书并不是写给任何一班会众的信,而是一篇教导和劝勉性的论文,其作者极可能不是保罗。这理论预先假设了一点,就是前书提供了一个标准,后书中任何偏离此标准的地方,都构成此信并非保罗所写的证据。换言之,这理论似乎假设了保罗的书信只有一种格式、一种谈论的式样,但这假设是完全不能成立的。举例来说,就体裁、与读者的关系、所论的题目和语调等方面而言,哥林多前后书里面有些段落,彼此间的差异比一些学者所指出的后书与前书之间的差异更大。[21] 后者在细察之下,并不足以证明后书不是保罗写的,至多只是证实了后书不及前书那么"个人性",它集中在教导和劝勉的事上,没有个人的消息和个人的事情。但罗马书的主体也是没有个人性的资料(尽管信首和信末都有一些),为保罗书信的教导体裁提供了实例说明。[22]

新近的一份研究将后书与前书的平行部分详细比较,从而得出下面的结论:后书不是保罗写的,因其中显示了五种与前书不同的主要趋势。[23] 这五种趋势是:(1)全书十分强调启示文学性的将来,例如:作者指望"神公义〔的〕审判"会在启示文学性的将来证明出来(一 5～10);恶人的命运受到强调(一 8～9,二 10～12);关于末日的资料构成前书不及四分之一的篇幅(八十九节中之二十节),但在更短的后书中却占去超过三分之一的内容(四十七节中之十八节)。(2)基督被高举,因而使父神显得黯然失色:一章十二节称基督为"神";二章十六节把"主"放在"神"之前(参帖前三 11);书中多次以"主"取代前书的"神",比较:"〔被〕主所爱的"与"被神所爱的"(二 13,参帖前一 4),"主是信实的"与

---

[20] Longenecker, 'Ancient Amanuenses' 294－295. Cf. Doty, *Letters* 41; Collins, *Letters* 74; F.F. Bruce, *ISBER* III 697*b*;"帖前释"19 注 7。

[21] Jewett 12－13, cf.14 (against Trilling).

[22] Marshall 34－36, esp.36 (against Trilling).

[23] Holland 57－90, esp.84－90.

“神是信实的”（三 3，参帖前五 24；林前一 9，十 13），“赐平安的主”与“赐平安的神”（三 16，参帖前五 23；罗十五 33，十六 20；林后十三 11；腓四 9），“愿主引导你们的心”与“愿神……和……主耶稣一直引领……”（三 5，参帖前三 11）；还有一章在描述末日审判的时候把注意力从神（一 5～7a）转到主（一 7b～10）的身上。（3）作者强调“传统”为信徒得救的基础，并因此以命令来实施此传统（三 4、6～13）。（4）“信”字在全书的意思皆为“忠于传统”（一 3、4、11，二 13，三 2）。（5）后书不用前书的“实行式”言语而改用“描述式”的言语——例如：“我们该……感谢神”（一 3，二 13）取代了“我们……感谢……神”（帖前一 2，二 13）——反映了作者的一种“不自在”的情形，此情形尤其于三章十七节表明出来。

上述五点，其实并不足以支持作者的结论。第四点的立论根本不能成立（详见各节注释；参一 4 注释下之注 47，一 11 注释下之注 25，二 13 注释下之注 30，三 2 注释下之注 28）。若后书的目的是要强调主的再来尚在将来，并要鼓励受逼迫中的信徒，则第一、二点所提的现象是不难理解的；第二点亦与前书已见的一种趋势相符（参上面〔三〕体裁方面之下第二段末）。第五点的意义不大（参一 3 注释；关于三 17，见该节注释连注 10）。关于第三点：“命令”一词在前书已有出现（四 2〔名词〕、11〔动词〕），动词在后书出现的四次中，三次是在有关闲懒不作工者的一段里面（三 6、10、12），余下的一次亦与该段的主题有关（三 4，见注释），这是适当的，因怠工者的问题尚未获得解决，故作者需要用较严厉的字眼和语调来处理这问题。至于作者强调“传统”为信徒得救的基础这点，详见下文的评论（III〔五〕之下末段）。此五点部分属文学方面的论据，部分属神学方面的论据。前者已在上文讨论过，以下我们要讨论后者。

(II) 神学方面的论据

(一) 末世观

反对后书为保罗所作的学者认为，二章一至十二节跟前书五章一至十一节所反映的末世观“是互相矛盾的。要不是末日会像贼在夜间并无事先警告便突然来到（帖前），就是先会有一连串的末日性事件预告末日将临(帖后)。保罗可能两样都曾讲过——在不同情况下对同一个教会说,或是对不同的教会说——但他极不可能两样都对同一个教会在同一时间说,即是当他建立帖城教会时(参帖后二 5;帖前五 2)”。[24] 关于此点,以下两项观察值得留意。

(1) 在启示文学里面,主的日子突然来到以及有警告的预兆这两个意思,经常一起出现,同样的矛盾情形亦见于对观福音所载耶稣的教训中。在称为 Q 的部分(Q = 马太及路加共有,但为马可所无的资料的来源),人子显现的日子会像挪亚时期的洪水,或像临到所多玛、蛾摩拉的硫磺与火那样,突然临到世人(路十七 26～30);按马可对耶稣在橄榄山上之预言的记载,“打仗和打仗的风声”会不断发生,“只是末期还没有到”,“福音必须先传给万民”,人先要“看见那行毁坏可憎的,站在不当站的地方”,人子才会驾云降临(可十三 7、10、14、26)。路加和马太都似乎觉得,这两种看法并无互不协调之处;路加将两段分别纳入他的福音书的不同部分(Q 的资料于路十七 22～37,可的资料于廿一 5～36),马太则把两段编入同一段拼凑而成的耶稣言论中(太廿四 1～51)。马可福音本身亦把两种看法并列在一起(十三 28～31、32～37)。[25]

由此可见,保罗在帖城传道时曾教导帖城信徒,主的日子会在不可预测的时候突然临到,但事先会有某些事情发生(这是帖前五 1、4 自然的推论),[26]是大有可能的事。不但如此,主来的预兆并不准确地预告主来的日期;在预兆性质的一连串事件发生后,最后那日子的来临,仍然可以是突然的,是在人意想不到的时候发生的。既然“预兆”与“突如其来”不是互相排斥的,那么后书(二 1～12)只提“预兆”而不提“突如其来”,前书则只提“突如其来”而不提“预兆”,这并不表示二者互相矛盾,只表示帖城教会不同的情况导致两段有不同的重点而已。保罗提到末日之事时,常因不同的环境而改换其重点,例如:前书二章十六节

---

[24] Bailey, *art. cit.* 136 - 137. Cf. Whiteley 13 - 15, 100 - 101(不过这位学者认为帖后的作者实质上仍是保罗)。

[25] Bruce, ‘Thessalonian Correspondence’ 342 - 343.

[26] Cf. M.C. Tenney, *ISBER* IV 835*b*. Best 55 将复数的“时候〔和〕日期”解为指某些事件(不是一件事件)发生的时间,但同书 204 则说,“复数可能指构成末期的一连串有关事件(参可十三),但亦可能并无特别意义”。亦参“帖前释”382 - 383.

似乎跟罗马书九至十一章(尤其是十一 25～26)互相矛盾(参“帖前释”202－204);前书四章十三至十八节跟哥林多前书十五章五十一至五十四节略有出入。[27]

(2) 前书有关末日的教训,主要是在个人层面上的:保罗要答复关于主来前已去世的信徒之命运的问题(四 13～18)。随后他略提主的日子对非信徒的影响:它会不事先发出警告而突然临到他们;但信徒是光明之子,是白昼之子,他们会警醒,为主的再来作好准备(五 1～6)。我们不难想象,部分帖城信徒因受人误导,过分强调主再来之迫近性而忽略了保罗曾说某些事件先要发生,因此保罗在后书提醒他们(参二 5),这些预告主来的客观事件是什么。这样,两封信有关末日事件的教导其实并不互相矛盾,我们也没有理由要接受一些纯属臆测的理论,即认为保罗的末世观一再有所改变。[28]

(二) 其他方面

认为后书并非保罗所作的学者又认为,后书有种种迹象显示其神学是保罗之后的时期的神学,所反映的是保罗之后的处境。(1)信上强调保罗所授的传统。福音、见证、真理等观念差不多已被认同为使徒权威的教导(参一 10,二 13～17),因而变得狭隘和理性化。信徒必须接受此传统,因此保罗的“信”受到重视(二 2、15,三 17),而使徒本身的实际生活方式亦变成一种应仿效的样式(三 7)。(2)信上呈现的基督徒生命不是(如在保罗传道的初期那样)新鲜、喜乐的,而是充满了困难和疲乏,信徒在此处境中亟需勇气和劝勉。主来的迟延已使信徒感到前景不明并产生怀疑,又引致有人扬言主的日子已经来到;信徒对主

---

[27] Cf. Best 55; Frame 43－44; Morris II 31－33; Marshall 37; Johnson, *Writings* 267; Kümmel, *Introduction* 266; F. W. Beare, *IDB* IV 626*a*. Kreitzer (*Jesus and God* 181－182)指出,有关末日教训的资料在细节上是千变万化的,因此不能根据后书的末世观来断定此信是否保罗的作品。

[28] Bruce, ‘Thessalonian Correspondence’ 343; Marshall 37－38 (cf. 192－193) — over against Mearns, ‘Eschatological Development’. 最后这位作者的理论是:保罗原先持一种“已实现的末世观”,认为耶稣的复活与再来迫近为同一件事;其后改为帖前的“启示文学式末世观”,认为耶稣的再来迫近眉睫;在帖后再度改变其看法,认为会有一系列的事件预告主的再临(cf., e.g., *art. cit*. 153－154,157)。亦参下面导论第叁节注 58 所属正文。

再来的喜乐期待之情已告消失，主的再来愈来愈被视为审判之日。(3)信上对神及基督的描绘涂上了旧约崇拜及启示文学之图象的特性：神的审判活动受到强调；耶稣与神连在一起完全是形式上的；耶稣常被称为"主"(即旧约"耶和华"的名号)，提示了较后期的发展；"在基督里"此公式并不多见；基督被描写为一位祭司；信上并没有提及圣灵。总而言之，虽然后书保存了保罗神学的一些痕迹，但大致上说，它在神学方面非常贫瘠。㉙

这种理论一个主要的、方法上的弱点，就是倡此说的学者常把后书与较后期的保罗书信作比较，从而指出后书缺少某些教义性的资料，那些资料其实也是前书所没有的，按此说的理论法，则前书也不是保罗所写(但有关的学者并未作出这个结论)。㉚ 事实上，我们在最主要的四封保罗书信(罗、林前、林后、加)所见保罗的基本神学思想，许多都几乎完全没有在前书出现，这是由于他在前书所面对的是跟他在该四卷书信所面对的处境不同。例如，他在前书用不着讨论律法、称义等题目，因为帖城信徒没有这方面的问题。同理，后书对许多典型的保罗教义也是只字不提。此外，后书所涉及的神学范围比前书的更为狭窄。倘若后书是前书的"跟进行动"，所处理的只是需要进一步讨论的一两个题目，这便足以解释为何后书在保罗神学的内容方面较弱。还有，尽管前书和后书在这方面有所遗漏，我们仍然不难从前书甚或后书看出保罗神学的基本结构来。㉛

就对上两段的三点而论，(1)信上诉诸保罗传统这一事实，基本上与其他保罗书信所见的现象相符(参帖前四 1～2；林前十一 2)，保罗举出自己的行为举止作为信徒效法的对象，同样见于前书(二 9～12)及其他的保罗书信(参林前四 16，十一 1；腓三 17，四 9)；因此不能说这些是"保罗之后的时期的专制主义"的迹象。"使徒"一词在信上并无出现，此点不利于后书作者想强调使徒的权柄之说。"真理"一词在二章

㉙ Trilling, as cited in Marshall 38－39 (cf. Jewett 13－14); see also Köster, 'Apostel und Gemeinde' 292－295; Collins, *Letters* 226－240.

㉚ Jewett 13.

㉛ Marshall 39. 关于最后一点，可参：Marshall, 'Pauline Theology' 181－182; Whiteley 18－29; Moore 16－19.

十二节显然含有道德伦理的一面，因此不能说“福音”的观念已被理性化。(2)喜乐期待的态度在信上至少隐约可见(一 7、10，二 14)，而信上论及读者时一般的语调是完全积极的(一 3～4，二 13)。更将“主来的迟延”的思想放进二章二节当中，然后声称有人说“主的日子现在到了”表示他们在等候主再临的期间缺乏忍耐，这做法是不稳妥的；主的日子已到的看法，较可能是由于有人误解了保罗的宣讲及前书的教导而引起的(参该节注释)。主的再来显为审判之日，与帖城信徒受逼迫以及主来前有最后的叛变之事有关(帖前二 16c 已提到神的审判)。(3)后书的基督论跟前书的非常相似：基督与神并列，又常被称为主，都是二书共有的现象。由于信上强调主的再来及相随之事，作者自然把一个崇高的地位归给基督，但是把信上对基督的描绘形容为“膜拜式”或“祭司式”是不恰当的，因为信上的基督并没有任何的祭司特性。[32]

根据以上的讨论，笔者认为用来支持“后书的神学是属保罗之后的时期”此看法的理由，并无足够的说服力。

(III) 后书的成因

认为后书并非保罗所写的学者，对此信的成因有各种不同的解释。

(一)有谓此信乃写于保罗死后，作者用保罗的名义，驳斥一世纪末叶的一班“狂热者”，他们根据梦和异象，并以前书为保罗的教训，认为主的日子终于来临了。按此冒名作者的看法，前书并不是保罗写的，它其实篡改了保罗的真正看法；这解释了为何作者叫读者不要轻信“冒我名的书信”(二 2，参三 17)。由于那些“狂热者”用了帖撒罗尼迦前书，作者也就采用了“致帖撒罗尼迦人书”的方式。此说的一点困难，就是二章四节意味着耶路撒冷的圣殿仍然存在，全书亦无任何暗示圣殿已经被毁(那是主后 70 年的事)。[33] 此外，从保罗殉道至波利卡普引用后

---

[32] Marshall 39 - 40 (against Trilling); cf. Kümmel, *Introduction* 266 - 267; Best 54 - 55 (against H. Braun).

[33] 不过，Koester (*Introduction* 2.245)认为“坐在神的殿里”的讲法是来自犹太启示文学的传统，因此这类话并不表示耶路撒冷的圣殿仍然存在。

书，其间只有约五十年（至多是七十年）的时间，不足以使一封冒名的保罗书信（即帖后）被接纳为保罗之作，尤其因为后书对一封人所熟知并被人接受的保罗书信（即帖前）的真确性提出质疑。事实上，若从后书为冒名之信这理论的角度来解释后书三章十七节的字眼，则“凡我的信都以此为记”这话便使每一封没有以亲笔问安为记号的保罗书信的真确性受到质疑，用这种方法来叫人接受此信为保罗之作，其冒险成分极高。[34]

（二）另一说认为，后书的冒名作者所反对的是一班诺斯底主义者，他们也许由于主来的延迟而摒弃了主再来的信念，改而接受了救恩已全然来临的看法；他们可能声称复活的事已过（参提后二 17～18），他们现今就活“在光明中”（参帖前五 4～8）。此信写于一世纪的九十年代。此说最大的困难，就是诺斯底主义者不大可能会说“主的日子”已经来到，因为那是个启示文学的用词。[35]

（三）又有学者倡议，后书的目的是要取代前书的地位。二章二节“冒我名的书信”是指前书，二章十五节“信上写的”是指后书才是保罗传统的真正来源，三章十七节的用意是要将前书排斥于保罗信集之外（此学者认为前书并无保罗的亲笔问安）。后书作者的目的，是要使早期基督教摆脱“主的再来迫近眉睫”这一信念。此信写于一世纪末叶教会正受逼迫的时期，二章提及圣殿，乃是作者所用的文学手法，他把自己放在保罗的处境中，他看见圣殿将要被毁，乃是神定意要完成之程序的一部分，此程序在他（冒名作者）的时代仍然慢慢地继续进行。可是，二章所描写的并非圣殿被毁，而是不法者坐在神的殿中和他的毁灭。若圣殿其实已不复存在，一个作者不太可能会“预言”圣殿被毁的。此外，若圣殿的被毁是末日戏剧性事件的一部分，而后书又是写于圣殿被毁之

---

[34] Cf. Marshall 41; Jewett 5 - 6 (cf. 17) — against W. Wrede.

[35] Marshall 41,43, against Bailey, 'II Thessalonians' 142 - 145 (cf. Keck, *Paul* 7). See also Jewett 8 - 10, against Marxsen, *Introduction* 38 - 40,42 - 44. 最后提及的作者认为，后书的作者是以启示文学式的说法（“主的日子现在到了”）来表达一个诺斯底主义的思想：一个诺斯底主义者若是个属灵人的话，就是在灵里已经（藉着他的“知识”）复活（参提后二 18）、脱去此世界之辖制了（同上 39）。但如此解释二 2 显然流于牵强。Bruce xlvi (cf. 'Thessalonian Correspondence' 338) 毫不犹豫地说：“若要从帖撒罗尼迦书信看出诺斯底主义来，就非把它先放进去不可。”亦参下面第叁节注 61、62 及所属正文。

后，那么后书较可能的效果是使人相信末日已离得不远，而不是使人失去对“主快再来”的期待。[36] 还有，后书并没有讨论前书一切有关末日的陈述，二章三至十二节更完全不像是在讨论前书的末日教训，因此后书的目的是要使人对整卷前书失去信心这一看法，是很有问题的。[37]

（四）另一位学者则把后书看为前书的补篇，而并非要对前书加以改正或修正。作者所关注的并不是帖城的教会本身，他只是以前书为模式，把他自己对主的再来及对使徒权柄的教导建于其上。此信较可能是写给小亚细亚的教会的，成书日期是在主后 80 年至二世纪早期内的任何时间，其目的是要减轻教会对“主的日子立即来到”的炽热信念，帮助遭受逼迫中的教会，也许还要处理一些不守规矩的人。可是，此目的所假设的情况，没有理由不能在保罗在世时便已存在，也没有理由使这情况在一世纪的后期比早期更为可能。而且，信上并无证据显示作者使用了（除帖前外）其他的保罗书信的资料，甚至作者只是晓得还有其他的保罗书信，信上亦无证据支持。因此，作者似乎只了解前书，而读者亦熟悉前书。此点不利于作者选用了前书做他的模式之说（因为此说意味着作者了解其他的保罗书信）。事实上，后书的成书日期定得愈迟，作者只熟悉前书的可能性便愈小。此外，后书紧随前书所处理的问题加以讨论，此点强有力地支持两封信是写给同一个教会的看法。[38]

（五）根据新近的一份研究，[39]后书是保罗之后那个世代的一个信徒写的，作者试图将保罗的神学重新诠释，并应用于他当日的教会（129）。此说的主要论点有二：（1）后书的目的，部分是要驳斥一些敌对者的信仰（45），但作者不是仅要否定某种教义及改正怠工的毛病，他乃是要攻击同一班反对者的两方面——他们的行为和他们的教义（53）。这些不守规矩者有别于前书的不守规矩者，他们自认为赋有特别的属灵透视力（82）；他们是“假先知”，一面自认有属灵的权柄（其实不然），

---

[36] Marshall 41–42, 43, 44, against A. Lindemann (cf. *NTA* § 22[1987]-195). With the latter cf. Conzelmann-Lindemann, *Interpreting the New Testament* 165–168 (esp. 168).

[37] W. Trilling, as cited in Marshall 42 (against Lindemann).

[38] Marshall 43–44 (against Trilling).

[39] Holland. 以下在正文用括号表示在该书的页码。亦参三 6 注释注 17。

一面在属灵的事上干预他人（其实他们没有资格这样作）（126）；他们宣告“主的日子现在到了”（二 2）这错误的信息（96），同时扬言有比别人优越的属灵地位，因此有权接受教会物质上的供应（三 6、12）（151）。此信代表了一次属灵权柄的战役（127）。作者采用的策略，就是先驳斥反对者的特殊教义，藉此摧毁他们所自称的属灵权柄的根据，从而对他们的行为提出谴责（三 12）。他们不应自称享有特别的权利，会众也不应给予他们任何权利（三 6、10、14～15）。即使那些不守规矩者真是属灵的权威者，他们也当跟随他们自己的属灵领袖保罗的榜样，自食其力（三 7～9）。其实他们并非属灵的权威者，因此更应安静作工。唯有这样，即是藉着遵守保罗的传统（二 15，三 6），教会才能达致“平安”（53）。这就是说，当闲懒不作工者安静作工，那使读者“动心”和“惊慌”的错谬教义被除去后，教会便能享受和谐（57）。

（2）作者同时劝勉读者，要遵守保罗所授的传统，因为这是获致“平安”之法（55，92）。由于那些不守规矩者正在真实地危害着教会信徒的救恩——他们对抗后书作者的属灵权柄，他们所传关于主的日子的信息只能在会众中间引起不安及过度兴奋——因此作者力图使读者服从他自己所代表的“传统”（三 14）（77）。二章一至十二节所描写的末日事件之程序，不但是要驳斥敌对者所作的错谬宣称，也是要保护信徒免受其他形式的“欺诈”所骗，并促使他们坚稳地忠于传统。读者若不了解此末日程序，便会在这些事上容易受骗，至终使自己在审判时被定罪。因此，正确地了解此段的真理，不但在目前的危机中是有益的，为要得着末日的救恩更是必须的（125－126）。三章十六节强调“平安”，总结了此信的目的（77）。“信徒的责任是要‘站立稳定，要坚持你们或由我们的言论，或由我们的书信所学得的传授’（二 15〔思高〕）。信徒唯有这样做，他们的救恩才得以确定”（158，全书以这话结束）。

此说（像下面第叁节之下的第四说）最大的困难，就是作者把后书所反映的错谬教义及行为上的偏差，归于同一班敌对者，但信上并无任何证据提示我们，二者可以这样连起来（见三 6～16 注释引言，连注 3；参“帖前释”336－338）。此最基本的一点若不能成立，此说的要旨——后书的目的是要使一班“不守规矩”的假先知对读者失去其可信性，藉此使保罗的教会获致“平安”——便有修正的必要。倘若第三章那些“不按规矩而行的人”不能跟二章二节拉上关系，他们似乎只属少数（参三 6～16 注释引言，三 11 注释注 6 及所属正文），二章二节本身亦不足以支持肯定有“一班敌对者”的存在，那么后书代表了一次属灵权柄的斗争之说也就不能成立。其次，“平安”一词在信上只出现两次（一 2，三 16），两次都是在问安或祷告中，两次皆指从神和主而来的一种属灵福气或状态，但此说把它变成服从传统的结果，认为三章十六节总结了此信的目的，此项声称更是牵强得难以接受。此外，作者把“平安”有时解为教会内的和谐，有时则解为与“救恩”同义，这样做是不必要的，也是不合理的（参该二节注释）。还有，作者谓后书的读者若不了解二章一至十二节有关末日程序的保罗传统，便有在审判时被定罪之虞，这个意思显然不能从该段经文看出来。不错，后书作者劝勉读者坚守保罗所授的传统（这包括二 1～12 有关末日的教训，参二 15 注释），但后书作者以坚守传统为帖城信徒蒙爱、蒙选、蒙召的合理和必须的响应。读者蒙拣选接受救恩的事实在先（二 13～14，参一 5、7、10），他们有责任坚守传统在后，尽管这种坚守是达致最后得救的途径，后书作者却没有强调此点（此点只是经文隐含的意思），更没有加上“唯有这样才能得救”的说法。在“传统”一词出现的另外一段（三 6～15），此词所指的完全是有关“信徒与工作”的伦理教训，经文根本没有将此“传统”跟救恩扯上关系，更遑论以遵守此传统为获得末日救恩的条件或途径。因此，作者谓信徒唯有坚守保罗的传统，才能确保他们会获得末日的救恩，这项声称或至少这个重点，并不是经文所支持的。基于本段的讨论，笔者认为此（第五）说不能成立。

综合上述五种看法，将后书视为不是保罗所写的一世纪后期作品，是颇为困难的。与此同时，信上不乏一些正面的提示，表示后书是早期而不是后期的书信，例如：对末日期待的“原始”性质（与前书近似）、第三章所提的“教会纪律”的非正式性质、信上没有提及教会的职位（至少没有提及其名称，见五 12 注释）、没有表示传统应如何传递下去。[40]

---

[40] Cf. Best 57－58; Marshall 44.

总结本节的讨论，用来支持后书并非保罗所写这一结论的理由，不论个别地或累积地，其说服力都不大。不仅这样，早期教会对后书为保罗所写之立场毫无怀疑。此信的成书日期假设得愈迟，便愈难解释它怎能在毫无疑议的情况下被纳入保罗信集内；事实上，一封写给一个特别教会的冒名的保罗书信能够逃过信徒的耳目而不被识破为赝品，是难以想象的事。[41] 难怪不少释经者不约而同地认为，假设后书并非出自保罗的手笔，所引起的问题比所解决（或由传统看法所引起）的问题更多。[42] 因此，尽管传统的看法不是全无问题，此看法仍然比其他的看法更为可取。[43]

贰　后书和前书的关系

如上文指出的，后书所引起的问题其实是后书和前书二者间的关系问题（参第壹节注 7 所属正文）。把后书看为冒名之作，是试图解决这问题的一个方法，但这方法不能算是成功的（详见上一节）。一些接受后书为保罗所写的释经者，另外提出多个建议来试图解释前后二书的关系，这些建议分为两类。

(I) 不同的收信人

（一）一说认为前书是写给帖城教会的外邦信徒，不过保罗要他们将此信也念给犹太基督徒们听（帖前五 27）；其后保罗为了表示公平起见，又写了后书“给受割礼之帖撒罗尼迦人的教会”。此信后来被编入保罗信集时，原来的称呼为了某种原因被改为现在的样子。保罗对这班犹太基督徒并不友善，因此后书的语调跟前书的不同。按此理论，信上提及（但为前书所无）的敌基督及“传授”（思高：二 15，三 6）等观念会

---

[41] Marshall 45.

[42] E. g., Neil xxvi; Moore 12; Rigaux, *Letters* 100 - 101; F. W. Beare, *IDB* IV 626*b*; F. F. Bruce, *ISBER* III 703*a*, *IBD* 1555*c* - 1556*b*.

[43] Grant (*Introduction* 179)说得好：“历史分析法的〔主要〕功用不是指出一份文献为何不应被视为真品，而是接受它并尝试去了解它的背景。”

在信主的犹太人中间引起响应；信上不止一次强调“众人”（三 16、18；参帖前五 26、27），表示教会分为两派；“作初熟的果子”（二 13，原文异文）指犹太信徒是帖城福音工作的初熟之果。[44]

可是，此说不但没有详细的论据，且其困难之处甚多。(1)原来的信首称呼是“给受割礼之帖撒罗尼迦人的教会”这项声言，并无抄本的证据支持；就证据所及，两封信的卷首称呼几乎是完全一样的。(2)信上并无证据表示帖城的教会是分裂为犹太信徒和外邦信徒两部分的。“众人”一词的使用不能用来支持此论点（参三 16、18 注释；“帖前释”483－484）。虽然前书明说读者是已“离弃偶像，归向神”（一 9）的外邦信徒，但后书并无任何线索表示此信是只为教会中的犹太信徒写的。尽管后书比前书较多引用或暗指旧约，但这是外邦信徒亦不难明白的。使徒行传显示，早期教会即使是对外邦人的讲道，亦有很强的旧约气息，而保罗其他写给外邦人（或主要为外邦人）的信上亦不乏犹太的色彩（例如：罗马书）。照样，“传授”一词乃是基督教术语的一部分。二章十三节的原文较可能是“从起初”而不是“作初果”（详见该节注释），因此完全与犹太人无关。(3)保罗一面叫帖城的外邦信徒将热情友善的前书念给他们的对手犹太信徒听，一面又给后者写了一封冷漠、非个人性的后书，难道保罗不会觉得这样做很可能会激怒那些犹太信徒吗？(4)保罗会分开来写信给教会内互相竞争的两班信徒，是难以想象的事，因为这样做会鼓励他们继续分开，但保罗对教会的合一极为关注（参加二 2〔冯：“真理”100〕；腓二 1～4，四 2）。当时是在耶路撒冷会议已拆毁了犹太信徒和外邦信徒之间的障碍之后，这样做是尤其不适当的。(5)若教会是分为两派的，我们便很难明白保罗为何不但没有谴责他们（参较林前一 10～13，三 17），反而对他们赞誉有加（帖前一 3、6～10，四 9～10；帖后一 3～4，三 4）。其实，经文的证据支持相反的结论：例如，前书二章十三至十六节一段（按此说是写给外邦信徒的）对犹太的教会表示赞赏，而且实际上因读者成了这些犹太基督徒的“效法者”（参“帖前释”184－185）而向他们祝贺。信上绝无谴责他们分裂的话，

---

[44] A. Harnack, as cited in Jewett 21－22 and in Neil xxv.

这就是决定性的证据，帖城的教会并无分裂的现象。[45]

（二）另一说谓后书原是写给腓立比教会的，帖城的教会珍藏了此腓立比书的一份抄本并且爱惜它到一个地步，原来对腓立比的问安竟被从前书借过来的问安取而代之。此说的论据是：波利卡普在他写给腓立比教会的信上（11:3～4）曾直接提及保罗致腓立比人书之后引用后书一章四节及三章十五节（参上面第壹节第二段引句），并且表示（3:2）他晓得保罗"曾写信（复数）给你们"。[46] 但是，在后书与腓立比书所反映的教会处境之间，并无重要的相似之处。原来给腓立比教会的那封信（帖后）已失存，而留下来的只有这寄给帖城信徒的抄本，这是个不大可能的假设；又原来的称呼是怎么改为现在的样子的呢？这些都是此说的困难之处。更何况除了新约正典中的腓立比书外，保罗还写了别的（现今以别的形式存在）腓立比书这一见解，本身是颇有疑问的（参冯："腓立比书"23；但亦参同书 335）。[47]

（三）又有谓前书是写给教会领袖的，后书则是稍后写给帖城信徒在公开崇拜时诵读出来的。但前书五章二十七节明说，"这信要被念给所有的弟兄听"（原文直译），表示该信也是写给全会众的；而且，在一封单写给教会领袖的信上叫会众敬重他们的领袖（帖前五 12～13）并不适当。[48]

（四）与前说恰好相反的见解——前书是写给教会全会众，后书是写给教会领袖的——同样不能成立。此说的论据有三点：(1)"弟兄"一词指那些作教会领袖的保罗同工。(2)"初熟的果子"一词（二 13，原文异文）指那些献身作神之工的最先信主的人（参林前十六 15）。(3)三章六至十五节的指示，是关乎一些基督教工作者，他们本应效法保罗，放

---

[45] 以上的反对理由分别见于：Conzelmann-Lindenmann, *Interpreting the New Testament* 167; Jewett 22; Bruce xli, *IBD* 1557a; Marshall 26; Neil xxv; Moore 15; Best 39; Manson, *Studies* 268.

[46] E. Schweizer, as cited in Best 40 and Bruce xliv.

[47] Cf. Jewett 23; Martin, *Foundations* 2.168; Bailey, 'II Thessalonians' 141; Best 40-41. 上述第(二)(三)两点反对理由，同样适用于后书原是写给庇哩亚教会之说，此说为 M. Goguel 所倡；see, e.g., Best 40; Jewett 22-23.

[48] Cf. Jewett 23 (against M. Dibelius).

弃受教会供养之权而自食其力,事实上却闲懒不作工而过分倚赖教会的供养。可是,认为“弟兄”一词指帖城教会的领袖的观点是无法成立的;二章十三节原来的说法较可能是“从起初”(见注释);第三章较可能是指一些教会的普通信徒倚赖较富有的会友,尤其因为前书提及同一个问题时(四 11～12,五 14)并无任何提示表示犯错者是教会的领袖。[49]

上述第一类看法有一个共同的困难,就是两封信的卷首称呼是几乎完全一样的。此点对不同的收信人之说极为不利。

(II) 两封信次序相反

一些释经者认为,前后二书在新约圣经里的先后次序,只是按长度排列的结果,其实后书是写于前书之先,是由提摩太带给帖城信徒的(帖前三 1、6)。此说所用的理由如下:[50](一)在后书,帖城信徒所受的试炼和逼迫达到了高峰(一 4～7),在前书则已成为过去(一 6,二 14～15,三 2～4)。(二)有关那些闲懒不作工者这一教会内部问题,在后书(三 6～12)看似是保罗刚听到的新发展,在前书(四 11,五 14)则是读者熟悉的老问题。(三)后书强调作者在信末的亲笔问安,谓凡自称是来自保罗的信都以此为其真确性的记号;这样做除了在第一封信是无意义的。(四)若前书的读者已知道后书二章有关主再来之时间颇为详细的讨论,前书五章一节的话(“不用写信给你们”)便是很适切的。(五)前书四章九节、十三节和五章一节原文皆有“论到……”这公式,此公式在哥林多前书六次用来表示,保罗是在回答哥林多人在给他的信上提出的问题(林前七 1、25,八 1,十二 1,十六 1、12)。按此点推测,保

---

[49] Cf. Marshall 27 and Jewett 23 - 24 (against E. E. Ellis〔参三 6 注释注 12〕).第二位作者又认为,两封信若是同时发出,则前书五 14 的劝勉(“要警戒不守规矩的人”)似乎与后书三章六节的吩咐(“当远离他”)正面冲突,而且前书既是公开念给全会众听的,其中所反映在此事上宽容得多的态度便会使教会的领袖难以执行后书的命令。不过按笔者的了解,“远离”和“警戒”不是互相排斥的(详参下面三 15 注释)。

[50] Cf. Mansonn, *Studies* 269 - 278; J. C. Hurd, *IDBS* 901*a*. 亦见 R. W. Thurston (as reported in *NAT* §18[1973 - 74]- 986),及下面注 52 所提的一些作者。Bruce (*Paul* 228 - 229)似曾一度倾向接受此说;但作者已改变其立场(见下面注 55)。

罗在帖撒罗尼迦前书也是逐点答复帖城信徒(或是在信上,或是由提摩太口头传递)对他提出的问题。若后书就是提摩太访问帖城信徒时(帖前三 1、6)带给他们的信,那么现在前书所处理的三个问题,很可能是后书的一些话所引起的:(1)前书"正如我们从前所吩咐你们的"(四 11)这话,很可能是指后书三章十二节的吩咐。若是这样,前书四章九至十三节一段可能是在回答后书三章六至十五节那段话所引起的一些问题。(2)前书四章十三至十八节回答的问题是:在主来前去世的信徒会怎样? 这问题是由后书二章一至十二节的教导(谓主的再来遥遥无期)引起的。(3)前书五章一至十一节是对"还有多久〔主才再来〕?"这问题的回答,而这问题乃是对"末期还没有到"(帖后)这话的自然反应。(六)后书二章的题目是(活着的)信徒被招聚与主相遇(见 1 节),但前书(四 13～18)论及活着和已死的信徒时,有基督徒去世似乎是个新的问题。(七)后书二章二节所反映帖城信徒的"希望幻灭",似乎是由于在他们赋予末日意义的一系列事件过后,主还未出现。保罗提出另一个末日事件的程序,此程序仍在进行中。但前书五章一至十一节则较为"无时间性"和较少启示文学的意味。主的日子会在不指定的时间来到,像在保罗较后期的书信中写的那样。

前后二书在新约圣经里的先后次序,似乎确是按长度排列的结果。就保罗书信而论,其排列次序似乎是按以下的原则:给教会的信在先,给个人的信在后;而每组之内又按长短定先后(唯一例外是以弗所书,此信比在前的加拉太书长了少许);因此,后书是写于前书之先这一论点,本身并无固有的困难。可是,上述用来支持此立论的理由却不是决定性的。(一)在前书的有关经文中,保罗是在忆述过去的事,因此那些逼迫自然也是过去的。就算在前书,逼迫仍随时可能发生(因"我们受患难原是命定的",三 3b),而且仍是帖城信徒目前的经历(三 3a:"在这些困苦中"〔思高〕;参"帖前释"230－231)。[51] 三章四节说,保罗谓信徒

---

[51] Hurd(同上注)承认,在前书那三段,逼迫是已成为过去及现在仍有的。但他认为,在前书保罗有了重访帖城信徒的意思,并且事实上已打发提摩太前去,此事实表示前书是写于后书之后。可是,保罗在后书没有必要重提他想重访帖城信徒的心愿,尤其因为提摩太已代表他作了这事。

必受患难的预言已应验了，这不等于说逼迫已停止了。（二）在一个迅速改变的情况下，后书更详尽地处理那些需要进一步处理的问题，是十分自然的事。我们若接受前书、后书这个次序，便可看出三个不同阶段的情况：保罗于帖城传道时就曾口头教导帖城信徒要亲手作工（帖后三10）；他写前书时觉得需要笼统地重提此教训（帖前四 11～12）；保罗听说情况没有改善（帖后三 11），因此以较严厉的口吻再次教导并提出警告。（三）保罗强调后书的真确性，不是因此信是他给帖城信徒的第一封信，而是为了一个特别的原因：他要改正一些教义上的错谬和行为上的偏差，因此有理由以其亲笔问安来强调此信的真确性及其中教训的重要性（参三 17 注释）。（四）前书五章一节那句话不必这样解释，而可解为指保罗先前的口头教训；其自然的含意（若前书先于后书）就是保罗早在帖城时已将有关的信息告诉了读者（参“帖前释”383）。（五）认为提摩太访帖城信徒时曾替保罗带信——此信就是后书——给他们之说纯属臆测，且与提摩太于卷首与保罗联名（因此不是信差）的事实不符。若保罗在前书是在回答在此之前的一封信所引起的问题的话，信上应会提到那封较早的信；但前书那三段经文只说“论到……”而不是说“论到你们信上所提的事”（林前七 1），因此并不表示帖城信徒曾致函保罗，提出他们的问题（参“帖前释”322 - 323）。即使前书确有对帖城信徒心中的一些问题提供答案，也并无足够的证据表示那些问题是由保罗在后书所说的话引起的。（1）从前书四章九至十二节难以看出，保罗是在处理“会众在实行后书三章六至十五节有关教会纪律的命令上犹豫不决”的问题（像讨论中的看法所假定的）。（2）四章十三至十八节所反映的“在主来前去世的信徒会怎样”的问题，以及（3）五章一至十一节的教导，不必是由后书二章的教训引起的，而大可以、且更可能是由有信徒去世这简单的事实本身引起的（依次参“帖前释”343 - 347，381）。[52] （六）后书二章一节的“聚集”一词，在全书只出现这一次，而且

---

[52] 以上反对理由见：Jewett 24 - 25；Whiteley 6 - 8；Kümmel，*Introduction* 263 - 264；Best 43 - 44. 最后一位作者亦对 J.C. West 及 R. Gregson（cf. *NTA* § 11[1966 - 67]- 299）用以支持此立场（即后书先于前书）的理由（与上述的不同）提出反驳；cf. Martin，*Foundations* 2. 167（against Gregson and West）；M.C. Tenney，*ISBER* IV 836*a*（against West and E. Thompson）；Jewett 25 - 26（against Gregson，and C. Buck and G. Taylor）.

在原文是与前面的"再来"一词同属一个冠词之下，表示"聚集"只是主的"再来"的另一面；但"再来"一词则在第 8 节再次出现（参 9 节），"主的日子"和"那日子"（2、3 节）亦出现两次。这就是说，后书二章的主要题目仍是主的再来（如在帖前四 13～18），而不是活着的信徒被招聚与主相遇。保罗在"主耶稣基督降临"之后加上"和我们到他那里聚集"，绝不表示他相信所有的读者都会在主再来之时仍然活着，只表示基督再临跟信徒被招集到他那里是密切相关的事，而这种密切的关系，正是前书四章那段所表明的。（七）此点之下的第一个意思纯属臆测，完全没有经文的根据。前书四章十六和十七节不见得与后书二章有基本的分别，两段同样有浓厚的启示文学色彩。[53]

总结上面的讨论，后书写于前书之先的这个见解，理由并不充分。其实此说能否成立，一个很好的试验法就是看后书的经文细节能否根据此说获得圆满的解释；饶有意义的是，写过后书注释而支持此说的学者，似乎一个也没有。[54]

(III) 传统的看法

传统的看法认为，前书、后书这个次序不仅是两封信在新约里面的排列次序，也是两封信写成的先后次序。下列的理由支持这个看法。[55]

（一）前书并无提及在此之前的信，后书则有三次提到在此之前的信。二章二节"似乎出于我们的书信"（思高）这话最好的解释，就是有人误解了前书的部分内容（详见该节注释）。二章十五节"你们被教导的那些传统"（原文直译）一语中的动词在原文是过去不定时时态，因此同一节提及的"信"必须是在此信之前的；若后书先于前书，我们便要假设在后书之前还有一更早（但今已失传）的信。但较自然的看法是，此"信"即是前书，尤其因为前书四章一至十二节的伦理教训，只是加强了

---

[53] 至于保罗较后期的书信没有这种启示文学性质的图象，这可能是因为他愈来愈感到此种图象并不是最能充分表达基督徒之盼望的媒介；cf. Bruce, *Paul* 234. 亦参二 8 注释末段。

[54] Cf. Best 45.

[55] Cf. Jewett 26 - 30; Best 45; Whiteley 8 - 9; Marxsen, *Introduction* 41; Kümmel, *Introduction* 264; Moore 14; Bruce xlii.

保罗先前给予读者的口头教导。三章十七节提到“我（保罗的）每一封信”（新译、思高）都以亲笔问安为记号，这意味着读者曾在此之前至少接获一封保罗的信（不然的话，他们怎能认出是否保罗的笔迹?）；再一次，这话可解为指一封现已失传的信，但更可能是指前书，尤其因为前书确有保罗的亲笔问安（五 27，参“帖前释”481）。

（二）保罗在前书对读者所受的逼迫详加解释，他特别指出他们受逼迫的事实并非跟他们的信仰互不协调，反而是神的旨意（三 3～4），且与犹太的教会（一 6，二 14）及使徒本身（二 2）的经历相符。他打发提摩太去重访帖城信徒，正是因为保罗恐怕他们中间有人“被这些患难摇动”（三 3，原文直译；参“帖前释”230－232）。但后书没有表达这方面的关注（即是恐怕他们站立不住），保罗只是把他们受逼迫的经历视为神末日审判的征兆，以及他们信心之真确性的指标，并应许他们的逼迫者必会受到报应。这就是说，后书的读者似乎已接受了前书有关受逼迫之意义的教导，反映了后书是写在前书之后。

（三）前书提及保罗与帖城信徒的直接关系（即个人接触），完全是关于他最初在帖城传道的情形：二章一至十二节忆述保罗如何来到帖城传福音以及他在帖城传道时的表现（参一 5）；二章十七节提到他“被逼……离开”帖城信徒（新译）；三章一至十节叙述保罗最近藉着提摩太再与帖城信徒有接触，提摩太带回来的报告，使保罗写了前书。由此可见，直至写前书为止，保罗跟帖城信徒只有过一次的亲身接触，若在前书之前已有后书，则前书二章十七至三章十节的话是令人不得其解的。但在后书，保罗虽然亦有多次提及他在帖城的时候（二 5，三 7、10），但二章十五节同时提及保罗在帖城时的口头教导和他在此信之前的一封信。相较之下，显见前书在先，后书在后。

（四）若前书先于后书，两封信的末世观是较易理解的。前书说主的再来可以像贼一样在夜间突然来到（五 2），这话及/或类似的话可能引致一些人误以为主的日子已经来到（帖后二 2），因此保罗在后书要纠正此错谬的看法（参导论第叁节）。

总结本节的讨论，以前后二书为写给不同的收信人的种种理论，或认为后书写于前书之先的说法，不见得比传统的看法更能解决两封信之间的关系的问题。最好的着手法，仍是接受前书、后书的次序，并尝试了解保罗是在怎样的历史情况下写了后书的。[56]

叁 写作原因和日期

保罗写后书的原因和目的，可根据此信的内容推断出来。他写了前书之后，有新消息由帖城传到他的耳中（三 11："我们听说"，意即"有人告诉我们"——保罗没有说明是谁），让他知道帖城教会的最新情况。针对此情况，保罗写了后书，信上的内容反映了他所关注的三方面的事情。

（一）前书二章十四至十六节对犹太人的严厉控诉，已反映出帖城信徒所受逼迫的严重程度。后书一章再以极严厉的话论及那些加患难给读者的人（一 6、8、9），表示他们所受的逼迫不但没有减弱，甚或比之前更为猛烈。此信的一个目的，就是要鼓励读者在逼迫中继续坚守所信的道，并以他们在主来之时的荣耀前景（这和逼迫者的悲惨命运构成强烈对比：一 5、7、10）坚固他们。

（二）前书（五 14，四 11～12）所反映教会内有人闲懒不作工的情况仍然没有改善，因此保罗要在后书进一步指示教会，要对这种人采取纪律行动（三 6～15）。

（三）另一个主要目的，是要纠正"主的日子现在到了"（二 2）这错谬的看法，指出主来之前必先有某些事件发生，而这些事件现时尚未发生（二 3～12）。此错谬看法是如何产生的呢？释经者提供了至少四种不同的答案。

（1）有谓帖城信徒所受的猛烈逼迫，使他们认为末日的产难业已开始（参赛六十六 7），主的日子已经来到。但二章二节列举了导致该谬误结论的可能因素，其中并无提及逼迫或其他的环境因素。[57] 第一章指出帖城信徒所受的逼迫是他们于主来时得荣耀的凭据，但并没有将逼迫与主再来的时间扯上关系，更没有就这方面作出任何

---

[56] Cf. F.W. Beare, *IDB* IV 626*b*.

[57] Bruce 165 (against R. Aus). Johnson (*Writing* 268)亦认为逼迫是构成帖城信徒之危机的"催化剂"的一个元素。

评论。

(2) 另有谓二章二节的三个因素应分为两组:“无论有灵〔或〕有言语”为一组,指自称受灵感而说的预言,论到末日已迫近眉睫,这种看法来自保罗自己最近所教导的“未来式末世观”,后者似乎已为帖城信徒欣然接受了;“〔或〕有冒我名的书信说,主的日子现在到了”是另一组,指保罗更早期(即是在前书之前)的“已实现之末世观”的教导。这就是说,在二章二节这一句话里面,保罗把两种不同的末世观浓缩地放在一起,并同时加以摒弃;现在(他写后书时)他既不赞同自己最早期(在帖城传道时)所持的“过渡实现式末世观”,亦不赞同较新近(于帖前)所持的“主的再来迫近眉睫”的看法。按此解释,帖城信徒的错谬看法是保罗自己一手造成的。[58] 可是,持该观点者对二章二节的解释是主观和牵强的,其新颖的理论——即保罗从最初在帖城传道至写后书之时,期间曾两度改变了他的末世观——并无足够的经文证据支持。

(3) 又有谓“主的日子现在到了”这话应按提摩太后书二章十八节(“复活的事已过”)的意思来理解:这话是最确凿的证据,表示主再来的观念被诺斯底主义者灵意化了,他们因得到了“知识”,对他们来说,主的日子,即是末日,就已经实现了。[59]

(4) 一个近似的理论,认为二章二节的声言是来自那些持“偏激的已实现之末世观”的人,他们就是那“不守规矩的人”。前书已经显示,他们是自承有特别恩赐的灵恩分子,自以为已在灵里拥有不朽的生命,因此他们原则性地反对顺服教会的领袖,又批评保罗的领导,认为他没有显出灵恩的素质;他们放弃日常的工作,倚赖教会的供养,并对传统的性道德观念提出挑战。更为关键的是,他们按“已实现之末世观”来理解基督的再来,认为主的再来并非未来之事,因为在他们出神(狂喜)的活动中,他们在原则上已是经历着基督的再来并使之具体化。前书就是保罗针对这些人在教会中引起的危机而作的响应。其结果却是

---

[58] Mearns, ‘Eschatological Development’ 149 - 152 (cf. 153 - 154). 亦参上面导论第壹节注28。

[59] Schmithals, *Paul* 166 - 167, 202 - 208.

(不知怎么的)使那些灵恩分子更趋于极端,突然宣布主的日子已经来到,他们更以保罗的教训和书信,以及在他们出神的经历中之"灵"的指示,来支持末日国度已经实现之说(二 2);换言之,二章二节"主的日子现在到了"这句话,只是将保罗在整卷前书里所抗衡的、朝向偏激的已实现之末世观的趋势,以最终极的形式表达出来。在他们的影响之下,会众中不少人有这种偏激之末世观的倾向,不过只有很少数的会友(即是那些"不守规矩"的人)偏激到一个地步,以致放弃日常的工作,并对教会领袖及传统的道德观念采取抗拒的态度。后书就是针对这个情况而写的。[60]

但若有些帖城信徒在诺斯底主义者或持偏激之末世观的怠工者的影响下已摒弃了前书(四 13~五 11)那种未来式的末世观,转而采纳了上述那种偏激的灵意化的看法,则保罗在二章三至八节再进一步给他们更多的未来式末世观的教导,对帖城信徒的情况可说是无济于事的。[61] 换句话说,倘若保罗在此向他们提出反驳的那些人,确是对主的再来采取了一种"已实现之末世论"式的看法,保罗大抵不会采取二章所见的辩论法(即是指出主来之前某些事件先要发生),而是会纠正他们对主的再来之性质的误解;而且,"主的日子"含有浓烈的"未来式末世论"的意味,用来描写"已实现之末世论"是不恰当的。[62] 第四种说法(像上面第一节〔III〕部之下第五说一样)还有一个严重的问题:并无清楚的证据表示,那些宣告"主的日子现在到了"的人,就是那些游手好闲的人(详参三6~16注释引言,连注 3,及"帖前释"336 - 338)。此外,持该说法的作者在前书多段经文都看见这班持偏激的已实现之末世观的灵恩分子的活动(例如:四 1~8,五 12~13、19~22、23),此点从释经的角度来看缺乏说服力(参"帖前释"该数段注释)。

---

[60] Cf. Jewett 98,175 - 178,191 - 192.

[61] Bruce 166.第四种说法正好说明此点:保罗以前书的未来末世观来抗衡那些灵恩分子偏激的"已实现之末世观",结果是使他们更为偏激。Schmithals (*Paul* 210 - 211, with n.286)辩称,保罗误解了(或至少没有完全了解)他所听到的报告,并且没有深思熟虑便对此报告作出反应,所以才会用了二 1~12 的辩论法。但作者在此显然极度主观的辩证法,是难以令人接受的。

[62] Best 276 (cf.277).亦参上面第壹节注 35 及所属正文。

总括来说，我们无法准确知道“主的日子现在到了”这宣称是怎样引起的——似乎连保罗也不确知是二章二节那三个可能中的哪一个（详见该节注释）。若此宣称确与保罗的书信有关，那么最可能的看法就是有人误解了保罗在前书中有关末日之事的教训（例如：五 5 称信徒为“白昼之子”，直译为“那日子之子”。有人可能由此推论，主的日子便是已存在的事实，即是已经来到）。由于后书（像前书一样）是一封写于两千年前的真实的信，我们对信上一些事不能确知其答案，这是不难理解且应可接受的。无论如何，后书的一个主要目的，是要纠正“主的日子现在到了”这种谬误的看法，此点是非常清楚的。

关于帖城信徒的情况，信上甚少具体的详细资料，因此这信的写作日期不能独立地像前书的写作日期那样推算出来，而必须根据此信与前书的关系来推断。两封信在字句上的相似提示我们，保罗写后书时对前书记忆犹新，因此两封信不会相隔太久。有释经者认为保罗写后书时，帖城信徒不一定已收到前书。[63] 若是这样，后书似是几乎与前书同时发出。亦有谓保罗保存了前书的一份草稿，并在写后书之前有机会把它再看一遍。[64] 若是这样，两封信在字句上的相似便不能成为后书写于何时的线索。不过，头一个看法比后面这两个看法都更为可取。此外，后书的卷首问安（一 1）表示保罗、西拉、提摩太三人仍然在一起（参帖前一 1），因此后书也像前书一样，是保罗在其第二次宣教旅程中于哥林多传道的初期写的，即是写于主后 50、51 年之间（参“帖前释”29 - 34）。[65]

---

[63] F. W. Beare, *IDB* IV 626*b*.

[64] T. Zahn, as cited in Marshall 31 and in Holland 2 n. 8. 参上面第壹节注 12 及所属正文。

[65] Cf. Best 59; Marshall 23 - 25; Jewett 49 - 60; Kümmel, *Introduction* 268 - 269; F. W. Beare, *IDB* IV 627a; Robinson, *Redating* 53 - 54. 最后一位作者指出（同书 54 注 78），Buck and Taylor（参导论第贰节注 52）将帖后二 1～12 看为写于罗马皇帝卡利古拉企图在圣殿中设立自己的塑像失败之事的三年半（如在但十二 11～13）之后，即是写于主后 44 年（帖前则写于 46 年），并以此为构造保罗年表的起点，这做法“主观得〔令人〕几乎无法提出反驳”。K. Romaniuk (as reported in *NTA* § 20 [1976]- 209)则认为帖后并非写于前书之后不久，而是写于保罗的第三次宣教旅程中，也许是他逗留在以弗所那段时间将要结束的时候。

肆 帖撒罗尼迦后书的完整性

有释经者认为，后书像前书一样，其实是由两封保罗书信合并而成，其中一封被保罗信集的编者放在另一封之内，这四封信(全部写于保罗的第三次宣教旅程)原来的内容及先后次序如下：

A 帖后一 1～12，三 6～16

B 帖前一 1～二 12，四 2～五 28

C 帖后二 13～14，二 1～12，二 15～三 3(5)，三 17～18

D 帖前二 13～四 1

此理论关于前书的部分，可参"帖前释"第 38、39 页的讨论；以下主要讨论有关后书的部分。

作者认为，二章十三、十四节是另一封信(即 C)的感恩话，而二章十六、十七节的祷告，加上紧随其后、简短的一段劝勉话(三 1～5)，是 C 信的结束部分；二章十五节与二章二节前后呼应，二章十五节与十二节比与十四节衔接得更好，二章十五节与十二节的衔接亦比二章十三节与十二节的衔接更好，因此二章一至十二节必然是 C 信的中间部分；三章十七节与二章二节及二章十五节有关，因此三章十七、十八节必然也是 C 信的一部分。[66]

此理论有以下的假设：编者将 C 信的卷首问安及 A 信的结语部分删去；编者又将原本在二章一至十二节之前的两节(二 13～14)放在其后，因为若不这样作，便会产生两段感恩话接踵而来(一 11～12，二 13～14)的情况；二章十三节的"但我们"(原文)二字是编者加插的。可是，这些假设都是作者随意作出的；最为基本的，就是认为保罗所有的书信必须依照一个特定的格式，这一点其实是一项无理的要求，也是不为证据所支持的一项假设。[67] 不接受这基本假设，便毋需把二章十三

[66] Cf. Schmithals, *Paul* 123 - 218 (esp. 192 - 194, 201 - 202, 209 - 210, 212 - 214).

[67] Cf. Kümmel, *Introduction* 267 - 268.

节看为另一封信的感恩话的开始，而可较自然地视之为保罗在同一封信上再次感恩的开始。该节开首的原文小字[68]（“但”）最自然的解释（从后书本身来看），就是把读者蒙选召接受末日救恩的福气，与上文（二10～12）论及那些灭亡之人的厄运构成对比，但作者却硬把二章一至十二节放在二章十三、十四节之后，这么一来，“但”字变成编者加进去的字，并且变成无甚意义的连接（或过渡）词。

这理论还有下列的困难：（一）段与段之间的转折有时显得十分不合逻辑。例如：二章十四节提及读者已蒙选召要获得末日的荣耀，十五节便从陈述语气转为命令语气，要他们坚守所领受的教训，这是自然的次序和合逻辑的理论进程；可是在C信里，论及读者的救恩之后（二13～14）随即有论及末日尚未来到的一段（二1～12），两段的衔接远不及按后书本身的次序来得那么自然和合理。（二）按作者的编排，保罗在后三封信上不断提及他最初在帖城传道时所说的话，却没有提到他以前在信上曾讨论过同样的题目。例如：保罗在B信上提到他在帖城时与帖城信徒的关系（帖前一5，二1～12），却没有提及他最近写给他们的A信，这在B信的读者看来是不恰当的。在D信，保罗论及帖城信徒跟他的接触时，把它说成好像只有他们回应他所传的福音那一次（二13），又说与他们分离之痛使他多次试图重访帖城（二17～18），却没有提到期间写给他们的三封信（A、B、C），这也是不合理的。换句话说，上文第贰节对后书先于前书之说所提出的反对理由，部分亦适用于讨论中的这个理论上。这方面的另一个例子是：A信以“我们本该……感谢神”开始，这种强调的说法用在第一封信上是不恰当的；此语较可能反映在此之前保罗曾为帖城信徒感谢神，但他们对此嘉许表示愧不敢当，因此保罗在此申述，也为他们感恩真的是合宜的。（三）此理论所牵涉的编辑过程非常复杂，使人难以置信，对编者的动机问题也没有提供令人满意的答案。（四）此理论将后书（像前书一样）看为写于保罗的第三次宣教旅程，这看法也是不能成

---

[68] *de*.

立的（参“帖前释”31 - 34）。[69]

总结本节的讨论，后书是一封复合信的看法，并无充分的理由支持。像前书一样，后书可以、并且应当被视为一封完整的信来解释；“我们若能按此假设成功地解释此信，那就是此信的完整性确定的证据。这也就是本注释书所采用的立场和手法”（“帖前释”40）。

---

[69] Cf. Jewett 35 - 36; Marshall 28; and (for detailed critism) Best 45 - 50. 第一位作者（42 - 45）另外提及一些更为复杂的理论，这些理论认为后书不但经过编者在次序上重新编排，并且还含有不属保罗原著的插入部分；cf. E. Refshauge, as reported in *NTA* § 16 (1971 - 72) - 273. 亦参“帖前释”36 - 38.

注释

壹　问安
(一 1～2)

这封信的卷首问安有很多地方跟前书的卷首问安完全相同，二者之间只有两点分别（见下文）。这是很自然的，因为两封信都是同一个作者写给同一班读者，且在时间上相隔不久（见导论第壹、贰、叁节）。

1 保罗、西拉、提摩太写信给帖撒罗尼迦在神我们的父与主耶稣基督里的教会。
2 愿恩惠、平安从父神和主耶稣基督归与你们。

(I) 写信人(一 1a)

一 1a “保罗、西拉、提摩太写信……” 这与前书一章一节上半节完全相同（参“帖前释”44－50）。当代圣经的意译（“再写这信”）正确地表示此信是写于前书之后的。

(II) 收信人(一 1b)

一 1b “……给帖撒罗尼迦在神我们的父与主耶稣基督里的教会” 此句原文跟前书一章一节第二句（参“帖前释”50－53）只有一点分别：“父”字之后（按原文次序）加上了“我们的”一词，但在意思上并无分别，因为“我们的父”自然是指神是信徒的父，而前书的“父神”也正是这个意思。

(III) 问安语(一 2)

一 2 “愿恩惠、平安从父神和主耶稣基督归与你们” 本句比前书一章一节的第三句(参"帖前释"53 - 54)多了"从父神[①]和主耶稣基督"一语,此语亦见于保罗另外十封书信的卷首问安(西一2则只说"从神我们的父"),指出了恩惠和平安的来源。大体上说,保罗将"平安"特别连于神,[②]又提及"神的恩典"[③]多过提及"基督的恩",在信末的祝福则总是用后者而非前者;[④]但在卷首问安语中,保罗并不加以区分,而是将基督和神看为恩典与平安此双重福气的共同来源(参冯:"真理"11注27),这反映了基督在保罗思想中所占的崇高地位。与此相符的另一件事实,就是"主"字用于耶稣身上,在本书及前书分别有二十二和二十四次之多。[⑤]

---

① 原文说"父神"抑或说"神我们的父"(如在1节,即是在 *patros* 之后有 *hēmōn* 一字),是个难以决定的问题:cf. Metzger 635. Bailey ('II Thessalonians' 135)认为本节重复了"神我们的父与主耶稣基督"一语,是由于后书的作者(不是保罗)抄袭前书所致。但是,保罗为什么不可以先形容读者为"在神我们的父与主耶稣基督里的教会"(参帖前一1),然后愿恩惠平安"从神我们的父〔或父神〕和主耶稣基督归与你们"(如在另十封保罗书信的卷首问安那样)?

② 如在"赐平安的神"(五次:参"帖前释"457)及"神所赐……的平安"(腓四7)等语中。另一方面,参帖后三16("赐平安的主")及西三15("基督的平安")。

③ 例如:罗三24,五15,十五15;林前一4,三10,十五10〔三次〕;林后一12,六1,八1,九14;加一15,二21;弗一6、7,二7,三2、7;西一6;多二11,三7。

④ 帖后三18;帖前五18;罗十六20;林前十六23;林后十三13;加六18;腓四23;门25。另见于:林后八9,十二9。帖后一12则提及"神并主耶稣基督的恩"。

⑤ 详见"帖前释"104注190(一)至(五)各项。

贰 感恩及代祷(一 3~12)

如在帖撒罗尼迦前书一样,紧随卷首问安之后就是向神感恩的话,不过所用的格式跟前书所用的略为不同(参"帖前释"58)。保罗首先为帖城信徒的信心和爱心大有增长而感谢神,他们忍受逼迫的坚毅精神尤其获得使徒的赞赏(一 3~4);然后,保罗针对他们的处境鼓励他们,他指出神必按公义审判逼迫者,并使现今受逼迫者得享安息(一 5~10)。最后,保罗提及他如何为读者祷告(一 11~12),这对于受苦中的读者一定有鼓舞作用。

第三至十二节在原文只是一句,由二百零七个字(和合本的翻译用了三百六十三个字)合成!幸而其中的思路大致清晰,在解释上不致引起太大的困难。①

(I) 感谢的原因(一 3~4)

3 弟兄们,我们该为你们常常感谢神,这本是合宜的;因你们的信心格外增长,并且你们众人彼此相爱的心也都充足。

4 甚至我们在神的各教会里为你们夸口,都因你们在所受的一切逼迫患难中,仍旧存忍耐和信心。

一 3 "弟兄们,我们该为你们常常感谢神,这本是合宜的" 这是保罗在信上直接称读者为"弟兄"七次中的第一次(另见二 1、13、15,三 1、6a、13;参"帖前释"71-72)。"我们"指保罗、西拉和提摩太(一 1)。保罗说他们"应该"(新译、现中)常常为读者感谢神,这种讲法除了在二章十三节再次出现外,在保罗的书信中便不再出现。这个"该"字②并不是三

① Cf. Dunham, '2 Thessalonians 1:3-10'.

② *opheilō*. Cf. BAGD 598-599 (s.v.).

章七节和前书四章一节所用的"应当/该"(参"帖前释"287－288);它所表达的不是由事情或环境构成的必须,而是一种个人的责任感。③ 不过,这种主观的责任感是由客观的情况引致的,此点可从下文看出来。

"该"字的原文在保罗书信中另外用了十二次(新约共三十五次),两次的意思是"欠"(门 18,字面意义;罗十三 8〔思高、新译〕,比喻意义),另一次的意思是"非……不可"(林前五 10,思高、新译),④其余九次都是"应该"之意(罗十五 1、27;林前七 36,九 10,十一 7、10;林后十二 11、14;弗五 28),如在本节和二章十三节一样。

"这本是合宜的"原文在句首有"正如"⑤一字(亦见于三 1;参"帖前释"82 注 97),此连接词将本句紧连于上一句,合起来变成"我们该为你们常常感谢神,正如这样作是合宜的"。本句并非只是加强"该"字语气的重复话,⑥而是要指出,保罗和同工觉得要为帖城信徒感谢神的这种责任感及其相应行动,是与客观的事实"相称"(思高)的。保罗和同工觉得有责任为帖城信徒感谢神,是因为他们的情况值得向神感谢。

这个形容词的原文——同字根的副词⑦已于前书二章十二节出现过(参"帖前释"169)——在保罗的书信共用了八次(新约全部四十一次),其中一次非常清楚的有它原来的"相比"或"较量"之意(罗八 18,新译、思高):两件东西拿来比较,若重量相等就是"相称",若重量不同就是"不相称"。另外五次的意思分别是"配得"(提前五 18,新译)、"配受"(提前六 1,新译)、"值得"(提前一 15,四 9,思高、新译)、"应受"(罗一 32,思高),将二物相比的意思仍然隐约可见。在余下的两次,这个形容词的意思显然是"应该"(林前

---

③ Cf. Milligan 86*a*.

④ Cf. RSV 'you would need to ...'

⑤ *kathōs*.

⑥ As taken by Ellingworth-Nida 136. 当圣没有将此句译出,不知是否跟这看法有关。

⑦ 二字依次为:*axios* (cf. BAGD 78 s.v.), *axiōs*.

十六 4，新译；思高作“值得”）或“合适”（本节，新译），但仍然不乏“行动与处境相配”的意味。

有学者认为，“我们该感谢”和“正如这是合宜的”是犹太人礼拜仪式的用语，见于斐洛、约瑟夫的著作和“使徒宪典”中；保罗采用它来表达对神感恩的必须性和合宜性。[⑧] 此说若是正确，便足以解释何以这里的感恩比前书卷首的感恩（一 2：没有“该”字，也没有“正如……”）较为严谨（当然，接着的问题就是，为何保罗只在后书采用这些礼拜式用语？）；但此说是否正确有待商榷。[⑨] 无论如何，鉴于保罗对读者的亲切称呼（“弟兄们”），认为这里的感恩不及前书卷首感恩那么热烈，反映后书并非出自保罗手笔，这看法并无说服力；事实上，此信是否保罗所写，绝不能根据这里的感恩公式有别于前书这一事实来断定。[⑩] 另一方面，保罗如此强调他和同工感到有责任为帖城信徒常常感谢神，并认为帖城信徒的情况值得他们这样作，可能反映帖城信徒曾对保罗在前书对他们的嘉许表示“愧不敢当”，因此保罗在这里申述，也为帖城信徒向神感恩的责任感，是“合宜”的，因为此责任感是根植于帖城信徒美好的见证。

“因你们的信心格外增长，并且你们众人彼此相爱的心也都充足” “因”字所引介的，可能是“我们该……感谢神”的原因，亦可能是“这本是合宜”的原因；在罗马书一章八节和哥林多前书一章四至五节的提示下，前一个看法较为可取，即是以“这本是合宜的”作为插入句，“因你们……充足”则表达了保罗觉得应该常为帖城信徒感谢神的原因。[⑪]

---

⑧ R. D. Aus, 'The Liturgical Background of the Necessity and Propriety of Giving Thanks according to 2 Thess 1:3', *JBL* 92(1973) 432－438; cf. *NTA* § 18(1973－74)－600.

⑨ Marshall 170 对此说表示怀疑。

⑩ Best 250.

⑪ Cf. RSV, NIV, over against NEB.“因”字原文 *hoti*，亦可译为'that'（Lightfoot 98 赞成此译法）；若保罗只是说“我们感谢神”，这样翻译会很合适（参林前一 4～5 RSV：'I give thanks to God ... that in every way ...'），但由于保罗加上了“该”字，因此把 *hoti* 译为“因为”是较自然的（cf. RSV：'We are bound to give thanks to God ... because your faith ...'）。Holland 36 谓“*hoti* 引出感谢的原因，但其实它应引出那个责任感的原因才对”；但作者并无解释为何该字不（可以）是引出那个责任感的原因（如上面正文所采纳的看法）。

这原因包括两方面：(一)“你们的信心格外增长”——前书曾多次提及帖城信徒的信心(详参“帖前释”64－65)，这里特别指出他们的信心“格外长进”(新译)。所用的复合动词，像同字根的简单动词一样，是指一种有机体的演变及长进，只是其前置词强调了此生长的“格外”或“特别”(当圣)程度。动词的现在时态，则表示这种增长于保罗写此信时仍然继续下去。

原文所用的复合动词在整本希腊文圣经里只出现这一次，缺前置词的简单动词[12]则在新约中共用了二十三次(保罗书信占九次)，其中三次以主动语态作及物动词用，意思是“使之生长”(林前三6、7，思高)或“使〔之〕增加”(林后九10，思高)；余下的二十次皆作不及物动词用，其中六次是被动语态，分别指种籽的生长(太十三32；可四8)、福音(西一6)和信心(林后十15)的“增长”、信徒藉灵奶成长(彼前二2)以及在对神的认识上长进(西一10)，另外十四次是主动语态，分别指植物的生长(太六28；路十二27，十三19)、孩童的成长(路一80，二40)、以色列民的“繁殖”(徒七17，思高)、主耶稣的“兴盛”(约三30，思高)、神的道“兴旺”(徒六7，十二24，十九20)、信徒的“长进”(弗四15；彼后三18)、由信徒构成的主之身体的“生长”(西二19，新译、现中)以及他们所构成的建筑物的“增长”(弗二21，新译)。

保罗为帖城信徒感恩的原因的第二方面是：(二)“你们众人彼此相爱的心也都充足”——前书曾两次提及帖城信徒的爱心(一3，三6)，这里特别声明此爱是他们对彼此的爱，而且“你们众人”的原文直译是“你们所有人中的每一个”，这讲法比前书二章十一节的“你们中每一个人”(思高)更为有力。[13]“你们所有的人中每一个对彼此的爱”这话有两个

---

[12] 原文依次为：*hyperauxanō*，*auxanō*(cf. BAGD 121－122 s.v.).保罗所喜用的以前置词 *hyper* 为前缀的其他复合动词，可见于冯：“腓立比书”252 注 353.

[13] 原文依次为：*henos hekastou pantōn hymōn*(‘each one of you all’)，*hena hekaston hymōn*(‘each one of you’).三章十一节提示我们，本句略含夸张成分，不能绝对按字面解释；因为该节所述少数人的行径，正是违反了“弟兄相爱”的原则(参“帖前释”335－336)。

重点：一个是，这爱不只是笼统的，而是由个别信徒向个别信徒表明出来的；另一个是，这种由个别信徒所表达的爱不是只限于爱他们的那些人，而是延伸至所有的基督徒同道。[14] 保罗用来形容帖城信徒的爱的动词，恰当地提示了爱的这种延伸、扩散、增大的性质。“充足”一词的原文已在前书三章十二节出现过[15]（该处译为“增长”；参“帖前释”266）；饶有意义的是，保罗在该处祈求主使帖城信徒彼此相爱的心和爱众人的心都“增长”（思高），在这里则因帖城信徒彼此相爱的心“大为增进”（现中）而向神感恩，可见这里描述的情形，乃是该处的祈求蒙了应允的结果（也许应更准确地说是部分蒙了应允，因本节没有提到“爱众人的心”，也没有说帖城信徒的爱心“多而又多”〔帖前三 12，新译〕；亦参三 5）。

上述两方面可说代表了信徒生命成长的两方面：一面是内在的、信心的增长，另一面是外在的、及于他人的爱心行动；信心是爱心的动力，爱心是信心的证据（参加五 6：“以爱的行动表现出来的信心”，现中）。这里只提信和爱，没有同时提及盼望（参较帖前一 3，五 8），这事实并无特别意义：[16]保罗多次只提信、爱而不提望（详参“帖前释”240 - 241），更何况下一节提到帖城信徒在患难中的“忍耐”，这忍耐是由盼望而来的（参帖前一 3），第五至十节又提到他们在主再来时被显为正的前景，因此，本节只提信、爱而不提望这一事实，绝对不足以成为此信并非保罗所写的论据。

一 4 “甚至我们在神的各教会里为你们夸口” 本节在原文用“以致”（思高）一词开始，[17]表示保罗和同工的“夸口”是帖城信徒“信心格外增长……彼此相爱的心也都充足”的结果：他们的美好表现，使保罗等人为他们夸口。[18] 但本节与上一节的逻辑关系，按内容来说，其实

---

[14] Ellicott 95*a*.

[15] *pleonazō*. 这可能就是保罗在本节不用复合动词（*hyperpleonazō*，提前一 14）的原因（cf. O'Brien, *Thanksgivings* 173 - 174）.

[16] 如果说帖城信徒的盼望因逼迫患难而减弱，需要加以强化（Grayston 95）.

[17] *hōste*.

[18] Bruce 143 - 144 则认为“以致”所指的是使他们感恩的喜乐所引致的结果。这解释不及正文的解释来得自然。一些中译本将 *hōste* 音译为“所以”（新译）或“因此”（现中）。

有点松散：因为“以致”一词提示我们，保罗似乎要因帖城信徒的信心和爱心而夸口，但事实上他所夸的乃是他们在逼迫患难中的忍耐和信心（本节下半）。[19] 不过，这情形可解释如下：引致保罗为帖城信徒夸口的，确是他们的信心和爱心，只是到他真正为他们夸口时，他却撇开了他们爱心的一面（即是使保罗向神感恩之原因的第二方面），把注意力集中在他们信心的一面（即是感恩之原因的第一方面），[20]因后者在他们的处境中特别明显。

在和合本的“甚至我们”一语中，“甚至”可能是原文句首那个字（见注 17）不大正确的译法，也可能是原文在“我们”之前那个代名词[21]的翻译。无论如何，原文那个代名词加强了“我们”的语气（意即“我们，在我们这方面”），隐含了与别人相对的意味。问题是，与什么人相对？一说认为，保罗在这里的夸口，是与他先前的“不用……说什么话”（帖前一8）成为对比。[22] 可是，前书该处的重点是在帖城信徒最初归主的经历，后书此处所指的乃是他们在患难中坚忍的信心，因此保罗大概无意把分属此两段不同时间的“不用说”和“夸口”作对比；更为重要的，这里被强调的是个代名词，不是一个行动，因此与“我们”自然地构成对比的也应是一个或一班人。另一说认为，原文那个加重语气的代名词表示，不但帖城信徒本身，就是保罗和同工亦有夸口的原因，因为帖城信徒的信心是由他们（保罗等人）奠基的。[23] 但此看法不大可能正确，因为没有任何经文提示帖城信徒有夸口的表现。与此相反的另一看法认为保罗的意思是这样：别人夸奖帖城信徒的长进是很自然的事，保罗身为教会的创始人而为他们夸口则是不合宜的；不过，由于帖城信徒极优异的表现，连保罗也改变他一贯谦逊的作风而为他们夸口。[24] 可是，保罗也为他所创立的另一些教会夸口（林后八 1～5，九 2～4），这似乎足以推翻

---

[19] Cf. Marshall 171.

[20] Cf. Lightfoot 98.

[21] *autous* (*hēmas*). 新译本译为“(我们)亲自”。

[22] Moore 91. Holland 36 则认为“甚至我们”所引出的对比，是为读者感谢神和在众教会面前为他们夸口这二者之间的对比。

[23] Milligan 86*b*.

[24] E.g., Lightfoot 98; Neil 142; Morris II 196.

此说所预先假定的(即保罗不会为自己所创立的教会夸口)。也许较能令人满意的解释是说,保罗和同工为帖城信徒夸口,这是跟帖城信徒所预期的刚好相反:如上文指出,帖城信徒可能觉得不配接受保罗在前书对他们的嘉许;保罗则表示他和同工除了为他们感谢神之外,还为他们向别的教会夸口。㉕

"在上帝的众教会里"(新译)是原文㉖最自然的翻译,但就事实而论,"在"神的众教会里为帖城信徒夸口无异于"向"神的众教会为帖城信徒夸口。㉗ "上帝的众教会"一词在保罗书信其他地方亦有出现(参"帖前释"185－186),此词在这里显然不仅指哥林多的教会(后书写于哥林多);有认为所指的是哥林多和邻近地区的教会(参林后一 1:"在哥林多神的教会,并亚该亚遍处的众圣徒";徒十八 11),亦有人认为此词的意思跟"马其顿和亚该亚所有信主之人"(帖前一 7)差不多。㉘ 值得留意的是,保罗用复数的"教会"一词时,通常会明说是何地的教会(林前十六 1、9;林后八 1;加一 2、22;帖前二 14),但这里并无指明地区而只说"神的众教会"(此词亦见于林前十一 16)。这是一种笼统的讲法,像"基督的众教会"(罗十六 16,参 4 节"外邦的众教会")一样,㉙意思相等于"广泛地在信徒当中",就是说,保罗无论探访或写信给哪一处的教会,都向他们"夸奖"(新译)帖城信徒。㉚

"夸口"的原文是个复合动词,在新约中只出现这一次,在七十士译本里亦只用了四次(诗五十一 3,七十三 4,九十六 7,一〇五 47),不过这罕见的复合动词跟常见的简单动词㉛,在意思上并无分别。㉜ 同字根的一个名词曾在前书二章十九节出现一次(参"帖前释"218－219)。

㉕ Cf. Frame 223; Best 252; Marshall 171.

㉖ *en tais ekklēsiais tou theou*.

㉗ MHT 3.264 认为'to the churches'是个可能的译法(参林后八 1);Ellingworth-Nida 137－138 甚至认为"向"的意思最符合文理。

㉘ So, respectively, Ellicott 95*b*; Moore 91.

㉙ 参"帖前释"50 注 17,185－186。

㉚ Cf. Best 252; Marshall 172.

㉛ 原文依次为:*enkauchaomai*, *kauchaomai* (cf. BAGD 425－426 s.v.).

㉜ R. Bultmann, *TDNT* III 653, *TDNTA* 425.

简单动词在新约共用了三十七次，除了两次之外（雅一9，四16），全部是在保罗书信里。[33] 其中与本节所用的介词连用的共有十七次；这结构[34]除了一次是指出"如何"夸耀外（雅四16："张狂自夸"，新译），其余十六次都是指出"在什么事上"夸耀（林后十一12，参思高），即是指出夸耀的内容（也是基础或原因）。负面的说法有"（自）夸……跟上帝有特殊关系"（罗二17，现中）、"〔自〕夸……有上帝的法律"（罗二23，现中）、"以别人的劳苦而夸耀"（林后十15，思高）、"拿人来夸耀"（林前三21，新译）、"因在你们（外邦信徒）的肉身上所行的礼仪而夸耀"（加六13，思高）、"只凭外貌，而不凭内心夸耀"（林后五12，思高）。正面的说法有"以上帝为荣"（罗五11，新译）、"以患难为荣"（罗五3，新译）、"因主而夸耀"（林前一31；林后十17，思高）、以基督耶稣来夸耀（腓三3，参现中）、"只以我们的主耶稣基督的十字架来夸耀"（加六14，思高）、"夸自己的软弱"（林后十二9、参5）、"因高升而夸耀"（雅一9，思高；这里的"高升"大抵应按二5解释）。

在上述例子的提示下，本节"为你们夸口"（上文为方便起见沿用了这译法）的意思其实是"夸耀你们"（现中），即是"拿你们来夸耀""以你们为夸耀的内容"。[35] 原文动词包括"引以为荣"及"讲论"两个意思，但并无"拿自己的成就来夸口"的负面意义。[36] 保罗为帖城信徒向神感恩（3节）并在众教会中以他们来夸耀，可说是一体的两面，因为（如在"帖前释"219指出的）就如"夸耀"在旧约有时与感恩的欢乐同义，保罗的夸耀同样是对神的恩典而起的回应——承认神恩，并且感恩欢乐。

"都因你们在所受的一切逼迫患难中，仍旧存忍耐和信心" "都

㉝ Marshall 171 指出，复合动词只在此处出现，并不表示此信不是保罗写的；因保罗在罗十一28也用了同字根的另一个复合动词（*katakauchaomai*，两次；此字在新约另外只见于雅二13，三14）。

㉞ 即是 *kauchasthai* + *en* with dative.

㉟ 原文 *en hymin* 放在动词 *enkauchasthai* 之前，可能并无强调之意，而是纯粹为要避免动词之后连续有两个由 *en* 字引介的短语（Best 252）.

㊱ Ellingworth-Nida 137.

因"一词[37]所引介的话，进一步解释了保罗以何事为夸耀(参现中本节末句)，亦即也是以帖城信徒为夸耀的原因。"受"字在原文是现在时态的动词，[38]表示这是帖城信徒现今的经历。

此词在新约另外出现十四次(全部为中间语态)，除了一次是法律上的专门术语(徒十八 14："耐性听"的意思其实是"接受投诉"[39])，两次的意思是"接受"(提后四 3，思高)或"耐心接受"(来十三 22，新译)外，最常见的意思是"容忍"，容忍的对象多数是人(太十七 17；可九 19；路九 41〔以上三节见思高、现中〕；林后十一 1b、19〔以上二节见思高、新译、现中〕；弗四 2；西三 13〔新译作"宽容"〕)，但有两次是指一种情况(林后十一 4、20)，有一次是指一件东西(林后十一 1a〔以上三节见思高、新译〕)；余下的一次，动词的意思跟本节相同，就是"忍受(逼迫)"(林前四 12)。[40]

"逼迫"一词的原文[41]在新约共用了十次，皆指由宗教原因引起的"迫害"(思高、新译：可十 30；徒八 1，十三 50；提后三 11b)，其中六次与其他同类的词语连着出现："患难"(本节；太十三 21；可四 17)、"患难……困苦"(罗八 35)、"急难……困苦"(林后十二

㊲ *hyper*. 这字与简单动词 *kauchaomai* 连用的另有四次，都是"为"某人之意(林后十二 5a、b，七 14，九 12)。在本节，保罗先以 *en hymin* 指出他以帖城信徒为夸耀的事实，继而用 *hyper* 进一步加以解释。

㊳ *anechesthe*, from *anechomai*, middle of *anechō*. Cf. BAGD 65－66 (s. v.).

㊴ BAGD 66a (s. v. *anechō* 2).

㊵ 原文在动词 *anechesthe* 之前的关系代名词 *hais* 是间接受格(dative)。新约的证据显示，此动词之后的名词都是用所有格(genitive)的：在上述十四个例子中，十一次都是这样的(在林前四 12；林后十一 4、20 三处，动词之后并无名词)。按古典希腊文的用法，此动词之后的名词则用直接受格(accusative)。因此，释经者一般认为，*hais* 是由本该用的所有格 *hōn* 或直接受格 *has* 在其前述词(antecedents)"逼迫"与"患难"(*diōgmois*, *thlipsesin* 皆为间接受格)的影响下(by attraction)变成间接受格(cf. e. g., Ellicott 96*b*; Bruce 143 n. c). Milligan 87 则对此解释提出异议，他认为此动词后的名词用间接受格，有古典希腊文的先例可援。异文 *enechesthe* (from *enechomai*，意即"受制于"，如在加五 1)跟 *hais* 字的间接受格相符(H. Hanse, *TDNT* II 828)，但并无足够的抄本证据支持。

diōgmois 与 *thlipsesin* 二字同时是 *hais* 的前述词，不过阴性的 *hais* 只能与较接近的那个前述词(*thlipsesin* 也是阴性，*diōgmois* 则为阳性)的性别相符(Frame 225)。

㊶ *diōgmos*. Cf. BAGD 201 (s. v.).

10)、“苦难”(提后三 11a)。[42]

“患难”一词的原文[43]已在前书出现三次(参“帖前释”84),在此要较详细地留意这字在保罗书信(共二十四次)的用法。除了两次指使徒内心的“忧苦”(林后二 4,思高;与“痛心”连着用)、“痛苦”(腓一 17,当圣)或愁烦外,“患难”一贯指由外在环境所施加的压力或造成的困难,包括(一)“基督的苦难”(西一 24,思高);(二)使徒(及/或其同工)所受的苦难(林后一 4a、8,四 17,六 4,七 4;帖前三 7),包括监禁(弗三 13;腓四 14);(三)读者及/或其他信徒所受的苦难(林后一 4b,八 2;帖前一 6,三 3;帖后一 4),包括经济上的负累或压力(林后八 13);(四)所有信徒(包括使徒和同工)共受的苦难(罗五 3a、b,八 35,十二 12);(五)已婚者必会遭受的苦难(林前七 28);(六)神在末日审判时要加给某些人的患难(罗二 9;帖后一 6)。

在上述的二十四次中,与“患难”一词连着出现的词语,除了上文已提及的“逼迫”(本节)和“逼迫……困苦”(罗八 35)外,还有“困苦”(罗二 9)、“困苦患难”[44](帖前三 7)、“穷乏、困苦”(林后六 4)。在前书三章七节(及林后六 4)译为“困苦”的那个字,可视为与“患难”几乎同义(参“帖前释”244-245);另外的“困苦”一字(罗二 9,八 35;林后六 4,十二 10)则可说是“患难”的终点(参林后四 8:“受了磨难,却没有被困住”,思高[45])。

帖城信徒所忍受的不仅是逼迫,而是“一切的逼迫患难”。“一切”表示众多。“患难”泛指一切因他们的基督徒身份而临到信徒的外来压力,“逼迫”则特指针对他们的攻击或迫害。两个词连着使用,为要加强效果,与“一切”配合。[46] 保罗拿来夸耀的,就是帖城信徒在一切逼迫患

[42] 最后四字原文依次为:*stenochōria*, *anankē*, *stenochōria*, *pathēma*.

[43] *thlipsis*. Cf. BAGD 362 (s.v.).

[44] a, b 二字原文皆为 *anankē*(参注 42)。

[45] Cf. H. Schlier, *TDNT* III 146.“磨难”及“困住”在原文依次是与“患难”及“困苦”同字根的分词(*thlibomenoi*, *stenochōroumenoi*)。

[46] Cf. Marshall 172.

难中所存的"忍耐和信心"。"忍耐"的原文已在前书一章三节出现过(参"帖前释"67－68),较好的译法是"坚忍"(思高、新译);"信心"则指对福音的笃信,对福音所宣讲之主的委身。两个词在原文里是同在一个冠词之下,因此有释经者认为二者构成一个观念,即是作者用了修辞学上的"重言法",所表达的意思是"信心的特别一面——坚忍"。[47] 较佳的解释是,保罗将"坚忍"和"信心"同列在一个冠词之下,因为二者之间有密切的关系:坚忍是信心的果子,一个信徒在信心上越长进,他就越能坚忍地承担一切的压力和重担。[48] 帖城信徒在患难中仍然"坚忍不移"(当圣),正符合了保罗的身教(参林后六 4)和言教(罗十二 12:"在患难中要坚忍",新译),又因他们对患难有正确的认识并持正确的态度(参帖前三 1～6),就在自己的经历上证实了"患难产生/培养忍耐〔即坚忍〕"(罗五 3,新译/现中)的真理。

保罗"在神的各教会里"拿帖城信徒在逼迫患难中的坚忍和信心来夸耀,为要激发信徒的信心和坚忍,就如他日后拿哥林多信徒乐捐的心向马其顿的教会夸耀(林后九 1～2),又以马其顿教会"过了力量"的乐意捐助(林后八 1～5)来"激发〔哥林多信徒的〕爱心,勉励〔他们〕行善"(来十 24)。不过他现在告诉帖城信徒他如此夸耀他们,是要表示他确实有为他们感恩的原因,使他们可以获得鼓励和力量。

(II) 鼓励的根据(一 5～10)

5 这正是神公义判断的明证,叫你们可算配得神的国,你们就是为这国受苦。

6 神既是公义的,就必将患难报应那加患难给你们的人;

7 也必使你们这受患难的人与我们同得平安。那时,主耶稣同他有能力的天使从天上在火焰中显现,

---

[47] Cf. Moffatt 44*b*."重言法"(或重名法)= hendiadys. Köster ('Apostel und Gemeinde' 293)则认为"信心"在此与"坚忍"平行,因此意即"忠心";cf. Holland 87－88.最后一位作者声称(88－89),鉴于帖后强调顺从、命令、会众所已领受的传统,*pistis* 在信上出现的五次(一 3、4、11,二 13,三 2)都应解为"忠心"(faithfulness)。参上面页 23。

[48] Cf. e.g., Calvin 388; Frame 224－225; Neil 143.

8 要报应那不认识神和那不听从我主耶稣福音的人。
9 他们要受刑罚，就是永远沉沦，离开主的面和他权能的荣光。
10 这正是主降临，要在他圣徒的身上得荣耀，又在一切信的人身上显
为希奇的那日子（我们对你们作的见证，你们也信了）。

一5 “这正是神公义判断的明证” 帖城信徒正处于患难逼迫中的事实，很自然地使保罗想到神公义的审判。为要进一步鼓励在受苦中的读者，他在本段（5～10节）可说提供了信徒受苦的一点理论根据，首部分（5～7a节）指出神审判的原则，次部分（7b～10节）描写神的审判（尤其是惩罚的一面）的时间和方式。[49]

本句在原文并无主词或动词，中译本正确地补充“这正是”三个字（思高、新译、现中同）。[50] “神（的）公义判断”是仍待发生的事，因此原文那个名词的意思大抵不是“证据”（现中；因为难以“证明”尚未发生的事必会发生），而是“清楚显明了”（当圣）。[51]

译为“明证”的原文（见注2首个希腊字）在新约只出现这一次，但它的一个同义词[52]在新约共用了四次，都是在保罗的书信里，意思是“显示”（罗三25、26，思高）、“证明”（林后八24，新译、现中）或“征兆”（腓一28；参冯：“腓立比书”180）。和这两个名词同字根的复合动词[53]在新约共用了十一次（保罗书信占九次），除了一次它的意思是“（对某人）作（一些）事”（提后四14，参新译）外，其余十次基本上都是同一个意思，中译本译为“显明”（罗二15，现中；罗九22，新译；林后八24；弗二7；提前一16）或“显出”（罗九

[49] Cf. Moffatt 45*b*; Moore 92.

[50] 从文法结构的角度看，原文 *endeigma tēs dikaias kriseōs tou theou* 可能是 accusative in apposition to the preceding clause，如在罗十二1（参较罗八3），亦可能是 nominative with *ho estin* unexpressed，如在腓一28；cf. BDF 480(6); Robertson, *Pictures* 4.42.“这正是”此译法同样适合这两个解释，有学者提议另外两种不同的标点法，但都不是正确的（详见 Best 254）。

[51] Cf. BAGD 262 (s.v.): ‘plain indication’; Best 254: ‘sure sign’.

[52] *endeixis*. Cf. BAGD 262 (s.v.).

[53] *endeiknymai/endeiknymi*. Cf. BAGD 262 (s.v.).

17，新译；多二 10，三 2；来六 10、11)。由此看来，此组词汇多数是“显示”“显出”“显明”的意思，只有一次较肯定为“证明”之意。

所显明的是神公义的审判。译为“判断”一字的原文[54]在新约共用了四十七次(保罗书信只占两次)：两次指地方法庭(太五 21、22)，四次指对人的“判断”(约七 24〔思高〕，八 16)或对魔鬼及堕落天使的“判决”(思高：彼后二 11；犹 9)，五次指“正义”(徒八 33，新译)、“公理”(太十二 18、20)或“公义”(太廿三 23；路十一 42；现中：“正义”)，余下的三十六次都是指神或基督所施(尤其在末日)的审判，[55]以及此审判所带来的定罪和刑罚。[56] 因此讨论中的原文词组不宜译为“公义〔的〕判断”(新译同)或“公义的决定”(当圣)，而应译为“公义〔的〕审判”(思高、现中)，尽管神的审判必然牵涉判断和决定。

“公义〔的〕”原文[57]在保罗书信另外出现十六次(新约共七十九次)，其中三次分别是用来形容神本身(罗三 26)、神的诫命(罗七 12)，以及审判的主(提后四 8，参思高)；在这里则形容神的审判(其他用法可参冯：“腓立比书”447)。耶稣曾教训人“要按公平断定是非”(约七 24)，原文可直译为“以公正的判断来判断”，“公正的判断”一词在原文正是本节的“公义〔的〕审判”；不过，该节所指的是人的判断，本节乃指神的审判，如在罗马书二章五节一样(该节“公义〔的〕审判”在原文是一

---

[54] *krisis*.

[55] “审判的日子”(*hēmera kriseōs*：太十 15，十一 22、24，十二 36；彼后二 9，三 7；*hē hēmera tēs kriseōs*：约壹四 17)；“审判的时候”(*en tēi krisei*：太十二 41、42；路十 14，十一 31、32)；“他〔神〕审判的时辰”(*hē hōra tēs kriseōs autou*：启十四 7，思高)；“大日的审判”(犹 6)；“死后〔的〕审判”(来九 27)；“我〔耶稣〕的审判”(约五 30，参 22、27 节)；“公义”〔的〕审判”(帖后本节)——以上共十九次，另见：提前五 24；彼后二 4。

[56] 译为“定罪”：约三 19，五 24、29；译为“刑罚”：太廿三 33；启十六 7〔见思高〕，十八 10——以上六次，另见：约十二 31，十六 8、11；来十 27；雅二 13a、b，五 12；犹 15；启十九 2。

上述四十七次中，只有两次用复数的 *kriseis*，其余皆为单数的 *krisis*. 另一个译为“判断”(如在太七 2，思高)、“审判”(如徒廿四 25)、“定罪”(如在罗三 8)、“刑罚”(如加五 10，新译)的希腊字(*krima*)没有在帖撒罗尼迦前后书出现。

[57] *dikaios*.

个字)。[58] 神的审判是公义的,因为神本身是公义的(罗三 26;参提后四 8,思高),他的判决的内容也是跟他公义的性情相符的(6～9 节)。

有学者认为本节的"审判"是指神现今施在其子民身上的审判过程,因为:(一)若将"审判"看为未来的审判,便难以对本节提供令人满意的解释,因为所说的"这(事)"怎么可以是一种未来和未知的、神的审判的"明证"呢?(二)保罗在其他地方用来指将来审判的,是另一个希腊字(见注 8 末段)。[59] 可是,将"审判"解为未来的审判是较好的,因为:(一)译为"明证"一字的意思较可能是"清楚显明"(见上文):"这就清楚显明了神将会施行审判"是一句可理解的话(虽然"这(事)"所指的是什么尚待商榷);(二)本节"审判"一词的原文,在保罗书信中出现在另一处(提前五 24),该处所指的可能也是神未来的审判;[60](三)罗马书二章五节所用的词跟本节非常接近(见注 10),该节的"公义审判"显然是指末日的审判;(四)本节的下文(6～10 节)清楚显示,保罗想到的是主耶稣显现时的审判。

本句经文所引起的最大问题,就是"这正是"指的是什么:换言之,那"清楚显明了"神的公义审判的是什么?释经者提供的答案主要分为两种:有认为所指的是帖城信徒所忍受的逼迫患难本身(参当圣:"你们的遭遇"),亦有认为是帖城信徒在这些苦难中坚毅不移的整个事实。按前一种看法,神容许信徒遭受逼迫患难,表示有一天他必施行赏罚分明的审判;[61]或谓教会在这末期所忍受的苦难,含有末日审判所加的苦难(6 节;罗二 9)的性质,因为受苦的信徒是有份于神在基督身上所施的审判,他们与基督一同预先经历了那最后的审判,因此从信心的角度

---

[58] *dikaiokrisia*,在新约只出现一次,比较:*hē dikaia krisis*(约七 24 及本节)。Dunham('2 Thessalonians 1:3－10' 43 with n. 12)将本节的 *hē dikaia krisis tou theou* 译为'the just appraisal of God'("对神的适当/正确评价"——即是将 *tou theou* 看为 objective genitive,将 *krisis* 解为"判断");但鉴于此语跟罗二 5*dikaiokrisia tou theou* 之间的平行状况,原文的意思显然是"神对人的公义审判",而不是"(帖城信徒)对神的正确评价"。

[59] Marshall 173.

[60] Cf. Kelly, *Pastoral* 129; Scott, *Pastoral* 69.

[61] Moffatt 45*a*; Calvin 388. Cf. Ridderbos, *Paul* 552.

看，基督徒的苦难委实显明了神的公义审判。[62] 更有人认为本节反映了拉比神学及巴录启示录（亦称巴录贰书）对选民受苦一事的看法，即是选民所受的苦难一面表示神并不徇私而漠视选民的（少数）罪，同时保证选民至终必被拣选（因他们的罪已藉苦难得到惩罚，他们受苦就是受了罪的刑罚），因此信徒所受的苦难本身就是神公义审判的征兆。[63]

按前段提及的后一种看法，帖城信徒在患难逼迫中坚毅不移的态度，预告了或显示了神公义审判的计划，就是使他们得进神的国。[64] 以下两点论据支持这个看法：（一）保罗在上一节以帖城信徒为夸耀，所用的根据不是他们受苦的事实，而是他们在患难逼迫中的坚毅态度；因此最自然的看法，就是本节隐含的“这”字所指的正是这种态度。[65] 此解释跟耶稣的教训吻合：在论及灾难和逼迫的一番话里面，耶稣清楚地告

---

[62] H. Schlier, *TDNT* III 146, *TDNTA* 335. 这么“神学性”的解释，恐怕帖城信徒很难在听到保罗的信被读出时便领会，因此这解释是颇有疑问的。

[63] Bassler, ‘Enigmatic Sign’, espically 500 - 506 (following W. Wichmann). 作者(500)认为这可能就是原受信人所听到的信息。作者(510)不认为帖后是保罗写的(cf. Collins, *Letters* 225)；但若此信的受信人跟帖前的受信人是同一班人(见导论第贰节的讨论)，读者便绝大多数是直接从异教归信基督的外邦信徒(参帖前一 9，及“帖前释”97 - 99)，他们是否对拉比的“受苦神学”(Leidenstheologie)有足够认识，以致他们会领悟保罗用“征兆”一字时的这种(即作者所建议的)意义呢？笔者认为答案是否定的。

作者用来支持其说的文献包括：(一)犹太人的旧约注释(midrash，中译“米大士”)*Genesis Rabbah* 33:1(创八 1 注释)；(二)所罗门诗篇(伪经)十三 9～10；(三)马加比贰书(次经)六 12～16；(四)巴录贰书(伪经)十三 3～10，七十八 5。关于(一)，作者(502 - 503)自己承认这资料的日期是“颇迟”的。关于(二)和(三)，虽然这些资料可能都是主前二至一世纪(马加比贰书：cf. R. A. Stewart, *ISBER* III 203*b*; W. H. Brownlee, *IDB* III 209*b*)或主前一世纪(所罗门诗篇：cf. P. Winter, *IDB* III 959*a*; G. E. Ladd, *ISBER* I 158*a*)的作品，但在其中以色列所受的苦难是神对其选民的恩慈及怜悯的记号，而不是神公义审判的记号(见文章 503 页)。关于(四)，巴录贰书的成书日期可能是主后一世纪的后期(cf. G. E. Ladd, *ISBER* I 160*a*; R. J. Bauckham, *IBD* 74*a*). 由此可见，倘若(按笔者的看法)帖后是保罗所写的，本节反映拉比及巴录贰书，即〔一〕〔四〕二项)的“受苦神学”之说，便缺乏有力的根据。Holland 36 - 37(作者不认为帖后是保罗写的)谓本节的受苦是一种“管教”，并不是对罪的惩罚(如在“受苦神学”那样)。

[64] E. g., Ellicott 97*a*; Milligan 88*a*; Morris I 115, *Judgment* 46; Moore 92 - 93; Whiteley 90.

[65] Lightfoot 100; Frame 226. Best 255 进一步认为“明证”指保罗为帖城信徒在患难逼迫中的信心和坚忍而夸耀这一事实。

诉门徒,“惟有忍耐[66]到底的必然得救”(可十三 13;太廿四 13,参十 2——太五 11~12 和路六 22~23 所说“天上的赏赐”大抵假定了“坚忍到底”的事实)。(二)保罗在腓立比书一章二十八节所说的话,不论在用词或意思上,都和本节此句(如上解释)非常相似:[67]该节说,信徒在敌人的逼迫之下仍然无所畏惧,这是一种双重的征兆,表明他们要得救,他们的敌人则要灭亡——这整件事都是出于神(参冯:“腓立比书”179-182);本节说,帖城信徒在一切逼迫患难中所存的坚忍和信心,表明了神公义的审判。不错,该节明言信徒的坚忍是一种双重的征兆,本节则只说是神公义审判的征兆,但从下文可见,此审判同时涉及信徒的得救(5b、7a、10a)和不信者的灭亡(6、8~9 节),因此就实际内容而言,本节的征兆可说同样是双重的。[68]

保罗说,帖城信徒在逼迫中的坚忍显明了神的公义审判,但他没有明说这是对谁显明的(参较腓一 28 原文:“对他们”[69]——福音的敌人)。他的意思可能是“对你们(帖城信徒)”[70]或“对我们(信徒)”(包括帖城信徒和保罗及同工)。最低限度,保罗自己把帖城信徒在逼迫中的坚忍看为神公义审判的征兆。他能够这样作,是由于他对神的认识和信念,就是神的公义审判包括使信从者得进他的国,而帖城信徒所表现的坚忍,正表明他们是走在得救的道路上(参二 13;帖前五 9;林前一 18)。

“叫你们可算配得神的国,你们就是为这国受苦” 首句跟上文的关系至少有三种看法:(一)将本句连于上一节“你们在所受的一切逼迫患难中”那个思想,得出的意思便是:神“藉着这些苦难”(当圣)教导信

---

[66] “忍耐”(“坚持”,新译)在原文是和帖后本节的名词“忍耐”(*hypomenē*)同字根的分词 *hypomeinas* (*from hypomenō*).

[67] 比较:*hētis estin autois endeixis apōleias, hymōn de sōterias* (腓一 28)
[*ho estin*] *endeigma tēs dikaias kriseōs tou theou* (本节)

[68] Cf. G. Schrenk, *TDNT* II 225, *TDNTA* 177. Bassler ('Enigmatic Sign' 499)似乎没有充分考虑——或至少并不接受——此点,他说:“帖后的征兆〔跟腓立比书比较之下〕有了改变。它所宣告的并不是教会的得救(腓一 28),而是神的公义审判(帖后一 5)”。另一方面,不少释经者将本节连着腓一 28 来解释:e.g., Bruce 149.

[69] *autois*. 参冯:“腓立比书”180 注 39.

[70] Best 255.

徒要摒弃世界,以天国为目标;(二)将本句连于上一节"你们在……中,仍旧存忍耐和信心",得出的意思便是:信徒的坚忍是神所赐的,而其结果就是他们会被算为配得神的国。[71] 但这两个看法同样把真正重要的一句——"这正是神公义判断的明证"——贬为插句,因此较可取的是(三):本句解释"神的公义审判"所朝的目标或方向,指出此审判的目的(即是神在审判上的意向)或结果(即是此审判所趋向的结果)。[72] 原文所用的结构[73]在保罗书信共用了四十三次(详见"帖前释"196－197,连注74),所表达的有时是结果(如加三17〔思高〕),较多时是目的(如帖前二16,三2、5、13)或是目的和内涵(如帖前二12,三10)。就本节而言,由于施行审判者是神,因此目的和结果便轻易地融汇为一,难以分辨;而目的和内涵的关系又非常密切,故此本句可能同时包括目的、结果和内涵:神施行公义的审判,他的意向是让那些曾为义受苦的人得进他的国,他的审判事实上带来这个结果,这也是他的判决的内涵。[74]

"可算配得"的原文是个复合动词(同字根的形容词在一3译为"合宜"),在新约另外出现两次,两次都是(如本节)被动语态,意思都是"被算为配"(路二十35;徒五41)。同字根的简单动词[75]在新约出现七次:四次为主动语态,一次的意思是"想(要)"(徒廿八22,现中),[76]一次是"认为……应〔即是合适〕"(徒十五38,新译、思高),另一次是"〔自〕认为配"(路七7,参思高),还有一次是"看为配"(帖后一11,参新译)或"使之成为配"(参思高;详见下文该节注释);其余三次为被动语态,意思都是"被看为配(得/受)"(提前五17;来三3,十29〔此节参新译、思高或现中〕)。由此可见,两个动词以被动语态出现时,一贯的意思都是"被算/看为配";本节也不例外。[77] 信徒被"算配得神的国",像他们"被算是配为〔耶稣的〕名受辱"(徒五41)和被"算为配得那世界〔即"来

---

[71] 依次见:Calvin 390; Whiteley 90.

[72] Cf. Ellicott 97; Lightfoot 101.

[73] *eis to* + infinitive (here *kataxiōthēnai*).

[74] 依次见:Ellingworth-Nida 142; Best 255.

[75] 二字原文依次为:*kataxioō*, *axioō*.

[76] 和这意思有关的是此动词在蒲草纸文献中常有的"请求"之意(cf. MM 51 s.v. *axioō*).

[77] Cf. MM 330 (s.v. *kataxioō*).

世”，思高〕”（路二十 35），都表示他们本身原是不配的，却由于神的恩典而被算为配。[78] 与此同时，我们要留意帖城信徒被算为配得神的国，是在他们忍受逼迫之后，在神按公义审判之时所下的判决；保罗的意思是，他们在逼迫中的坚忍导致他们得进神的国，这不是说他们是凭行为得救的，而是说他们对神的真信心由他们在逼迫中坚毅不移的事实显明出来。[79]

“神的国”一词已在前书二章十二节（“他国”）出现过（详参“帖前释”170－171）；“配得神的国”是神在末日审判的判决，因此本句所指的不是神国的现今阶段，而是神国最后完成的阶段。不过，下一句（“你们就是为这国受苦”）的“这国”可能同时包括现今和未来两方面，因为这话的意思似乎并不是说，帖城信徒现今“继续在忍受苦难”（现中）[80]的动机或目的，就是要得享神国（最后阶段）的福泽。[81] 介词“为”字[82]的意思是“由于”或“为了其好处”，因此，本句的意思可能是说帖城信徒所受的苦难是和神的国有关（参徒十四 22：“我们进入神的国〔未来阶段〕，必须经历许多艰难”），是由于他们（已经）是神国（现今阶段）的成员（参 1 节：“在神里”），也是为了神国的缘故（利益）而忍受的[83]（参腓一 29；冯：“腓立比书”183、184）。

思高圣经在本句译出了原文的“也”[84]字：“你们也（在受苦）”的意思可能是（一）你们将会被神算为配得神的国，你们如今也是为了这国受苦，或（二）你们也为这国受苦，像我们（保罗和同工）一样。下文第七节“使你们这受患难的人与我们同得平安”这句话，支持第二个看法。[85]

---

[78] Cf. W. Foerster, *TDNT* I 380, *TDNTA* 64; NIV（‘counted worthy’）, over against RSV（‘made worthy’）.

[79] Marshall 173.

[80] 这译法正确地反映了原文动词的现在时态（*paschete*, from *paschō*）。此动词已在前书二 14 出现过（参“帖前释”186）。

[81] As in Ellicott 98*a*; Frame 227.

[82] *hyper*（with genitive）.

[83] Cf. H. Riesenfeld, *TDNT* VIII 514; Ellingworth-Nide 143; Morris I 116, II 199; Lightfoot 101.

[84] *kai*（*paschete*）.

[85] 依次见：Ellicott 98*a*（Cf. Lightfoot 101）; Best 256.

总结本节的思想：帖城信徒在逼迫患难中的信心和坚忍，显明神必会施行公义的审判，此审判的部分内容，就是帖城信徒会被算为配得神的国；为了这国，他们（像保罗和同工一样）继续在忍受苦难。

一 6 “神既是公义的，就必将患难报应那加患难给你们的人” 按原文的结构，本句可直译为：“如果这在神看来是一件公义的事——（就是）以患难报应那些使你们受患难的人”。原文所用的连接词[86]在新约另外出现五次（全部在保罗书信里），只有一次是简单（即是纯粹提出一项假设）的“如果”（林前十五 15，新译）之意，在其余四次，所假设的其实是（或至少被看为是）事实，或者所提出的条件其实是（或至少被认为是）已实现的，因此该字的意思相等于“既然”（罗三 30〔参思高：“因为”〕，八 9〔新译〕、17〔新译〕）或“虽然”（林前八 5）；同样，本节的“如果”也是“如果（就如事实是如此）”，亦即是“既然”的意思。中译本将本节分为条件（或原因）子句（“神既是”）和主句“〔他〕就必”）两部分，但按原文的结构，全节（连同第七节上半）是个条件子句，指出了神的公义审判会把帖城信徒算为配得神的国的原因：那就是，报应是神公义审判的原则（参路十六 25），是在神眼中看为公义的事。[87] 这原则应用在两种不同的人身上，产生两种极不相同的结果（6、7a）。

本节先提负面的：神要“以患难来报应”（当圣）“那加患难给你们的

---

[86] *eiper*.

[87] 原文是 *dikaion para theōi*. 形容词 *dikaios* 已在上一节出现过。*para* (*tōi*) *theōi* 一语在保罗书信另外出现六次，分别指：“在神那里”没有“不公平”（罗九 14）或“顾/看情面”（思高：罗二 11；弗六 9〔此节原文作“在他那里”〕）这回事，“在神面前”没有一人能够凭律法称义（加三 11），“在神面前”不是听律法的为义，而是行律法的才得称为义（罗二 13），信徒要“在神面前”仍然安于蒙召时的身份（林前七 24），以及“在上帝眼中/看来”这世界的智慧是愚拙（林前三 19，现中/新译）。此语在本节的用法跟林前三 19 相同。

在新约其他地方，此语一共出现八次，意思分别是：“在神[的方面]”（太十九 26；可十 27；路十八 27；参雅一 17“在他”）、“在神眼中/看来”（雅一 27，现中/新译；彼前二 20），以及“在神面前”（路一 30，二 52〔参箴三 4〕；彼前二 4〔中译“被神所拣选”是因与“被人所弃”相对，但二语的原文结构是不同的〕）。此外，亦参以下七次跟此语基本相同的结构的用法：“从天父那里”（太六 1，现中）、“在父那里”（约八 38，新译）、“在他那里”（约十四 23，思高）、“在你面前”（约十七 5〔两次〕，思高）、“在主面前”（彼后二 11），以及“在主看来”（彼后三 8，新译）。

人”。“报应”的原文[88]在前书三章九节译为“报答”(详见“帖前释”253－254),此复合动词在这里可能有“所回报的是跟有关的恶行或善行相称”的含意(参思高:“报复”):帖城信徒的迫害者既然“加患难给”他们,神就以“患难”来报应他们——同字根的动词和名词前后呼应,强调了“(神的)刑罚与(人的)罪行完全相符”的事实(参罗一24、26、28)。

“加患难(给)”的原文[89]在新约共用了十次(保罗书信占七次),只有在本节和另一节(可三9:“拥挤〔耶稣〕”)以主动语态出现,其余八次都是被动语态:一次指“狭”“小”“难走”的(引到生命的)路(太七14,依次见新译、和合、现中),另外七次一贯的意思都是“遭受患难”——这是保罗和同工(林后一6,四8〔“受敌”,较好的译法是“受压”(新译)或“受了磨难”(思高)〕,七5)、帖城信徒(帖前三4;帖后一7)、其他信徒(提前五10;此节的“困苦”人〔新译〕可能包括非信徒),以及对神有信心的敬虔之人(来十一37)共有的经历。

神必报应的思想屡见旧约(参罗十二19及来十30,二者皆引自申卅二35),本节的思想和词藻,都可能受了旧约某些经文影响,例如:以赛亚书六十六章六节(“耶和华向仇敌施行报应的声音”),[90]六十六章四节(七十士译本:“我要以他们的罪报应他们”),[91]和诗篇一三七(七十士译本一三六)篇八节(“报复你〔巴比伦〕,像你待我们〔以色列〕的,那人便为有福”)。[92]

一7 “也必使你们这受患难的人与我们同得平安” 本句指出“报应”的原则应用在帖城信徒身上正面的结果。原文并无动词,本句是由上一节那个不定词“报应”引出来的第二个意思。从第六节开始的整个结构是这样的:“如果(事实确是如此)这在神看来是一件公义的

---

[88] *antapodidōmi*. Cf. BAGD 73 (s.v.).

[89] *thlibō*. Cf. BAGD 362 (s.v.).

[90] *phōnē kyriou antapodidontos antapodosin tois antikeimenois*.

[91] *tas hamartias antapodōsō autois*.

[92] *makarios hos antapodōsei soi to antapodoma sou, ho antapedōkas hēmin*.

事,就是:(一)以患难报应那些使你们受患难的人,并(二)以与我们同享的平安(报应,即是赏赐〔参思高〕)给你们这些受患难的人"。[93]"平安"在原文跟第一节的"平安"不同;这里所用的字的基本意思是"松弛、解脱(如释重负)",[94]此字在新约共用了五次(保罗书信占四次),一次指对囚犯的"宽待"(徒廿四23,即是给予某种程度的自由),两次指身心的"安宁"(新译、思高:林后二13,七5),另一次指经济上的"轻省",与"负累"相对(林后八13),在本节所指的"安宁"(思高)不仅是脱离患难(参现中:"释放"),[95]而是在"神的国"(5节)里享受永恒的"安息"(新译、当圣),亦即是"和主永远同在"(帖前四17)。[96]

保罗说,这永恒的安息是仍在忍受患难[97]的帖城信徒将来要"与我们"(即是保罗和他的同工)一同享受的。保罗加上"与我们"一语是非常合适的,因为他和他的宣教同工同样有他们要忍受的患难(帖前二15,三7;帖后三2;参林前四9～13),也有他们将要得享的荣耀(林后四17～18)。[98]使徒与信徒现今同受患难(参腓一30)的经历正是一种预兆,表示他们将会同享安息,就如所有和基督一同受苦的(包括帖城信徒及保罗和同工),"也必和他一同得荣耀"(罗八17)。

"那时,主耶稣同他有能力的天使从天上在火焰中显现" 本句的原文由四个介词词组组成:(一)"当主耶稣……显现的时候"(当圣)指出神会在什么时候施行审判,按"报应"的原则分别赏赐帖城信徒(及保罗和同工)和惩罚那些使他们受患难的人。[99]随后的三个词组都是形

---

[93] 现中把"你们这受患难的人"的原文(*hymin tois thlibomenois*)译为笼统性的"受苦的人";但是原文"你们"一字一方面跟上一节的"你们"前后呼应,另一方面也跟下文的"与我们"有密切的关系,因此把"你们"省去不译是错误的做法。

[94] 它在蒲草纸文献的一个意思是税项的"豁免"(MM 42 s.v. *anesis*).

[95] 在本节、林后八13,七5三处,*anesis* 及 *thlipsis*/*thlibesthai* 都是同时出现并且成为对比。

[96] Moore 93; Best 257; over against Whiteley 92.

[97] 本节"受患难"的原文是现在时态的分词(见注93),就如第4节"受"字的原文是现在时态的动词,两者都表示帖城信徒现今的经历。

[98] Cf. Bruce 150.

[99] 新译本和当代圣经译本按中文句法的要求正确地把本节此句(即7b)放在6b～7a之前;现代中文译本则在此句之后加上"上帝就要执行这一件事",同样表明6b～7a所说的事要在7b所说的时候发生。思高本圣经的译法是将此句单连于下文,未能准确地反映原文思想的逻辑关系。

容主耶稣会如何显现，就是：（二）“从天上”，（三）“同他有能力的天使”，（四）“在火焰中”。[100] 本句显示，虽然上文（6～7a 节）只提到神的行动，但其实保罗一直在想到神要藉主耶稣来施行审判。从本句至第十节上半节，保罗引用了一连串旧约中形容主耶和华显现的经文，把它应用在主耶稣的身上。[101]

（一）“主耶稣”一语的意义，可参“帖前释”104；冯：“腓立比书”76～77。

“显现”的原文是个名词，此词[102]在新约一共出现十八次（保罗书信占十三次），大致上可分为三种用法。[103] 第一，此词概指真理的启示：基督降生是为要作“启示外邦的亮光”（路二 32，现中）；使徒所宣讲关于耶稣基督的信息是“照着他〔神〕奥秘的启示”（罗十六 25，新译）；保罗为信徒向神求“启示的灵”（弗一 17，新译）。第二，此词指特别的（例如藉异象而来的）启示：保罗所传的福音来自“耶稣基督的启示”[104]（加一 12，新译）；神“藉着启示”使保罗得知基督的奥秘（弗三 3，新译）；保罗归主后第二次上耶路撒冷，是“受了启示”才去的（加二 2，思高）；“主所赐给〔他〕的……启示〔原文为复数〕”[105]（林后十二 1，现中）不但数目众多，而且“高超”“奇特”（林后十二 7，依次见思高、现中）；使徒和信徒在教会的聚会中分享“从上帝来的启示”（现中：林前十四 6、26）；启示录的内容是“耶稣基督的启示”[106]（启一 1）。第三，此词指末日奥秘的显露：神公义审

---

[100] 四个短语在原文依次为：*en tēi apokalypsei tou kyriou Iēsou*，*ap' ouranou*，*met' angelōn dynameōs autou*，*en pyri phlogos*.

[101] 依次见：Bruce 150；Marshall 175. Glasson（'Theophany' 265－267）指出，虽然主自天上荣耀降临这一教义并不见于犹太教，但它不算是新创的，因为它是把旧约论耶和华来临的教训应用在耶稣身上的结果。

[102] *apokalypsis*.

[103] Cf. BAGD 92（s. v.）.

[104] （*di'*）*apokalypseōs Iēsou Christou*；*Iēsou Christou* = objective genitive（cf. Fung, *Galatians* 54；冯：“真理”31－32）.

[105] *apokalypseis kyriou*；*kyriou* = subjective genitive or genitive of author.

[106] *apokalypsis Iēsou Christou*；*Iēsou Christou* = subjective genitive（'mediated by Jesus Christ'）.

判的“彰显”(罗二 5,新译)、上帝众子的“显现”(罗八 19,新译)、主耶稣基督的“显现”(本节;林前一 7;彼前一 7、13)、[107]他的荣耀的“显现”(彼前四 13)。

保罗在帖撒罗尼迦前后书通常以“再来”一词称主耶稣的第二次降临(共七次:详参“帖前释”220～221),只有这一次称其(参 10 节)为主的“显现”,在二章八节则用了“主……再来所显现的光辉”(新译)一语。原文所用的三个字眼有略为不同的重点:“再来”着眼于主的临在,“显现的光辉”[108](思高只译为“显现”,和合只译为“荣光”)着眼于他公开的彰显,“显现”着眼于他从隐藏的地步被显露的事实。[109] 这里用“显现”是很恰当的,因为这词提示了这样的思想:虽然已被立为公义审判者的耶稣基督(参徒十七 31)如今仍是隐藏在天上(参“从天上”一语),在神的面前(参西三 1、3),但到了时候他必显现出来,并且执行他受神所托的责任,而信徒亦不再只是在灵里认识他,乃可亲眼看见他(参 10 节;约壹三 2)。[110]

(二)“从天上”一语已在前书四章十六节及一章十节出现过(详参“帖前释”102－103);主耶稣要“从天上”显现,不但意味着他再临之前是隐藏于天上,[111]可能还有“带着神的权柄和能力而来”之意(因为天是神的所在,参徒七 49),如在前书一章十节和腓立比书三章二十节一样。这三处的下文(按原文次序)都提及或暗示主或神的能力,此点可以说有力地支持了这个看法。

---

[107] 在以上四节,*apokalypsis* 之后的 *tou kyriou Iēsou*/*hēmōn Iēsou* 〔*Christou*〕或 *Iēsou Christou* 皆为 objective genitive. 参注 104－106。Hendriksen 158－159 n. 115 认为“主耶稣的显现”在本节的意思是“耶稣显示他自己”。但按加一 15～16 的提示,使耶稣显现的是神;本节上文(6～7a)的“主角”亦是神,这同样向我们提示,耶稣的“显现”是神的作为。

[108] *epiphaneia*.

[109] 参罗十六 25:神如今所启示的奥秘,是“自古以来秘而不宣”的(新译);神向保罗启示的基督的奥秘,是“在以前的世代没有叫人知道……”(弗三 3～5)。在“神的众子显出来”(罗八 19)之前,他们的“生命是与基督一同藏在上帝里面”的(西三 3,参 4 节)。Cf. also Milligan 145－151.

[110] Cf. Ellicott 99*a*; Frame 231.

[111] Cf. Mauser, ‘Heaven’ 47.

（三）“同他有能力的天使”的意思是“偕同他大能的天使”（思高），即是“由……天使陪同着”。

“天使”一词原文的意思是“差役”，此词在保罗书信出现十四次（新约共一百七十六次），大致上分为三种用法：[112]第一，指神的使者——他们是属神的（加四14），他们居住在天上（加一8；参本节），他们称为“蒙拣选的天使”（提前五21，与堕落的天使相对〔参太廿五41；彼后二4；犹6〕），他们的外表是光明的（林后十一14），他们的语言有别于人间的语言（林前十三1，参思高）；律法是藉着他们设立的（加三19，参新译）；他们是一些人的敬拜对象（西二18）；他们可能是基督徒聚会中隐形的探访者（林前十一10）；[113]他们曾看见基督升高得荣（提前三16），并要在他再来时陪同着他（本节）。第二，指灵界的活物，与人相对（林前四9），但并无说明他们与神的关系。第三，指堕落的恶天使（林前六3；罗八38；林后十二7〔保罗视他身体上的一根刺为“撒但的差役”〕）。

“能力”一词的原文在保罗书信的用法，可参“帖前释”77。按原文通常的译法，本节称与基督同来的天使为“他有能力的天使”（新译）。[114]原文直译是“‘他的大能’的天使”：[115]这可能是一种希伯来语法，意思其实是“他大能的天使”（思高、现中、当圣），即是跟“他有能力的天使”同义；诗篇一〇三篇二十节提及“听从他〔耶和华〕命令，成全他旨意有大能的天使”，似乎支持这个看法。[116] 另一方面，不少释经者认为此词组应按直译的意思来解释，即是把“他的”连于“能力”而不是连于“天使”，得出的意思就是：那些天使是“他的能力的说明者和仆役”，或：那些天

---

[112] Cf. BAGD 7 - 8 (s.v. *angelos*).

[113] Cf. Fung, ‘Ministry’ 189 - 190；冯：“再思”109.

[114] *angeloi dynameōs autou*：‘his mighty/powerful angels’（AV，RSV，NEB，NASB/NIV）.

[115] ‘the angels of his power’（RV）.

[116] Bruce 150. 该节“有大能的”在七十士译本（诗一〇二 20）是 *dynatoi ischyi*（‘mighty in strength’）. Cf. Ellingworth-Nida 145.

使是“属乎基督的大能”的。[117] 支持此看法的一个理由是，本段的主角是主耶稣，因此“能力”较可能指主的能力而不是天使的能力；[118]下文(9节)提到主的“权能”，也是支持这个看法。鉴于文理的提示，而且“他的”在原文是紧随“能力”之后而跟“天使”隔开，后一个看法(即是直译)似乎较为可取。按此解释，这些陪伴的天使彰显基督的大能，增加了他的荣耀和庄严。

(四)“在火焰中”，原文是在第八节的起首；此词组若连于上文，得出的意思就是“显现在火焰中”(新译、现中)，但若连于下文，意思就变成“在火焰中报复”(思高，参当圣)。“火”字的原文[119]在保罗书信另外只用了四次(新约共七十一次)，其中两次按其字面意义分别指炭火及可焚毁工程的火(罗十二20；林前三15)，另两次指来自天上、有属天性质的“火”(林前三13a、b)，本节的“火”字跟后一种用法相同。“焰”字的原文[120]在保罗书信只用了这一次，在新约另外只出现六次，其中五次是在“火焰”一词中[121](徒七30；来一7；启一14，二18，十九12；另见路十六24〔该节原文只有“焰”字，并无“火”字〕)。本节的“火焰”在原文的次序[122]跟上述五节刚好相反，但在意思上可说并无分别。“火”或“火焰”在圣经里常象征神的审判或刑罚(例如：赛六十六15～16；但七9～11；摩七4；玛三2；太廿五41；可九43、48；林前三13；犹7；彼后三7)，以及神或主基督的威严与能力(出三2；诗五十3；启一14)，问题是：本节的

---

[117] 分别见 Milligan 89*b*；Moffatt 45*b* 及 Best 258；Marshall 176. Moore 94 把“他的能力”(参可十四62)看为保罗用来指耶稣的神性的说法，从而得出那些天使“和他的神性相符并且更加显出他的神性”之意(亦参串释本节注释)。Frame 232 认为“大能的天使”可能是启示文学所提到的一种具有特别能力的天使(cf. Morris III 1828)，但 Best 258 认为支持此说的证据不足。如 Frame 236 自己指出，本节的天使是基督的侍从，不是(如在启示文学书那样)施行刑罚的天使。

[118] Morris II 202.

[119] *pyr*.

[120] *phlox*.

[121] *phlox pyros* = 'flame of fire'. 此词亦见于七十士译本出三2；赛六十六15；但七9；及帖后本节的异文。

[122] *pyr phlogos* = 'fire of flame', i.e. 'flaming fire'. 此词亦见于七十士译本出三2异文；便西拉智训四十五19；所罗门诗篇十二4。*Phlogos* = genitive of quality (BDF 165). 关于本节的异文，详见 Marshall 176－177 的讨论。

“火焰”是哪一种用法——是审判的工具，还是围绕着再来之主的元素？

虽然有释经者认为在二者之间难以决定，或认为二者同时包括于“在火焰中”一语之内，或赞成前一个看法（即是以火焰为审判的工具），[123]但后一个看法（即此词组是形容基督如何显现的）较为可取，因为：此词组紧随“同他有能力的天使”之后，且同样是由介系词引出的，故此较可能是形容同一个动词；陪伴的天使和环绕的火焰自然是连在一起，二者构成基督临在的象征及伴随；而且“火焰”在下文有关审判的描述中不再提及。[124]

一8　“要报应那不认识神和那不听从我主耶稣福音的人”　新译本在“要报应”之前有“又”字；按此了解，承接着上文的意思——“上帝……就使……却以……又要……”——施报者是神。但支持原文有“又”字的抄本证据不足，而且原文清楚表示，分词“报应”的主词是上文第七节的“主耶稣”而不是第六节的“神”。[125] 因此，本节的报应者是指主耶稣，如在前书四章六节一样（参徒十七31；约五27）。

“要报应”的原文直译是“施报应”（当圣），即是说，本节的“报应”是个名词。[126] 此词在新约共用了九次，在本节以外的八次中，两次的意思是“责罚”或“惩罚”，其余六次是“报仇”“伸冤”或“报应”之意（详见“帖前释”312-313）。就本节而论，“报应”是比“惩罚”（现中）更合适的翻译，理由如下：（一）神的刑罚是按照人的罪而施的报应，第六节所用的动词清楚表明了这因果报应的原则；（二）原文所用的结构在七十士译本出现时，[127]它的意思都不是“惩罚”，而是“报复”（结廿五14、17）、“报仇”（撒下四8）、“伸冤”（撒下廿二48；诗十八47〔七十士译本十七48〕）

---

[123] 依次见：Ellingworth-Nida 146；Lightfoot 102；F. Lang, *TDNT* VI 944-945, *TDNTA* 978 (cf. Marshall 177).

[124] 依次见：Ellicott 110a；Best 259. Cf. Frame 232；Moore 94；Neil 147；Whiteley 93；Morris II 203. See also RV, RSV, NEB, NASB, NIV, over against AV.

[125] *didontos* (genitive), agreeing with *tou kyriou Iēsou* (genitive), but not with *tōi theōi* (dative).

[126] *ekdikēsis*. “施”字的原文（*didōmi*）在帖前四2、8依次译为“传”及“赐”；关于此动词在保罗书信中的用法，可参“帖前释”289-291.

[127] *didonai/dounai ekdikēsin*. Cf. *apodounai ekdikēsin*（赛六十六15）；*en hēmerai ekdikēseōs antapodōsō*（申卅二35）。

等意思。[128]

和合本的翻译——“那……和那……的人”——忠实地反映出原文重复了冠词[129]的事实,此事实似乎提示这里谈及的是两班人;本书引用的另外四个中译本则把他们看为一班人(最清楚表达这看法的是现中〔留意译文中的顿号〕和新译〔省掉“和”字〕;亦参思高、当圣)。在讨论孰是孰非之前,我们先留意主耶稣要向他们施报的是什么人。

(一)他们是“不认识神”的。不认识神是外邦人的特征(帖前四5):加拉太人不认识神的时候,是给假神作奴仆的(加四8);保罗宣告“世人”不能凭自己的智慧去认识神,他所指的特别是当日的希罗世界中那些“寻找智慧”的希腊人(林前一21,新译);他对外邦人整体的指控,就是“他们虽然知道上帝,却不尊他为上帝”,反而“故意不认识上帝”(罗一21、28,新译)。可是,“不认识神”并非外邦人的专利品:耶和华曾指责以色列民“因行诡诈不肯认识”他(耶九6〔七十士译本5节〕),耶稣同样对当时的犹太人领袖直言,“你们未曾认识他〔神〕”(约八55,参十六3)。不管是犹太人或外邦人,“凡没有爱心的,就不认识神”(约壹四8);那在口头上“声称认识上帝,却在行为上否认他”的,并不是真的认识神,反而是“可憎的、悖逆的”(多一16,新译)。本节的“不认识神”所指的[130]不是“不晓得有神的存在”,也不是“虽然相信有神的存在,却不知道他是怎样的”,而是虽然知道他的存在,却“不承认他”(现中;参耶九6;罗一21、28),因为唯其如此,神藉主耶稣向他们所施的报应才是“公义”的(5节)。

(二)他们是“不听从我们主耶稣的福音的”(新译)。“听从”一字的原文[131]在新约共用了二十一次(保罗书信占十一次),除了一次有专

---

[128] Cf. Best 259.

[129] *tois* ... *kai tois* .... G. Schrenk (*TDNT* II 446)认为这里的间接受格是因受赛六十六15(见注127)的影响所致。

[130] 在上述十一节经文中,原文用了三个译为“认识”或“知道”的字,分别是:*oida* 五次(帖前四5;加四8;耶九5〔七十士译本〕;多一16;帖后一8);*ginōskō* 五次(林前一21;罗一21;约八55,十六3;约壹四8);名词 *epignōsis* 一次(罗一28)。前二者是大致上同义的动词,第二、三两个字是同字根的。

[131] *hypakouō*. Cf. BAGD 837 (s.v.).

门性的意思（徒十二 13，新译：“应门”），一次指桑树（假设地）“服从”门徒（他们若有信心；路十七 6，思高），并四次指污鬼和风浪“服从”耶稣（可一 27〔新译、现中〕；路八 25〔思高〕，参可四 41；太八 27），其余十五次都有一般性的“服从”之意（罗六 16，思高、现中）。以人为对象的有：父母（弗六 1；西三 20）、奴仆的主人（弗六 5〔现中〕；西三 22）、亚伯拉罕（彼前三 6，现中）和神子耶稣（来五 9，现中、思高）。以物为对象的有：身体的情欲（罗六 12）、神的呼召（来十一 8，按文理的提示〔参现中〕）、使徒信上的话（帖后三 14）、基督教的“信仰”（徒六 7，思高、现中）、使徒所传的“教理规范”（罗六 17，思高）和福音（罗十 16；帖后本节）。在腓立比书二章十二节，“顺服”的对象则可能同时包括基督、使徒（及其同工），以及他们所传的福音和教导。[132]

同字根的名词[133]在新约共用了十五次（保罗书信占十一次），一次作形容词用，相等于“顺服的”（彼前一 14，新译），一次指奴仆对主人的“服从”（罗六 16a，思高、现中），两次指基督对神及其旨意的“顺服”（现中：罗五 19；来五 8），一次指人的思想对基督的“归顺”（林后十 5），六次指信徒对真理（彼前一 22）、基督（彼前一 2）、神及其旨意（罗六 16b）、使徒及其同工（林后七 15，十 6；门 21）的顺服，另四次特指外邦信徒对基督（因信他而生）的顺服（罗一 5〔参新译、现中〕，十五 18〔思高：“归顺”〕，十六 19、26〔参新译、现中〕）。

上两段的资料显示，“顺从”是信徒不能逃避的责任，是他们应有的特征；他们顺从的对象包括：神的呼召（来十一 8，参三 1）、神及其旨意、耶稣基督、使徒及同工和他们的教训、基督教的信仰、真理和福音。本节不用“神的福音”（帖前二 2、8、9；特别参较彼前四 17），而用“我主耶稣的福音”（参帖前三 2；罗一 9）——意即“有关我们主耶稣的福音”（现中；详参“帖前释”228，及冯：“腓立比书”172－173）——是因本段（7b～10 节）的主角是基督，要“向那些不认识上帝和不听从我们主耶稣福音的人施报应”（当圣）的就是他。

现在我们要回到本节的主要问题：这里提及的是两班人还是同一

---

[132] 参冯：“腓立比书”267－268.

[133] *hypakoē*. Cf. BAGD 837(s.v.).

班人？（一）支持两班人的看法最有力的根据，就是原文重复了冠词："那……和那……"最自然的解释是指两班人。按此解释，"那不认识神"的人是外邦人，"那不听从我主耶稣福音的人"是不信的犹太人。在加患难给帖城信徒的事上，外邦的官吏和犹太的煽动者一同有份（徒十七5～9）。[134] 可是，本节所说的是主再来时要向他们施报的所有人，因此应作最广义的解释，而不是按帖撒罗尼迦的情况来解释[135]（尽管广义的解释自然可应用于帖城的情况）。而且如上文指出，"不认识神"一语亦可用在犹太人身上，就如"不听从……福音"一语亦可用在外邦人身上（彼前四 17："不信从神福音的人"；参彼前二 8〔小字〕，三 1："不顺从道理"；罗二 8："不顺从真理"〔留意 9 节："先是犹太人，后是希利尼人"〕；罗十一 30："你们〔外邦人〕从前不顺服神"〔参现中〕；约三 36："不信从子的"〔思高、新译〕同时包括外邦人和犹太人）。[136]（二）一个类似的看法认为，"那不认识神"的人是异教徒（即外邦人），"那不听从……福音的人"则指犹太人和外邦人。[137] 但这样的分组显然没有说服力。（三）有释经者认为，本节显然是暗指耶利米书十章二十五节（"愿你将忿怒倾在不认识你的列国中，和不求告你名的各族上"），因此两个平行语极可能是指同一班人。[138] 可是，保罗在前书四章五节引用耶利米书十章二十五节时，他的引句包括"外邦人"一词，[139]但本节并无此词，而且保罗若是引用了耶利米书该节的话，他大可以沿用"不求告你名的各族"而不必以"不听从我主耶稣福音的人"代替它。由此看来，保罗并不是引用了该节，而是借用了一些旧约的词汇自创了本节的两个平行语。[140] 不过，这两个平行语的确可视为希伯来的同义平行语法，因而是指同一班人：[141]"不承认神"（参现中）和"不听从……福音"是不信主之

---

[134] Cf. Ellicott 100; Robertson, *Pictures* 4.44; Frame 233; Moffatt 45–46; Marshall 178.

[135] Pace Whiteley 93.

[136] 在上述六处经文中，译为"不信从/顺从/顺服"的原文是动词 *apeitheō*.

[137] Lightfoot 103; Neil 148.

[138] Grayston 96–97; Cf. Whiteley 93.

[139] *ethnē*，耶十 25 的"列国"是同一个字。

[140] Best 260; cf. Frame 230.

[141] 参耶十 25：*ekcheon* ... *epi* *ethnē ta mē eidota se*
kai *epi* *geneas hai to onoma sou ouk epekalesanto*

人的两个特征，后者可说是前者一个清楚的例子；而“不听从我们主耶稣的福音”（新译）尤其是可恶的罪行，因为这样的人拒绝了神藉他儿子赐下的启示（参来二2～4）。[142] 正因为“有关我们主耶稣的福音”（现中）是神的启示，人对这福音的态度及响应就是神在末日审判时决定他们命运的根据。

一9 “他们要受刑罚，就是永远沉沦，离开主的面和他权能的荣光” “他们”的原文是个关系代名词，此词[143]在保罗书信用了四十二次（新约共一百四十八次）。按古典希腊文的用法，此词与另一个近义的关系代名词[144]的分别，在于该词是指个别、特殊和明确的人或物，此词则指一般、笼统和不确定的人或物，或具“有某种性质”的含义。虽然这种区别到了新约时代的普通希腊文已变得模糊不清，但至少就保罗而言，他大致上似乎仍保留着这种区别。因此，“他们”在本节的意思可能不只是“这些人”（思高、当圣），而是“这样的人”（即是具有上文8节所提及的两个特征的人）。[145]

译为“受”字的原文[146]在新约只出现这一次，但亦见于七十士译本（箴廿七12）；同字根的复合动词在新约也只用了一次（门19），它是法律上的专门用语，意即“赔偿损失”。[147] “刑罚”一词的原文最初的意思可能是“风俗、习惯”，继而指由习俗确定的“理”，进而演变成“法律程序”或“法庭上的聆讯”之意，再进一步而得“诉讼的结果”，即是“执行判决”“刑罚”的意思。[148] 这字在新约另外只用了两次，一次指“天理”（被拟人化成一位女神：徒廿八4），另一次也是（像本节）用在“受……刑

---

[142] Cf. Milligan 90*b*; Moore 95; Calvin 392; Morris II 204 - 205.

[143] *hostis*.

[144] *hos*. 此字在新约共用了一千三百六十五次。

[145] Best 261; cf. Zerwick 218. See also BDF 293(4); MHT 1.91 - 92, 3.47 - 48; Ellicott 101*a*; Lightfoot 103; Milligan 90 - 91; Frame 235; Morris II 205. Bruce 152 则认为 *hoitines* 在此与 *hoi* 同义。

[146] *tinō*.

[147] BAGD 101 (s.v. *apotinō*).

[148] MM 163 (s.v. *dikē*). 此字和另两个同样译为“刑罚”的字从三个不同的角度看同一件事：*dikē* 是从公正之审判官的角度，*kolasis*（太廿五46；约壹四18）是从罪犯的角度，*timōria*（来十29）则是从受害者的角度（Findlay, as cited in Morris II 205 n.28）.

罚"一语中(犹 7),不过两节用了不同的动词;本节的"受刑罚"原文所用的是个古典希腊文的词汇,[149]该节所用的则是个法律专用语。[150]

"这样的人"所要受的刑罚,保罗称之为"永远的沉沦"(当圣)。此语的原文在新约只出现这一次,但亦见于伪经之马加比肆书十章十五节,该处论到"那暴君〔安提阿哥(四世)伊皮法尼〕的永远沉沦"。[151]

"沉沦"一词的原文已在前书五章三节出现过(参"帖前释"389)。"永远"一词的原文[152]在保罗书信出现过二十一次(新约共七十次),分为三个意思:(一)"没有开始的",如在"自古以来"(罗十六 25,现中、新译〔26 节〕)、"在万世以前"(提后一 9〔现中〕;多一 2〔现中、新译〕)二语中。[153] (二)"无始无终的",用在"永恒的上帝"(罗十六 26,新译)这称谓中。(三)"无尽的":一次作副词用(门 15:"永远",与"暂时"相对),其余十六次皆为形容词(林后四 18:"永远的",与"暂时的"相对),分别用在"永生"(罗二 7,五 21,六 22、23;加六 8;提前一 16,六 12;多一 2,三 7)、"永远在天上〔的房屋〕"(林后五 1,思高)、"永远的鼓励"(帖后二 16,原文自译)、"永恒的荣耀"(提后二 10,现中)、"永远的光荣厚报"(林后四 17,思高)、[154]"永远的权能"(提前六 16)和"永远的沉沦"(本节)等词语中。在保罗书信以外,此词亦常用来指神的审判,像在本节一样(参耶廿三 40〔思高〕;但十二 2;马加比肆书九 9,十三 15〔"永远的煎熬"〕,十二 12〔"永远的火和煎熬"〕;太十八 8,廿五 41、46;来六 2;犹 7)。

---

[149] *dikēn tinein* = 'pay a penalty, suffer punishment': BAGD 198 (s. v. *dikē*); MM 636 (s. v. *tinō*).

[150] *dikēn hypechein*: cf. BAGD 842, s. v. *hypechō*.

[151] *ton aiōnion tou tyrannou olethron*. Cf. *olethron aiōnion*(本节)。

[152] *aiōnios*. Cf. BAGD 28 (s. v.).

[153] 二语原文依次为:*chronois aiōniois*, *pro chronōn aiōniōn*.

[154] 按原文的结构,"永远的"是形容"厚报"而非"光荣";*aiōnion baros doxēs* = 'an eternal weight of glory' (RSV).

“永远的沉沦”是指什么呢？根据保罗随即加上的解释，“沉沦”或“灭亡/丧亡”（现中/思高）的意思，“就是离开主的面和他权能的荣光”（新译）。有释经者认为，原文“从”字（参现中）在此的作用是指出“永远沉沦”的来源（参徒三 19〔原文 20 节〕）乃“主的面和他权能的荣光”：这样，来自主的刑罚便与圣徒从他而得的赏赐（10 节）成为对比。[155] 虽然主的面确有毁灭性的效果（参诗卅四 16；耶廿一 10，四十四 11；彼前三 12；启六 16），但介系词“从”字仍应解为地方意义上的“离开”或“远离”（思高），理由如下：[156]（一）信徒要和主永远同在（帖前四 17），不信者则要“永远离开主的面”（当圣），这两种命运互相平衡；（二）“离开主的面和他权能的荣光”是引自以赛亚书二章十、十九、二十一节，介系词“从”字在该处有“躲避”（因而是“离开”）之意；[157]（三）原文所用的结构（见注 159 最后一个词组）正常的意思是“离开”（徒五 41，七 45〔“从我们祖先的面前”，思高，参新译〕；启六 16，十二 14，二十 11）；（四）主耶稣对“作恶的人”的判决也是“离开我”（太七 23；参路十三 27；太廿五 41）。就事实而论，“离开”主的面这种命运确是来自主，因为是主自己使不信从福音的人永远和他分开（参太七 23）。“主”显然是指要再来的主耶稣（7、8、10 节）。

“面”字原文[158]在保罗书信共用了二十三次（新约全部七十六次），显示了几种略为不同的用法：（一）完全按其字面意义，指人的脸（林前十四 25；林后三 7a、b、13、18，四 6，十一 20）。（二）指“外貌”（加二 6），与“内心”相对（林后五 12；帖前二 17a）。（三）“面”

---

[155] Moore 95; cf. RV, ‘eternal destruction form the face of the Lord ...’; G. Kittel, *TDNT* II 254 with n. 6.

[156] Cf. Best 263. 如 Milligan 91*b* 所指出的，介系词 *apo* 常有这种分离之意，如在：帖后二 2〔参思高〕；罗九 3；林后十一 3；加五 4。

[157] 七十士译本有“惊吓”一字（*apo prosōpou tou phobou kyriou*）；保罗的引句将该字省略不用，不但除去该字可能提示的主动意思（如酷刑），也使两个词组（“远离主的面，远离他威能的光荣”，思高）的平行状态比七十士译本的译法更为牢固，像在希伯来文原句那样（Best 264）。更为重要的是，我们再次清楚地看见，保罗将旧约用于神的话应用在主耶稣身上。

[158] *prosōpon*. Cf. BAGD 720 – 721 (s. v.).

乃眼目(视觉)所在(林后十7:"眼前的"原文直译为"在面前的"),故可有象征性意义:"面对面"与"模糊不清"相对,意即"清清楚楚"(林前十三12,现中)。(四)"面"代表"人"(林后一11:第一个"人"字原文为"面"字),或强调"个人"之意(加一22;西二1;帖前二17b,三10)。(五)"面"多次指"(某人)在场",如在"当着基督的面/在基督面前"(林后二10,思高/和合)、"在众教会面前"(林后八24)、"与你们见面的时候"(与"不在你们那里的时候"相对,林后十1)、"当面"(加二11)等介词词组中;本节"从主面前"(现中)一语中的"面"字,也是属于最后一种用法。[159]

在圣经里,"神的面"象征了安舒(徒三19)、喜乐(徒二28,引诗十六11)、恩泽(来九24),常见神的面是天使的特权(太十八10),也是在新天地中信徒要得的福分(启廿二4)。但"神和羔羊"(启廿二3)、圣父与圣子(约十30,十七11、21、22、23)、"父神和主耶稣基督"(帖后一1)是完全合一的,因此保罗可以把见神之面这至高的福分演绎为"得见〔主耶稣〕的真体"并要像他(约壹三2)。常见主的面、与主永远同在正是"天堂"的精髓;因此,"地狱"的本质就是"从主面前……被排除"(现中)。"远离主的面"自然包括"远离他威能的光荣"(思高),即是"再也不能瞻仰他权能的荣光"(当圣)。

"荣光"一词的原文[160]已在前书出现三次(二6、12、20),这里补充此词在保罗书信(共七十七次,新约全部一百六十六次)之用法的字词研究。此词第一方面的意思是指(高评价所带来的)称赞、荣誉、光荣。"荣耀"跟"羞辱"相对(林后六8;腓三19),[161]而跟"尊贵"连着出现(罗二7、10;提前一17)。帖城信徒是保罗和同工的"荣耀"(帖前二20),就如他提到有两位弟兄是"基督的荣耀"(林

---

[159] 在上列五节经文中,有关的原文介词语依次为:*en prosōpōi*, *eis prosōpon*, *kata prosōpon* (twice), *apo prosōpou*. 最后一个词组是闪族语法,相当于希伯来文的 *mippᵉnê* (MHT 2. 466).

[160] *doxa*. Cf. BAGD 203-204 (s.v.).

[161] "羞辱"的原文在此二节依次为 *atimia*, *aischynē*.

后八 23),“女人是男人的荣耀”(林前十一 7b);[162]保罗为外邦人受苦难是他们的“光荣”(弗三 13,新译)。他和同工从来没有追求人的“荣誉”(帖前二 6,新译)。“荣耀”是属于神的(罗十一 36,十六 27;加一 5;弗三 21;腓四 20;提前一 17;提后四 18)。[163] 亚伯拉罕藉着坚信神的应许,“将荣耀归给神”(罗四 20)。人的虚谎使神的真实更加显明(罗三 7,参现中),蒙恩者多感谢亦多(林后四 15),基督接纳了信徒(罗十五 7),他们或吃或喝(林前十 31),以“阿们”回应神在基督里的一切应许(林后一 20),藉着基督“满结义德的果实”(腓一 11,思高),众口宣认“耶稣基督是主”(腓二 11,参现中)——这些都可以“使荣耀归与神”。[164] 保罗办理外邦教会合赀赈济耶路撒冷教会的事,也是“为了主的荣耀”(林后八 19,新译)。

此词另一方面的意思是“光辉、辉煌”。(一)此词按其字面意思用来指天上形体(日月星)的“华丽”“光辉”(林前十五 40〔思高〕、41〔四次〕)、表示神之临在的荣耀——“舍吉拿”(*shekinah*,罗九 4),和反映在摩西面上的“光辉”(林后三 7b,现中;参三 7a、9a、11a)。(二)由此而得的意思是“荣耀”,分别指:有长头发是女人的荣耀(林前十一 15),复活的身体是荣耀的(林前十五 43),和新约及其职事的荣耀远超旧约及其职事(林后三 8、9b、10、11b)。(三)“荣耀”有庄严之意,或是指神的绝对完全,如在“神〔的〕荣耀”(林后四 6)、“不能朽坏之神的荣耀”(罗一 23)、“可称颂之神的荣耀”(提前一 11,原文直译)等词组中;[165]或特指神之救赎恩典的庄严宏大,如在“他荣耀的丰盛”(弗三 16〔新译〕;罗九 23a〔原文直译〕)、[166]“使他的荣耀得着颂赞”(弗一 12、14,新译)或“使他恩典的

---

[162] 此句解释可参冯:“再思”108; Fung, ‘Ministry’ 188.

[163] Cf. Fung, *Galatians* 42;冯:“腓立比书”497;“真理”14 注 42。

[164] 在上列七节中,此片语的原文有六次是 *eis* (*tēn*) *doxan* (*tou*) *theou* (*patros*)/*autou*,在林后一 20 则为 *tōi theōi pros doxan*.在腓一 11,“荣耀”之后还有“称赞”一词。

[165] 在原文依次为:*tēs doxēs tou theou*/*tou aphthartou theou*/*tou makario theou*.

[166] 两处的原文皆为:*to ploutos*/*ton plouton tēs doxēs autou*.

荣耀得着颂赞"(弗一6,新译)等词组中。[167] 因此神称为"荣耀的父"(弗一17),基督"藉着父的荣耀"(即是"天父以他荣耀的大能使基督"〔现中〕)从死人中复活(罗六4)。同样,基督称为"荣耀的主"(林前二8),福音"是关于基督的荣耀"(林后四4,现中),信徒在福音里"得以看见主的荣光"(林后三18a),他们也等待"我们的救主耶稣基督的荣耀"之显现(多二13,现中)。(四)"荣耀"是一种极崇高的地位,一种极辉煌的状况,一方面指基督复活之后"被接到荣耀里"(提前三16,新译),和他复活后"荣耀的身体"(腓三21);另一方面指信徒至终得以进入的有福状况(罗九23b;西三4),此状况分别称为"(分享)神的荣耀"(罗五2〔参现中、思高〕,参三23;帖前二13)、"得着我们主耶稣基督的荣耀"(帖后二14,新译)、"我们的荣耀"(林前二7,新译)、"将要向我们显出的荣耀"(罗八18,新译)、"上帝儿女〔的〕荣耀"(罗八21,新译)、"永远的荣耀"(提后二10)、"永远的光荣厚报"(林后四17,思高〔参注154〕)。基督就是外邦人"得光荣〔即是"分享上帝的荣耀",现中〕的希望"(西一27b,思高)。信徒如今已可预尝末日的荣耀,因为他们藉着观看和默想主的荣光,就"渐渐地光荣上加光荣,〔至终〕变成了与主同样的肖像"(林后三18b,思高)。

除了上述两方面的主要用法外,"荣耀"一词还有几次是用作形容词或副词,如在"荣耀的丰盛"(西一27a〔新译〕;弗一18〔原文直译〕)[168]、"荣耀的能力"(西一11,现中)、"荣耀地〔即是以能彰显神的荣耀的方式〕"(腓四19)[169]等词组中。还有一次(林前十一7a),"荣耀"似是"反照"之意。[170]

本节"他权能的荣光"("荣光"属上述第二方面之下的第三种用法)即是"从他的权能而来的荣光",仿佛基督所运用的权能散发着闪耀夺

---

[167] 原文依次为:*eis epainon* (*tēs*) *doxēs autou*/*tēs charitos autou*.

[168] 两处的原文依次为:*to ploutos*/*ho ploutos tēs doxēs* = 'the glorious wealth' (Bruce, *Colossians* 270).

[169] *en doxēs* = 'gloriously, in a glorious manner';参冯:"腓立比书"495。

[170] Cf. Fung, 'Ministry' 188,330 n.127;冯:"再思"107-108,133-134注127。

目的光芒。[171] 在以弗所书六章十节，主的力量是信徒所必须倚仗的，来作刚强的人；在本节，主的"权能"是他自己运用的力量，这力量的运用包括（但绝不限于）使没有听从他的福音的人和他永远分离。

"权能"一词的原文[172]在新约另外出现九次：三次指人应当"尽力"（可十二 30、33）或"用……全力"（路十 27，新译，参思高）爱神，[173]一次指信徒应当按着神所赐的"力量"服事（彼前四 11），[174]一次指天使的"力量"（彼后二 11），[175]两次指那曾被杀的羔羊所配得（启五 12）或是属于神（启七 12）的能力，余下两次分别指神在基督身上（使他从死人中复活）所运行的"大能大力"（弗一 19），和主的"大能大力"（弗六 10）。[176]

既然保罗为"永远沉沦"所下的定义是永远"离开主的面和他权能的荣光"，这就表示"沉沦"不是指至终的或永远的"消灭"（所谓"人死如灯灭"），因为除非人在死后继续存在，否则说他们"永远离开主的面，再也不能瞻仰他权能的荣光"（当圣）是没有多大意义的。值得留意的是，保罗在这里或其他地方都没有把不信者的命运描写为受着酷刑的折磨，他的重点完全是消极的，即是着眼在与主分离的事实，这事实意味着一切使人值得活下去的东西都没有了。[177] 与此同时，我们不应减弱"永远"一词的意思，如谓保罗是在盛怒之下才措词这么强烈，或谓"永远"意即"来世继续有生存这回事多久，逼迫者便会和神分离多久"，[178]因为：虽然此词在蒲草纸文献中常用来指个别的罗马皇帝和他的能力，

---

[171] *tēs ischyos* = genitive of origin; cf. Ellicott 102*a*; Frame 235; Best 264.

[172] *ischys*. Cf. BAGD 383 (s.v.).

[173] 两个词组的原文依次为 *ex holēs tēs ischyos*, *en holēi tēi ischyi*. 七十士译本申六 5 是用前一个介系词，但二者在意思上可能并无分别（路十 27 将两个介系词同时使用）。

[174] 原文所用的结构（*ex ischyos*）与可十二 30、33 所用的（见前注）相同（*ek* + genitive）.

[175] 随后的"权能"一词原文是 *dynamis*，在帖后一 7 译为"能力"，但在帖前一 5 也译为"权能"。

[176] 在原文依次为：*tou kratous*/*tōi kratei tēs ischyos autou*：'*power* (over external things) afforded *by strength*' (Thayer 309, s.v. *ischys*).

[177] Cf. Best 262, 263.

[178] Cf., respectively, Whiteley 94; Best 262.

因而“永远”只是以皇帝的一生为限。[179] 但在保罗的用法里并无这种限制(参上文的字词研究),“永远”是“属于将要来的世代”之意。而新约所论的“来世”(太十二 31;弗一 21;来六 5;可十 30;路十八 30)[180]是没有尽头的,而且“永刑”是和“永生”相对(太廿五 46;参注 148),因此,就如“永生”不但是“属于来世的生命”,也是“永不止息的生命”,“永远的刑罚”也照样是“属于来世、没有尽头的刑罚”。[181] “永远的刑罚”自然有“最后结局、已成定局”的含意,即是说,主来时被判“永刑”者,断不会有“翻案”的一天。

在这两节半经文里(7b～9 节),保罗描写了主会何时并如何报应帖城信徒的逼迫者和所有其他不信从福音的人。神以“永远的刑罚”判决他们,这不是一种报复性的行动,而是公义的审判者(6 节;参罗三 5～6;提后四 8)按他们的行为而施予的公平“报应”(6、8 节)。只有神是完全公义的,因此只有他(或他所委派的人:罗十三 3～4)才有权刑罚作恶者并为受害者伸冤;人必须放弃寻求报复、为自己伸冤的意图,专心等候神的行动,这是新旧约一贯的教训(罗十二 19;来十 30:引申卅二 35)。但神既然禁止他的子民寻求报复,为什么他不以身作则,向他的仇敌(那些“不承认他”〔8 节,现中〕的人)显出仁爱,反要把永刑加在他们身上? 在此我们必须留意,神的公义审判和基督有不可分的关系:他要判以永刑的人,不是在笼统的意义上“不承认他”的人,而是明确地选择“不听从我主耶稣福音的人”;而福音的内容,正是“基督在我们还作罪人的时候为我们死,神的爱就在此向我们显明了”(罗五 8,参 10 节〔现中〕)。他既“在基督里使世人与他自己和好,不再追究他们的过犯”(林后五 19,新译),就更藉着福音的使者“劝人与他和好”(林后五 18)。可见神确是以爱和“与他复和”(罗五 10,新译)的恩典待他的敌人,但如果他们拒不接受,继续与他为敌,神也就不能不以公平的审判报应他们。倘若对逼迫者来说,即使他至终不悔改,他仍会因神的宽恕

---

[179] MM 16 (s.v. *aiōnios*).

[180] 原文用了三个略为不同的结构:*ho mellōn aiōn*(首二节)、*mellōn aiōn*(第三节)、*ho aiōn ho erchomenos*(最后两节)。弗二 7“后来的世代”原文用复数(*hoi aiōnes hoi eperchomenoi*),意思亦有别于上列的“来世”。

[181] Cf., e.g., Frame 234; Neil 149; Morris II 205－206; J. Guhrt, *NIDNTT* III 830,832.

而安然无恙的，那么对那些受害者来说，神还有什么公义或公平可言？[182] 至于神对不信者所施的刑罚，保罗始终没有提示任何细节，在本段亦不例外。[183]

一10 “这正是主降临，要在他圣徒的身上得荣耀，又在一切信的人身上显为希奇的那日子” 这整句在原文是个从属子句，以“当他来的时候”开始，以“在那一天”结束，思高圣经把二者合并为“当他在那一日降临的时候”。从文法角度看，全句的功用是指出“他们要受刑罚”（9节）之事将于何时发生（“这正是主降临……的那日子”）。但就事实而论，整句同时提出了主再来（除了施行审判外）的另一个目的（“要……又要……”）。原文将“在那一天”（新译、现中）放在本节末后的位置，有加强语气的作用，有效地强调了“那日子”——即是“主的日子”（详参“帖前释”384－385）——的划时代的重要性，因为那日子就是一切事情都要按神的计划完成的时候。

> “当”（思高、当圣）字原文[184]已在前书五章三节（原文2节）出现过（参现中）；这字在保罗书信共用了二十三次（新约全部一百二十三次），除了六次有重复行动的含意，即是“每当”（林前三4，十四26；提前五11；罗二14；林后十二10，十三9〔思高在后三节译为“几时”〕），其余十七次的意思都是“当一件事情发生的时候——不管那是什么时候”[185]（罗十一27；林前十六2、5；林后十6；多三12；林前十六12〔“几时”〕；林前十六3；西四16〔思高在这两节译为“几时”〕），其中九次是指末日的事件（林前十五24a、b、27、28、54；帖前五2〔原文，中译本为3节；在最后两节，思高译为“几时”〕），包括三次分别是指“那完全的来到”之时（林前十三10）、基督“显现的时候”（西三4），和“当主降临……的时候”（本节，当圣）。[186]

---

[182] Cf. Ellingworth-Nida 146; Moore 93; Marshall 174－175.

[183] Cf. Ridderbos, *Paul* 554－555.

[184] *hotan*. Cf. BAGD 587－588 (s.v.).

[185] 若以英文表达，上述两个意思依次为‘whenever, as often as’, ‘when — whenever it may be’.

[186] 本节和林前十三10在原文用了相同的结构：*hotan elthēi*.

"降临"(本节)或"来到"(林前十三 10)一词的原文[187]在保罗书信用了七十四次(新约共六百三十六次),绝大多数的时候是按字面意义使用:(一)指某人"来"(例如:林前十一 34;提后四 21)、"来到"(例如:林前二 1b〔原文〕,十六 10)或"去"(例如:林前十六 12b),包括一次指已死的人带着复活的身体回来(林前十五 35,参思高),和三次指主的再临(林前四 5,十一 26;本节);[188](二)指某些时间"来到"(帖前五 2;加四 4〔参思高〕);(三)指诫命"来到"(罗七 9)。非字面意义的用法共有十二次,分别指(假设的)"作恶以成善"(罗三 8)、在叙述时"说到"某事(林后十二 1)、"信的道理/时代"来到(加三 23、25,新译/现中)、保罗遭遇的事"临到"了他,结果使福音获得进展(腓一 12)、神愿意所有的人都"得以"认识真理(提前二 4,思高)、某些妇女总是"达不到"明白真理的地步(提后三 7,思高)、"那完全的"来到(林前十三 10)、神的忿怒"临到"悖逆之子(弗五 6;西三 6)、耶稣要救信徒脱离"将来的忿怒"(帖前一 10,新译),和主来之前必先"有"背叛的事(帖后二 3)。

---

[187] *erchomai*. Cf. BAGD 310 - 311 (s.v.).

[188] 这种用法另外还有五十次。动词的主语包括:神(罗九 9)、"那得应许的后裔"(加三 19,新译)、基督(例如:弗二 17)、矶法(加二 11)、保罗(例如:林后二 3)、保罗和他的同工(林后七 5)、提摩太(例如:提后四 13)、提多(多三 12)、马可(西四 10)、亚波罗(例如:林前十六 12c)、某些马其顿人(林后九 4)、一些从马其顿来的弟兄(林后十一 9)、一些从雅各那里来的人(例如:加二 12b)、传冒牌福音者(林后十一 4)。单在以保罗为主词的经节中,原文所用的结构已不下十四种,计为:*heōs erchomai*(提前四 13)、*eleusomai*(罗十五 29b;腓二 24)、*ēlthon*(林前二 1b;林后一 23;加一 21)、*elthō*(林前十一 34,十六 2;林后十三 2)、*elthōn*(林后二 3、12,十二 20;腓一 27)、*elthontos mou*(林后十二 21)、*erchomai pros hymas*(林后十三 1)、*erchomenos pros hymas*(罗十五 29a)、*erchomenou mou pros hymas*(林前四 18)、*eleusomai pros hymas*(林前四 19,十六 5)、*elthō pros hymas*(林前四 21,十四 6)、*elthōn pros hymas*(罗十五 32)、*elthein pros hymas*(罗一 10、13,十五 22、23;林前二 1a;林后一 15、16,二 1,十二 14;帖前二 18)、*elthein pros se*(提前三 14)。此动词和介系词连着用的例子还有:*elthein apo*(加二 12a)、*elthontes apo*(林后十一 9)、*ēlthon eis*(林后一 23;加一 21)、*ēlthen eis*(加二 11;提前一 15)、*elthōn eis*(林后二 12)、*elthontōn hēmōn eis*(林后七 5)、*elthēi pros hymas*(林前十六 12a;西四 10)、*elthēi pros me*(林前十六 11)、*elthein pros me*(提后四 9;多三 12)、*elthontos Timotheou pros hēmas aph' hymōn*(帖前三 6)。(上列经文中,有九次已在正文引用过,故总数为五十九次。)

按本节所说，主降临的目的是“要在他圣徒的身上得荣耀……”。新约的资料显示，“得荣耀”原文所属的那组词汇在保罗的书信里有“尊重/敬重”“以光荣覆盖”“颂赞”或“荣耀”（即是归荣于）等意思。“归荣耀与神”的意思，并不是把神原本没有的一些东西（荣耀）给他，而是承认他原来就是一位满有荣耀的神，因而赞美他、感谢（并信靠、顺从）他。因此，本节说基督要“得荣耀”或“受光荣”（思高）这句话，也应按这个意思来理解，即是基督要被承认为荣耀的，因而受到颂赞和敬拜。[189]

“得荣耀”原文是个复合动词，[190]在新约中只在本节和第十二节出现，但同字根的形容词[191]在新约用了四次，分别指“华丽”的衣服（路七 25）、耶稣所行一切“荣耀”的事（路十三 17；思高：“辉煌”事迹）、哥林多人“有荣耀”（林前四 10），即是“受尊重”（与保罗等人“被轻视”〔现中〕相对）和基督至终要献给自己的、荣耀的教会（弗五 27）。复合动词与同字根的简单动词[192]同义，后者在保罗书信用了十二次（新约共六十一次），主要分为两方面的意思：（一）“尊崇、赞美、颂赞”——（1）“虽然知道上帝，却不尊他为上帝（罗一 21，新译），是人类最基本的罪；保罗“尊重/看重”他身为外邦人使徒的职分（罗十一 13，新译/现中）；若一个肢体“得蒙尊荣”，所有的肢体就一同欢乐（林前十二 26，思高）；信徒应以自己的身体荣耀上帝（林前六 10，参新译）；（2）犹太的各教会因保罗归主并传扬福音而“颂赞上帝”（加一 24，新译、现中）；保罗为罗马信徒的祈愿，是求神使他们“同声颂赞”他自己（罗十五 6，现中）；基督作了犹太人的仆人，部分目的是要使外邦人“因着所蒙的怜悯荣耀上帝”（罗十五 9，新译；参现中：“颂赞上帝的慈爱”）；耶路撒冷教会的圣徒会因外邦教会的捐献而“将荣耀归与神”（林后九 13）。（二）“荣耀、以光荣覆盖”——神使他所称为义的人“得荣耀”（罗八

---

[189] Cf. S. Aalen, *NIDNTT* II 47.

[190] *endoxazomai*.

[191] *endoxos*. Cf. BAGD 263 (s.v.).

[192] *doxazō*. Cf. BAGD 204 (s.v.).

30,参思高、现中:分享他的荣耀);"那从前有荣光的〔旧约职事〕,现在因〔新约职事〕那超越的荣光,就〔黯然失色而变成〕算不得有荣光"(林后三 10,新译,参现中);[193]保罗请求帖城信徒代祷,叫主的道快快传开,并且"得着荣耀"(帖后三 1)。

译为"在他的圣徒身上"(思高)的原文词组[194]引起了两个解释上的问题。首先,原文的"圣者"(此词详参"帖前释"273－274)是指"信徒"(现中)还是指天使?有释经者认为保罗在此引用了七十士译本的诗篇八十八篇八节(希伯来文圣经为八十九篇八节〔中译本 7 节,思高 8 节〕),而该处的"圣者"显然是天使,因此本节的"圣者"较可能也是伴随基督而来的天使,像在前书三章十三节一样。[195] 可是,虽然另有释经者认为保罗采用了旧约该处的字词(亦参赛廿四 15,五十九 19)而把它应用在基督身上,[196]但该节形容耶和华"在圣者的会中"正在受荣耀(原文用的是现在时态分词),本节则说"主降临"时"要在他的圣者身上得荣耀",两段在内容和用词上都有分别(当然亦有相似之处),因此难以肯定保罗在本节是自觉地(甚或不自觉地[197])引用了该节经文,本节的"圣者"也就不必与该节的"圣者"一样是指天使。从正面来看,在"要……得荣耀,又……显为希奇"这两个词组的平行结构的提示下,"圣者"很可能是与"一切信的人"同义的,即是指"信徒"或"圣徒"(思高、新译、当圣同)。

第二个问题是,原文词组中的介系词(注 194 首个字)应如何解释?(一)现代中文译本的翻译——"他要从信徒们得荣耀"——所提示的意思是:信徒在基督降临时要把荣耀归给他,这意思跟下一句"并受他们的颂赞"(现中)相符。[198] (二)若把介系词解为表达"范畴"之意,得出的

---

[193] 中译两次"有荣光"的原文依次为 *dedoxasmenon* (perfect passive participle), *dedoxastai* (perfect passive indicative).

[194] *en tois hagiois autou*.

[195] O. Procksch, *TDNT* I 109.

[196] Cf. G. Kittel, *TDNT* II 254－255, *TDNTA* 181. 七十士译本诗八十八 8 形容神为 *endoxazomenos en boulēi hagiōn*,赛廿四 15 及五十九 19 则以上面注 191 那个字形容神的名。

[197] Cf. Marshall 180.

[198] *en* = instrumental.

意思就是：基督“要在他的圣徒当中得荣耀”（当圣）。[199] （三）“要在他圣徒的身上得荣耀”（参新译、思高）这译法，骤然看来似乎是把介系词看为“地方性”的用法，[200]但细察之下，介系词可说进一步有“因着”之意，指出圣徒就是基督得荣耀的原因。[201] 按这（第三个）解释，基督要在他的圣徒身上得荣耀，是因为他们是蒙恩得救的人（“圣徒”），并且反映着基督的荣美（参 12b）；由此，基督被显明为奇妙的救主，而信徒，以及伴随着基督的天使，也就因此将荣耀和颂赞归给基督。[202] 换言之，此解释包括了第一个解释的要旨在内，同时却超越了那个解释。

下列理由支持第三个解释：首先，原文所用的结构在圣经里另外多次的意思都是“在……身上得荣耀”（出十四 4、17〔参 18〕；约十三 31、32a、b；帖后一 12a、b〔后面四次参新译〕）、“因……得荣耀”（约十四 13，十七 10；赛四十九 3），或“为……的缘故，归荣耀给（神）”（加一 24，参新译）。[203] 其次，信徒要反映主的荣耀（参约壹三 2；原则上他们现今已是这样：林后三 18），这意思跟第九节构成相对的平行：圣徒要与主同在（帖前四 17）并反映他的荣耀，不信者则要“离开主的面和他权能的荣光”。[204]

“又在一切信的人身上显为希奇”中的“又”字（新译同，现中“并”），似乎是引介了本节提及主降临之目的的第二方面，但其实它的功用只是把两个以不定词引介的词组连起来，而此二词组是平行而同义的，因此原文的“又”字也许可以省略不译（如思高、当圣）。

---

[199] Cf. Robertson, *Pictures* 4.44; Milligan 92*a*; Marshall 180; Holland 40.

[200] *en* = local, ‘in the persons of his saints’.

[201] *en* = causal.

[202] Cf. e.g., Frame 237; Moore 96; O’Brien, *Thanksgivings* 182.

[203] *endoxasthēsomai en Pharaō kai en pasēi tēi stratiai autou* （出十四 4、17）
ho theos edoxasthē en autōi （约十三 31、32a）
ho theos doxasei auton en hautōi （约十三 32b）
hina doxasthēi ho patēr en tōi huiōi （约十四 13）
dedoxasmai en autois （约十七 10）
en soi doxasthēsomai （赛四十九 3）
edoxazon en emoi ton theon （加一 24）

[204] 此点见 Moore 96.

译作"显为希奇"的原文动词[205]在保罗书信只出现两次(本节;加一 6),但在新约另外用了四十一次(四福音占了三十次);除了两次是被动格式而有主动意思[206]("希奇":启十三 3,十七 8),一次为被动语态(本节)之外,其余四十次都是主动语态,其中三十五次用作非及物动词,[207]常有"赞赏、叹为观止"的含意,另五次用作及物动词,分别指耶稣"希奇"一个罗马百夫长(路七 9),即是"惊奇"(新译、现中)他的信心;彼得看过耶稣的坟墓后,"希奇所成的事"(路廿四 12),即是"对所发生的事非常惊奇"(新译、现中);耶稣叫犹太人"不要惊奇这事"(约五 28,思高)——人子现今已施行审判并使灵性上死去的人得以活过来;摩西"奇怪"所见的异象(徒七 31,思高);[208]以及一些假师傅为了利益而"谄媚人"(犹 16,原文直译可作"赞赏〔他人的〕面")。[209] 这动词的被动语态(如在本节)常在七十士译本中出现,一些例子显示,此词有"被赞赏""得称赞""受尊崇"等意思(依次见传道经卅八 3;所罗门智训八 11;传道经卅八 6;王下五 1)。[210]

---

[205] *thaumazō*. Cf. BAGD 352 (s. v.).

[206] 'having a passive form but active signification' = 'deponent'.

[207] 和合本译为"(以为/当作)希奇"的有二十八次,其余七次分别译为"惊奇"(可五 20;徒十三 41)或"诧异"(可六 6,十五 44;路一 21,二 18,十一 38)。从文法结构的角度来说,这三十五次可分为六种用法:(一)单独使用,十三次——太八 10,十五 31,廿二 22,廿七 14;可五 20,十五 5;路一 63,十一 14,廿四 41;约五 20,七 21;徒四 13,十三 41。(二)随后有"说"字(*legōn*/*legontes*),六次——太八 27,九 33,廿一 20;约七 15;徒二 7;参路八 25。(三)与介词词组连用,九次——可六 6;启十七 7(*dai*);路一 21(*en*);路二 33,四 22,九 43,二十 26;徒三 12(*epi*);路二 18(*peri*)。(四)以 *hoti* (= 'that')引出所希奇的事,四次——路十一 38;约三 7,四 27;加一 6。(五)随后有 *ei* 字,两次——可十五 44;约壹三 13。(六)一次用于闪族语法中,*ethaumasa* ... *thauma mega* (verb + cognate noun + adjective) = 'I wondered with a great wonder' (RV),意即"我……大为惊奇"(启十七 6,思高、现中)。

[208] 动词在此可能有"欲知究竟"的意思;cf. BAGD 352 (s. v. 1 b *a*: 'wish to know').

[209] *thaumazontes prosōpa*.

[210] 有关的原文依次为:

enanti megistanōn thaumasthēsetai (NEB 'wins him the admiration of the great')

en opsei dynastōn thaumasthēsomai (NEB 'the great men will admire me')

endoxazesthai en tois thaumasiois autou (NEB 'that by their use of his marvels he may win praise')

tethaumasmenos prosōpōi (cf. NEB 'highly esteemed')

上述的资料提示我们,“显为希奇”一词在本节可能也是“受到景仰”(新译)、“受赞美”(思高)、“受……颂赞”(现中)、“得到尊崇”(当圣)的意思,这意思跟平行句中的“得荣耀”非常接近。[211] “在一切信的人身上”这词组,像“在他圣徒的身上”一样,表示他们乃是降临之主要受到景仰、崇敬、颂赞的原因[212]:他们因信福音(参本节下文)而成为新造的人(林后五17;参弗二10),他们蒙恩的事实反映了救主的恩慈(参弗二7;提前一16),他们和天使也就因此将崇敬、赞美归给他(参启五9～10、11～12;弗三10)。按这样的解释,本节的两个平行词组在实际意思上可说是几乎完全同义的。

虽然如此,两个词组之间仍然呈现了一种进程,就是从较笼统的“他的圣徒”(思高)进到较明确的“一切信众”(思高)。“信”字在原文是个过去不定时时态的分词,[213]与冠词连用而构成名词“信徒”(新译),像在使徒行传四章三十二节一样。保罗在前书曾三次用现在时态分词加冠词来指“信……的人”(帖前一7,二10、13),这里却用了过去不定时时态。一说认为这是因为保罗现在想到读者的实际情况,他们曾在过去一个特别的时刻开始相信;[214]可是经文清楚表示,保罗想到的不仅是帖城信徒,而是“一切相信的人”(当圣),因此,也许较佳的解释是:保罗从主降临之日的角度把“所有信徒”(新译)描写为“一切已经相信的人”,即是把信徒整个信主的生命总结为一件事。[215] 保罗于稍后(12b,参二14)会提到信徒得荣耀的事实,但他在本节的着眼点却是主自己:是他要得荣耀,是他要受颂赞。此点在本段的意域中饶有意义:保罗要信徒避免把自己与不得救的人比较而沾沾自喜,却要把注意力集中在那拯救他们的主身上。[216] 本节的重点同时提醒我们,主耶稣得荣耀、受颂赞,乃是整个救赎计划的巅峰(参腓二9～11),其至终目的则为“使

---

[211] G. Bertram (*TDNT* III 40–41, *TDNTA* 318)指出,“得荣耀”和“显为希奇”二词的原文,在格式上和实质上都是平行的。

[212] Cf. Ellicott 102*b*; Whiteley 95.

[213] *pisteusasin*, aorist participle.

[214] Best 265–266, cf. Moore 96; Mooris II 208. *pisteusasin* = momentary aorist.

[215] Cf. Marshall, 'Pauline Theology' 183 n.21 *pisteusasin* = summary/constative aorist.

[216] Marshall 181.

荣耀归与父神”(腓二 11b;参弗一 6、12、14)。

“我们对你们作的见证,你们也信了” 本句原文以“因为”一词开始,并且是突然加插于“在一切信的人身上显为希奇”和“在那一天”之间(按原文次序)。这表示保罗在谈及主于末日降临时要因所有信徒而受景仰、受颂赞的时候,特别想向帖城信徒保证,“一切信的人”包括他们在内——只是他没有把“你们也在其中”(思高、当圣、新译)或“你们也要在他们的行列中”(现中)这思想明明表达出来。这项保证之所以可能,是(保罗说)“因为你们确信了我们的证言”(思高)。原文所用的动词是被动语态和过去不定时时态(如在提前三 16 一样),[217]指帖城信徒最初相信的行动。保罗称他们所信的为“我们对你们作的见证”,即是福音。

“见证”一词的原文[218]在新约共用了十九次(保罗书信占五次),除了两次用于“作证的帐幕”(徒七 44,思高、新译)或“盟约的帐幕”(启十五 5,思高)这一词组内,[219]其余的分为两个主要用法:(一)十二次指用作证据的事物,如基督舍己作万人的赎价(提前二 6,这是神愿意万人得救的证据),包括十一次用在“作证据”[220]这词组中(太八 4,十 18,廿四 14;可一 44,六 11,十三 9;路五 14,九 5,廿一 13[221];来三 5;雅五 3)。(二)五次指用作证据的陈述,即是“见证”或“证言”(思高):除了一次指保罗和同工的“良心〔所作的〕见证”(林后一 12),另外四次分别指使徒“为主耶稣的复活”而作的见证(徒四 33,新译)、提摩太应不以为耻的“为我们的主作”的见证(提后一 8,现中)、保罗“为基督所作的见证/证言”(林前一 6,新译/思高),以及

---

[217] *episteuthē*.

[218] *martyrion*. Cf. BAGD 493 - 494 (s.v.).

[219] 原文两次皆为 *hē skēnē tou martyriou*. 这是七十士译本对旧约“会幕”一词(出廿八 43 等处)的译法。

[220] *eis martyrion*. 一个相似的词组 *eis martyria* 见于约一 7,它的意思是“为要作见证”。两个词组比较之下,可见两个名词大致上的分别,在于前者指“证据”或“见证”,后者指“作见证”的行动。但后者在多一 13 的意思也是“见证”(即是与前者同义);它在保罗书信出现的另一次,意思是“名声”(提前三 7),亦是近乎“见证”之意。

[221] 此节的解释见 Marshall, *Luke* 767 - 768.

本节"我们的证言"(思高)。最后三次所指的是同一件事,在实质上等于"我们所传的福音"(现中,本节);[222]因此,本节所说的"见证"自然包括、但并不限于保罗"给主再来的日子所作的见证"(当圣)。

译为"对你们"的原文介词词组[223]有三个解释。(一)这词组应连于动词"被相信",得出的意思是:"对我们证言的信心,引导自己到达你们那里"。[224] 但这解释不单不必要地把经文简单的结构和明显的意思("我们的证言被相信")变得复杂,并且在意思上亦流于牵强。(二)"对你们"或"向你们"(新译)这译法代表了这词组通常的解释,但这解释其实是颇有疑问的。[225] 因为原文的结构[226]与主动语态的"信"字连用时,它显然是指信的对象(太廿七 42;徒九 42,十一 17,十六 31,廿二 19;罗四 24);而当这结构是指一个行动达于某人(太十 18)或是表达行动的方向时(太十二 49;路十五 4;徒二十 13;彼后二 22),它所形容的总是一个(主动语态的)动词。可是按讨论中的解释,此词组并非与主动语态的动词连用(也显然不是表达信心的对象),而是形容名词"见证"的。就是说,原文的结构在新约其他地方的用法并不支持这解释。因此,较可取的解释是:(三)原文词组应连于动词,得出的意思就是:"我们的证言'在你们当中'[227]被相信了",即是"你们……信了我们的证言"(思高)。有两个理由支持这个解释:第一,相同的结构在使徒行传一章二十一节的意思也是"在(我们)中间/当中"(思高、新译/现中),并且也是形容动词("出入")。第二,按此解释,帖城信徒与信福音这二者的关系表达上更为直接和有力,因为在"我们向你们所作的见证被相信了"这句子里,直接的关系在于"你们"和"见证";但在"我们的证言在你们中间被相信了"这话里面,直接的关系在于"你们"和"相信"。这重点在本

---

[222] Cf. H. Strathmann, *TDNT* IV 504; L. Coenen, *NIDNTT* III 1043.

[223] *eph'hymas*.

[224] Lightfoot 105:'belief in our testimony directed itself to reach you.'

[225] Marshall 181 坦承在此解释中,原文那个词组(见注 223)的用法是"颇不寻常"的,不过他认为这点"不是非常严重"的困难。

[226] *epi* with accusative.

[227] *eph' hymas* = 'among you' (BAGD 288, s.v. *epi* III 1 a z).

节的脉胳中是较合适的。[228] 另一方面,保罗大可以用另一个介系词直截了当地说,"我们的证言'被你们'[229]相信了",但他没有这样作,而且按原文的次序,"在你们中间"是紧随"我们的见证"之后而与动词"被相信"隔开,因此较可能是形容名词"见证"的。基于这两个原因,英文钦定本的译法可能表达了本句的原意,就是"我们在你们中间的证言被相信了",[230]即是"你们相信了我们在你们当中的证言"。[231]

总结本段(5～10 节),保罗针对帖城信徒的处境从两方面鼓励他们:首先,他指出神必按公义施行报应,就是以患难报应逼迫者,以平安赏赐为神的国而受苦的帖城信徒(5～7a 节)。然后,他提出主降临的时候,一方面要惩罚没有信从福音的人,另一方面要在他的圣徒身上得荣耀、受景仰,而帖城信徒因信了保罗所传的福音,就已侧身此圣徒的行列中(7b～10 节)。

(III) 祷告的内容(一 11～12)

11 因此,我们常为你们祷告,愿我们的神看你们配得过所蒙的召,又

---

[228] 此点见 Lightfoot 105. 若以英文表达,两句的分别在于说'Our *testimony to you* was believed' (RSV, emphasis added)或是说'our testimony was *believed among you*'.

[229] *hyph' hymōn*:林前四 3a;林后一 16,十二 11。

[230] AV, 'our testimony among you was believed.'

[231] Dunham ('2 Thessalonians 1: 3 - 10' 45)将本句连于下文来解释而得出这样的翻译:"于我们所作的、关于那日的见证〔参当圣:'我给主再来的日子所作的见证'〕被你们相信了,我们也就为你们祷告……",作者认为有其他经文(罗二 16;帖前五 23)可以支持他把介系词 *en* 字解为"关于"('concerning')这译法;但该词在那两处地方和本节明显的意思都是"在/当",尤其因为 *en ekeinēi tēi hēmerai*(太七 22;路十七 31;提后一 18,四 8)、*en tēi hēmerai ekeinēi*(路十 12)、*en tēi parousiai autou/tou kyriou*(林前十五 23;约壹二 28/帖前三 13,五 23)、*en tēi autou parousiai*(帖前二 19)等词组,已是指末日或主再来之时、几乎定型了的用词。要表达"关于"这个意思,新约希腊文通常用 *peri/hyper* + genitive,例如:*peri tēs hēmeras ekeinēs*(太廿四 36;可十三 32)、*peri tōn chronōn kai tōn kairōn*(帖前五 1)、*hyper tēs parousias tou kyriou hēmōn*(帖后二 1)。由此可见,Dunham 的看法并无圣经根据,因而缺乏说服力,其实也是不需要的。

Holland 40 - 41 将本句解为"基督相信了我们所作关于你们(或为你们)的见证",并谓这见证在保罗写此信前已被审判之主所相信(参一 4),现今正被相信(信上继续为读者作见证),且在"那日子"将会被相信。但这论点的两部分都值得商榷,尤其第二点把原文过去不定时时态的动词解为横跨过去、现在与将来,更是缺乏说服力。

用大能成就你们一切所羡慕的良善和一切因信心所作的工夫，
12 叫我们主耶稣的名在你们身上得荣耀，你们也在他身上得荣耀，都
照着我们的神并主耶稣基督的恩。

一11 “因此，我们常为你们祷告” “因此”的原文[232]较宜译为“为此”（思高），所指的就是上文第五至十节所说的，尤其是指帖城信徒“可算配得神的国”（5 节）以及主降临时可以在帖城信徒身上（如在所有其他的信徒身上）得荣耀、受景仰（10 节）。保罗说“为了这目的”（现中），他和他的同工“常常”（新译、现中；参“帖前释”59 - 60）为帖城信徒“祷告”（参“帖前释”440 - 441）。原文在“为此”和“我们……祷告”之间有“也”字，[233]“我们也为你们祈祷”（思高）的全部意思可能是：我们不单“为你们常常感谢神”（3 节），也“常为你们祷告”。[234] 不管“也”字在此有没有这种含意，保罗显然不以宣告神公义的审判和主在信徒身上得荣耀的前景为足。尽管他相信，现今为神的国受苦的读者将来可以得享安息（7 节），他们因信了福音而侧身圣徒的行列中（10 节），但他仍为他们的至终得救常常祷告，因为他知道，信徒至终得救并不是自然而然的事；他们不但“要战战兢兢，不断地努力来完成……自己的得救”（腓二12，现中；详参冯：“腓立比书”270 - 273），他们更要“因信〔而〕蒙神能力保守”，才可以“得着所预备、到末世要显现的救恩”（彼前一 5）。因此他为帖城信徒祷告：这里所记载的不是（用祈使语气动词的）直接祷告（如在林前十六 22，参思高），也不是（用祈愿语气动词）的祈愿（如在帖前三11～13，五 23～24；帖后二 16～17，三 5、16），而是（用直说语气动词的）一项陈述或“报告”，表示他现在为着一件特别的事情祷告（参帖前三 10）。[235]

---

[232] *eis ho*.

[233] *kai*.

[234] So, e.g., Moffatt 46*b*; O'Brien, *Thanksgivings* 178; Best 268. 不过，最后一位作者指出，原文那个小字亦很可能只是个虚词，并无特别意思，大可以不必译出。另一解释认为，“也”字的含意是，“不单你们祷告，我们也为你们祷告”（cf. Frame 238）；但经文本身并无提及帖城信徒本身的祷告。

[235] Cf. Bruce 155.

“愿我们的神看你们配得过所蒙的召” 原文句首的连接词[236]若是在名词“祷求”及/或“祈求”等词之后出现，它的功用是指出祷告的内容(罗十五 30～31；弗六 18～19；西四 12；提前二 1～2)；若用于动词“祈求”(路廿一 36，廿二 32，参九 40)或“祷告”之后，它多数的时候是同时表达目的和内容(太廿四 20，廿六 41；可十三 18，十四 38；路廿二 46；林前十四 13；西四 3；帖后三 1)，但有一两次是单表达祷告的内容(可十四 35；腓一 9)。就本节而言，它可能亦是同时表达目的和内容，但主要的意思是后者，因为前者已由本节开首的“为此”二字清楚表达了出来。因此我们可以简单地说，本句是保罗祷告内容的第一部分。

“我们”的神，像“我们的父”(一 1)一样，指“我们信徒”的父神(参该处注释)。“你们”一词在原文的位置(在动词之前)，强调了保罗对他们的关注。虽然原文并无“他的”一词，但“所蒙的召”显然是指“他的召”(思高)。名词“召”字在保罗书信的用法提示我们，此词在本节同样指神对信徒起初的呼召；动词“呼召”在保罗书信的用法(参帖前四 7；帖后二 14；详见“帖前释”169－170，连注 206－211)有力地支持这看法。

名词“召”字原文[237]在新约另外出现十次(保罗书信占八次)：信徒是“同蒙天召的圣洁弟兄”(来三 1)；神(对以色列)的恩赐和选召“是决不会撤回的”(罗十一 29，思高)；他“以圣召呼召〔了〕我们”(提后一 9，新译)，我们“行事为人，要配得上……所蒙的呼召”(弗四 1，新译)；信徒“蒙召，同有一个希望”(弗四 4，新译)，保罗祈求神使他们明白“他的呼召有怎样的盼望”(弗一 18，新译)；保罗告诉哥林多人，“要记得上帝呼召你们的时候，你们是处在那一种景况中”(林前一 26，现中)，并且“每一个人应当保持蒙召时的身份”(林前七 20，现中)；他自己“向着目标竭力追求，为要得着上帝在基督耶稣里召我往上去得的奖赏”(腓三 14，新译)；彼得也劝勉信徒，“要更加努力，使你们所蒙的呼召和拣选坚定不移”(彼后一

[236] *hina*.

[237] *klēsis*. Cf. BAGD 435－436 (s.v.).

10，新译）。在上述十次之中，“召”字指神对其选民或对信徒起初的呼召的，占了七次，[238]只有一次是指神于保罗的人生赛程终结时对他说“上来领奖”的召唤（腓三 14，详参冯：“腓立比书”385－386），另一次用于笼统的“天上〔的〕呼召”（来三 1，新译）一语内，还有一次则为“身份”之意（林前七 20）。

“看你们配得过所蒙的召”这句话，在思高圣经译为“使你们相称他的召”，这两种译法反映了本节引起的另一个问题，就是原文那个动词（与 5 节的复合动词同字根，见该节注释注 75）在此的意思是“看为配”（参新译）还是“使之成为配”（参现中）？（一）有释经者正确地指出，按保罗惯常的用法，这动词的意思是“看为配”，而名词“呼召”是指神过去的呼召，但就本句而言，他认为只有两个选择：一是解为“看你们配得过他未来的呼召——进入末日的国度”（参太廿二 3、8），二是解为“使你们配得过他起初的呼召”；这就是说，不论选择哪一个解释，总有一个字（或是名词，或是动词）的用法跟保罗惯常的用法不一致。这位学者选择第二个解释，因他认为下文“〔神〕用大能成就”这思想符合“使你们配得”过于符合“看你们是配得”（新译），而且“使你们配得……”“又用大能成就”这次序，比起“看你们是配得……”“又用大能成就”这次序更为合理。[239]（二）另一看法是，虽然动词“本身”的意思确是“看为配得”，但由于主词是神，动词的意思其实是“使之配得”。[240]（三）笔者认为，我们可保持动词和名词在保罗惯常用法里的意思而得出以下的意思：“看你们是配得过〔详见上文 5 节第二句注释〕（你们起初）所蒙的召”。保罗的祷告，是要帖城信徒在现今和末日的审判之间，过一个讨神喜悦的圣洁生活（参帖前四 1～3），以致在那日子，神可以“看/宣告他们是配得过他起初对他们的呼召”；而“用大能成就……”就是帖城信徒可以达到那个目的的唯一途径（因此两句的先后次序并非不能理解的）。按此解

---

[238] 其中三次，原文除了用名词“呼召”外，还用了同字根的过去不定时时态的动词或分词，清楚表示名词所指的是起初的呼召（提后一 9，*kalesantos*；弗四 1、4，*eklēthēte*）；在其余四次，这意思可从文理看出来。

[239] Best 268. Similarly, O'Brien, *Thanksgivings* 178－179; W. Foerster, *TDNT* I 380.

[240] Whiteley 95.

释，神所“看/宣告为配”的，他先以自己的大能使他们成为配(但动词的意思仍是“看为配”而不是“使之成为配”)，而本句祷告的用意，就是求神“使你们被他看为是配得起他的呼召”(当圣)。[241]

“又用大能成就你们一切所羡慕的良善和一切因信心所作的工夫”

这是保罗为帖城信徒祷告的内容的第二部分，它表明了这是帖城信徒得以至终被神看为配得起他原先的呼召的唯一途径；因此“又”字有“并且(为要达到那个目标)”的含意。(即使上一句的动词解为“使……配得”，“又”字仍然有类似的含意，表明神“使你们配得过所蒙的召”的方法，就是“用大能……”。)

动词“成就”的原文[242]在保罗书信另外出现二十二次(新约共八十六次)，主要分为五种用法：(一)三次用于对象身上，意即“充满”“使成为满”：基督充满(原文是名词)教会，就如他“充满宇宙万有”一样(弗一23，现中)，他远升诸天之上的目的就是“要充满万有”(弗四10)；保罗应许以福音事工为念的腓立比信徒，神会“使你们一切所需用的都充足”(腓四19)。(二)十一次用在人的身上，意思也是“充满”(罗十五13)或“使……充满”(思高、现中)，其中一次是中间语态(腓一11，“结满了仁义的果子”；参冯：“腓立比书”109)，另有九次是被动语态：外邦人被指为“充满着”各样的不义(罗一29，现中)，罗马的信徒则“满备各种知识”(罗十五14，思高)；保罗求神使信徒对神的旨意“有充分的认识”(西一9，思高)，使他们“被充满，得着上帝一切的丰盛”(弗三19，新译)；他们在基督里“得到丰满”(西二10，思高)，他们应当“被圣灵充满”(弗五18)；提多的到来使保罗“充满了安慰”(林后七4，思高)，因腓立比人的馈赠，他“已经充足”(腓四18)，他渴望见提摩太，好叫他“满有喜乐”(提后一4)。(三)四次的意思是“完成”(西四17：亚基布

---

[241] Cf. Morris II 210; Frame 240. See also Whiteley 95-96 (‘possible alternative’); Moore 97; Neil 152(但第二位作者认为“召”在此是指神的呼召的巅峰，即最后的完成，而最后一位则认为动词的重点是“使之成为配”)，Holland 42将“召”字解为将来的事，尽管他承认这解释有违保罗对此字的通常用法。

[242] *plēroō*. Cf. BAGD 670-672 (s.v.).

要"尽力完成"所领受的职分，现中）、"成全"（新译：罗十三 8，爱别人的就"成全了律法"；加五 14，律法整体是"在'爱人如己'这一句话里面成全了"——参冯："真理"323－324），或"成就"（罗八 4：律法的义是"成就在……随从圣灵的人身上"；原文用被动语态）。（四）两次特指传福音：保罗的职分是"要把神的道理传得完备"（西一 25），他从耶路撒冷直到以利哩古，"传遍了基督的福音"（罗十五 19，思高）——大抵即是完成了他开荒布道的工作。[243]（五）还有两次指完成一项已开始的行动：保罗等待哥林多人"完全顺服"的时候（林后十 6，新译、现中；原文动词为被动语态），他呼吁腓立比信徒要同心合意，使他的喜乐"可以满足"（腓二 2）。

"成就"这动词在本节可能同时有两方面的意思："成就"（新译同）——即是"实现"（现中）——"你们一切所羡慕的良善"，以及"成全"（思高，当圣）"一切因信心所作的工夫"（见下文）。这就是说，动词因宾词的性质而获得两个略为不同的意思（前者属上述第三种用法，后者则属第五种用法）。[244] 原文用的是过去不定时时态，[245]它的作用是把动词的重点放在此行动的"事实"上，而不是着眼于此行动的过程；换言之，

---

[243] Cf. Cranfield, *Romans* 762.

[244] 动词在此的意思不大可能是"充满"（即上述第二种用法）——仿佛保罗是求神以一切善意充满帖城信徒——因为用以充满的东西通常用所有格（genitive：罗十五 13、14；提后一 4）或间接受格（dative：罗一 29；林后七 4）表达，只有动词是被动语态（西一 9）或中间语态（腓一 11）时才用直接受格（accusative）。但在本节，动词是主动语态，"一切……良善"是直接受格，因此跟上述的情形都不相同。Cf. G. Delling, *TDNT* VI 291 nn.25,24.

[245] *plērōsēi*, aorist subjunctive active. 从这个角度来分析，这动词在保罗书信出现的二十三次，共用了不下十四个不同的格式，计为：PRESENT subjunctive active, *plērois*（西四 17）；imperative passive, *plērousthe*（弗五 18）；participle middle, *plēroumenou*（弗一 23）；FUTURE indicative active, *plērōsei*（腓四 19）；AORIST subjunctive active, *plērōsēi*（弗四 10；帖后一 11）；subjunctive passive, *plerōthō*（提后一 4），*plērōthēi*（罗八 4；林后十 6），*plērōthēte*（弗三 19；西一 9）；imperative active, *plerōsate*（腓二 2）；optative active, *plerōsai*（πληρῶσαι，罗十五 13）；infinitive active, *plerōsai*（πληρῶσαι，西一 25）；PERFECT indicative active, *peplērōken*（罗十三 8）；indicative passive, *peplērōmai*（林后七 4；腓四 18），*peplērōtai*（加五 14）；infinitive active, *peplērōkenai*（罗十五 19）；participle middle, *peplērōmenoi*（腓一 11）；participle passive, *peplerōmenoi*（罗十五 14；西二 10），*peplērōmenous*（罗一 29）。希腊文动词系统的多采多姿，亦由此可见一斑。

这时态并不把“实现”和“成全”所涉及的过程放在考虑之列，而只是指向那个行动本身。[246]

在“你们所羡慕的一切良善”(新译)一语中，原文并无“你们”一词。译为“所羡慕的”原文是个名词，同字根的动词[247]在二章十二节译为“喜爱”，在前书曾用了两次，都译作“愿意”(二 8，三 1；参“帖前释”150－151)。名词在新约另外出现八次，其中六次指神的“美意”(太十一 26；路十 21；弗一 9；腓二 13)或是他(或他的意旨)“所喜悦的”(路二 14；弗一 5)，两次分别指保罗心中的“切望”(罗十 1，思高)和一些传福音者向保罗所怀的“好意”(腓一 15)。一些释经者认为，此词在本句也是指神的美意，即是神选召人的目的和恩慈的旨意，是要他们有美善的行为；[248]但把它解为帖城信徒的“心愿”(当圣)或“志愿”(现中)较为可取，理由如下：(一)这词在保罗书信里用来指神的美意时，原文皆有冠词(弗一 5、9；腓二 13；太十一 26；路二 14，十 21 则没有用冠词)，但本句没有用冠词。(二)一句“因信心所作的工夫”显然是指帖城信徒的(参帖前一 3)，而本句与下一句是平行的，因此应该也是指帖城信徒的志愿。[249]

至于“良善”一词的原文，[250]在七十士译本的诗篇五十一篇(马索拉抄本五十二篇)五节(和合本五十二篇三节)，是和“恶”相对的素质，在历代志下二十四章十六节指耶何耶大曾向以色列人行“善”，在尼希米记九章二十五、三十五节指耶和华的“恩(泽)”；它在新约出现四次(全部在保罗书信里)，除了一次有“慷慨”之意(加五 22；参冯：“真理”347－348)，其余三次的意思都是“良善”(罗十五 14；弗五 9〔与“公义”连用〕；本节)。这词在此与“志愿”或“决心”的关系有两种解释：(一)“从良善发出的志愿”(与“因信心所作的工夫”平行)；[251](二)“乐意向善的心”

---

[246] *plērōsēi* = summary/constative aorist, on which see *Moods and Tenses* 38－40; *Idiom* 11.

[247] 二字原文依次为 *eudokia*, *eudokeō*.

[248] G. Schrenk, *TDNT* II 746; G. Delling, *TDNT* VI 297; H. Bietenhard, *NIDNTT* II 819－820.

[249] 一些释经者所用的另一个理由是，“良善”一词的原文在新约里从来没有用在神的身上(e.g., Milligan 93*b*)。但这理由不能成立，因为按上一个注释的学者所支持的解释，“良善”仍然是指帖城信徒的善(行)。

[250] *agathōsynē*.

[251] E.g., Morris II 210; Hendriksen 163. *agathōsynēs* = genitive of origin.

(思高)或"向善的志愿"(现中),指帖城信徒对善的喜爱及/或他们追求善的决心。[252] 后一个意思较前者来得自然和合理,而支持前者的理由并不是决定性的(因为两个在结构上平行的词组在意思上不一定是完全平行的),[253]因此笔者赞同后一个解释。

保罗不但求神"帮助〔帖城信徒〕实现一切向善的志愿"(现中),也求他成全他们"一切因信心所作的工夫"。后一句在原文并没有"一切"一字,只作"信心的工作"(新译)。[254] 这词组已在前书一章三节出现过(该处在两个名词之前都有冠词),它在本节大抵有相同的意思,即是出于信心、表达信心、以信心为标志的行为,所指的就是帖城信徒的新生命在日常生活上的整个基督徒见证(详参"帖前释"63－65);帖城信徒已经开始了这见证,保罗亦已为此常常感谢神(帖前一 2～3),但他求神使他们的见证更臻完善(这就是"成全"〔见字词研究第五种用法〕的意思)。按此解释,"向善的志愿"是"信心的工作"的一部分。[255] 保罗的祷告同时包括内在的心志和外在的表现,这两方面都有赖神的帮助才能实现和得以成全;其实,信徒的"立志〔和〕行事",都是神"为要成就他的美意"而在他们里面动工的结果(腓二 13;参冯:"腓立比书"274),由

---

[252] E. g. Frame 240; Best 270; Ellingworth-Nida 153. *agathōsynēs* = objective genitive.

[253] 在帖前一 3 那三个平行结构的原文词组中,头一个名词跟第二个名词的关系是一样的(详参"帖前释"62－63,63－69);该处的"信""爱""望"显然是一种"三组合"(triad),而"工夫""劳苦""忍耐"在意思上亦有密切的关系,因此将那三个在结构上平行的词组看为在意思上也是平行的是合理的做法。但本节的情形不同:"良善"与"信心"的关系,和"志愿"与"工夫"的关系,都不像另外那两组名词(帖前一 3)那么清楚和密切,因此两个原文词组虽然在结构上是平行的,但在意思上就不一定也要平行,即是头一个名词跟第二个名词的关系,不必在两句中都作同样解释。

[254] 和合本显然将上一句的"一切"看为同时形容"信心的工作",即是指 *pasan eudokian* ... *kai ergon* 里面的 *pasan* (feminine)视为 agreeing (in number, gender, case) with the nearest noun only (*eudokian*, also feminine),但在意思上则同时形容 *ergon* (neuter). Moffatt 47a 支持这种看法,不过鉴于"信心的工作"一语的意思(见正文下文),加上"一切"一词并不合适。

[255] Marshall 182 把两者看为一种"重言法"(hendiadys);这看法涉及将原文单数的 *ergon pisteōs* 解释为复数的'works of faith',此点值得商榷。Bailey ('II Thessalonians' 135, followed by Collins, *Letters* 220－221)则认为此词组在两封信的同一部分(信的开端)出现(在保罗书信中亦仅在这两处出现),却有不同的意思——由信心断定的生活方式(帖前一 3)、信心是神的工作(帖后本节),这表示后书的作者(不是保罗)从前书取用了此语而加以不同的解释。但如此解释本节此语,其正确性值得怀疑。

此看来,本节的祷告无异于求神完成他在信徒身上已开始的工作。两节合起来,越发表明了整个基督徒生命是如何自始至终都全赖神的工作而存在,而得以维持。

"用大能"(新译同)或"以德能"(思高)一语的原文(当圣没有译出)是在本节的末后位置,中译本按中文语法的要求把它放在句首。可是"用大能"或"用他的能力"(现中)这些译法[256]值得商榷,因为原文词组在新约其他地方的用法显示(详见"帖前释"77－78),只有当"能力"一词(见同书77)附有形容词或词组时,原文词组才有"用/藉着……能力"之意;[257]它在本节的意思(如在帖前一5;西一29;可九1一样)较可能是"有能力地",亦即是"有效地"。[258] 当然,就事实而论,能使信徒向善的心志得以实现,又使他们的生活见证得以成全的,只有神的能力(唯有圣灵能克胜肉体:罗八13;加五16～18);这能力是有效的,因为神"向我们信他的人显出的能力"(新译)"跟他使基督从死里复活,使基督在天上坐在自己右边的能力是相同的"(现中,弗一19～20),"神能照着运行在我们心里的大力,充充足足地成就一切"(弗三20)。保罗的祷告,就是求神让读者在他们属灵生命成长的过程中,从经验去证实神的能力是有效的。

一12 *"叫我们主耶稣的名在你们身上得荣耀"* 本节表达了保罗祷告的目的,就如上一节表达了祷告的内容。"叫"字原文[259]在保罗书信另外出现八次,一贯的意思都是"使"(林前一29〔新译、现中〕;门6〔思高、新译〕)、"好使"(林后八11,思高)、"为的是要"(罗九17a、b〔现中〕;加一4〔新译〕;另见罗三4〔中译本没有译出〕;林后八14〔中译本将目的意译为结果〕)。它在本节的意思也是"使"(新译)、"好使"(思

---

[256] *en dynamei* = 'with power' (AV, RV, NASB), 'by his power' (RSV, NIV; Hendriksen 63).

[257] *en poiai dynamei*(徒四7:"用什么能力"),*en dynamei theou*(林后六7:"藉着……上帝的大能"〔现中,参思高〕;彼前一5:"蒙神能力〔保守〕"),*en dynamei pneumatos hagiou*(罗十五13、19b:"藉着/用……圣灵的能力"),*en dynamei sēmeiōn kai teratōn*(罗十五19a:"用神迹奇事的能力")。

[258] *en dynamei* = 'mightily' (NEB), 'powerfully' (Marshall 182), 'effectively' (Bruce 156).

[259] *hopōs*.

高)；"这样"是将目的化为预期结果的意译(现中，留意下文的"会"字)。

> "名"字的原文[260]在保罗书信共用了二十二次(新约全部二百三十一次)。除了三次指耶稣获赐"那超乎万名之上的名"，即是"主"的名号(腓二 9)，并被高举远超"一切现世及来世可称呼的名号以上"(弗一 21，思高)，其余的皆指个人的专有名字；其中一次泛指保罗一些同工的"名字都在生命册上"(腓四 3)，两次指哥林多人受洗并不是"归入保罗的名下"(林前一 13、15，新译，参思高)，[261]余下的十六次都是指神的名——"神的名"(罗二 24；提前六 1)、"他的名"(罗一 5)、"我的名"(罗九 17)、"你的名"(罗十五 9)——或主耶稣的名："主〔的〕名"(罗十 13；提后二 19)、"我们主耶稣的名"(本节)、"我们主耶稣基督的名"(林前一 2，新译)，包括七次用在"藉我们主耶稣基督的名"(林前一 10)、"因耶稣的名"(腓二 10)，或"奉(我们)主耶稣(基督)的名"(林前五 4，六 11；弗五 20；西三 17；帖后三 6)等介词词组中。[262]

在圣经的用法里，个人的专有名词跟该名词所属的那个人是分不开的：一个人的名字可能表达那人的整个意义，亦可能表达那人某一方面的特性(参冯："腓立比书"430)。就神或主耶稣的名而论，这名字等于神或主耶稣(所已显示、能够为人所认识的)自己。因此，本节"叫……主耶稣的名……得荣耀"即是"叫主耶稣得荣耀"。此语似是七十士译本以赛亚书六十六章五节的回响，[263]这就更清楚地表明，就如在旧约中，神的子民的目的是要荣耀耶和华的名，照样，神的新约子民的

---

[260] *onoma*. Cf. BAGD 570 - 573 (s.v.).

[261] On *eis to onoma* cf. BAGD 572*b* (s.v. *onoma* I 4 *c b*).

[262] 这七次所用的介系词，除了首次是 *dia* (with genitive)外，其余皆为 *en*。

[263] 比较：*hina to onoma kyriou doxasthēi* (赛六十六 5)
hopōs endoxasthēi to onoma tou kyriou hēmōn Iēsou (帖后一 12)
两个连接词(*hian*，*hopōs*)在新约中有时为要有变化而交替使用(例如：林前一 27～29；林后八 14；cf. BDF 369.4; MHT 3.105)。本节用后者而不用前者，可能是因前者刚在上一节用过(表达祷告的内容)。两个动词(*doxasthēi*，*endoxasthēi*)亦是同义的，本节沿用第十节用过的复合动词(即后者)。

目标是要荣耀立新约者主耶稣的名。本节提示，他要以“主”(表示他的崇高地位)和“耶稣”(反映他道成肉身，降卑舍己)的双重身份得荣耀。[264] 至于“得荣耀”或“受光荣”(思高)的意思，可参上文第十节注释。

“在你们身上”一语是从第十节重复过来的，它在该处同时有“因你们”和“从你们”这两个意思[265](参上文该处注释)。它在本节与随后的“在他〔主耶稣〕身上”平行，而这两个词组的介系词似应有同样的意思，因此它可能只有一个意思：“因你们”，即是由于帖城信徒美好的基督徒见证使基督得到荣耀。[266] 本节跟第十节的另一点分别是：该节说，帖城信徒因相信了使徒所作的见证，就能侧身圣徒的行列中而有份于主再来时得荣耀，本节则说，帖城信徒若要主在他们身上得荣耀，就得坚守基督徒生活的见证，直到主来。[267]

有释经者认为，本节所说的“主耶稣的名……得荣耀”是指(或至少同时指)主现今(不是——或至少不仅是——在他来时)要因信徒的佳美生活而得荣耀(参太五 16；林前六 20)，就如保罗向哥林多人提及那两位弟兄是“基督的荣耀”(林后八 23)。[268] 但是，原文所用的“得荣耀”一字在新约中只用了这两次，它在第十节所指的肯定是“主降临”时的事。此外，从第五节开始，本段的思想一直是朝向末日的来临。因此，除非我们有很强的证据，显示动词第二次使用时已不再是指主降临时的事，或显示保罗的视野到了本节已从末日收回至现在，否则——事实并无这样的证据——本节所论的主在帖城信徒身上得荣耀，也应解为指主来时的事，如在第十节一样。[269] 事实上，本句只是将第十节首句概指所有信徒的话具体而明确地应用在读者身上。与此同时，我们要记得这要在末日发生的事，但跟信徒现今的生活很有关系。本节开首的“叫”字表明，帖城信徒若要主的名在那日在他们身上得荣耀，他们如今就得仰赖神帮助他们实现一切向善的志愿并成全他们的见证。

---

[264] H. Bietenhard, *TDNT* V 274.

[265] 即以 *en* = causal + instrumental.

[266] 即以 *en* = causal. Cf. Marshall 183.

[267] Marshall 183.

[268] Cf. Whiteley 96; Bruce 156, 157.

[269] Best 271. Cf. Holland 42 - 43; Frame 242; Marshall 183.

“你们也在他身上得荣耀”　“你们”在原文是跟动词分开（即并非隐含在动词里面）的代名词，强调了帖城信徒与主耶稣互相因对方而得荣耀的事实（此思想亦见于约十七10、26）。“他”字的原文若解为中性，“在它身上”或“因它”就是指“因主耶稣的名字”，这会使此句与上一句的交叉式平行句法更为工整；[270]但一般的译法无疑是正确的，因为原文那个词组——思高圣经译为“在他内”——在保罗书信中一个常见的用法是指信徒与基督联合，[271]而且在意思上“因他”比“因他的名”与“因你们”构成更好的平行。本句的意思大抵是：帖城信徒因基督的拯救和保守，将可分享基督的荣耀；从这个角度来看，本句亦可意译为“你们也要从他得荣耀”（现中）或“你们也……得到他的荣耀”（当圣）。

“都照着我们的神并主耶稣基督的恩”　此句（在原文是个介词词组）形容本节上半，指出主与帖城信徒互相因对方而得荣耀的事实，乃是照着神的恩典；原文所用的结构，[272]不但表示保罗所求的“得荣耀”是“照着”（新译同）恩典的准则（即是与人的功德无关），亦表示恩典乃“得荣耀”的来源[273]（参现中：“这是藉着……恩典而来的”）。“你们也……赖……恩宠受光荣”（思高）或“你们也靠着……恩典，得到他的荣耀”（当圣）这种译法，将本句视为单单形容“你们也在他身上得荣耀”一句，但另外那三本中译本（和合、新译、现中）的看法较为可取，因为这是对原文结构较自然的解释，[274]所得出的意思不但合理，而且也更为丰富。主耶稣的名“得荣耀”，这事本身并非赖恩典而成，因这是理所当然的（参约十七5、24），但主的名要“在你们身上”得荣耀，即是信徒得拯救、蒙保守、显出美好的生活见证，以致主因他们得荣耀，这却是端赖神的

---

[270] *en autōi* = in it(sc. the name). Cf. Frame 242. 所谓交叉式平行句法，即是：

主的名	因你们	得荣耀
你们	也因它	〔得荣耀〕

[271] 例如：林前一5（新译）；林后五21，十三4（新译）；弗四21（新译）；腓三9；西二6（新译）、7、10。

[272] *kata* + accusative. *kata charin* 一语亦见于罗四4、16，十二6；林前三10。

[273] Milligan 94b.

[274] *kai hymeis en autōi* 此句并无动词，需要将上一句的动词补充进去，此句甚至略带插句的性质；因此，*kata tēn charin* ...一语首先形容的是上一句（“叫主耶稣的名……得荣耀”），然后是此句（“你们也……得荣耀”），却不大可能是只形容此句。

恩典而成的;因此保罗在此指出,主的名因帖城信徒得荣耀,帖城信徒也因主得荣耀,这两样“都〔是〕照着我们的神并主耶稣基督的恩”。

“主”字在原文并无冠词,而是与“我们的神”同属一个冠词之下,[275]因此有释经者认为基督在此被称为神,本句所讲的恩是“我们的‘神和主’耶稣基督的恩”。[276] 这是可能的:保罗在提多书二章十三节称基督为“我们伟大的‘神和救主’耶稣基督”,[277]又在罗马书九章五节称基督为“在万有之上,永远可称颂的神”;[278]彼得后书一章一节亦称基督为“我们的‘神和救主’耶稣基督”,原文所用的结构跟本句所用的完全相同。[279] 不过,和合本(参新译、现中)的译法可能较为正确,因为(一)“主耶稣(基督)”几乎是个专门名词,因此“主”字不必有冠词(参〔原文〕帖前一 1,四 1;帖后一 1、2,三 12);(二)“我们的神”(原文有冠词)在本书和前书出现多次(帖前二 2,三 9;帖后一 11;参帖前一 3,三 11、13),因此在本节可能是和“主耶稣基督”分开的;(三)在前书一章一节和后书一章二节,“父神和主耶稣基督”是恩典的双重来源,而并无有力的理由要我们相信本句和该二节的情形有所不同。这也是大多数释经者赞同的看法。[280]

“恩典”一词的原文在保罗书信共用了一百次,占新约全部(一

---

[275] *tou theou hēmōn kai kyriou Iēsou Christou*.

[276] E. g., Bultmann, *Theology* 1.129; Ridderbos, *Paul* 68; Holland 43.

[277] *tou megalou theou kai sōtēros hēmōn Iēsou Christou* = '... of our great God and Saviour Jesus Christ' (RV, RSV, cf. NIV, NEB, NASB). Cf. Harris, 'Titus 2:13'.“我们伟大的上帝,救主耶稣基督”(新译)这译法将 *kai* 看为 epexegetic,但其实 *theos kai sōtēr* 是一世纪宗教词汇中常见的定型的公式,因此这译法值得怀疑(cf. Harris, ibid. 266 - 268, with 273 n.26).

[278] Cf. Cranfield, *Romans* 464 - 469.

[279] *tou theou hēmōn kai sōtēros Iēsou Christou* (比较上面注 275) = '... of our God and Saviour Jesus Christ' (RV, RSV, NEB, NIV, cf. NASB). Cf. Kelly, *Peter* 297 - 298. E. Stauffer (*TDNT* III 105 n.265, 106 n.268)则认为,*hēmōn* 将 *theou* 和 *sōtēros* 隔开,因此前一个名词不应像后者那样解为指基督。

[280] E. g., Lightfoot 107; Frame 242; Morris II 212; Best 272 - 273; Bruce 157; Hendriksen 164; H. Conzelmann, *TDNT* IX 397 n.203; Collins, *Letters* 230 - 231.因此,认为一 12 称基督为神,这就构成帖后并非保罗所写的一项证据(Bailey, 'II Thessalonians' 139),此说法不能成立。

百五十五次）的三分之二，其中尤以在罗马书、哥林多前书、哥林多后书、以弗所书和教牧书信出现的次数最多（依次为24、10、18、12及13次）；此词在本书另外出现三次（一2，二16，三18），在前书已出现两次（一1，五28）。以下提供此词在保罗书信之用法的字词研究。[281]

（一）这词真正的意思是"给人喜乐、欢愉、欣悦的东西"。用在这个意思上，此词有一次指信徒的话要常常"温和"（西四6，新译、思高）。

（二）"恩惠"可指主人对下属或仆婢的仁慈，因此特别适用于神对人的恩典、善意、慈爱，其中包含了"那是人所不配得"的意思。保罗书信的卷首和信末都提到神和/或耶稣基督的恩典，共二十六次。[282] 另有二十一次提及神的恩典：神的拣选是"出于恩典……不在乎行为"（罗十一6〔三次〕），因此称为"恩典的拣选"（罗十一5，新译）；同样，信徒得救是"本乎恩"（弗二5、8〔不是出于行为，9节〕），[283]这恩称为"上帝拯救万人的恩典"（多二11，新译）；他的拯救和呼召，都"不是按我们的行为，乃是按他的……恩典"（提后一9），[284]他对保罗也是"用他的恩呼召"的（加一15，新译）；事实上，神的整个计划（包括他的"应许"）全是"按着……恩典"（罗四16，新译），"按着恩典"与"按着所应得的"相对（罗四4，原文直译）；[285]信徒是"因着上帝/他的恩典"白白的称义（罗三24/多三7，新译），[286]他们的过犯得以赦免，也是"照他丰富的恩典"（弗一7）；与亚当陷全人类于罪中相比，"神的恩典……更加倍的临到众人"（罗五15a）；"罪在哪里显多，恩典就更显多"（罗五20），信徒却不可"仍

---

[281] Cf. BAGD 877－878 (s. v. *charis*); Thayer 665－666 (s. v.).

[282] 罗一7，十六20；林前一3，十六23；林后一2，十三13；加一3，六18；弗一2，六24；腓一2，四23；西一2，四18；帖前一1，五28；帖后一2，三18；提前一2，六21；提后一2，四22；多一4，三15；门3、25。参"帖前释"53－54，及冯："腓立此书"505－506。

[283] 在罗十一6a；弗二5、8(9)，原文的对比都是：*chariti*，*ouketi/ouk ex ergōn*.

[284] *ou kata ta erga hēmōn alla kata idiaun ... charin*.

[285] *kata charin ... kata opheilēma*.

[286] *tēi autou/ekeinou chariti*.

在罪中，叫恩典显多”(罗六 1)；他们获赐永远的安慰和美好的盼望，是“由于他的恩典”(帖后二 16，现中)，他们能够使主耶稣因他们得荣耀，他们也因主得荣耀，也都是“照着我们的神并主耶稣基督的恩”(帖后一 12)；神的目的，是要将他在基督耶稣里向信徒所施的“极丰富的恩典”，显明给后来的世代看(弗二 7)，并“使他恩典的荣耀得着颂赞”(弗一 6，新译)。

还有三次，保罗提及“主耶稣基督的恩典”(林后八 9)，“我们主的恩典……在我身上越发增加”(提前一 14，新译)，以及“那因耶稣基督一人的恩宠所施与的恩惠”——即是称义的恩赐(罗五 15b，思高)[287]。

(三) 这词多次指善意的具体行动、出自恩典的赐与或益处等。以人作为施与者的有七次：信徒的谈吐应该能“叫听见的人得益处”(弗四 29)；按保罗原先重访哥林多的计划，他的本意是要使哥林多人“再得益处”(林后一 15)或“多得一次快乐”(现中)；外邦信徒给耶路撒冷教会的“捐资/赀”(林前十六 3/林后八 19)亦称为“供给圣徒的恩情”(林后八 4)和“慈惠的事”(林后八 6、7)。

以神或基督为施与者的有十六次，其中显示数个不同的重点：或指神藉基督作成的恩典之工——保罗“不废掉神的恩”(加二 21)，即是“使〔神的恩变为〕无效”(思高)，又劝信徒“不要白受上帝的恩典”(林后六 1，新译)，歌罗西的信徒“确实认识了上帝的恩典”(西一 6，新译)；或指信徒得以悔改归主的恩典——他们是“受洪恩又蒙所赐之义”的人(罗五 17)；或指在恩典中的状况——神呼召信徒进入并享受他的恩典(加一 6，参冯：“真理”16)，他们藉基督“得进入现在所站的这恩典中”(罗五 2)，但他们若要靠律法称义，就是“与基督隔绝，从恩典中坠落了”(加六 4)；或以恩典为一种力量或原则——“就如罪作王叫人死……恩典也藉着义作王”使人得永生(罗五 21)，信徒“不在律法之下，乃在恩典之下”(罗六

[287] *hē dōrea*(“恩惠”，则是恩赐)，*en chariti*(“恩宠”，即是恩典)。

14、15);或以恩典为神(或基督)对信徒的供应——“我的恩典够你用”是主对保罗的祈求的回答(林后十二 9),他说自己比众使徒格外劳苦,是因为“神的恩与我同在”(林前十五 10c),他劝勉提摩太要“因那在基督耶稣内的恩宠坚强起来”(提后二 1,思高),他和同工的见证是他们“在世为人,不靠人的聪明,乃靠神的恩惠”(林后一 12),“神能将各样的恩惠多多的加给”信徒(林后九 8),当“上帝的恩典临到更多的人,就有更多的人献上他们的感谢来彰显上帝的荣耀”(林后四 15,现中)。

(四)“恩典”亦指神的恩典所产生的一些特别的效果,这用法有十六次:两次分别指“神赐给马其顿众教会的恩”(林后八 1),就是他们在试炼贫困中“所涌出的丰厚慷慨”(2 节,思高),以及神在哥林多人身上的“厚恩”(林后九 14,新译),就是他们“慷慨的捐输”(13 节,新译)。三次指神的恩典以不同恩赐的方式表达出来——“照着所赐给我们的恩典,我们各有不同的恩赐”(罗十二 6,新译),“我们每一个人都按照基督所分配的,领受特别的恩赐”(弗四 7,现中),神“在基督耶稣里赐给〔哥林多人〕的恩典”(林前一 4),使他们“在恩赐上一无所缺”(7 节〔新译〕,参 5 节)。十一次指保罗蒙召作使徒的恩典(罗一 5〔参现中,思高〕,十二 3,十五 15;林前三 10,十五 10a、b;加二 9;弗三 2、7)或特指他“把基督那测不透的丰富传给外邦人”(弗三 8)以及为福音辩护和作证的特权(腓一 7,参冯:“腓立比书”97)。[288]

(五)另有十次,这词指对神或基督的感谢:两次在“我感谢……主/神”一语中(提前一 12/提后一 3);[289]六次在省略的“感

[288] 在上述十一次中的八次,“神所赐给我的恩典”,这个意思,原文以五种不同的方式达出来:*hē charis autou hē eis eme*(林前十五 10b),*emoi . . . edothē hē charis hautē*(弗三 8),*tēs charitos tēs dotheisēs moi/tēn charin tēn dotheisan moi*(罗十二 3/加二 9),*tēn charin tēn dotheisan moi hypo tou theou*(罗十五 5),*tēn charin tou theou tēn dotheisan moi/tēs charitos tou theou tēs dotheisēs moi*(林前三 10/弗三 2、7)。

[289] *charin echō . . . tōi kyriōi/tōi theōi*.

谢神”一语中(罗七 25,六 17;林后九 15,八 16,二 14;林前十五 57);[290]另一次指“存着感恩的心”领受食物(林前十 30,新译、现中),还有一次指信徒“心被恩感”或“怀着感恩的心”(新译)歌颂神(西三 16)。

上述的资料显示,“恩典”一词的原文在保罗书信出现的一百次之中,只有八次跟神或基督的恩典没有直接关系(第一种用法一次,和第三种用法以人为施与者的七次)。第二种用法(五十次),和第三种用法以神或基督为施与者的十六次,都是指神或基督的恩典。第四种用法(十六次)指神的恩典所产生的特别效果或表现,而第五种用法(十次)则指人对神或基督之恩典的正确回应——感恩。换言之,这词指神或基督的恩典(八十二次)及对此恩典的回应(十次)共达九十二次(百分之九十二)。单是此点已足证明,神的恩典这观念,渗透了保罗的整个思想(参冯:“恩赐”50 注 1)。

本段(一 3～12)一个引人注目的特色,就是全段那强烈的“前瞻”性质。由于读者目前正处于受逼迫的痛苦中,他们所盼望的救恩完全是未来的。[291]

---

[290] 原文依次用:*charis tōi theōi*, followed by *hoti*, by *epi* with dative, by participle agreeing with *theōi*, *tōi theōi* charis followed by participle(最后两处)。

[291] Marxsen, *Introduction* 37.

叁 预告不法者的兴衰（二 1～12）

本段比信上任何其他段落更配称为此信的“主体”，其中关于主再来的教训，不仅为整封信里最独特的部分（也是后书和前书之间最大的分别），而且表明了保罗写此信的主要原因，就是要读者提防在主的降临这事上被错谬的教训导入歧途。本段虽显然是新的段落，却跟上文有很密切的关系：上文刚提过主耶稣要显现、降临，施行审判和完成他的救赎大功，本段处理的问题，则是以为“主的日子现在到了”（2 节）的谬误传说。为要纠正这种谬误，保罗强调主的日子尚未来到（1～2 节），因为必先有不法者兴起（3～4 节），迷惑一切不信真理的人（9～12 节），此不法者现今正受到拦阻（6、7b），但不法的奥秘已开始活动（7a），然而不法者至终必被主耶稣歼灭（8 节）。保罗预告此不法者的兴衰时，并没有按时间的先后次序来描述。若从事情发生的先后次序来看，第六至七节所述的（不法者被拦阻，但不法的奥秘已开始活动）是先于第三至四节（不法者要显露），而第九至十二节（不法者的势力）则先于第八节（不法者的命运）。[①]

(I) 主的日子未到(二 1～2)

1 弟兄们，论到我们主耶稣基督降临和我们到他那里聚集，

2 我劝你们，无论有灵、有言语、有冒我名的书信，说主的日子现在到了，不要轻易动心，也不要惊慌。

二 1 “弟兄们，论到我们主耶稣基督降临和我们到他那里聚集” 本节原文以“我们求你们”（新译）一语开始，像在前书四章一节（参“帖前释”284－285）和五章十二节一样，和合本及当代圣经把它拨归下

---

① Cf. Marshall 185.

一节，其他中译本(思高、新译、现中)也把它放在本节之末，似乎是为要使此句与所求的内容有更直接的联系。“我们求你们”中的“我们”，指保罗、西拉和提摩太(参一 3 注释)，因此这话不等于“我要求你们”(现中)或“我劝你们”(2 节)。这是保罗在信上第二次直接称呼读者为“弟兄们”(参一 3 注释)，这称呼清楚地表明了这是新一段的开始(下一次是在 13 节)，其主题亦由本节余下的一句(原文是一个介词词组)表明出来。

译为“论到”的原文结构②通常的意思是“为(某人的)缘故/益处”，如在“有人为她〔西门的岳母，她正在发高烧〕求耶稣”(路四 38)这句话里面，此结构有时是跟另一个介词结构③同义的，其意思便变成“论到”(林后八 23；约一 30〔思高〕)、“关于”(林后十二 8，思高)。有些释经者认为，本句的结构虽然大致与另外那个结构同义，但仍略含“为……的缘故”之意：保罗论主再来的教训被帖城信徒误解了，因此他要提出正确的看法(对正确的看法加以支持、拥护)。④ 不过，笔者同意多数释经者的看法，即是有关的介词结构在本句是跟另外那个介词结构完全同义，这是两个结构可以交换使用的一个例子。⑤ “关于……的事/事情”(思高、新译、现中/当圣)这译法，就是基于这个看法。

保罗用“我们的主耶稣基督”(思高、现中)这个全名(参一 1)，强调了他现在要讨论的是个严肃的题目。虽然这是信上首次用“降临”一词(参“帖前释”220－221)，但所指的显然是前一章(一 7b～10a)及前书(尤其是四 13～17，五 2～3)所说的同一件事。这里不但提到“我们主耶稣基督的再来”(新译)，也提到“我们到他那里聚集”，“再来”和“聚集”两个名词在原文同属一个冠词之下，表示二者的关系非常紧密，可

② *hyper* with genitive.

③ *peri* with genitive.

④ Ellicott 105－106；Lightfoot 108；Morris II 214 n.1.

⑤ E.g., Frame 244；Best 274；Hartman, *Prophecy* 195；M.J. Harris, *NIDNTT* III 1174；H. Riesenfeld, *TDNT* VIII 514；*Idiom* 65 (‘in connection/connexion with’). 关于两个介词结构可交换使用此点，参 BDF 231(1)，229(1).

说是一体的两面。[6]

> “聚集”原文是个复合名词，[7]在七十士译本里只出现一次，指以色列民被掳至巴比伦的时期过后，蒙神再次把他们聚集，并向他们施怜悯（马加比贰书二7），这用法反映了犹太人的盼望，就是散处异邦的被掳者得以被神招聚重归故土（例如：赛十一11～16，廿七13，四十八20，五十二11～12；亚二6；马加比贰书一27，二18；传道经卅六11）。[8] 同字根的复合动词[9]在新约出现八次，一次指秃鹰会“聚集”在有尸体的地方（路十七37，思高），两次指群众“聚集”于耶稣所在之处（可一33；路十二1），三次指耶稣极想“招聚”耶路撒冷的儿女（新译：太廿三37a；路十三34〔动词在本节原文只用了一次〕），好像母鸡“招聚”幼雏到翅膀底下（太廿三37b，新译），余下两次指人子降临时要差派天使把他的选民都“招聚”来（太廿四31；可十三27）。这正是本节的复合名词所指的事件。

保罗的意思不是说信徒会主动地“到他〔主耶稣〕那里聚集”（新译同），而是说“他要聚集我们”（现中）“到他那里”。[10] 后面这个词组（现

---

⑥ 有释经者甚至这样说：‘According to Granville Sharpe’s rule, when two substantives are connected by *kai* and there is an article with the first and not with the second, the two refer to the same thing. This is the case here’（Waterman，‘Sources’ 112）. 此点被 Holland 68 所忽略了：作者认为，帖后的作者（有别于保罗）相信此“聚集”不必（如保罗所信的）与主的再来同时发生，而是主再来施行审判之后的事。但即使在这位释经者引以为根据的一段经文中（帖后一6～10），主对恶人的惩罚，以及他“在他圣徒的身上得荣耀，又在一切信的人身上显为希奇”，二者同是在“主耶稣……显现”时，在“主降临……的那日子”（6、10节）发生的事。

⑦ *episynagōgē*. Cf. BAGD 301 (s. v.). 同字根的简单名词 *synagōgē*（在徒十三43的意思也是“〔集〕会”）在新约共用了五十六次，但在保罗书信一次也没有出现。

⑧ Cf. Scott，‘Late-Jewish Eschatology’ 138 – 139.

⑨ *episynagō*. Cf. BAGD 301 (s. v.). 与此同义的简单动词 *synagō* 在新约共用了五十九次，但在保罗书信中只出现一次，指哥林多信徒“聚集”在一起（林前五4，新译）。

⑩ Cf. W. Schrage，*TDNT* VII 842.

中:“跟他相会”)⑪提示我们,保罗想到的不仅是信徒要“一同被提……与主相遇”(帖前四 17)的一面,还有被提后“和主永远同在”(同上)的一面。⑫ 本节的复合名词在新约还出现另一次,指信徒平常的“聚会”(来十 25),此种“集会”(思高)被看为主再来时那个大集会的先声。

二 2 “我劝你们……不要轻易动心,也不要惊慌” “我劝你们”在原文是属上一节的(见上面注释)。原文以“不要轻易动心……”开始本节,提出了保罗对读者的请求。⑬ “动心”(新译、当圣同)的原文可直译为“(你们)被动摇(以致)离开〔即失去〕理智”(参思高)。⑭

> 后面这个名词⑮在新约共用了二十四次(保罗书信占廿一次),其中呈现了三个略为不同的意思或重点:(一)指思想的机能——耶稣开启门徒的“心窍”,使他们明白圣经(路廿四 45);用“理智”祷告或歌唱,跟用灵祷告或歌唱相对(林前十四 14、15a 和 b,新译、现中),在教会的聚会中,用“理智”说五句话去教导人,胜过用方言说万句话(林前十四 19,新译);神所赐的平安是超过人所能“了解/理解”的(腓四 7,新译/现中);解释那七头十角的兽的奥秘,需要有智慧的“心”(启十七 9),有“聪明”或“悟性”(新译)的人,可计算那从地里出来的两角兽的数字(启十三 18)。(二)指内心的态度、思想的方式,代表一个人的整个思想及道德状况——故意不认识神的,神就任凭他们陷于邪僻或败坏的“心”(罗一 28,参思高、新译);保罗提及一些“心术”败坏的人(提前六 5;提后三 8

---

⑪ *ep'auton*.“到他那里”较通常的表达方式是用 *pros auton*(例如:太三 5,十三 2,廿七 19)。有释经者认为,二者的分别在于:后者指出所采用的方向,前者较着眼于所到达之点(Ellicott 106*b*);参思高本节(“到他前”)、太廿七 27(“到他面前”,新译)、可五 21(“到他跟前”,现中)等。W. Schrage (*TDNT* VIII 842 n.6)则认为,本句的介系词是在原文那个复合名词(见注 7)的影响之下而采用的,并不含“直到”这附属的意思。

⑫ Frame 244.

⑬ *eis to*(*mē*) with infinive 的这种用法,已见于前书二 12,三 10,参四 9;see *Moods and Tenses* 412; H. Greeven, *TDNT* II 686 - 687.

⑭ *saleuthēnai* ... *apo tou noos* = ‘to be shaken in mind’ (RSV). On *apo* as denoting separation, see BDF 211.

⑮ *nous*. Cf. BAGD 544 - 545 (s.v.).这字在新译本有多种译法,详见冯:“腓立比书”441 及该处注 79。

〔思高〕），败坏和不信者的“心地”和良知都是污秽的（多一 15，参思高）；[16]保罗描写了这样的一种交战和矛盾：“心”中（所喜爱）的律不敌肢体中另外那个律（即是驱使人犯罪的法则；罗七 23，参现中），以致只能以“内心”顺服神的律，肉体却顺服罪的律（罗七 25）；歌罗西的传异端者随着自己的欲“心”无故地自高自大（西二 18）；信徒不应像教外人那样存虚妄的“心”行事（弗四 17），乃要把“心”灵更换一新（弗四 23，参新译），并藉此种“心意的更新而改变过来”，得以察验何为神的旨意（罗十二 2，新译）；保罗特别劝喻有分争的哥林多信徒，不可分党，乃要一“心”一意，彼此相合（林前一 10）。（三）指思维的行动的结果，即是具体的思想或意见——关于这日是否比那日好的问题，“只要各人自己心意坚定就可以了”（罗十四 5，新译）；“谁知道/曾知道主的心意……？”（新译：罗十一 34；林前二 16a）但“我们〔属灵的人〕有基督的心意”（林前二 16b，思高）。

本句的“心”字属上述第一种用法，指冷静和镇定地对事情作出明智判断的能力，就是根据他们从保罗领受了有关主再来的教训（二 5；帖前五 1～2），以审慎的态度来面对“主的日子现在到了”这种十分过分的讲法。[17]

译为“动”字的原文[18]在保罗书信里只出现这一次，但在新约另外出现十四次，全部是及物动词，分为两种主要用法：（一）照它的字面意思，主动语态指急流不能使建造得好的房屋“动摇”（路六

---

[16] 在上述四节中，“败坏”在原文是四个不同的字，依次为 *adokimos* (adjective)，(perfect passive participles) *diephtharmenōn* (from *diaphtheirō*)，*katephtharmenoi* (from *kataphtheirō*)，*memiammenois* (from *miainō*). 在多一 15 译为“（都）污秽了”的，也是动词 *miainō* 的现在完成时态 *memiantai*.

[17] Cf. J. Behm, *TDNT* IV 959; NIV ‘lose your heads’. See also Kemmle *Faith* 182 - 187 (‘the regulative intellectual faculty’, 187); Jewett, *Anthropological* 368 - 369.

[18] *saleuō* (cf. BAGD 740 s. v.), from *salos*. 后者在新约只出现一次，指海洋咆哮的“波涛”（路廿一 25，思高、新译）。

48,新译),及神的声音曾“震动”了地(来十二26);被动语态指芦苇被风“摇曳”(思高:太十一7;路七24),天上的万象“震动”(太廿四29;可十三25;路廿一26),使徒聚集的地方“震动”起来(徒四31),腓立比监牢的地基因地震而“摇动”起来(徒十六26),以及连按带“摇”的升斗(路六38,参思高)。(二)比喻性的用法,主动语态指帖撒罗尼迦的犹太人来到庇哩亚“煽动”群众(徒十七13,思高、新译);被动语态指大卫因主在他右边而不至“动摇”(徒二25〔引诗十六8〕,新译、现中),以及“被震动”的受造之物都要挪去,使那“不被震动”的国度得以常存(来十二27a、b)。[19]

“动”字在本句属上述第二种用法;保罗请求读者不要像船被风浪吹离它的停泊处那样,让“主的日子现在到了”这种流言使他们“失去理智”(思高)。[20] 原文所用的是过去不定时时态的动词,表示一次的行动;因此“被……这种说法所困惑”(现中)这译法[21]亦必须按原文的提示来解释,即是不应把“被……困惑”看为一种持续的状况。

译为“轻易”或“迅速”(思高)的原文副词[22]在新约共用了十五次(保罗书信占七次):(一)此词的最高级只出现一次,就是在来自(希腊文)文言的“尽快”(徒十七15,现中)[23]一语中。(二)此词的比较级出现四次,两次的意思是“比……快”(约二十4,思高、新译、现中)或“快些”(来十三19),另两次则似乎并不含比较之意,而只是“快”的意思(约十三27;[24]来十三23)。(三)此词的原级有七次是(如在上列五处)指时间方面的“快”(路十六6;提后四

---

⑲ 来十二28的“不能震动”在原文是个形容词(*asaleutos*)而非动词。

⑳ Cf. Milligan 96*a*; Frame 245; Neil 157.

㉑ Cf. ‘to be thoroughly unsettled in mind’ (N. Hillyer, *NIDNTT* III 559).

㉒ *tacheōs* (positive), *tachion* (comparative), *tachista* (superlative). Cf. BAGD 806 – 807 (s. v.).

㉓ *hōs tachista* = ‘as soon as possible’ (BAGD 807, s. v. 3).

㉔ Barrett (*John* 374)则认为 *tachion* 在此节的意思是:“比你〔犹大〕现在做得快。”

9[25])、“赶快”(路十四21,现中)、“急忙”(约十一31)、“不久”(林前四19〔现中〕;腓二19〔现中、思高、新译〕、24〔新译〕);另一次(加一6)可能也是指时间上的“快”,但亦可能是指加拉太人“轻易地”(现中)离开了保罗传给他们的福音;余下两次分别指提摩太不要“轻易/随便”给人行按手礼(提前五22,思高/现中),及帖城信徒不要“轻易”(新译、现中、当圣同)被“主的日子现在到了”这种流言所动摇,在此事上失去冷静和理智的判断(本节)。

除了“不要轻易动心”之外,保罗还告诉读者“不要惊慌”。原文所用的动词[26]在新约另外出现两次:耶稣对他当日的听众说,他们听见打仗和打仗的风声时,“不要惊慌”(太廿四6;可十三7)。此词在本节的意思可能同样是“惊慌/惊慌失措”(新译、当圣同/思高),[27]但也许较合文理的意思是“被……所烦扰”(现中);[28]原文的现在时态所提示的意思,就是在一次的“动摇”(以致失去冷静的头脑)之后接踵而来的一种思想混乱、情绪不安的持续状况。[29]

“……说主的日子现在到了” 按保罗对帖城信徒处境的了解,那可使他们失去冷静的头脑而陷入紊乱不安之中的,就是“‘主……的日子到了’这种说法”(现中)。译为“说”字的原文结构[30]是由两个小字合成,在较后期的日常希腊语的用法里,两个字连着用的意思跟单用第二个字并无分别,即指“就是”,[31]哥林多后书五章十九节(新译,参思高、现中)可能已是这种用法的一个先例,但在同书十一章二十一节,这结构的意思是“好像”(思高),即是第一个小字表示,由第二个小字引介的

㉕ 此节的“赶紧”或“赶快”是原文 *spoudazon* ... *tacheōs* 二字的翻译,因此后一个字的意思只是“快”,并无“赶”或“尽(快)”(新译、现中)的含意。

㉖ *throeomai*, *middle of throeō*. Cf. BAGD 364 (s.v.).

㉗ Cf. NEB ‘alarm yourselves’; NIV ‘become ... alarmed’.

㉘ Cf. AV, RV ‘troubled’; NASB ‘disturbd’.

㉙ Cf. Lightfoot 109 (‘confused’); Milligan 96*b* (‘agitation’). 这样解释两个动词的关系,胜于把前者看为判断的困扰,后者看为情绪的困扰,后者是由前者引致的(Ellingworth-Nida 160).

㉚ *hōs hoti*.

㉛ Cf. MHT 1.212.

那句话,乃是作者引自别人的话,是他自己并不(或未能完全)同意的。㉜ 本节是这结构在新约出现的另一次。一些释经者认为它在这里的意思也是"就是",㉝但从文理看来,它较可能的意思是"好像(说)"(思高),即是第一个小字表示的:有人宣称主的日子已经来到,但保罗并不同意这种错误的说法。㉞

这宣称里的原文动词㉟在新约另外出现六次(只有一次不在保罗书信中):五次是以完成时态分词的形式作名词或形容词用——"现在的事"与"将来的事"相对(新译:罗八 38;林前三 22),"现在……的世代"(加一 4,新译)与"〔将〕来〔的〕世〔代〕"(弗一 21)相对,"为了现时的急难",保罗认为人最好保持现状(林前七 26,思高),旧约的第一次进会幕是"现今的时代的预表"(来九 9,新译);另一次是未来时态动词,指"末后的日子必有艰难的时期来到"(提后三 1,新译)。上述资料提示我们,本节的完成时态动词的意思也是"到了"(现中)、"现在到了"(新译同)、"已经来到了"(当圣),而不仅是"迫近了"(思高)。换言之,这动词的意思比"要……来到"(帖前五 2,思高)、"近了"(罗十三 12,新译)、"已经近了"(提后四 6〔思高〕;腓四 5)等讲法所表达的更强。㊱

"主的日子"一词已在前书五章二节出现过(详参"帖前释"384－385);对保罗来说,"主的日子"确是"主再来的日子"(现中)。但是,"主的日子现在到了"这宣称显然不能解为主耶稣已经再来施行最后的审判;对宣称者来说,"主的日子"较可能是一段时间,其中一连串的事件会引致最后的结局(主的再来和审判),这宣称的意思就是:"主的日子"所指的那段时间已经开始了,他们现今就已活在"主的日子"里,而最后

㉜ Cf. Plummer, *Second Corinthians* 317; Lightfoot 110.

㉝ MHT 3.137; Best 275.

㉞ Cf. BDF 396; Bruce 165.

㉟ *enistēmi*. Cf. BAGD 266 (s.v.).

㊱ Cf. Ellicott 108*a*; Frame 248.在上列四处,原文依次为 *erchetai*, *ēngiken*, *ephestēken*, *engys*[*estin*].有释经者认为本节的动词有未来的意义(A. Oepke, *TDNT* II 544 n.2: 'in process of coming', supported by Ridderbos, *Paul* 511 n.68),但此说难与原文的完成时态协调,亦与文理不符。Mearns ('Eschatological Development' 152)指出,现代学者公认此动词应译为"现在到了"而不是"已经近了"(RV 'is now present', over against AV 'is at hand');作者并且认为这一致的意见应继续流行。Cf. also Jewett 97－98 n.36.

的关头可能随时随刻临到他们。[37] 亦有释经者认为这宣称的意思是："基督已经以某种形式回来了"；按这位学者的理论，这声称是来自那"不守规矩的人"（帖前五 14；参帖后三 6），他们代表着一种偏激的已实现末世观，认为在他们出神（狂喜）的活动中，他们已是在原则上经历着基督的再来并使之具体化。[38] 但此说的正确性是颇有疑问的（详参导论第叁节注 60 之后的讨论）。

"无论有灵、有言语、有冒我名的书信，说……" "主的日子现在到了"这说法显然并非保罗自己的看法，而是别人所作的宣称；本句指出了他们这种宣称有什么可能的根据。（一）"灵"字原文在本书只出现另外两次（二 8、13），但在前书曾用了五次（一 5、6，四 8，五 19、23；详参"帖前释"461－463）；此字在前书五章十九节用来指一切在圣灵感动下发出的话语（包括预言、方言及方言的翻译等），在本节跟"言语"相对，特指在灵的感动下并在出神的状况中发出的"预言"（当圣）。[39] 但这感动人说预言的灵可能是圣灵（参思高："神恩"），也可能是"另一个不同的灵"（林后十一 4，新译）；若是前者，这里所指的便是真正的预言被误解了，若是后者，所指的便是假预言。[40] 保罗在前书曾劝喻帖城信徒不要轻视及排拒先知的话语（五 20），但同时要"凡事察验"，弃假纳真（五 21）。本节没有把"试验诸灵"（约壹四 1，原文直译）的责任放在读者的肩头上，而是针对有关的预言实在的或被误解的内容，直截了当地告诉他们，不要因这个信息而失去理智，以致思想混乱、情绪不安。

（二）"言语"一方面有别于"灵"，即是在灵直接感动之下而说的预言，另一方面有别于"书信"，因此所指的就是一种非出神（即是属乎理

---

[37] Lake, *Earlier Epistles* 94; Neil 159. Cf. Marshall 186. Holland 105 (cf. 119, 127)则认为，对帖后的作者来说，"主的日子"是忿怒的日子，此日子的来临是在基督再来之先。此说的部分论据，是（按作者的看法）保罗以"主的日子"为忿怒及审判的日子，又以"主耶稣基督的日子"为主再来、信徒蒙接纳的日子，但他没有将二者结合起来。但较自然的看法，是这两个"日子"所指的是同一事件；cf., e.g., G. Delling, *TDNT* II 952－953, *TDNTA* 310; M. Rist, *IDB* I 783; E. Jenni, *IDB* I 785; H. E. Dosker, *ISBER* I 879; esp. Strong, 'Second Coming' 164－167.

[38] Jewett 100, 176 (cf. 176－178).

[39] Cf., e.g., Dunn, *Jesus* 269.

[40] Bruce 163.

性)的、口头的"言论"(思高)或"话"(新译)。这样的话可能有使徒的权柄(如在 15 节);就他所建立的教会而论,保罗跟信徒最初的通讯总是口头的,后来他才写信由信差或他所差派的代表带给他们,当他写信给教会时,他有时会另有一些话是由信差或代表转告他们的(参弗六 21～22;西四 7～8),由此推论,当他没有写信时,他也可能有用口头方式把消息或指示转达给他们。[41] 不过,本节的"话"似乎并不是源自保罗,而是出于别人的"言论"(见下文)。

"言语"一词的原文[42]在保罗书信共出现八十四次(新约全部三百三十次),包括前书九次(一 5、6、8,二 5、13〔三次〕,四 15、18)及后书五次(二 2、15、17,三 1、14),其中呈现了多种不同的用法。

(1) 四次分别指我们每人都要向神交自己的"账"(罗十四 12,思高)、商业用语的"账"(腓四 15〔参冯:"腓立比书"479〕、17〔思高〕),和歌罗西异端的教规徒有智慧之"名〔声〕"(西二 23,参思高)。

(2) 多次指神的"言语"(罗三 4,思高〔参现中:"你发言的时候"〕)、神的应许(罗九 6〔参现中〕、9)、神的"判决"(罗九 28,思高)、神在旧约里的一条"命令"(现中:罗十三 9;加五 14)、用膳祈祷时所引自旧约圣经的话(提前四 5),[43]尤其指福音——此福音源出于神,故称为"神的道"(林后二 17;腓一 14;帖前二 13a、c;提后二 9;多二 5)、"上帝的道"(新译:林前十四 36;林后四 2;西一 25)或"他的道"(多一 3),跟"人的道"相对(帖前二 13b);此福音亦称为"主的道"(帖前一 8;帖后三 1〔新译〕)、"基督的道"(西三 16,新译),或简称为"道"(西四 3;提后四 2;帖前一 6;加六 6〔思高、新译〕;在最后两节,"真"字为译者所加);这道有时附以形容的话,称为"十字架的道理"(林前一 18)、"和好的道理"(林后五 19)、"真理的道"(林后六 7〔新译〕;弗一 13;西一 5;提后二 15)、"生命的道"

---

[41] Doty, *Letters* 76.

[42] *logos*. Cf. BAGD 477－479 (s. v.).

[43] Cf. Kelly, *Pastoral* 97; Dibelius-Greeven, *Pastoral* 64; BAGD 478 (s. v. 1 b *a*).

（腓二 16）。[44]

(3) 教牧书信特有一两个用语，是没有在其他书卷里出现的，那就是："这话是可信的"（提前一 15，三 1，四 9；多三 8；提后二 11〔新译，13 节〕）和"健全〔的〕道理/话"（思高：提前六 3；提后一 13[45]/多二 8）。

(4) 除了注 44、45 指出的三次外，复数的"话"字另外出现八次，分别指（保罗所不用的）"智慧动听的言词"（林前二 4b，思高），即是"人的智慧所教的言词/言语"（林前二 13，思高/新译）、"用理智说〔的〕五句话"和"用方言说〔的〕万句话"（林前十四 19a、b，新译；保罗认为在教会中前者胜过后者）、假师傅的"空言"（弗五 6，新译）、帖城信徒可用来彼此劝慰的使徒的教训（帖前四 18）、提摩太应恒常用来喂养自己的"信仰的话语"（提前四 6，新译），以及保罗说铜匠亚历山大会极力敌挡的"我们的话"（提后四 15）。

(5) 在余下的三十二次，"话"字（全部是单数）最常见的意思是"言语"——"言语"跟"行为"（西三 17〔思高、新译〕；提前四 12；帖后二 17）、"行事"（林后十 11，思高）及"行动"（罗十五 18，思高）相对，[46]跟"能力"（林前四 19，思高、新译）或"权能"（林前四 20；帖前一 5）相对，跟"知识"相对（林后十一 6），又与"智慧"连着出现（林前一 17〔"智慧的言语"原文直译为"言语上的智慧"〕，二 1）。此字的意思按不同的文理而异，从而得出不同的译法，例如："言语"（林后十 10）、"言谈"（西四 6，思高）、"言论"（提后二 17，思高）、"道"（多一 9，思高）、"讲道"（与"教导"相对：提前五 17，思高、新译、现中）、"信息"（与"宣讲"〔思高〕相对，林前二 4a）、[47]某种"话

[44] 以上共三十六次；其中只有一次（罗三 4）原文是复数的。

[45] 此二节原文用复数的"话"字。提前六 3 用的整个词组是"我们主耶稣基督纯正的话"，其中"主……的话〔复数〕"跟"主的道〔单数〕"同义（cf. Kelly, *Pastoral* 133 - 134），故此节亦可归入上段(2)之下。

[46] 上列五次中，四次在原文都是 *logos* ... *ergon* 的对比，只有在提前四 12 则为 *logos* ... *anastrophē* 的对比。

[47] *logos* ... *kai* ... *kērygma* = 'message and preaching' (Fee, *First Corinthians* 94).

语的形式"(林前十五2)。[48]"口才"(弗六19)是神所赐的;"口才"亦是某一类属灵恩赐的统称(林前一5;林后八7),其中包括"智慧的言语"和"知识的言语"这两样恩赐(林前十二8a、b)。话有多种,如"坏话"(弗四29,思高、新译)、"谄媚的话"(帖前二5)、"明晰的话"(林前十四9,思高)。保罗对哥林多人"所说的话"(林后一18,思高)同时包括他"所传的道"(新译)和他的"诺言"(现中);"主的话"(帖前四15)指复活的基督启示给教会的一项"教训"(现中)。"话"字有另一次指"经上所记载的"一句话(林前十五54,思高;参〔2〕下所引的提前四5)。最后三次,两次"言论"跟"书信"相对(思高:帖后二2〔本节〕、15),一次指"这信上的话"(帖后三14;参本段开头所引的林后十11:"信上的言语")。

(三)"主的日子现在到了"这说法第三个可能的根据是"冒我名的书信"(关于"书信"一词在新约的用法,详参"帖前释"482注24)。"冒我名的"较贴近原文的译法是"似乎出于我们的"(思高);[49]这词组在原文是放在句末的,因此理论上可能不是仅形容"书信"一词,而是同时形容前面的三个名词("灵……言语……书信"),现代中文译本及当代圣经的译法,就是反映了这个看法。[50]有释经者认为,原文那三个平行结构的短语——"不要因着什么神恩,或什么言论,或什么……书信"(思高)[51]——支持这个看法,因为若此词组不是同时形容三者,而是只形容"书信",三个短语的长度便不一致。[52]但这理由的说服力不大,因为

---

[48] *logos* = 'form of words' (Barrett, *First Corinthians* 336); cf. Fung, 'Revelation' 39 with n.60.

[49] *hōs di' hēmōn*, on which see BDF 425(4).介系词在此的意思不是"藉着"(如太一22,参新译、现中),仿佛保罗等人是基督或圣灵所使用的媒介,藉着他们把信息以书信的方式表达出来;介系词在此乃是指出书信所源自的作者(参林前一9:*di' hou* = "被他";林后一11:*dia pollōn* = *ek pollōn prosōpōn*; Bruce 164).

[50] 现中:"也许有人说这说法是我们传讲信息或传道时说的,或甚至有人说是我们在信上这样写着的。"当圣:"无论你们听见什么预言、言论,或看见什么信,说是我说的,我写的,说……"

[51] *mēte dia pneumatos* [,] *mēte dia logou* [,] *mēte di' epistolēs*.

[52] Milligan 97*a*; Frame 246,247; Best 278.

前书一章三节的“信心的工作”“爱心的劳苦”和“盼望的忍耐”在原文是完全平行的结构，[53]但第三个词组之后的“我们主耶稣基督的”显然是仅形容该词组而不是同时也形容首两个词组的。另一学者同样将“似乎出于我们的”看为同时形容前面的三个名词，但他认为此词组所指的，并非有关的“灵”“言语”和“书信”是否真的出自保罗，而是有人说是源自保罗的那个信息是否忠实地描述了保罗的教训。[54] 可是这理论有点牵强，因为“似乎出于我们的”这词组最自然的意思，正是指出与它连着来解释的那三样东西是否源自保罗，而非（按原文的次序接着才出现的）那个信息是否忠于保罗的教训。

反对将此词组同时连于三个名词的一个理由，就是“似乎出于我们的灵（即预言）”这讲法是不大合适的，因为一个人若是根据“灵”（即是预言）而宣称“主的日子现在到了”，他大抵不会借用保罗的权柄，而较可能会声称他所得的启示（有了启示才可说出预言来）乃是直接临到他个人的；另一个类似的反对理由是，口头的通讯或信件从已离开的使徒那里来到帖城信徒那里是可能的，但只有当他和他们一起时，他们才可以看见并认出“灵”在他身上运行。[55] 可是，有人根据保罗曾说的预言（此预言可能是以口头方式或是以成文的方式出现：参可十三 14；启一 3）而作出谬误的结论和宣称，并非不可想象的事；因此上述两个反对理由都不是决定性的。虽然如此，笔者仍然不赞同将有关的词组同时连于三个名词的看法，也不赞同把该词组连于“言语”和“书信”二者的看法，[56]而赞成把它单连于“书信”一词，因为按笔者的了解，这是原文最简单而自然的意思。[57] 按此看法，“书信”是“似乎出于我们的”，“灵”（即是预言）和“言语”则可能是由教会中的一个会友或其他不知名的到

---

[53] *tou ergou tēs pisteōs*, *tou kopou tēs agapēs*, *tēs hypomonēs tēs elpidos*.

[54] Marshall 187: ‘It is . . . likely that the phrase goes with all three nouns, and that it refers not to whether the sources of teaching were truly Pauline but to whether the message attributed to Paul was a faithful representation of his teaching.’

[55] 依次见：Moffatt 47*b*; Ellicott 107*b*.

[56] Ellicott 107*b*.

[57] Cf. Whiteley 98; Holland 44; Schmithals, *Paul* 205 - 206; AV, RV, RSV, NEB, NASB.

访者所说的。[58]

"似乎出于我们的书信"这话应如何解释呢？有释经者认为，这话表示保罗确实知道最近曾有"冒我们的名的书信"(新译)在帖城教会中流传。[59] 但此说可能言过其实，因为保罗用的字眼是含糊的。另有释经者认为，我们不能排除冒名书信出现的可能，尤其因为保罗在三章十七节刻意地要读者留意他的亲笔问安，他指出那是他"每一封信的记号"(新译)；因此他们认为保罗可能怀疑(不是确实知道)曾有冒他和同工之名的书信把帖城信徒导入了歧途。[60]

不过，若后书是写于主后 50 或 51 年的，那么，这么早期便有冒名的保罗书信出现，其可能性似乎不大，而且三章十七节的话也不一定表示保罗怀疑有人冒他的名写信(见该节注释)；因此，本节这话可另作解释。译为"似乎"那个小字(注 49 首个希腊字)并未明确地否定那"书信"的作者是保罗："主的日子现在到了"这错谬的说法可能是或不是由一封书信引起的，若是的话，那封信可能是或不是保罗所写的。(那封信若不是保罗写的，这话便可如上一段那样解释；但我们刚才已对此解释表示怀疑。)若真是保罗写的(而我们亦接受后书本身也是他写的)，则这话最自然的解释，就是有人误解了前书的部分内容，从而得出那个谬误的结论。[61]

总结本节的讨论：保罗在此劝喻帖城信徒，在"主的日子现在到了"这种宣称之前——不管此宣称的根据是预言、口头教导，或书信(被误

---

[58] Bruce 164.

[59] Ellicott 107 - 108; Calvin 397. Collins (*Letters* 224)认为这话确指冒名的书信，提示了在帖后成书时已有冒名的保罗书信传流着，而这情况较适合保罗之后的时期，因此后书不是保罗写的。但此说的大前提值得商榷。

[60] E.g., Lightfoot 110; cf. Jewett 183 - 184.

[61] Bruce 164; Jewett 184 - 186; cf. Lake, *Earlier* 95; Frame 246. Milligan 97 指出，本句(及二 15)的"书信"是无冠词的(*di' epistolēs*——参三 14 *dia tēs epistolēs*)，因此不能解为直接指帖前。Bailey ('II Thessalonians' 138)这样解释说："似乎出于我们的"一语可能指冒名的信(但这么早期便有冒名的保罗书信流传，似乎不大可能)，或更可能的是指前书(大概是五 4～8 那段)遭误解而被用来支持末日已到的看法；但该段按理不容易这样被误解，因此这种误解不大可能是立刻发生并由保罗自己加以改正，而较可能是若干年后才发生的事，要由另一个人以保罗的名义加以纠正。这就是说，帖后不是保罗写的。可是，一个作者或讲者的话即时或很快被误解，是大有可能的事。

解的保罗书信），他似乎并不确知是哪一样——总不要轻易动摇以致失去冷静的头脑，从而陷在思想混乱、情绪不安的状况之中。

(II) 不法者要显露(二 3～4)

3 人不拘用什么法子，你们总不要被他诱惑。因为那日子以前，必有离道反教的事，并有那大罪人，就是沉沦之子，显露出来。

4 他是抵挡主，高抬自己，超过一切称为神的和一切受人敬拜的，甚至坐在神的殿里，自称是神。

二 3 "人不拘用什么法子，你们总不要被他诱惑" 本句总括了第一、二节的要旨。"你们总不要被他诱惑"较贴近原文的译法是："不要让任何人〔现中〕欺骗你们〔思高〕"。[62] 这里的动词在原文是个复合动词，同字根的简单动词[63]在新约出现三次，一贯的意思都是"欺骗"（思高：弗五 6；提前二 14a；雅一 26），复合动词在新约另外出现五次（全都在保罗书信里），其意思也是"欺骗"（新译：罗七 11，十六 18；林前三 18；林后十一 3；思高：提前二 14b）。这些资料显示，两个动词在意思上似乎并无分别（提前二 14 尤其支持这看法[64]）；因此笔者未能同意另一个看法，即是认为复合动词内的前置词有强化作用，此动词的意思不仅是"欺骗"，而是"大大地欺骗了"。[65]

"人不拘用什么法子"在原文只是个词组，[66]这词组的意思是"用任何的方法"（新译），这包括上一节所说的"灵""言语"和"书信"，以及其他的"任何方法"（思高）。

"法子"的原文（见注 66 最后一个希腊字）在新约另外出现十

---

[62] *Mē tis hymas exapatēsēi*. 这是新约用第三人称的 aorist subjunctive + *mē* 来表达禁止（一项行动）的少数例子之一（另见林前十六 11；林后十一 16）；cf. *Moods and Tenses* 166; MHT 1.178; *Idiom* 22.

[63] 二字依次为：*exapataō*，*apataō*.

[64] Cf. Fung, 'Ministry' 338 n.205；"再思"362 注 205。

[65] Morris II 218.

[66] *kata mēdena tropon* (from *tropos*). Cf. BAGD 827 (s.v.).

二次(保罗书信占四次),除了一次指信徒"为人"不可贪爱钱财外(来十三 5,新译;参思高),其余十一次都是用在"像"(现中:太廿三 37;路十三 34;徒七 28)、"怎样(……也怎样)"(徒一 11;提后三 8;[67]徒廿七 25)、"和(他们)一样"(徒十五 11)、[68]"像(那些天使)一样"(犹 7,现中)、"无论怎样"(腓一 18)、"用各种方法"(帖后三 16,现中)、"各方面"(罗三 2,现中;参思高、新译)[69]等词语中。

为要纠正在帖城信徒中间发生的错误教训,保罗从他曾给予帖城信徒的口头教训(5 节)中再次提醒他们关于主来之前必先发生的一些事情。本段(3b～12 节)旨在描写不法者的出现和活动,但保罗两度打断他的描述:一次是解释不法者的出现跟"拦阻者"的关系(5～7 节),另一次是预先指出不法者的命运(8b)。由于保罗的描述简而不详,部分内容甚至晦暗不明,本段经文(尤其是 3～4、6～7 节)不易解释,我们需要格外小心和谨慎地处理它。

"因为那日子以前,必有离道反教的事" 本句指出读者要不让任何人欺骗他们的原因("因为")。按原文的结构,全句原本应以条件句的形式出现,如下:"因为那日子〔指主的日子〕不会来到,除非那离道反教的事先来临",但事实上,保罗把归结的主句省略了,只余下条件分句(或称子句),[70]而中译本则顺应着中文语法的要求,把主句和分句倒转过来,原来没有表达出来的主句便变成补充上去的分句——"主的日子来到以前"(新译)。

现代中文译本的翻译("……必定先有最后的反叛";参当圣)

---

[67] 以上五次原文为 *hon tropon* (accusative).

[68] 以上二次原文为 *kath' hon tropon*.

[69] 以上四次原文依次为 *ton homoion tropon*, *panti tropōi*(dative:参冯:"腓立比书"130 注 75),*en panti tropōi*, *kata panta tropon*. 帖后本节所用的结构(见上面注 66)跟最后一个词组(即罗三 2 所用的)最为相似,但在意思上则与前一个词组(即帖后三 16 所用的)最为接近。

[70] *Idiom* 151 引本节为'implied apodosis'的一个例子。"来临"一词的原文(*erchomai*)在保罗书信的用法,详见一 10 注释。

清楚地反映原文有"先"[71]字。这字在保罗书信出现二十九次(新约共一百五十四次),分为数种用法。(一)作形容词用,这字指时间上最早或较早的:摩西是"首先"的(即是第一个)见证人,证明以色列人确是知道(福音是什么)的(罗十 19,思高、新译、现中);亚当是"第一个人"(林前十五 45、47,思高、新译);在神造人的过程中,"亚当是先受造的",然后才是夏娃(提前二 13,思高);腓立比人"从最初的一天"便参与保罗的福音工作(腓一 5,思高);他"第一次申辩"时没有人支持他(提后四 16,新译);有些年轻的寡妇因背弃了"起初的信誓"而被定罪(提前五 12,思高、新译)。有一次这形容词与冠词连用而成为名词,指在聚会中"那先说话〔预言〕的人"(林前十四 30,现中)。(二)此字(仍是作形容词用)亦指等级或程度上的"第一":"第一条带着应许的诫命"(弗六 2,新译、现中),意即一条"附有恩许的"(思高)极重要的诫命;[72]保罗自称是罪人中的"魁首"(思高:提前一 15、16);[73]在他传给哥林多人的信息里面,"首要的"项目就是基督的受死、复活和显现(林前十五 3,思高)。(三)作副词用,此字常指时间上的"先",或是明明与"然后"一词成为对比(提前三 10;思高、新译:林前十五 46;帖前四 16),[74]或是隐含着这种对比(罗一 16,二 9、10,十五 24;林后八 5〔见新译〕;提后一 5,二 6)。(四)此字(仍是作副词用)亦指列举多个项目时的"第一"(林前十二 28),但"首先"不一定有"其次"随着(思高:罗一 8,三 2;林前十一 18)。这副词的另一个意思是"在(作)任何其他事情之先"(提前五 4,二 1〔后者见思高、现中,参新译〕)。

本节"先"字(现中)的功用(如在罗十五 24;提后二 6;帖前四 16 一

[71] *prōtos*. Cf. BAGD 725 - 726 (s.v.).

[72] 'A commandment of the greatest importance, with a promise attached' (BAGD 726, s.v. 1 c a).

[73] *prōtos* 在提前一 16 可能同时有上述第(一)个意思;cf. Lock, *Pastoral* 16.

[74] 此对比在原文依次为 *prōton* ... *eita*/*epeita*/*epeita*.

样)是指出一事要在另一事之前发生(属上述第三种用法)。[75] 保罗说在主的日子来临以前先要发生的事,在原文是以一个名词加冠词表达的,[76]中译本的译法包括:"离道反教的事"、"背叛之事"(思高)、"背道的事"(新译)、"最后的反叛"(现中)、"离经背道和反教的事"(当圣)。原文那个名词在古典希腊文可指政治上的变节或军事上的叛乱,[77]但在七十士译本的用法里此字一贯指宗教性的叛逆,如对耶和华的"悖逆"(书廿二 22)、"背信"(代下廿九 19,现中)、"不忠"(代下卅三 19,思高)或"背叛"(耶二 19,现中)。在马加比壹书二章十五节,此字指安提阿哥四世(伊皮法尼)派来的官员强逼莫丁城[78]的犹太人背弃他们的信仰,改信异教;此字在新约出现的另一次(徒廿一 21),指有人诬陷保罗教导所有在外邦人中的犹太人"背弃"摩西(新译、思高),即是"放弃摩西的法律"(现中)。由此可见,此字由七十士译本至新约另一处的用法都向我们提示,它在本节亦应按其宗教性(而非军事或政治性)意义来解释;而冠词的作用,就是表明所指的宗教叛逆,乃是读者已有所知的(参 5 节)、一件具体和明确的事件。

有释经者指出,此字在犹太启示文学中是个常见的用词,而根据犹太传统,在弥赛亚来临前不久,会发生完全背弃神及其律法的事;从一份死海古卷可见,昆兰社团对哈巴谷书一章五节的注释,正好反映了这种观念。[79] 该注释说:"〔这话的解释是:它是关乎〕那些跟那说谎者一起不忠的人,他们的不忠,在于他们没有〔听从〕义的教师从神口中〔领受的话〕。这话也是关乎新〔约〕的不忠者,他们的不忠在于他们没有相信神的约,〔并且亵渎了〕他的圣名。同样,这话亦应解释〔为关乎那些〕

---

[75] Moore 100,101 认为经文的重点不是在于某些事情仍要发生,然后末日才来临,而是指出本段所描述的邪恶之涌现乃是构成末日之众多事件中的一件。但这不是原文的"先"字最自然的解释。W. Michaelis (*TDNT* VI 869, cf. *TDNTA* 966)正确地指出,"先"字强调事情必会按神所定的、末日事件之先后次序来发生。

[76] *hē apostasia*. Cf. BAGD 98 (s.v.).

[77] 在这个意思上 *apostasia* 是与 *apostasis* 同义(cf. BAGD 98 s.v.).

[78] Modein 离耶路撒冷不远。

[79] 依次见:W. Bauder, *NIDNTT* I 607; H. Schlier, *TDNT* I 513 (cf. *TDNTA* 89); Grayston 100-101.

会在末日时不忠的人。"[80]耶稣在其教训中亦提到,末日时会出现"邪恶泛滥"的现象(太廿四12,现中)。保罗在本节大抵沿用了这个普遍的一般性观念(即是对神的"反叛",现中),但他如何理解本节的"反叛"仍然有待商榷。

原文那个名词若译为"离道反教的事",其自然的含意就是此事来自犹太人或"背道"(新译)的基督徒,因为"离经背道和反教"(当圣)者必曾是信奉上帝的人;有释经者认为这正是此名词的含意。[81]

(一)加尔文和好些释经者都认为,这里所指的是可见的(即是地上的)教会整体性的变节,离弃对神和基督及其福音的信仰(参太廿四10~12)。[82] 但在保罗书信的其他地方,不见有"教会整体会在末日离道反教"的教训。

(二)另一个看法是:这里指犹太人有一天会决定性地拒绝接受基督教信仰;虽然他们从没有归附基督教,但相比人类整体来说,他们有神子民的特殊地位,因此他们拒绝福音可算是"背道的事"(新译)。[83]可是,此说跟罗马书十一章二十六节的证据不相协调,因该节说将有一天"全以色列都要得救"(新译,参思高)——集体地归主。[84]

(三)又有释经者认为,这个词最好的翻译是"离去";"使徒保罗这里提的是一件确定发生的事,他称之为'离去',而这件事将在灾前发生,就是教会的被提。"[85]但撇开"大灾难"的问题(经文对此并无丝毫的提示),此说极不可能是正确的,因为:(1)原文那个名词在希腊文圣经内外的用法(见上文)绝不支持"离去"这个译法。(2)同字根的动词[86]在新约共用了十四次(保罗书信占三次),除了一次是及物动词,指加利利的犹大"引诱/拉拢"百姓跟从他(徒五37,和合/新译),其余十三次

---

[80] Commentary on Habbakuk, chapter 2, on Hab. 1:5 (as given in Vermes, *Scrolls* 236).

[81] Lightfoot 111; cf. Ellingworth-Nida 163. Holland 46 认为"离道反教"一词至少部分的意思,就是基督徒放弃他们所领受的传统或使徒的教训(作者并认为这是"现在"发生的事;参下面注90)。

[82] Calvin 399; Hendriksen 170; Ellicott 108-109; H. Schlier (as in n. 18 above).

[83] Best 282. Cf. Moffatt 16.

[84] Wilkinson, 'Lawlessness' 131.

[85] 陈:"预言解释"277。"离去"是作者从英文 depart 一字得来的译法。

[86] *aphistēmi*. Cf. BAGD 126-127 (s. v.).

皆为不及物动词,其中有十次的意思是"离开"(路二 37,四 13,十三 27;徒五 38〔新译"不要管"〕,十二 10,十五 38,十九 9,廿二 29;林后十二 8),包括一次比喻性的用法,指凡称呼主名的人都要"离开不义"(提后二 19)。骤然看来,这十次似乎支持同字根的名词亦可译为"离去"的看法。但新约(记载保罗与以弗所的长老话别时)所用来表达"离开"之意的名词(徒二十 29,思高、新译、现中),在原文是另一个字。[87] (3)不但如此,动词在新约出现的另外三次,分别指接受了道的人一遭遇试炼就"倒退"(路八 13,新译)或"站立不住"(现中),"在最后的时期"(思高)必有人"离弃信仰"(提前四 1,新译),信徒当小心,免得有人"离弃……永活的上帝"(来三 12,新译);此动词在七十士译本的耶利米书三章十四节用来形容以色列民为"背道的儿女/失节的子女/不忠的子民"(和合/思高/现中),又在马加比壹书十一章四十三节用来指军队"叛变了"。[88] 在上列五次中,四次是宗教性的背弃或不忠之意,第五次是军事性的叛变,全部都支持名词应解为"背叛/反叛"(思高/现中)的看法。(4)保罗在前书四章十七节曾明明提到信徒被提,该处所用的是跟本节的名词完全不同的动词(参"帖前释"370 注 315)。

(四) 按照另一位学者的见解,虽然保罗清楚地相信末日来临前会有某种宗教性的背叛之事发生,但他并不晓得此事会于何时发生,亦不知道这背叛的事件会以什么形式发生。[89] 此说颇具吸引力,因它可使我们省去不少讨论! 可是第五、六节给我们的印象,是保罗和帖城信徒都晓得他在谈论的"最后的反叛"(现中)是什么,只是今天的读者却不容易明白、甚或不能肯定地知道,保罗使用此词的原意是什么。

(五) 也许比较使人满意的解释,是认为原文那个名词不必、而且不应译为"离道"或"背道"(新译),而应译为"背叛/反叛"(思高/现中),因为文理显示,这里的意思是故意与神作对而非离开主而陷入变节的罪中;按此翻译,这"最后的反叛"大抵不是指教会内大规模的"离经背

---

[87] *aphixis* (from *aphikneomai*). 此字在新约只出现一次。它在其他地方通常的意思是"抵达":BAGD 126 (s. v.); Thayer 89 (s. v.).

[88] 原文依次为:*hyioi aphestēkotes* (perfect participle), *apestēsan*.

[89] Whiteley 99; *Theology* 236.

道”，而是指主再来之前人类整体会剧烈地公然违抗神的权柄，不虔敬的事会在世上普遍增加，而世人的这种情况很可能会影响教会内的人士，以致他们当中“许多人的爱心就冷淡了”（太廿四12，新译）。[90]

“并有那大罪人，就是沉沦之子，显露出来” “并有”原文是连系词“并且”（新译、当圣），[91]表明了大罪人的出现是主再来之前必先发生的另一件事。这大罪人的出现，跟上句所说的“背叛之事”的关系是怎样的？有谓二者是同时发生，或是同属于一错综复杂的事件；[92]亦有谓是大罪人引起那背叛之事——虽然二者并非彼此排斥，而可以是互相影响的；[93]更有谓二者确是互相影响、相辅相成的：先发生的“背叛之事”获得动力，与大罪人的主动不无关系，只是他要等时机成熟才出现，他的出现造成一次更为广远并有系统地组织起来的“反叛”。[94] 还有一个解释，是将“并且”一词看为表达结果，如在前书四章一节那样（参“帖前释”288），得出的意思就是，背叛之事为大罪人的出现预备道路，他的出现就是背叛之事的极点。[95] 第一个解释可能是正确的，理由见二章八节注释第三段。

“显露”一词的原文是跟一章七节译为“显现”的那个名词同字根的动词，[96]此词在新约出现二十六次（半数在保罗书信中），主要

---

[90] Cf. Ladd, *Theology* 559; Grayston 101; Neil 160; Morris II 219 with n. 12; Wilkinson, 'Lawlessness' 132; Marshall 189; Frame 251.（Marshall 189 第十五行的'godliness'一字几乎可以肯定为'ungodliness'之误。）Bruce 166 同样认为这里所指的是“普世对神权柄之反叛”，他在167页将此“反叛”进一步解释为“社会秩序的基础的普遍放弃”，为“大规模的、对公共秩序的反叛”；他说，由于公共秩序是由“上帝设立”的“政府的权柄”（新译）维持的，攻击公共秩序等于攻击神的法令（罗十三1、2）。但“神的权柄”能否这样缩减、削弱为“公共秩序”，笔者觉得很有疑问。笔者亦未能同意 Holland 106－107 的见解，他认为这里所指的“宗教及政治性的反叛”，就是那些“不守规矩者”现今在散播错谬的教义及背叛后书作者的权柄。

[91] *kai*.

[92] 依次见 Bruce 167; Marshall 188. Cf. Hartman, *Prophecy* 198，思高圣经的译法——“在那日子来临前，必有背叛之事，那无法无天的人，即丧亡之子，必先出现”（留意“并且”一字没有译出来）——似乎反映出这种看法。

[93] Wilkinson, 'Lawlessness' 133.

[94] Cf. Vos, *Eschatology* 125.

[95] Ellicott 109*a*; Milligan 98*b*; cf. H. Schlier, *TDNT* I 513－514 n.4.

[96] 依次为 *apokalypsis*, *apokalyptō* (cf. BAGD 92 s.v.). 前者在新约中的用法，详参一7注释。

分为三种用法(全部是比喻性的)。(一)六次(全部为被动语态)用在一般性意义上，分别指主耶和华膀臂的“显露”(约十二38〔引赛五十三1〕，参现中：“主的权力向谁彰显”)，“没有什么掩盖的事不被揭露”(新译：太十26；路十二2)，“许多人心中的思念要〔因耶稣〕被揭露出来”(路二35，新译)，神“从天上显示他的义愤”(罗一18，现中)，他的义“在福音上显明出来”(罗一17)。(二)十一次(三次为被动语态，八次为主动语态)特指某些超自然之奥秘的启示(林前十四30；彼前一12〔两次皆为被动语态〕)，启示者分别是神(太十一25；路十21；太十六17；加一16；腓三15)藉着圣灵(林前二10；弗三5〔被动语态〕)和基督(太十一27；路十22)。(三)其余九次(全部是被动语态)特指某些末世性的事件、事物或人物的显明或出现，这些人物或事件分别是：那要来的“信的道理”(加三23，新译)、人子(主再来)的日子(路十七30)、审判的日子(林前三13，思高：“主的日子要在火中出现”)、神为信徒预备的救恩(彼前一5)、将来要向信徒显出的荣耀(罗八18；彼前五1)，以及本段的大罪人(帖后二3、6、8)。

有释经者认为，“显露”一词暗示大罪人现今(指保罗写此信时)已经存在，只不过他是在某处隐藏着，等候“显露”(新译同)的时刻来临。[97] 较合理的看法是，此词是对应着基督的“显现”(一7)而采用的，后者几乎是个专门词语，指基督的再来；虽然就基督而论，该词确有“现已存在，等候显现”的含意，但用在大罪人的身上，此词不必有、事实上并没有同样的含意(因基督是神，大罪人只是人——此点见下文的讨论)；[98]因此，本节的动词并无上述的含意，而只是“出现”之意(思高、现中、当圣)。

“那大罪人”是多数抄本的说法，但异文“那不法的人”(新译)亦有重要抄本的证据支持，[99]并且较可能是原来的说法，因为第七节提到

---

[97] Robertson, *Pictures* 4.50. Cf. Frame 252; Best 284.

[98] Cf. Wilkinson, ‘Lawlessness’ 137; Morris II 221.

[99] 二者依次为：*ho anthrōpos tēs hamartias*, *ho anthrōpos tēs anomias*.

“不法(的隐意)”,此点支持本节已先提到“不法者”(现中),而且“不法”一词在保罗书信中较少出现(一共只有七次),但“罪恶”一词则出现六十四次(是前者的九倍),因此较可能是抄者把较罕见的字改为常见的字。[100] 无论如何,两种说法在意思上的分别不大,因为“罪就是不法”(约壹三 4,新译)。本节原文所用的闪族语法的结构表示,“不法”是“那不法的人”的主要特征,[101]而“不法”之意不是“没有神的律法”(原文那个名词没有一次是此意思,见下面的字词研究),而是指此人“目无〔上帝的〕法纪”(当圣)、“无法无天”(思高);他的行事不但违背神的律法,因此“不法者”事实上同时也是“大罪人”(参约壹三 4),而且他是主动地与神及其旨意为敌(参 4 节),以致有释经者干脆把原文意译为“那背叛者”。[102]

除了本节和第七节外,“不法”一词的原文[103]在新约另外出现十三次,除了两次是复数,指与“罪恶/罪”大致同义的“不法的事/行为”(新译:罗四 7/来十 17),其余十一次皆为单数,指一种不法的心态、情况或一件不法的事。两次为拟人化说法,“不法”(及“不洁”)与“义”相对(新译:罗六 19a;林后六 14);另三次“不法”分别与“成圣”(罗六 19b)、“公义”(来一 9,参新译)及“义人”(太廿三 28,参思高、新译)相对;一次与“罪”等同(约壹三 4b);三次用在“作恶/作……不法”一语中(太七 23,十三 41;约壹三 4〔新译〕);[104]“不法的事”(多二 14,新译)有一次是与“爱心”相对(太廿四 12)。

保罗进一步形容“不法者”为“沉沦之子”(新译、当圣同),这也是一种闪族语法,表示有关的人物跟另外那个名词所指的事物或素质有非常密切的关系(参帖前五 5:“光明之子……白昼之子”,及“帖前释”397

---

[100] Metzger 635. Whiteley 99 指出,尽管马吉安极为反对旧约的律法,但他仍谈及“不法的人”为一邪恶的人物,此点也是支持“不法”这个说法。

[101] *anomias* = genitive of the ‘predominating quality’ (Ellicott 109*a*).

[102] 依次见:Milligan 99*a*; Best 283 (‘the man of rebellion’).

[103] *anomia*. Cf. BAGD 71 - 72 (s.v.).

[104] 原文依次为:*ergazesthai tēn anomian*(首节),*poiein* (*tēn*) *anomian*(后二节)。

注 419)。[105] 按一章九节的提示——"永远沉沦"[106]的定义就是永远"离开主的面和他权能的荣光"——沉沦或"灭亡"(现中)不是指人死如灯灭般的不复存在;"灭亡"与"生命"(太七 13)、"得救"(腓一 28)、"灵魂得救"(来十 39)、"得荣耀"(罗九 22～23)相对,因此所指的是完全没有得救或复原的盼望。[107]

原文所用的名词[108]在新约一共出现十八次(保罗书信占五次),其中两次指人所引起的"毁灭",即是"浪费"(思高、新译、现中:太廿六 8;可十四 4),其余十六次皆指人所经历的"灭亡",尤其是恶人所得永远灭亡的刑罚:"引到灭亡的门是宽的,路是阔的"(太七 13,新译);彼得对行邪术的西门(他想用钱买神的恩赐)说,"你的银子和你一同灭亡吧!"(徒八 20);"那可怒预备遭毁灭的器皿"与"那蒙怜悯早预备得荣耀的器皿"相对(罗九 22,参 23);许多欲望"叫人沉溺于败坏和灭亡中"(提前六 9,思高);"后退以致灭亡的人"(新译)与"有信心以致灵魂得救的人"相对(来十 39);约翰所见那七头十角的兽被描写为"走向灭亡"(新译:启十七 8、11);[109]信徒的得救与福音的敌对者的"灭亡"相对(腓一 28,新译);纵欲主义者的结局是"灭亡"(腓三 19,新译、现中);假教师会"偷偷地把使人灭亡的异端引进来",甚至否认主而"迅速的自取灭亡"(彼后二 1a、b〔新译〕、3);现在的天地因神的话而得以存留,"直到不敬虔的人受审判和遭灭亡的日子"(彼后三 7,新译);"不学无术和不稳定的人〔将保罗书信中难明白的地方〕加以曲解,好像曲解别的经书一样,就自取灭亡"(彼后三 16,新译);卖主的犹大(约十七 12)和本节的"不法者"同称为"丧亡之子"(思高),即是"注定灭亡的"(现中)。

---

[105] Cf. also E. Schweizer, *TDNT* VIII 365, *TDNTA* 1210.

[106] 此节的"沉沦"原文为 *olethros*,但它在这词组中的意思跟下列各节的 *apōleia* 相同。二字在提前六 9 连着出现("败坏和灭亡")。

[107] Cf. Guthrie, *Theology* 858 (Paul means to imply by 'destruction' that 'all hope of salvation or restoration is totally excluded').

[108] *apōleia*. Cf. BAGD 103 (s.v.).

[109] 上列七次原文都用了 *eis apōleian* 这个词组。

二4 “他是抵挡主，高抬自己，超过一切称为神的和一切受人敬拜的” 本节再进一步对不法者加以形容。“抵挡”一词原文的意思是“面对”，从而得出“反对”或“敌对”之意。[110] 有释经者认为，原文的现在时态分词表示所指的是不法者现今的活动，[111]但以此字的现在时态分词加上冠词来作名词“敌人”，这种用法不但有另外四处的新约经文为证（见下面字词研究），亦有七十士译本的证据支持（出廿三22；马加比贰书十26；斯九2〔见思高九1〕）；因此“那敌对者”的活动不是现今的活动，而是他出现后的活动。

此词在新约共用了八次（保罗书信占六次），一贯的意思都是“反对”或“敌对”。两次是作动词用，分别指圣灵与肉体“互相敌对”（加五17，思高、新译）和“敌正道”，即是“抵挡纯正教训”（新译）或“违反健全教义”（现中）的事（提前一10）；一次是分词作名词用，意即“反对的人”（林前十六9）；其余五次是分词加冠词变成名词，分别指耶稣的“敌人”（路十三17，廿一15）、信徒的“敌人”（腓一28；提前五14），以及主来之前要出现的“那敌对者”（本节，思高）。

这敌对者所“抵挡”的是谁？这问题有三个答案：（一）他“要反对人所敬拜、所认为神圣的一切”（现中）。这译法将和合本译为“超过”的那个介系词解为“反对”之意，[112]但这做法是值得怀疑的。[113] （二）他要抵挡的是“主”（和合），即是基督。有释经者认为，除“基督”以外不可能有别

---

[110] F. Büchsel, *TDNT* III 655 (s.v. *antikeimai*). Cf. BAGD 74 (s.v.).

[111] Moore 101.

[112] *epi* = 'against' (RV, RSV, NEB); cf. Best 285.

[113] 原因有二：(1)这动词的宾词（即是所反对的人或物）通常用间接受格表达（dative：参路十三17，廿一15；出廿三22；马加比贰书十26；斯九2等处原文）。因此，若谓“一切称为神的……”同时是分词“抵挡”和“高抬……超过”二者的宾词，便要假设保罗在此用了修辞学上称为zeugma的手法（so Frame 255－256）。这解释流于复杂，也是不必要的。(2)较简单和自然的看法，是认为介系词只是重复了它前面那个复合动词内的前置词的意思（*hyperairomenos* ... *epi*: cf. *Idiom* 92），因此应译为“超过”（当圣同）、“高过”（新译）或“在……以/之上”（思高/现中）；cf. BAGD 288 (s.v. *epi*, III 1 b *a*); AV, NASB, NIV ('above'). 亦参下面注117。换言之，分词“抵挡”在此并无宾词。

的答案，因为“那敌对者”较特殊的称号正是“敌基督”。[114] 虽然保罗可能对“敌基督”一词并不陌生而只是没有采用它，但至少就证据所及，“敌基督”并不属于保罗的词汇，[115]因此不宜用来提供本问题的答案。(三)敌对者所敌对的是“上帝”(新译)。这是从文理引申出来的答案：上一节“背叛之事”所指的是“决定性的、对神的大反叛”(串释)，本节稍后则提到敌对者不但“高抬自己，超过一切称为神的”，并且“坐在神的殿里，自称是神”。就事实而论，三个答案并不互相排斥，但从释经的角度来说，第三个答案是较为可取的。

保罗没有详述不法者如何敌对神，只是简略提及两点(其实是同一件事)。(一)他“高抬自己……”。原文动词[116]在新约只出现另外两次，指神把一根刺加在保罗身上，免得他因所得的启示甚大而“高抬自己”(林后十二 7a、b，新译)；在马加比贰书五章二十三节，此字用来指一种专横的态度。但以理书十一章所描述的恶君，也是“自高自大，超过所有的神”(36 节)，保罗在本节似乎是采用了该节的词藻，但同时加上了“称为……的”和“或受崇拜者”(思高)等字，整句变成“高抬自己，超过一切称为神的和一切受人敬拜的”。[117] “称为”的原文[118]亦见于以弗所书二章十一节：“那些所谓在肉体上受过人手所行的割礼的人”(即是犹太人)称外族人为“未受割礼的”(新译)；“称为神的〔复数〕”一语亦见于哥林多前书八章五节，该处“所谓‘神’的”(现中)的含意显然是那些“称为神的”其实不是神。本节可能亦有这种含意，若是这样，“一切称为神的”便全是异教的神祇；但也许保罗的意思是，所有被人称为“神”的(包

---

[114] Ellicolt 110a.

[115] Vos, *Eschatology* 94; cf. E. Kauder, *NIDNTT* I 125.

[116] *hyperairomai*, middle of *hyperairō* (cf. BAGD 839 s. v.). 原文所用的分词与前面的 *antikeimenos* 同在一个冠词之下；在这情形下，冠词同时有双重的功用，一方面与分词“抵挡”合成名词“那敌对者”，另一方面表示两个分词所指的是同一个人(Ellicott 110*a*)。

[117] 比较原文：

hypsōthēsetai	*epi*	*panta*	*theon*	(但十一 36)
hyperairomenos	*epi*	*panta legomenon*	*theon ē sebasma*	(帖后二 4)

介系词在但十一 36 的意思是“超过”，此点进一步支持该词在本节也是“超过”之意的看法(参上面注 113)。

[118] *ho legomenos*.

括基督教及犹太教的独一真神，和异教所信奉的众多神明）都被这高傲的敌对者看为在他自己之下，只有他自己才是神。[119]

"受人敬拜的"原文[120]另外在新约出现过一次，指保罗在雅典所见、希腊人"所敬之物"（复数），包括一座上面写着"给未识之神"的坛（徒十七23，思高）。在新约以外，此字有时指圣殿。[121] 有释经者认为，这字在本节的意思包括了家庭、国家、法律等制度，这些制度在古代被认为是在神明的庇护下，因此是敬拜的对象。[122] 较自然的解释是："一切受人敬拜的"指一切不具人格的、敬拜用的装备（或附属物），例如神殿（寺院、庙宇、佛堂）、祭坛、雕像等。[123] 敌对者这样"把自己抬高在一切之上"（现中），表明他确是"目空一切"（当圣）。

"甚至坐在神的殿里，自称是神" （二）这是保罗提及不法者如何敌对神的第二点。译为"甚至"（新译、当圣同）的原文结构[124]较准确的译法是"以致"（思高），此结构本身并不表示所指的是已成事实的结果，而可以仅指意图的结果（即是目的），或是趋向或构思中的结果；但本节的文理提示，构思中的结果成了实际的结果，[125]即是说，"那敌对者"把自己高举在一切之上的结果，就是他确实地"坐在神的殿里，自称是神"。敌对者"坐在神的殿里"，乃是高傲和不虔敬的至高表现，一方面表示他对神不敬，同时也表示他自认与神同等，可以像神那样[126]（参诗八十1，九十九1；赛六1）坐在他的殿中。

"坐"字原文在保罗书信另外只出现三次（新约共四十五次），其中两次是及物动词（林前六4，"派"；弗一20，神"叫〔基督〕坐"在

---

[119] Cf. Best 285 - 286. Neil 164 则认为保罗的意思是，"基督徒的神和所有其他、'所谓'的神"。

[120] *sebasma*.

[121] BAGD 745 (s. v.).

[122] W. Foerster, *TDNT* VII 173 - 174, *TDNTA* 1010 - 1011，参二7注释注231。

[123] Marshall 190; Hendriksen 177.

[124] *hōste* with infinitive.

[125] 依次见：Frame 256; *Moods and Tenses* 370, 371 (b).

[126] 许多古卷在 *kathisai*（"坐"）字之前或之后插入了解释性的 *hōs theon*（"像神[一样]"）二字；cf. Metzger 635.

自己右边),另一次指“坐下”,与“起来”相对(林前十 7);另一个“坐”字[127]在保罗书信出现两次,分别指一个在聚会中“坐着的〔信徒〕”(林前十四 30),及基督坐在神的右边(西三 1)。除了上面两次外(弗一 20;西三 1),新约提及基督或人子“坐”在神的右边还有不下十三次。[128] 此外,神被称为那“坐在宝座上”的,[129]人子要坐在他荣耀的宝座上(太十九 28,廿五 31),在父的宝座上与他同坐(启三 21b),得胜的信徒将获赐在基督的宝座上与他同坐(启三 21a),十二门徒要坐在十二个宝座上(太十九 28b;路廿二 30),其中两人想分坐于耶稣的左右(可十 37、10;太二十 21、23),彼拉多(太廿七 19;约十九 13)、大祭司亚拿尼亚(徒廿三 3)、非斯都(徒廿五 6、17)等人“坐堂”,希律王坐在他的位上(徒十二 21),文士和法利赛人坐在摩西的位上(太廿三 2)[130]——这种种的“坐”都意味着权柄及/或荣耀。另一方面,巴比伦心里说,“我坐着作女皇,我不是寡妇,决不会看见悲哀”(启十八 7,新译),这里的“坐”有骄傲自恃的含意。

不法者不但藉此行动表示他“以上帝自居”(当圣),他更积极地“自称是神”。“称”字的原文[131]在新约另外出现三次,分别指耶稣是被神藉异能、奇事、神迹“证明出来”的人(徒二 22),即“证明他是上帝所立的”(新译),犹太人不能“证实”他们对保罗的控告(徒廿五 7),神把使徒“〔陈〕列”为(也许是凯旋行列的)最后部分,好像定了死罪的人,给宇宙观看(林前四 9,参新译)。此字在本节的意思是“宣告”或“宣布”,就如

---

[127] 二字原文依次为:*kathizō* (cf. BAGD 389 - 390 s. v.), *kathēmai* (cf. BAGD 389 s. v.).

[128] 五次用 *kathizō*:可十六 19;来一 3,八 1,十 12,十二 2。八次用 *kathēmai*:太廿二 44;可十二 36;路二十 42;徒二 34;来一 13(以上五次引诗一一〇 1);太廿六 64;可十四 62;路廿二 69。

[129] 新译:太廿三 22;启四 2、3、9、10,五 1、7、13,六 16,七 10、15,十九 4,二十 11,廿一 5(共十四次,都是用 *kathēmai*)。

[130] 上列十七次中,十三次用 *kathizō*,用 *kathēmai* 的只有四次(太十九 28b;路廿二 30;太廿七 19;徒廿三 3)。

[131] *apodeiknymi*. Cf. BAGD 89 (s. v.).

尼禄在主后54年宣告自己为皇帝那样。但不法者"宣布自己是神"(思高)[132]并不是像君王登基时宣告式的一次行动;原文分词的现在时态也不表示不法者只是"试图"宣告自己是神,而是表示他继续不断地用与神为敌的行动来作出这项宣告。[133]

但"神的殿"(新译同)所指的是什么?原文用的不是在保罗书信只出现一次(林前九13)的那个"殿"字,[134]该字可指圣殿的整个范围(例如:太十二6;可十三3;路廿一5;徒四1;林前九13),内有不同的"建筑〔物〕"(太廿四1,思高、新译、现中)、"游廊"(约十23,思高)和庭院等,亦可指此广义的"圣殿"内的部分地方,如"殿中开放给外邦人敬拜用的院子"(太廿一12,串释注;可十一15、16;路十九45;约二14、15)、给妇女敬拜用的院子(路二37),或其他部分(可十四49;路二46;约七17;徒五20)。

本节所用的"殿"字[135]在新约一共出现四十五次(保罗书信占八次),主要分为四种用法:按其字面意思,此字(一)可泛指一切"人所建造的殿宇"(徒十七24,现中),包括异教的"神庙"(徒十九24,现中)或"神龛";(二)在启示录中多次指由新耶路撒冷构成的"我〔基督的〕上帝的圣所"(三12,新译)或作为新耶路撒冷模式的"圣所"(新译:十四15,十五6、8a、b,十六1、17),后者称为(见新译)"他〔即是神〕的圣所"(七15,十一19b)、"天上的圣所"(十四

---

[132] *apodeiknynta heauton hoti estin theos* 是混合了两种结构而得的结果,即是混合了 verb + double accusative 及 verb + *hoti* 二者(cf. *Idiom* 154)。Holland 108 将最后二字译为"他是个神";但此译法与上文"超过一切称为神的"此一意思不符。

[133] *apodeiknynta* = not conative participle (cf. G. T. D. Angel, *NIDNTT* III 571: 'seeks to'), but participle of attendant circumstance (Frame 257; cf. *Moods and Tenses* 449). Cf. also Ellicott 111 - 112; Vos, *Eschatololgy* 124. 若把 *estin* 的重音放在第一个音节(读成ἔστιν,而不是ἐστίν),这字便有强调之意("真的是神":Frame 256)。

[134] *hieron*. 此字在新约一共出现七十次,全部是在四福音及使徒行传中;其中一次指以弗所"大女神亚底米的庙"(徒十九27),其余皆指耶路撒冷的圣殿。

[135] *naos*. Cf. BAGD 533 - 534 (s. v.). 此字跟另外那个"殿"字(注134)若有分别的话,则该字是指整个圣殿范围,此字是指圣所(cf. W. von Meding, *NIDNTT* III 781). 有学者认为,二字在新约的用法里并无清楚的区别(O. Michel, *TDNT* IV 882 [but cf. 885], *TDNTA* 625 - 626),但最好的做法,是每次按文理来断定"殿"字较准确的意思。

17)、“天上上帝的圣所”(十一 19a),及“天上盟约的帐幕——圣〔所〕”(十五 5,思高);在新耶路撒冷里面没有圣所,因为神和羔羊就是城的圣所(廿一 22a、b,参新译);(三)亦可指耶路撒冷的“圣殿”(太廿三 16a、b、17、21,廿七 5、40;可十五 29;约二 20)——这“人手所造的殿”(可十四 58)亦称为“神的殿”(太廿六 61)——或是指此广义的殿内、由圣所及至圣所合成的“圣所”(新译:太廿三 35,廿七 51;可十五 38;路廿三 45;启十一 2;思高:路一 21、22),亦称“上帝的圣所”(启十一 1,新译)及“主的圣所”(路一 9,思高);比喻性的用法;(四)此字指耶稣的身体,可能包括教会是基督的身体之意(约二 19、21),信徒的身体是圣灵的殿(林前六 19),以及教会是神的殿(林前三 16、17a、b;林后六 16a、b)和“在主里面的圣所”(弗二 21,新译)。

本节的“神的殿”,单从所用的原文词组来看,可能指耶路撒冷的圣殿(如在太廿六 61)或此殿内的“圣所”(启十一 1),即是“殿”字属上述第三种用法;亦可能指教会(如在林前三 16、17a、b;林后六 16a、b),即是属上述第四种用法。[136] 但释经者的解释并不止于这两个看法,兹分别讨论如下:

(一) 将“神的殿”解为教会[137]这看法有两点困难:文理提示,不法者的出现不是局限于教会中,而是向整个不信主的世界显露出来。而且,保罗或新约其他部分都没有教会整体会在末期离经背道的教训。[138]

(二) 认为“殿”是指一幢实在的建筑物(参可十三 14),不法者在其中宣告自己是神这一看法,[139]较难与原文“神的殿”一语有冠词的事实协调,因为冠词表示,作者是在想及他和读者同样熟悉的“那殿”。

(三) “神的殿”指神在天上的圣殿(诗十一〔七十士译本诗十〕4;参

---

[136] 原文用的词组分别是 *ho naos tou theou*(本节;太廿六 61;启十一 1;林前三 17a、b)和无冠词的 *naos theou*(林前三 16;林后六 16a、b)。参 *ho naos tou kyriou*(路一 9),*naos tou hagiou pneumatos*(林前六 19),*naos hagios en kyriōi*((弗二 21)。

[137] E.g., Lightfoot 113; O. Michel, *TDNT* IV 887, *TDNTA* 626; Hendriksen 178.

[138] Cf. Marshall 191; Best 287; Morris II 223.

[139] Morris II 234, III 1829.

启十一 19〔上一段第二种用法〕），不法者对这天上的堡垒展开猛烈的攻势。[140] 可是，按保罗的描述，不法者不是在试图攻陷此堡垒，而是"坐"在神的殿中。而且，"天上的圣殿/圣所"这一观念并没有在保罗书信中出现（除非本节确是一个例子）。不但如此，不法者猛攻天上的圣所不是在人直接知识范围内的事，但保罗显然把不法者坐在神的殿里看为人所能知道的事（就是说，当它发生的时候，人可以晓得它正在发生）。若谓此天上的圣殿是被看为已降临地上，则此看法跟以"神的殿"为地上耶路撒冷之圣殿的看法并没有很大分别。[141]

（四）以"神的殿"为耶路撒冷的圣殿，可说是原文有冠词的词组最自然的解释，而且本节间接提及但以理书十一章三十一至三十六节，该处所说的"圣殿"（31 节，现中）显然是指耶路撒冷的圣殿（参但九 26～27）。本节所用的意象（"坐在神的殿里"）背后，可能有以西结对推罗王的指控（结廿八 2），[142]以及安提阿哥四世于主前 167 年进入耶路撒冷的圣殿、罗马将军庞培于主前 63 年进入至圣所、罗马皇帝卡利古拉（亦称该犹）[143]于主后 40 年企图把自己的雕像安放在圣殿中等事件。由此看来，将"神的殿"解为耶路撒冷的圣殿似乎是个合理的做法，即是假设保罗预期不法者会重复安提阿哥等人的先例。可是，倘若我们接受本段是保罗写的，此解释所产生的困难就是保罗的预言并没有应验，因为耶路撒冷的圣殿于主后 70 年被罗马军队毁灭了。但若本段是主后 70 年后另一个人写的，那么问题便在于作者为何竟然提及一个已不复存在的圣殿会被人亵渎。因此，"神的殿"大抵不能解为毁于主后 70 年的那个圣殿。[144]

（五）另一说认为，"新约常描述，在苦难中将建一未来的圣殿（参

---

[140] Neil 164; cf. Frame 257.

[141] Cf. Marshall 191; Best 286 - 287.

[142] 七十士译本将原文动词译为"住在"——*katoikeō*。此字在保罗书信出现三次，意思都是"（居）住"（弗三 17；西一 19，二 9）——但保罗用的仍是"坐"字。

[143] Caligula (Gaius).

[144] Cf. Marshall 190 - 191. Ellicott 111 合并第一和第四个解释，Townsend（'II Thessalonians 2:3 - 12' 235 - 237）则认为本节的"殿"确是指耶路撒冷的圣殿，但亦有另一个可能，就是后书的作者将他的数据源重新解释，将原指耶路撒冷圣殿的"神的殿"解为教会。这些看法都有上述第一和第四个解释分别涉及的困难。

帖后二 4～5〔原文照录〕;太廿四 15;启十一 1～2),尽管这苦难中的圣殿和千禧年的不同,新约记录证实,在可见的未来,犹太人的圣殿将重建”。[145] 这样把本节的殿解为日后要重建的犹太圣殿,涉及如何解释预言的整个问题,引句所反映的预言解释法,将预言所用的意象作过分字面化的解释;[146]但新约作者常把旧约论以色列的预言看为已应验在教会身上。例如:耶和华藉以西结这样说:“我要与他们〔联合成为一国的犹大和以色列〕立平安的约,作为永约。……又在他们中间设立我的圣所,直到永远。我的居所必在他们中间;我要作他们的神,他们要作我的子民。我的圣所在以色列人中间,直到永远”(结卅七 26a、c、27、28a);其中所论的“永约”已实现在建基于“新约”(林前十一 25)的教会身上(来十三 20,参八 8～13),有关“居所”和“圣所”(二者是平行语,且前者是由后者解释)的话亦已同样应验在教会身上,[147]以致保罗可以作出这个结论:“我们就是永生上帝的殿”(林前六 16〔新译〕,引自结卅七 27;利廿六 12 等处)。

(六) 也许最好的解释,是认为“神的殿”此语本身确是指耶路撒冷的圣所,但它在本节是比喻性用法,旨在表达不法者公然违抗神,并篡夺神在世上应有的地位;换言之,保罗借用了以西结书(廿八 2)和但以理书(十一 36)的语言和意象——而圣殿被安提阿哥四世、庞培、卡利古拉等人所亵渎或企图亵渎,正是此意象的具体说明——来描写不法者与神为敌的态度和活动,但他心中并没有一个明确的殿(耶路撒冷的圣殿、天上的圣殿、其他的殿、教会),不法者会真的坐在其中,宣布自己是神。[148]

在以上两节(二 3～4),保罗对读者重申了(参 5 节)主来以前不法者要出现的事实。以下我们要就不法者此人物的历史及文学背景和身份等问题,作进一步的讨论。

保罗对不法者的描述,跟但以理书七章论第四兽头上的十角中又

---

[145] 陈:“预言解释”259.

[146] Cf. Marshall 191.

[147] 这是超越了预言的应验,参冯:“恩赐”39。

[148] Bruce 169; Marshall 191 - 192. Cf. Ladd, *Theology* 559; Ridderbos, *Theology* 520 - 521; Wilkinson, 'Lawlessness' 147; J. du Preez, as reported in *NTA* §26(1982)- 229.

长起的小角(7～8 节)、第八章论公山羊头上四角中之一角长出来的小角(8～9 节),以及第十一章论北方的恶王的话,有不少相似之处;比较后书此二节和但以理书七章八节、二十节、二十五节,八章十至十三节(参 4 节)、二十五节,及十一章三十六至三十七节,可见保罗在这里的描述,部分是取材自但以理书,但它同时亦反映了推罗王(结廿八)、也许还有巴比伦王(赛十四 13～14)自夸的话。[149]

此外,但以理书亦提及北方恶君的军队会“亵渎圣所的堡垒,……在那里设立……那招致荒凉的可憎之物”(但十一 31,思高),此预言大抵指西流古王朝的安提阿哥四世于主前 167 年在耶路撒冷圣殿内设立希腊主神宙斯之坛一事;安提阿哥的称号是“伊皮法尼”(意即“显现”),表示他自称为他所敬奉的神明宙斯在地上的显现。(但十一 36～45 一段,可能仍是指安提阿哥,或是同时指安提阿哥和他所预表的敌基督,或是单指敌基督的预言。无论如何,十一 36a 的话,可说是帖后二 4 的先声。)马加比壹书一章五十四节称安提阿哥的手下在耶和华的坛上所立的宙斯之坛为“那招致荒凉的可憎之物”,[150]此希腊词背后的希伯来原文[151]其实是嘲弄宙斯——他在安提阿哥的王国内说亚兰语的地方称为“天上的主”[152]——的双关语。[153]

安提阿哥亵渎圣殿后三年,犹太人在犹大马加比的领导下重新取得宗教自由,圣殿于主前 164 年经重修及洁净后重新用来敬拜耶和华(自那时起,犹太人每年均在“献殿节”〔约十 22,新译、现中〕举行庆祝,纪念圣殿的“重建”〔思高〕;参马加比壹书四 42～59;贰书一 18,十 1～8)。但“那招致荒凉的可憎之物”一语(马加比壹书一 54;但九 27,十一 31,十二 11),多年后被耶稣用来预告圣殿会再次被亵渎(太廿四 15;可

---

[149] Cf. Vos, *Eschatology* 104－106,111－112; Hendriksen 176－177; Ridderbos, *Paul* 513.

[150] *bdelygma erēmōseōs* (= 但十一 31)。Cf. *to bdelygma tēs erēmōseōs* (但十二 11), *bdelygma tōn erēmōseōn*(但九 27)。

[151] *šiqqūṣ šōmēm*(但十二 11)。Cf. *šiqqūṣ měšōmēm*(但十一 31),*šiqqūṣîm měšōmēm*(但九 27)。首个希伯来字常用来代替“王”字(见下一个注释首个字),指异教的“可憎的神”(例如:王上十一 5、7;参思高:“可憎之物”)。

[152] *ba'al šěmayin*. 希伯来文的“天”字(*šāmayîm*)跟“荒凉”一字(见上一个注释的第二个希伯来字)的基本辅音字母相同。

[153] Bruce 180. Cf. idem, *History* 4; O. Böcher, *NIDNTT* III 1006.

十三 14)。[154] 主后 40 年,罗马皇帝该犹(卡利古拉)宣告他要将自己的雕像安放在圣殿内的计划,虽然这计划结果没有实行(该犹于主后 41 年一月廿四日遇刺身亡),但他的宣告已引起犹太人的恐慌,并使一些人想起前一个世纪安提阿哥亵渎圣殿之举,认为二者同出一辙,在末期的大灾难来临时亦将有类似的事情发生。[155]

上述的资料提示我们,但以理论"那行毁坏可憎的"之预言、安提阿哥亵渎圣殿之事,以及耶稣预言圣殿将会再被亵渎,这些就是保罗对不法者的描述的主要根据,保罗的描述可说是他对但以理的预言的重新诠释。[156] 有些释经者认为,引起这新诠释的事,就是该犹宣布他要立雕像于圣殿中的意图。[157] 无论如何,不法者所作的,超越了安提阿哥的行动和卡利古拉的计划,他不是仅在圣殿中立自己的雕像或设立宙斯之坛,而是自己坐在神的殿中,篡夺神的地位和权柄。

关于这不法者的身份的问题,释经者提供了许多不同的答案。以下我们要按部就班地逐点讨论。

(一)第三节的"不法的人/不法者"(新译/现中)跟第八节所说的是同一个人;只是前一节的称呼是闪族语法的结构,后一节则用普通的希腊文讲法。[158]

(二) 一些释经者认为"不法者"并不是个别的某个人物,而是某种

---

[154] "(那)'招致荒凉的可憎之物'(思高)在原文与但十二 11(七十士译本)所用的相同(见上面注 150),马可的"不应在的地方"(思高)在马太福音变成"圣地";"站"字的原文分词在马太福音是中性的 *hestos*(与中性的 *bdelygma* 相符),但在马可福音则为阳性的 *hestēkota*(与中性的 *bdelygma* 不符),暗示"那行毁坏可憎的"是一个人,"读者应明白"(思高)一语有三个解释:(一)多数学者认为,这是马可加上的插句(e.g. Lane, *Mark* 467);(二)另一些学者认为,这是主后 40 年某一汇集耶稣"语录"的编者加上的插句,表示编者认为耶稣的预言快要(在该犹计划中的行动上[见正文下文])应验(Bruce, *History* 243, with reference to G. R. Beasley-Murray);(三)Marshall (*Luke* 772)则把它看为跟上一句相连的分句(意即:你们看见那招致荒凉的可憎之物站在不应在之地时,读者〔读但以理书的人〕便应明白〔预言已应验了〕),而"那时,在犹太的,应当逃到山上"是另一个独立的句子。

[155] Cf. Bruce, *History* 242 - 243.

[156] Cf. Vos, *Eschatology* 95 - 96; Longenecker, 'Early Eschatology' 92.

[157] Cf. Lightfoot 113; Moffatt 48b; G. Schrenk, *TDNT* III 245.

[158] 依次为:*ho anthrōpos tēs anomias* ('the man of lawlessness'), *ho anomos* ('the lawless one').

邪恶的原则或运动的化身(即拟人化说法)、一种超然的邪恶混合物(混合了骄傲、欺诈、虚谎)、代表了一种十分真实的邪恶(即是对信仰至高度的威胁)的虚构和拟人化的模型。[159] 可是,至少有四个理由支持相反的看法,即不法者是某个个别的人物。第一,原文在第三、四、八节一共四次用了阳性的冠词,又在第四、六、八节一共五次用了阳性的代名词,[160]这现象最自然的解释,就是所指的是个确实的人物。第二,保罗对不法者的描述与基督之间的平行状态,要求我们将不法者视为个别的人物,而不是一项原则、一种混合物或一个集体。此平行状态包括下列各点:基督要在末日"显现"(一 7),不法者也要在末日(主来以前)"出现"(二 3、6、8,思高);[161]基督的"降临"(二 1、8)跟不法者的"来到"(二 9)[162]彼此对应;不法者"行各样的异能、神迹,和一切虚假的奇事",藉以支持他自己是神的宣称(二 9,参 4 节),就如基督藉着"施行异能、奇事、神迹",证明自己是神所立的主和弥赛亚(徒二 22,参 36 节);基督是"真理〔和〕生命"(约十四 6),不法者则散播"错误〔和〕虚谎"而使人"沉沦"(二 10～12,参 3 节)。第三,如上文指出,保罗的描述所暗指的人物,包括巴比伦王(赛十四 13～14)、推罗王(结廿八 2),和安提阿哥伊皮法尼(但十一 31)。这些都是个别的历史人物,此点亦可作不法者是某个人物的看法的佐证。[163] 第四,虽然保罗并不用"敌基督"这个名称,但不法者跟约翰书信的"敌基督"是指同一个人,此点可从下面的比较看出来:不法者会在主来以前出现(二 8),"那敌对基督者"也是在"世界的终局"出现(约壹二 18a,现中);"那不法的潜力〔现在〕已经发动"(二 7,新译),就如"现在已经有好些敌基督的出来了"(约壹二

---

[159] 依次见:Lightfoot 112; Neil xliv; Giblin, 'Heartening Apocalyptic' 353 ('a fictitious, personified model of what will be a very real evil, namely, the climactic threat to faith').

[160] 第 3 节:*ho anthrōpos ... ho hyios*; 4 节:*ho antikeimenos ... auton ... heauton*; 6 节:*auton ... heautou*; 8 节:*ho anomos ... hon*.

[161] 原文依次用同字根的名词和动词(*apokalypsis*, *apokalyptesthai*).

[162] 二者在原文皆为 *parousia*.

[163] 关于第二、三这两点 cf. Wilkinson, 'Lawlessness' 134－135, 135－136. Barrett (*Adam* 12－13) 指出不法者跟推罗王(结廿八 2～6)及亚当(创三 5)的密切关系,就是他们同样虽然是人,却要使自己成为神。

18b)——那不法的潜力是不法者的先声,就如那些现在已经出现的敌基督者是那最后的敌基督者的预示(约壹二 18,四 3);那不法者要行各种虚假的神迹、奇事、异能,并“各样不义的欺诈”(二 9、10〔新译〕),敌基督也是“说谎的”和“骗人的”(新译:约壹二 22;约贰 7)。[164]

(三) 不法者无疑是在末世出现的一个真实的人物,但他同时又代表着整体的意义。就如基督是“末后的亚当”(林前十五 45),是新的人类的元首和代表;照样,不法者是旧的、有罪的、与神为敌的人类最后和至极的显明,他把在他以前一切对神的不虔敬带到巅峰,并和所有跟从他的人联合为一(帖后二 10～12)。保罗显然以不法者为与耶稣基督相对应的末世性人物。[165]

(四) 有学者认为,不法者是个超自然的人物:“那不法的人”的“人”字不能只照字面解释,因为在流传甚广的“原人神话”[166]中,那个“人”也是超自然的;而且保罗对不法者的部分描述(例如:9 节)也提示我们,保罗心中想到的是个超自然的人。[167] 可是,“那不法的人……那沉沦之子”(新译)这些词语最自然的解释,就是所指的是个人,这也是上文指出(见〔二〕)共用了九次的阳性冠词及代名词最自然的解释;不法者跟基督互相对应的事实(见上一段)同样支持这个解释。倘若他似乎有超然能力的话,这是因为撒但给了他这些能力(9 节),而不是因他本身是超自然而有的;就如撒但“进入”卖主的犹大的心(约十三 27,新译)——犹大就是新约里面另外那个“灭亡之子”(约十七 12)——使他成为它的工具,到不法者出现的时候,撒但也会使他成为它自己的工

---

[164] Hendriksen 172. Gundry (‘Hellenization’ 172)指出,保罗所描述的不法者开始时是个敌对神的人,但由于保罗将他所采用的犹太传统(结廿八 2;赛十四 13～15;但十一 36～37 等)基督化了,不法者变成跟约壹二 18 的敌基督非常相似。至于不法者和启示录十三章及十七章所论有七头十角的兽是否指同一个人物,正反的答案分别见于(例如)Bruce 181－182; Hendriksen 171.

[165] Cf. Ridderbos, *Paul* 514－516; Wilkinson, ‘Lawlessness’ 136.

[166] 参冯:“腓立比书”213 注 164。

[167] Best 283－284,288. Grayston 102 说安提阿哥褒渎圣殿之举,为保罗提供了一个代表那“最后的反叛”背后那个人物的“人的象征”(‘human symbol’:即是以人作象征),这似乎暗示他(作者)也是把不法者看为超自然的。

具——只是其厉害程度比它在犹大身上所作的不知大多少倍。[168]

（五）亦有释经者将不法者看为跟“彼列”（林后六15）相同，二者同指敌基督。[169] 与“彼列”对应着的希伯来字[170]在旧约的意思是“无价值/不良”或“沉沦”，此字常与“……之子”连用，意即“恶人”（撒上二12，参思高）或“匪徒”（代下十三7）。此字在七十士译本里有时译为“不法”（如在王国书卷贰〔撒下〕廿二5；诗十七5〔马索拉抄本十八4〕），一次（王国书卷叁的二十13〔王上廿一13〕，亚历山大抄本）译为“反叛”；[171]因此这位释经者认为，“那不法的人”是希伯来文“不法之子”的翻译，而此点乃是“不法者”的源起、个性和命运的指针。[172] 不过，“彼列”（有不同的拼法）在旧约圣经时代以后的犹太教文献中发展为一个人名字，到了新约已跟“撒但”完全同义；因此“基督和彼列怎能和谐呢？”（林后六15，新译）等于“基督和魔鬼怎能协调呢？”（现中，参和合小字）。[173] 而不法者的来到既是“仗着撒但的能力”（帖后二9，当圣），他就是跟撒但分开，亦即是跟“彼列”分开的。

（六）又有释经者认为不法者是冒牌的弥赛亚，他是从犹太人当中出来的对真弥赛亚的讽刺，他应验了但以理书八章二十三、二十四节的预言（此预言在安提阿哥身上获得了初步的应验）。[174] 但此说至少有两点困难。第一，我们难以确定不法者是个犹太人。虽然有释经者认为，“背叛之事”（思高）有拒绝（从而有认识）律法的含意，而律法又是神的律法，因此“不法者”可能是个犹太人。[175] 可是，如上文第三节的注释指出，这“最后的反叛”（现中）是指人类整体违抗神的权柄，不是特指犹太人违反神的律法，而且外邦人同样可以违反神的律法；上文第四节的注释亦指出，“神的殿”很可能是比喻性的用法，但即使它所指的确是耶路

---

[168] Cf. Wilkinson, 'Lawlessness' 148 - 149.

[169] Bruce II 1163*a* (cf. *Corinthians* 214). Cf. also Milligan 99*a*.

[170] 二字依次为 *Beliar* (Beliar), *bĕliyya'al*.

[171] 即是帖后二3“那不法的人”（新译）的“不法”，和“最后的反叛”（现中）原文用的那两个字（*anomia*, *apostasia*）.

[172] Bruce 167 - 168.

[173] Cf. Barrett, *Second Corinthians* 198; W. Foerster, *TDNT* I 607, *TDNTA* 104.

[174] Moffatt 17,48 - 49. Bruce 167 说不法者“在某种意义上是个〔与基督〕竞争的弥赛亚”。

[175] Best 284.

撒冷的圣殿本身,不法者仍不必是个犹太人,因为犹太人的历史中不乏在圣殿中向异教神明膜拜的先例(参代下卅三 1～5)。第二,弥赛亚的观念本身含有顺服更高的权柄之意,基督作为神所立的弥赛亚是顺服神的,一个犹太人的弥赛亚(即使是假的)也断不会(至少表面上不会)与神为敌,在神的殿中接受别人的膜拜;但不法者绝不认为他是神所遣派的弥赛亚,他不但完全没有顺服神的表现,而且相反地"高抬自己,超过一切称为神的",并且自称是神。一言以蔽之,由于不法者绝对地自奉为神,因此"敌基督"的观念(此观念在不法者身上成为具体的)和"弥赛亚"的观念在此点上是互相排斥的。[176]

(七)另一说认为不法者是个假先知,"不法的人"这个结构是对应着"神〔的〕人"这一结构而形成的,前者的意思是"假先知",就如后者的意思是先知;不法者坐在神的殿里是指他的教导或审判的活动。可是,"不法的人"一语里面的"不法"是个抽象名词,"神〔的〕人"里面的"神"是有位格的,二者在理念上绝不相同,在各自所属词语中的功用亦不相同,因此我们没有理由相信,"不法的人"一词是为要与"神〔的〕人"一词互相平衡而刻意造出来的;而且,如上文指出的,不法者的出现不是局限于教会中,而是向整个不信的世界显露出来。[177] 在某种程度上,不法者确有跟先知相似的地方:他能"行各样的异能、神迹,和一切虚假的奇事"(帖后二 9),就如旧约那规范性的先知摩西(参申十八 15)曾奉神的旨意在埃及地"行各样神迹奇事,又在以色列众人眼前……行一切大而可畏的事"(申卅四 11～12),又如新约那末世性的先知耶稣(参徒三 22、26)[178]曾在以色列人中间"施行异能、奇事、神迹"(徒二 22;参罗十五 18〔原文 19 节〕;来二 4)。但不法者跟先知的区别比二者相似之处更大:假先知的特征是引导人敬拜别神(参申十三 2,十八 20),可是不法者并不是奉别神的名说话或叫人敬拜别神,而是篡夺了神的地位和权

[176] Cf. Vos, *Eschatology* 113 - 118; Ridderbos, *Paul* 519; Wilkinson, 'Lawlessness' 146 - 148.

[177] Cf. Best 283 - 284; Marshall 191 — both in criticism of C. H. Giblin, *The Threat to Faith* (AB 31; Rome 1967) 66ff.

[178] Cf. also G. Friedrich, *TDNT* VI 845 - 848, *TDNTA* 962 - 963 (on Jesus as the eschatological prophet).

柄，自称是神。[179]

（八）“不法者”显然不能解为整列的罗马皇帝，因为不法者是个末世性的人物，他要在主再来之前出现，然后要被再来的主除灭（帖后二8）。[180] 有释经者认为保罗写此信时，可能并不知道不法者是谁，但其后他的生命快要在罗马结束时，他将不法者认同为尼禄王。[181] 但此说要我们假定，保罗的预言并没有实现。与此有关的另一个看法，认为所指的是“复生的尼禄王”；此传说有两个版本，一个说尼禄在主后68年并非真的死了，只是在东方的帕提亚人（参徒二9）中间隐藏起来，伺机带领他们进攻罗马；另一个说他真的死了，但会复生。这看法同样要我们假定保罗的预言落空了，因为尼禄从没有回到人世；这看法还要我们接受帖撒罗尼迦后书是冒名书信之说，但此说本身并无足够的理由支持（参导论第壹节）。事实上，经文并无任何蛛丝马迹，足以向我们提示保罗想到的是尼禄王。此暴君以逼迫基督徒著名，但不法者的活动基本上是在宗教和道德的范畴里，他用的方法不是暴力压迫，而是以欺诈引人离开福音的真理（帖后二4、9～12）。[182]

（九）不法者是不是个（罗马皇帝以外的）政治人物？有释经者指出，使人认为不法者可能有政治成分的唯一根据，就是在保罗所暗指的人物身上——巴比伦王（赛十四13～14）、推罗王（结廿八2），尤其是但以理书十一章三十六节那个人物（安提阿哥？）——宗教的功能和愿望跟政治及军事的功能和愿望并不是严格地分开的，因政治与宗教在古代是紧连在一起的。他承认经文没有明明提及政治的功能，不过他认为这并不表示不法者不会运用政治和军事的力量：旧约书卷有时将某位君王的伟大成就完全略去不提，只是从宗教的角度去描写他，保罗可能采纳了类似的做法，因此在他所描述的不法者身上没有任何政治的色彩或成分。[183] 可是，某位君王的伟大成就有圣经以外的文献证实，但不法者可能拥有政治和军事力量，此点（直至他出现）是无从证实或否

---

[179] Cf. Wilkinson, 'Lawlessness' 142–144.

[180] Cf. Hendriksen 173, in criticism of B.B. Warfield.

[181] Whiteley, *Theology* 236.

[182] Cf. Vos, *Eschatology* 119–123; Ridderbos, *Paul* 520.

[183] Wilkinson, 'Lawlessness' 145–146.

定的;也许我们不能(也不必)绝对排除这种可能,但至少就经文本身的证据而论,保罗的重点显然是在不法者的宗教(而非政治或军事)活动上。

(十) 十六世纪的宗教改革者常把"不法者"解为教皇制度。例如,加尔文说保罗用一个人的名字来描写可憎的教皇统治,因为虽有一连串的个人(教皇),但它仍是一个统治时期。[184] 此说不可能是正确的,因为经文所论的是一个别的末世性人物,不是构成一个统治时期的一连串的人,而且从来没有教皇否认神且像不法者那样"宣布自己是神"。

总括以上有关不法者的身份的讨论,我们得到这样的结论:他是个人——因此不是超自然的人物,也不是彼列或撒但;他是个个别的人——不是一项原则、一种混合物或一个集体,也不是整列的罗马皇帝或教皇制度;他是个在主再来之前刚出现的末世性人物——因此不是任何历史上的人物(如尼禄王);他不是假先知,也不是冒牌的弥赛亚;他没有明显的或可证明的政治和军事的成分,但也许我们不能完全排除这个可能,即不法者并非与政治及军事力量绝无关联。要再进一步、更准确地断定不法者是谁恐怕是不可能的,因为我们对保罗当初给予帖撒罗尼迦人关于这方面的口头教训(5 节)一无所知。在这情形下,关于不法者的预言最佳的注释,就是预言的应验,直到那个时候,所有想明白此预言的人都需要特别忍耐,并在解释上保持适当的自制。[185]

(III) 不法者被拦阻(二 5～7)

5 我还在你们那里的时候,曾把这些事告诉你们,你们不记得吗?

6 现在你们也知道,那拦阻他的是什么,是叫他到了的时候,才可以显露。

7 因为那不法的隐意已经发动,只是现在有一个拦阻的,等到那拦阻的被除去。

---

[184] Calvin 399 - 400. 其他例子见 Hendriksen 174 - 175; Bruce 186 - 187.

[185] Cf. Morris II 221; Best 287 - 288; Vos, *Eschatology* 133; M. C. Tenney, *ISBER* IV 835*a*.

二5 “我还在你们那里的时候，曾把这些事告诉你们，你们不记得吗？” 现代中文译本以本节为新一段的开始，这做法是不错的，因为本节说，“你们不记得我……给你们说过这些事吗？”（思高），下一节接着说，“现在你们也知道，那拦阻他的是什么”，可见此二节是连在一起的；因此，本节的辞令式问句可视为新一段的开始。另一方面，“这些事”亦把本节跟上文连起来，因此另一些中译本（和合、新译、思高、当圣）不在此起段。事实乃是，本节有承上转下的作用，不过，若要分段的话，以本节起段是比以本节结束上一段较为适合的。[186]

在原文，本节全节构成一辞令式问句（参思高）——“你们不记得……吗？”（关于动词“记得”，详参“帖前释”155－156）当代圣经意译为“你们忘记了吗？”——保罗的用意是要提醒读者，“我跟你们一起的时候”（现中）[187]——“还”字清楚表示，那是保罗初次在帖城传道时——“曾把这些事告诉你们”。“我”字是隐含在原文动词“告诉”[188]一词里面的，除了三章十七节外，这是单数的第一人称在后书出现唯一的一次（参帖前二18，三5，五27）；有释经者认为“我”字在此出现，是因保罗此刻忘记了上文的复数第一人称（最近的一次在1节），[189]笔者觉得这“我”字的含意乃是，后书像前书一样，其真正作者只是保罗一人（参一1；“帖前释”49－50）。现代中文译本把原文的“这些事”改为单数的“这事”，也许后者是一种概括性的讲法，或是回应第一节“关于我们的主耶稣基督的再来，以及他要聚集我们跟他相会的事”（现中）；无论如何，“这些事”最自然的解释，就是此词指保罗对上文（3～4节）所论关于那最后的反叛、不法者的出现，以及主的再来等事情的教训（而主的再来同时涉及信徒的被提，1节，参帖前四16～17）。

动词“告诉”在原文所用的过去未完成时态，表示保罗曾屡次把“这些事”告诉帖城信徒；他在前书亦不止一次提到他给他们的口头教导（三4，四2）。保罗显然晓得他在这里所说的教训是什么；本节的含意

---

[186] Cf. Werner, ‘Discourse Analysis’ 230. NEB, NIV 也是以本节开始新一段。

[187] “跟你们一起”是比“在你们那里”较贴近原文（*pros hymas*）的翻译；参“帖前释”233注100。

[188] *elegon*.

[189] Best 290.

是，帖城信徒若没有忘记保罗的口头教导的话，他们对于不法者的出现等事也是(至少也应该是)清楚明白的；下一节更明说，“现在你们也知道……”。这解释了为何保罗在本段(3～12 节)对许多使我们困惑的问题不加解释，同时也解释了为何释经者在本段遇到特别的困难：因为今天的释经者无法知道本节所说的口头教导的实际内容，对于本段教训中的某些细节应如何解释，也就只能尽力而为。[190] 在解释下文(6～7节)“那拦阻他的”和“那个拦阻的”一事上，我们更要记得，我们可能已无法寻回解释的钥匙——帖城信徒当日所有的、使徒保罗较详尽的口头教导。

二 6 “现在你们也知道，那拦阻他的是什么” “现在”这个副词在本节的功用，有四种不同的看法。(一)“现在”是修饰动词“知道”，跟上一节形成对比：“你们记得我当日告诉你们的，现在你们也知道……”。[191]但原文的次序并不支持这看法，因在“现在”和“你们知道”之间有“那拦阻……的”相隔；[192]而且，若要表达与上文对比之意，原文大抵会换一个小字。[193] (二)“现在”是修饰分词“拦阻”，“现今那阻止他”(思高)和“那阻止这事在现在发生的”(现中)等译法，都反映了这个看法。这样，“现在”跟下一节的“现在”对应，并与第八节的“那时”构成对比。[194] 再一次，这并不是原文的次序最自然的解释，尽管那次序似乎不能排除这解释的可能性。[195] (三)“现在”并不直接修饰“拦阻”或“知道”，而是独立地使用，但仍与第八节的“那时”(参本节下文“到了的时候”)形成对比。[196] 这看法比前两个较为可取，但笔者赞同另一个、更简

---

[190] Cf. Ladd, *Theology* 379. Holland 109 - 110 则将此句视为后书作者所用的一种手法，藉此将此段的教导给予读者，其实保罗并没有“把这些事告诉〔他〕们”。

[191] Marshall 193. Bruce 170 也是把“现在”连于“知道”，但认为其意思是‘as it is’.

[192] *nyn* (*to katechon*) *oidate*.

[193] 即是不用本节的 *kai nyn*，而用 *nyn de*(如在罗十一 30；加四 9；腓三 18；西一 26；来十一 26)。Cf. Best 290.

[194] E.g., Morris I 102; Hendriksen 179 - 180; Vos, *Eschatology* 129 - 130; Ridderbos, *Paul* 522 n.99.

[195] “那现在拦阻的”在原文应为 *to nyn katechon*，不是本节的 *nyn to katechon*. 约四 18 *nyn hon echeis* 的意思显然是“你现在有的”(= *hon nyn echeis*; cf. BDF 474.5c)，因此有释经者认为帖后本节的“现在”同样是“脱离原位”的例子。

[196] Frame 262; Best 290; cf. Milligan 100 - 101.

单的解释，那就是：（四）“现在”并无时间性的意思，原文的“现在……也”此二字（见注 193）只是一种逻辑性的过渡性用语；此用法在新约有其他的例子（例如：徒三 17，七 34；约壹二 28——和合本都没有把原文该二字译出来），在上列第一个例子（也许徒二十 25 是另一个），接着的动词也是“知道”，如在本节一样。[197]

有释经者认为，“知道”在这里是指透过经验去认识，但文理并不支持这看法。保罗说读者知道，是因他曾多次告诉他们，因此“知道”是指理念上的认识，像前书五章二节的“晓得”一样。[198] 但若他们已经知道这里所说的事，为什么他们当中仍有人以为“主的日子现在到了”（2节）呢？我们只能假定，由于这些人误以为主会立即再来，他们便把保罗曾告诉他们主再来以前要发生的事忽略了或忘记了。[199] 因此本句提醒的话，其实有“你们〔应〕该知道”（当圣）的含意。

“那拦阻他的是什么”在原文只是两个字——中性的冠词加分词，构成“那拦阻的”。[200] 分词在原文并无受词，但一般中译本都按文理正确地从下半节补充“他”字（思高、新译、当圣同；现中则补充“这事”），指不法者（参 3、8 节）。“拦阻”（当圣同）的原文在前书五章二十一节的意思是“持守”（此字详参“帖前释”452－453），在此的意思是“阻止”（思高、现中），就是阻止不法者出现。“箝制”（新译）这译法可能使人以为不法者现在（保罗写此信时）已经存在，只是他的活动受到抑制，但经文并没有这种含意，其整个重点只在不法者因受阻止而未能出现这个意思上（留意“阻止……出现”〔思高、现中〕此对比出现两次：本节、7b～8），换言之，不法者并不享有在历史以外的“先在”。[201] “那拦阻的”在原文是中性的，表示所指的是一样东西或一种力量。为方便起见，以下称本节“那拦阻他的”为“那阻力”——对应下一节原文为阳性的“阻止者”

---

[197] Cf. Lightfoot 113－114; Moffatt 49*a*; BDF 442(15); Ellicott 112a.

[198] Cf. Aus, 'God's Plan' 549 n. 64, over against Giblin, 'Heartening Apocalyptic' 353 and as reported in *NTA* §12(1967)－313.“知道”原文是 *oida*；关于此字与 *ginōskō*（也是“知道”）的分别，参“帖前释”74 注 59。

[199] Cf. Ridderbos, *Paul* 522 n. 99.

[200] *to katechon* (from *katechō*).

[201] Cf. Ridderbos, *Paul* 525－526.

(思高)。

“是叫他到了的时候,才可以显露” 译为“是叫”或“使”(新译、当圣)的原文结构,[202]已在一章五节及二章二节出现过,在下文会再出现三次(二 10、11,三 9),它在这里的功用是表达目的[203]——在神的计划中,“那阻力”现今存在,其目的是要“他到了时候才可以显露出来”(新译)。“他”不大可能指“基督”(1 节)或“主”(2 节),因为后二者跟前者相距太远了(我们要记得 4 节原文并无“主”字);也不大可能指“那阻力”,因为本句若仍是指“那阻力”,通常的讲法是省掉“他”字,而且“他”是阳性,“那阻力”是中性;因此,“他”最可能是指本段(3～12 节)的主角,即是那不法者(3、8 节)。[204] 至于“那阻力”是什么,这问题留待下一节跟“阻止者”的身份问题一并讨论。

关于“时候”一词,详见“帖前释”381。“到了时候”的原文[205]直译是“在他的时候”或“在〔他〕自己的时辰”(思高),其意思不是笼统性的“时机成熟”(当圣)或“时机一到”(现中),而是在神为不法者(“他”)特定的时候。[206] 圣经一贯的看法,是认为人和事的时间都是由神决定的,末日的事件更是如此;就如神会“在〔他所〕预定的时候”使人看见耶稣基督的显现(提前六 15,思高;参可十三 32;徒一 7),照样,那在主再来之前要出现的不法者,也是要等候神所指定的时间才可出现。

二 7 “因为那不法的隐意已经发动” 译为“因为”(新译同)的原文小字[207]在这里的功用不是指出一个原因(如林前十一 5),而是提出一

---

[202] *eis to* + infinitive.

[203] Townsend (‘II Thessalonians 2:3 - 12’ 239)谓此结构在后书其余的例子都清楚地是用来表达目的;但至少在一 5、二 2 的用法(见注释)并不支持这个结论。

[204] Best 291 - 292.

[205] *en tōi heautou kairōi*. 有些古卷作 *autou* 而非 *heautou*. 但后者不一定要译为“他自己的”而可能只有“他的”之意;若是这样,二者在意思上便没有分别。

[206] *heautou* 是指不法者而不是指神,因为(一)此字回应在它前面的“他”字(*auton*,二者之间只有 *en tōi* 二字把它们隔开),而“神”字最近一次出现是在 4 节。(二)复数的代名词“他们的”在类似的词语中的用法亦支持这解释:*en tois kairois autōn*(“按着时候”,太廿一 41),*eis to kairon autōn*(“到了时候”,路一 20)——*autōn* 所指的依次是上文(按原文次序)所说的“果子”及“我的话”(思高、新译)。

[207] *gar*.

项解释(如在帖前二 1),[208]就是进一步解释不法者要在将来出现的事实以及"那阻力"现在的行动(6 节)二者间的关系:"那阻力"现在所抗衡的是"不法的隐意",等到"阻止者"(思高)被除去,不法者才会出现。比较本节和上一节,我们可以清楚看见两点:上一节中性的"那阻力"在本节变成了阳性的"阻止者",两者都是在阻止着不法者的出现;虽然不法者要在阻止者被除去后才可出现,但是"那不法的隐意"现在"已经发动"。

"隐意"一词的原文[209]在圣经以外的希腊文文献中最通常的用法,是作为异教的一个专门用语,指一些只有已入教者才能够知道、而他们不得向外人泄露的"秘密"或"秘密的道理";但在新约里此词与神秘宗教并没有明确的关系,它从来不指一些不能向别人宣泄的秘密,绝大多数的时候反而是指已启示的奥秘,就是人本身无法得知,需要神把它向人启示出来的奥秘,而且所指的奥秘总是有末世性意义的。[210]

原文在新约共出现二十八次(保罗书信占四分之三),本节以外的二十七次可分为数种用法:(一)一次与介系词连用来合成形容词"奥秘的",指神所隐藏的智慧(林前二 7);(二)两次指理性不能明白的"奥秘"(复数:林前十三 2,十四 2);(三)多次用在"天国/神国的奥秘"(太十三 11/路八 10;可四 11〔前二节为复数〕)、"神的奥秘"(林前二 1;西二 2;启十 7;林前四 1〔此节用复数〕)、"基督的奥秘"(弗三 4;西四 3)等词组中;(四)数次指神藉基督完成、又藉福音显明出来的救赎计划——分别称为"自古以来隐藏着的奥秘"(罗十六 25,现中)、"历代以来隐藏在创造万物之神里的奥秘"(弗三 9,参 3 节;西一 26、27)、"他旨意的奥秘"(弗一 9)、"福音的奥秘"(弗六 19)、"信仰的奥秘"(提前三 9,新译)、"敬虔的奥秘"(提前三 16);(五)另数次指单独一项的"奥秘",就是关于部分以色列人硬心的奥秘(罗十一 25,参新译)、活着的信徒身体改变的

[208] 思高及现中在本节(帖后二 7)没有把 *gar* 字译出来,不知是否由于这个原因。
[209] *mystērion*. Cf. BAGD 530 – 531 (s.v.).
[210] Cf. MM 420 (s.v.); BAGD 530 (s.v.); G. Bornkamm, *TDNT* IV 824, *TDNTA* 618.

> 奥秘(林前十五 51)、创世记二章二十四节所预示基督与教会之关系的奥秘(弗五 32,参现中)、教会之主手中拿着七星和七个金灯台的奥秘(启一 20)、约翰所见的妇人和驮着她的那七头十角的兽的奥秘(启十七 7),以及那妇人额上写着的名号所含的奥秘(启十七 5,参思高、现中)。

在本节"不法的奥秘"(原文直译)这词组中,原文的意思跟上列其他二十七次都有分别,因此多个中译本都不把此词译为"奥秘",而是将有关词组译为"那不法的隐意/潜力/阴谋"(和合/新译/当圣)或"罪恶的阴谋"(思高)。[211] 从上下文来看,此词之所以在这里出现,很可能是因它与"显露"一词(3、6、8 节)构成自然的对比,二者显然是互相对应着。不法者(一个人物)乃是不法(一种动力)在一个人身上的体现,前者是后者的化身;现在使不法者未能"显露"(="出现")的是"那阻力"(中性),亦称为"阻止者"(阳性:思高)——即是那阻力的化身。这阻力一日尚存,不法便一日不能以不法者的形式出现;不过,不法已经"在活动"(思高),只是直到不法体现在一个人身上、以不法者的形式出现,它仍是一种秘密活动,因此称为"不法的秘密"。[212]

"发动"一词的原文即是在前书二章十三节译为"运行"的那个字(详参"帖前释"183)。此字在本节是被动格式,若把它看为被动语态,其含意便是"由撒但发动";[213]"奥秘"一词在新约用作主词时,其动词总是(提三 16 是唯一的例外)被动语态的(太十三 11;可四 11;路八 10;弗三 3;启十 7),下文提到不法者来到是照着撒但的"行动"(9 节〔新译〕,原文与"发动"同字根),这两点都似乎支持这个看法。另一方面,此字在新约以被动格式出现的另外几次(八次在保罗书信),可能全是中间语态,即是有主动而非被动的意思(参"帖前释"183);换言之,此字

---

[211] 现代中文译本将原文中性的 *to mystērion tēs anomias* 译成阳性的"那神秘的不法者",这是错误的做法,因二者是有分别的,见正文下文的解释。

[212] Robinson, *Ephesians* 237. Cf. Marshall 195 按此解释, *anomias* = genitive of apposition/definition (cf. Whiteley 102; Ellingworth-Nida 171). Holland 114 则认为作者在此是采用了比喻性的做法,以异教的神秘宗教喻末世对基督的敌对。

[213] So, e.g., Frame 263; Morris II 228. *energeitai* = passive.

在保罗书信的用法提示我们，本节的“发动”宜解为主动之意，[214]“不法的秘密已经发动”意即：不法已经秘密地“开始工作”（现中），不法的活动正“在暗暗地进行之中”（当圣）。不过，采纳了这个字义上的解释后，我们仍可按下文的提示，认为就事实而论，不法的活动确是由撒但发动的。

这在秘密进行中的不法活动，跟那最后的反叛及不法者的出现（3节），二者之间显然有逻辑上的关系。有释经者认为，不法者在现今已暗中在工作，其工作虽是隐藏却仍是同样有效的。[215] 但这看法将本节的“不法”和上下文的“不法者”（3、8节）混为一谈（参注211），错误地以为不法者现今已经存在并已开始工作，其实（按笔者的了解）不法者尚未出现。较合理的看法是：不法者将来出现是“照着撒但的行动”（9节，新译），现在的不法活动也是由撒但发动的——它就是那“现今在悖逆之子心中运行的邪灵”（弗二2）——因此，现在的不法活动可说是为那最后的反叛和不法者的出现预备道路，不法者将来的出现，表示现在已开始的不法活动达到了其发展的终点和巅峰。[216]

这“不法的秘密”，像第三节的“最后的反叛”（现中）和“不法（的人）”（新译）一样，主要所指的是对神的悖逆。但就如不法者可与敌基督等同，现在的不法活动亦可视为人对基督和基督的福音所存的敌意及所提的反抗。这是保罗在帖撒罗尼迦及其他地方所经历的，因此他有充分理由相信，“那不法的隐意已经发动”，“那不法的阴谋……已在……进行之中”（当圣）。[217] 由于基督是神的儿子，又是神所立的救主和审判者（参徒十三26～41，十七30～31），反对基督和基督的福音乃是背叛神的具体表现。

“只是现在有一个拦阻的，等到那拦阻的被除去” 本句照原文的次序可直译如下：“只是——那现在阻止的直到他被除去”。[218] 换言之，

---

[214] 本书所参考的五本中译本（和合、思高、新译、现中、当圣）及六本英译本（AV, RV, RSV, NEB, NASB, NIV）无一不采纳这个看法。

[215] G. Bornkamm, *TDNT* IV 823, *TDNTA* 618. Cf. Guthrie, *Theology* 807.

[216] Cf. Wilkinson, 'Lawlessness' 139; Frame 22,263; Ellicott 113*a*.

[217] Cf. Bruce II 1163*b*; Morris II 228; Ridderbos, *Paul* 527.

[218] *monon — ho katechōn arti — heōs ek mesou genētai*.

这句子是未完成的，因此引起了这未完成的结构应如何理解的问题。释经者和中英文的译本提供了至少四个略为不同的看法：

(一)“只是”是形容“直到”，而“被除去”的主词是“那现在阻止的”，得出的意思就是：“不法的活动已在进行中，但只是直到那现在阻止的被除去”。[219] 这看法有至少两点困难：第一，“只是”要解为“但只是”，可是原文[220]并无“但”字。第二，“只是”一词在其他地方的用法并不支持这个看法，因为“只是”一词所引介的子句或词组若是直接连于上文的话，此词的功用是延续上文语气而非反语气的(加六 10；来九 10)。其实，这里的“只是”属另一种用法，就是以反语气引介一个对等子句(加一 23，参现中)，而后者的动词需要根据文理补充进去(加五 13；参冯：“真理”322 注 8)。

(二) 在“只是”之后补充“那不法的活动必须秘密地进行”这意思，并且(像上一个看法一样)将“那现在阻止的”看为脱离了它应有的位置(在“直到”之后)而被放在“直到”之前。此说认为本句的结构跟加拉太书二章十节首句非常相似：[221]两句都要在“只是”一词之后补充适当的意思，两句都有一词组脱离了应占的位置。[222] 不过，加拉太书二章十节的结构可能应另作解释(参冯：“真理”118 注 494)，此说也就失去了有力的支持。而且，该节的文理清楚表示，在前的“穷人”是“记念”的宾词，不可能有别的解释，但本句“那现在阻止的”是个主词，不一定要被看为脱离了原位，而可按它现在的位置解释。

(三) 较简单和可取的做法，是在“只是”和“直到”之间补充动词“是”字，意即“存在”“有”(新译同)。[223] 得出的意思就是：“只是有那现在阻止的在那里，直到他被除去”。

---

[219] Milligan 102*a*；Ellicott 114 *a*. Cf. NEB；思高的译法似乎也是反映这个看法。

[220] *monon*；not *monon de*(后者见于徒八 16)。

[221] 比较：

monon ho katechōn arti	*heōs*	*ek mesou genētai*	(本节)
monon tōn ptōchōn	*hina*	*mnēmoneuōmen*	(加二 10)

[222] Lightfoot 114. Marshall 195－196 则把“只是”直接连于“直到”(如第一种看法)，而在“只是直到那现在阻止的被除去”之前补充“不法的隐意正在活动”；这可说是第一和第二个看法的混合物。

[223] Best 294 (*estin* to be supplied/understood after *ho katechōn*)；RV.

（四）多个英译本提供的意思——“只是那现在阻止的会继续这样做，直到他被除去”[224]——可说是第三种解释得出的意思的延伸：那现在阻止的既然“在那里”（新译），他就会继续发挥他作为“阻止者”（思高）的功能。

如上文提及的，本句的“阻止者”在原文是阳性（现中意译为“阻止……的手”），对应着中性的“那阻力”（6 节）。曾有释经者认为“阻止者”仅为“那阻力”拟人化的说法，并不代表一个人物；[225]但较自然的看法是保持二者之间性别上的分别，并按上文（关于“不法的奥秘”一词的注释）提供的路线来解释二者的分别，即是同一件事有个人及非个人这两方面。

在“直到他被除去”的分句中，[226]原文动词表示主词是单数第三人称，按上文的提示，应为“阻止者”。[227] “被除去”的原文[228]是一种类似被动语态的惯用语，对应着主动语态的“除去”（思高：林前五 2；西二 14）；[229]“由中间（除去）”（思高）是这惯用语的头两个字（见注 228）的直

---

[224] Cf. AV, RSV, NASB, NIV.

[225] Ellicott 114*a*; Lightfoot 114－115.

[226] Lightfoot 115 认为，*heōs an genētai* = ‘until it may be removed’, *heōs genētai* = ‘until it be removed’（本句用的是后者）。但 BDF 383(2) 指出，*heōs* 不必有 *an* 字跟随着（意即上述区别并不存在）。

[227] Aus（‘God’s Plan’ 550－551）认为“被除去”的主词是本节开头的“不法的隐意”，而不是较近动词的“阻止者”，保罗因情绪激动而致使本句在文法上有欠准确。作者如此理论，是因他在上文已将“阻止者”解释为神，而神是不能“被除去”的，因此这动词的主词不可能是“阻止者”。但纯粹从文法的角度看，动词的主词无疑是刚在前面出现的“阻止者”；由此我们可以断定，“阻止者”所指的并不是神。

[228] *ek mesou genētai*. 此组合在整本希腊文圣经中只出现这一次。*ek*（*tou*）*mesou* 在新约另见于太十三 49；徒十七 33，廿三 10；林前五 2，林后六 17；西二 14，其他含有 *mesos* 一字的介词词组为：*ana meson*（太十三 25；可七 31；林前六 5；启七 17），*dia mesou*/*meson*（路四 30/十七 11），*eis*（*to*）*meson*（可三 3，十四 60；路四 35，五 19，六 8；约二十 19、26），*en tōi mesōi*（太十 16，十四 6，十八 2、20；可六 47，九 36；路二 46，八 7，十 3，廿十 21，廿二 27、55a，廿四 36；徒一 15，二 22，四 7，十七 22，廿七 21；帖前二 7；来二 12；启一 13，二 1，四 6，五 6〔两次〕，六 6，廿二 2），*kata meson*（徒廿七 27）。*mesos* 一字单独使用（即是没有介系词在它前面）的地方有：太廿五 6；路廿二 55b，廿三 45；约一 26，十九 18；徒一 18，廿六 13；腓二 15。此字在新约共用了五十六次，保罗书信占七次。

[229] *airein ek*（*tou*）*mesou*. 二节所用的动词依次为 aorist subjunctive passive（*arthēi*），perfect indicative active（*ērken*）. 参七十士译本赛五十七 2：*ērtai ek tou mesou*.

译，该二字本身已有“撤除”或“迁移”的含意，不必明说从“什么”中间(参林前五 2，“从你们中间”)除去。此惯用语不能按其字义解为“从中间出来”，意即(敌基督或不法的隐意)从隐藏或隐蔽中出来，因为这意思在希腊文是用另一个结构来表达的。[230] 此惯用语只表达撤除或迁移的事实，但对于撤除的方式并无任何提示。另一个可能的译法是“(从现场)撤退、离去”(见注 244)。

本节阳性的“阻止者”和上一节中性的“那阻力”所指的是什么？这问题引起了许多不同的答案：上至上帝，下至撒但，都有人倡议及赞同。兹将一些主要的看法罗列于后，并加评论。

(一)那阻力是罗马帝国(或政府)，阻止者则为(当时的)罗马皇帝。这个传统的解释(早见于教父特土良的著作中)令人满意地解释了阳性和中性二词的分别；与保罗对政府所持的积极态度(罗十三 1～7；参提前二 1～2)互相协调；亦符合保罗日后不止一次经历了罗马政府的法治所带给他的保护(徒十八12～17，廿二 24～29，廿三 10、27，廿五10～12)；更可解释为何保罗的话要如此神秘模糊，因为不久之前他在帖城被控以宣告“另有一个王耶稣”的罪名(徒十七 7)，若他在信上明明的说罗马皇帝有一天会被除去(而这信或信息落在警方的手中或耳中)，这可能会成为确定他煽动叛乱罪名成立的证据，并使曾为他具保的帖城信徒陷入困难。[231]

另一方面，保罗新近在腓立比(帖前二 2；徒十六 22～23)和帖撒罗尼迦(徒十七 8～9)的经历，并未显出罗马的法纪对他特别有帮助(亦参徒十六 35～39)。阻止者是当时的皇帝革老丢(徒十八 2，参十一 28)之说，假定保罗已预知了革老丢的继承者尼禄就是那要在末期出现

---

[230] *eis* (*to*) *meson*, *not ek* (*tou*) *mesou*. 本段各点详参 Bruce 170 - 171, II 1164a, *Answers to Questions* 112 - 113.

[231] Cf., e. g., Moffatt 14 - 15; Barclay 213; Whiteley 240; Mearns, 'Eschatological Development' 155 - 156; O. Betz, as reported in *NTA* § 8(1963) - 262; and especially Bruce 171 - 172, 188, I 36, II 1163b, *Answers to Questions* 112, *IBD* 3. 1556 c. W. Foerster (*TDNT* VII 174 n. 2)认为罗马政府维护法纪(而法纪乃“受人敬拜的”对象之一)，这事实支持此解释。但作者对“受人敬拜的”一词的解释是颇有疑问的(详参二 4 注释注 122 及所属正文)。

的不法者——但当时(主后 50 年)尼禄只有十三岁;而且,保罗写罗马书时,尼禄早已登基为罗马皇帝(54—68 年),但信上显示保罗对政府的态度非常积极(罗十三 4、6),表示尼禄不可能是那不法者,阻止者亦不可能是革老丢。[232] 即使不把阻止者特别与革老丢等同,而说所指的是罗马帝国(皇帝是它的代表),此说仍然有两点困难。第一,罗马帝国早已成为历史陈迹,但保罗所预言的阻止者一旦除去便会出现的不法者,不见得已经出现,这是否表示保罗的预言落空了? 第二,阻止者是罗马政府这整个观念,跟保罗所描绘的不法者的性质并不协调:因为从经文本身看来,不法者似乎不是一个等待政府所维持的法纪被撤去便起而篡夺权力的政治人物(参二 3 注释关于不法者之身份的讨论第九点),而是迷惑和欺骗人的宗教人物;而罗马政府只是提供和平及法治,但并无维护真神的信仰。因此我们难以相信,罗马帝国就是阻止敌基督出现的那阻力。[233]

(二) 那阻力指法治的原则,"阻止者"是拟人化的说法。[234] 但上段末所提的第二点同样适用于此说,因为不法者的不法主要是宗教性的对神反叛,而对神的反叛不必等于违反法治和秩序,却可与最严峻的法律共存。[235] 此外,上文已对阳性的"阻止者"被解释为拟人化的说法,二度提出异议。若谓阻止者是指施政者,则原文为什么用单数及冠词,特指"那阻止者"呢?

(三) 那阻力和阻止者皆指撒但。就如基督是被高举的主,同时也是在信徒身上运行的灵,照样,撒但同时是(1)"这世界的神"(林后四 4)、"空中掌权者的首领"(弗二 2)、"天界的邪灵"(弗六 12,现中)暂时

---

[232] Bruce 172 指出(cf. *History* 293 n.9),*katechein* 与拉丁文 *claudere* (to close, conclude, keep off)及 *claudicare* (to limp; cf. Claudius〔革老丢〕)并不是彼此对应的,因此没有理由把原文的"阻止者"视为暗指革老丢的双关语。

[233] Cf. Ridderbos, *Paul* 522 - 523. Neil 169 指出,犹太人的启示文学中并没有以罗马政府为施行仁政的,但 Marshall 189 认为此点不是反对这解释的有力理由,因为保罗大可以是采用了创新的做法。Mearns ('Eschatological Development' 155 - 156)就 Best 296 所提出对此解释的四个反对理由,逐点加以答辩。

[234] Cf. Ellicott 112b, 114; Milligan 101; Hendriksen 181 - 182; Ladd, *Theology* 560 - 561 (cf. 530).

[235] Wilkinson, 'Lawlessness' 142.

的统治者,(2)"在悖逆之子心中运行的邪灵"(弗二 2)。[236] 按此解释,译为"阻止"的原文分词在这里的意思是"掌权、称霸、统治",但原文能否如此解释是颇有疑问的。[237] 而且,这看法难以解释为什么原文同时用了阳性和中性两个格式。虽然"神""首领"在原文确是阳性,而"灵"则为中性,但我们难以相信,这正是保罗使用阳性和中性两种分词的原因。还有,按此解释,撒但先要被除去,然后它的主要傀儡不法者才能出现,这次序在逻辑上是不合理的。

(四) 那阻力是一种邪恶的力量,如今在支配或占据着整个世界,阻止者则是此邪恶力量的具体化身。[238] 有释经者将此邪恶、与神为敌的力量进一步解释为感动假先知的灵。但"占领、取得"是原文分词值得怀疑的译法,此说亦未能解释为何一个地方(帖城)教会内的假先知被除去,对神的计划的发展有这么重大的意义(因"阻止者"要先被除去,不法者才能出现)。[239] 又有释经者认为"阻止者"是指现今秘密地在教会中进行活动的敌基督,"那阻力"则是敌基督的秘密活动所产生的普遍的离经背道。[240] 本段提到的各种解释有一点共同的困难(此点同时适用在上一段那第三种解释),就是文理提示我们,阻止者和不法者是完全不同性质的人物,二者是背道而驰的,因此阻止者和那阻力必须解为善良的人物和力量。一种邪恶力量被除去为要让另一种邪恶力量可以出现,这意思的可能性不大,两种邪恶的力量在彼此争斗则更是极不可能的。[241]

(五) 阻止者是神,那阻力是神的旨意或计划——主来之前福音要

---

[236] Frame 261.

[237] BAGD 422 - 423 (s. v. *katechō*)所列出的意思并没有'hold sway'一项。

[238] Best 301 - 302.

[239] Cf. Marshall 199; Best 298 - 299 — in criticism of C. H. Giblin (cf. Giblin, 'Heartening Apocalyptic' 353).

[240] P. Andriessen, as reported in *NTA* § 5(1960)- 166; cf. J. Coppens, as reported in *NTA* § 15(1971)- 962. 此解释将 *ek mesou genētai* 解为"出现",参见上文(注 230 所属正文)。P. Dacquino(as reported in in *NTA* § 12[1967]- 311r)则认为"那阻力"是指"那大叛教之事的缺席〔即尚未出现〕",使敌基督的出现受到阻拦。

[241] Cf. Vos, *Eschatology* 131; Marshall 199.

传遍万国。[242] 亦有释经者认为这里所指的是大灾难前"住在教会里的灵与教会同时被提,这将使大罪人在灾难时期发出疯狂行动"。[243] 但如果所指的是神及其计划、旨意或是圣灵,书信的作者大可以明明的这样说,为何要用这么隐晦难明,甚至是怪异的方式提到神和圣灵呢?为什么作者不简单地用"旨意""计划"等字眼呢?若"被除去"是原文正确的翻译的话,阻止者便不可能是神或圣灵;即使将原文译为"(从现场)撤退、离去",[244]另外的反对理由仍然存在。[245]

(六)那阻力指福音必须传给万民的事实,阻止者则指传福音者,或特指使徒保罗。[246] 常被提出来反对此说的一个理由,是说保罗预期自己在主再来之时仍然会活着(帖前四 15～17),此种预期跟阻止者将要"被除去"的思想并不协调;[247]虽然帖前该段其实并不表示保罗确实预期自己会活到主再来之时,但它的确表示保罗认为主在他自己去世前便再来是可能的事(详参"帖前释"358－360),因此我们可以这样说:保罗在此阶段并不确实预期自己会在主再来前"被除去"。[248] 此外,保罗为什么要用如此隐晦的表达方式,自称为那"阻止者"呢?也没有任何证据表示,保罗自视为担负着阻止敌基督者出现的重任,他的死就是一切传福音工作都要停止、不法者要出现的信号。[249] 即使将"阻止者"解为指传福音者而非特指保罗,此解释仍有它的困难,因为原文不但是单数的"那阻止者",而且还有"现在"一词形容"阻止"一词,因此最自然的解释是说,那阻止者是单独一个的人物,而不是一连串的个人。

---

[242] Aus,'God's Plan'(especially 549).作者认为"阻止"(*katechein*)一词是由赛六十六 9"封闭(母胎)"一词('*āṣar*)直接翻译过来的(不是像七十士译本那样把它意译为"使之不生育",*steiran poiein*),"那阻力"的意思则来自赛六十六 18～21。以"阻止者"为神的例子还有 Bassler,'Enigmatic Sign' 506－507;F. Marín, as reported in *NTA* §24(1980)-919. Townsend('II Thessalonians 2:3－12' 240－242)则认为"阻止者"是指不法者或神。

[243] 陈:"预言解释"277(参 204 注 54)。

[244] Marshall 196 认为 *ek mesou genesthai* 可解为'retire from the scene'.

[245] Cf. Best 300－310; Wilkinson,'Lawlessness' 142.

[246] Cullmann, *Christ and Time* 164－166; Munck, *Paul* 36－42; Moore 103.

[247] E.g., Mearns,'Eschatological Development' 155.

[248] Cf. Dunn, *Jesus* 112.

[249] Cf. Ridderbos, *Paul* 523－524; Best 297－298; Wilkinson,'Lawlessness' 141.

(七)阻止者是个天使,那阻力就是此天使所施展的力量。在犹太人的启示文学中,不乏邪恶的力量被约束的思想(参启二十 2:撒但被捆绑一千年);蒲草纸文献的证据显示,译为“阻止”的原文动词有一两次用来指(埃及的)神祇或天使米迦勒约束着神话里的大龙;在一份基督教的启示文学著作中(“彼拉多行传”廿二 2),基督将撒但交付与阴间时说:“把它拿去并牢牢地扣押它,直到我再来”——所用的也是“阻止”的原文。在这些证据的提示下,保罗的话可作类似的解释,不过,他的话的意思不必是完全由上述的意象断定的。保罗的主要意思,是有一位超然的人物(天使)施展超然的力量来阻止不法者的出现,直至神为后者所定的时间来到;这个意思可以跟第(五)(六)解释的部分主旨连起来,即是阻止者现今阻止不法者的出现,为的是要使福音可以传遍万国万民(可十三 10)。换言之,阻止者和那阻力的背后是神,他命天使阻止不法者的出现,直至传福音的工作完成,那时阻止者要“被除去”或照神的吩咐“撤离现场”,然后不法者便出现。[250]

跟其他的解释比较之下,此解释有下列的优点:[251](1)它承认保罗采用了基本上属启示文学性质的讲法。(2)它把保罗在这里的教训与新约其他关于末日的教训连起来,特别是采用了末日来临前必须完成的条件,即是福音的广传(参彼后三 9)。(3)它避去了第(一)至(六)解释所遇到的困难,例如:此说并不认为保罗以“阻止者”自居,亦不涉及神或圣灵会“被除去”或需要“撤离现场”。(4)此解释与本段出自保罗手笔的看法互相协调;由于保罗显示他知道耶稣有关末日的教训,本段并无任何资料,是必须被认为不属保罗原著,或与前书的教训互不协调的。[252] 但若本段不是保罗写的,第五节便不能指保罗与帖城信徒同在时所给他们的口头教训,那么作者为什么要用读者几乎无法明白的方式向他们提到末日的事,是个无法解答的难题。(5)此解释使保罗的话

---

[250] Cf. Ridderbos, *Paul* 524 - 525; Neil 169 - 170; H. Hanse, *TDNT* II 829 - 830; and especially Marshall 196,199; Holland 110 - 113. Wilkinson ('Lawlessness' 142)也认为“那阻力”是只受神控制的超然力量,但究竟是什么则不得而知。

[251] Cf. Marshall 199 - 200.

[252] 按 Hartman (*Prophecy* 178 - 194,195 - 205)的分析,保罗在前书及后书的末日教训,都是基于某种定型了的、耶稣有关末日之言论,保罗视之为源出于主的权威传统。

很自然地仍然适用于二十世纪末叶的今天，尽管保罗极可能没有预料他的预言会经过这么久还未应验。

总结以上关于“阻止者”的身份的讨论，笔者赞同第七个解释，认为“阻止者”可能是个天使，他受命阻止不法者的出现，直到传福音的工作完成。不过严格说来，此解释是否真正代表保罗的原意，恐怕是无法确定的问题，因为事实始终是，我们缺乏最初的读者所具备的解释钥匙，即是保罗的口头教训（5 节）。[253] 因此，不少释经者最后都承认，他们并不知道保罗所说的“阻止者”和“那阻力”真正是指什么，[254]这也是笔者乐于承认的。虽然如此，本段（5～7 节）的要旨是清楚的：虽然不法的活动现今已在秘密地进行中，但不法者尚未能出现，因有那阻力/阻止者的拦阻，直到后者被除去。

(IV) 不法者的活动(二 8～12)

8 那时这不法的人必显露出来，主耶稣要用口中的气灭绝他，用降临的荣光废掉他。
9 这不法的人来，是照撒但的运动，行各样的异能、神迹和一切虚假的奇事，
10 并且在那沉沦的人身上行各样出于不义的诡诈，因他们不领受爱真理的心，使他们得救。
11 故此，神就给他们一个生发错误的心，叫他们信从虚谎，
12 使一切不信真理、倒喜爱不义的人都被定罪。

二 8 “那时这不法的人必显露出来” “那时”是与上一节的“现在”相对，对应着“等到”一词，因此所指的就是阻止者被除去的时候，亦即是神为不法者所定的时候（6 节）。

---

[253] Koester (*Introduction* 2.245)谓作者无意为读者揭开谜底；此看法与二 5 显而易见的意思不符。

[254] Frame 262; Morris II 225, 227; Neil 156, 177; Best 301. Cf. F. W. Beare, *IDB* IV 628*b*.

译为“那时”的原文词组[255]在新约另外出现十九次，除了一次有逻辑性的“那时”(即是“这样”，加六 4)之意，六次的意思显然是“然后”(太五 24，七 5，十二 29〔思高〕，廿四 14；可三 27〔思高〕；路六 42)，其余十二次的意思都是“那时(候)”(太七 23〔思高、现中〕，九 15，十六 27；路十四 9〔思高、新译、现中〕；林前四 5)，其中超过半数是用在有关一连串末日事件的预言内(太廿四 10、30a、b〔原文〕；可十三 21、26、27〔思高〕；路廿一 27)。

“不法者”(现中)与“不法的人”(3 节，新译)是同一个人物；该节用的是闪族语法，本节用的是普通希腊语法。[256] 他的“出现”(思高、现中)就是现今在秘密进行中的不法活动(7 节)的结局；换言之，现在是“不法的隐意……发动”的时期，到阻止者一被除去，不法者便要出现，二者之间并没有时间上的空档，可以使第三节所说的“最后的反叛”(现中)在其中发生。由此推论，那反叛的事和不法者的出现大抵是同时发生，或是属于同一错综复杂的事件(参该节注释)。

这是本段第三次提到不法者的出现：经过了第五至七节所插入的思想后(即是现在有阻止者使不法者未能出现)，本句再回到第三至四节的时间上，即是不法者要出现的“那时”。不过，保罗没有随即描写不法者的活动(9～12 节)，也没有提示那最后的反叛及不法者的活动会维持多久(参 9 节注释)，而是先集中在不法者最后的命运上。

“主耶稣要用口中的气灭绝他，用降临的荣光废掉他” “用口中的气灭绝”和“用降临的荣光废掉”是同义平行句。这里的话显然受到七十士译本以赛亚书十一章四节的影响，该处说来自大卫家的君王要“以

---

[255] *kai tote*. Cf. BAGD 823-824 (s.v. *tote*). 和合及思高于 7 节末用逗点，使 8 节与 7 节连为一整句；新译及现中于 7 节末用句号，这是较正确的做法，将 8 节视为开始一分段的理由，详参 Werner, ‘Discourse Analysis’ 231.

[256] Cf. Bruce 167. 原文依次为 *ho anthrōpos tēs anomias*, *ho anonmos*. Holland 107, 115 则认为二者的分别如下：前者意即“那人是以不法为其特征”，后者意即“那人是不法的体现或化身”。作者承认这是个“细微的差别”；笔者觉得正文采纳的解释自然多了。W. Gutbrod(*TDNT* IV 1087) 认为 *anomos* 在此的意思不是“违背〔神的〕律法者”，而是笼统意义上的“作恶者”；参二 3 关于“那大罪人”一词的注释。

他口中的话击打世界，并以他唇边的气息诛杀恶人”（参思高）；保罗将该节的集合名词“恶人”认同为不法者，并且（也许是在诗卅三 6 的影响下）把该处的两个词组拼合为一而得“〔他〕口中的气”一语。[257] 有些古卷以“烧毁”代替“灭绝”（即赛十一 4 七十士译本的“诛杀”），[258]但后者的外证较强；抄写的可能性亦支持后者，因为抄写者若认不出这里的话是来自以赛亚书十一章四节，便很容易会把“灭绝”改为“烧毁”（此词比“灭绝”更符合“口中的气”一语），但若原来的说法是“烧毁”，我们便得假设抄写者嫌它所指的含糊不清而将它改为“灭绝”，使它与以赛亚书十一章四节相符，这个做法的可能性不及另外那个做法的可能性那么大。[259]

> “灭绝”或“歼灭”（当圣）的原文（注 258 末字）在新约共用了二十四次（使徒行传占了十九次，保罗书信仅此一次），除了一次为中间语态，指法老的女儿把婴孩摩西“拾起来”（徒七 21，新译——可能即是“收养了他”〔现中〕之意），一次用在物上，指神“废除”（与“建立”相对）旧约下的献祭制度（来十 9，新译），其余的都是用在人的身上，一贯的意思是“被杀”（被动语态：徒五 36，十三 28〔原文〕，廿三 27〔参思高、新译〕，廿六 10）或（主动语态）“杀”（徒二 23，五 33，七 28，九 23、24、29，十 39，十二 2，十六 7，廿二 20〔思高、

---

[257] 比较：

pataxei *gēn* *tōi logōi tou stomatos autou*
kai *en pneumati dia cheileōn anelei asebē* （赛十一 4）
hon ... *anelei tōi pneumati tou stomatos autou* （帖后二 8）

Aus（‘God’s Plan’ 543 - 544）认为，帖后的作者采用赛十一 4 来描写不法者的毁灭，有两个原因。第一，该节在犹太人的著作里常用来指弥赛亚，因此适用于本节的主的身上。第二，作者仍在想到但以理书的恶君，他至终会灭亡，却是“非因/未经人手”的（但八 25，和合/思高）。由于七十士译本或狄奥多蒂翁（Theodotion）的译本都没有把该词组直接翻译出来，帖后的作者便想到赛十一 4，因后者像但八 25 一样采纳了主的敌人“被超人的力量消灭”（现中）的主题。第二点是有趣的臆测，但难以证实（或否定）。

[258] 即是以 *aneloi* — late ‘regular’ present of *analiskō*/*analoō* which is ‘a backformation from the future and aorist’（MHT 2. 228）—或 *analōsei*（future，a ‘grammatical correction ... made under the influence of the future *katargēsei*’：Metzger 636）代替 *anelei*（future，from *anaireō*）. Cf. BAGD 54 - 55（s. v.）.

[259] Best 302 - 303.

新译、现中〕，廿三 15、21)、“杀害”(路廿二 2；徒廿五 3)、“处死”(路廿三 32；徒十三 28〔思高、现中〕)、“杀死”(太二 16〔思高、新译〕；帖后本节〔思高、现中〕)。

主耶稣要杀死不法者，所用的方法是以他自己“口中的气”。“口”字原文[260]在保罗书信出现十三次(新约共七十八次)：一次为象征性用法，指保罗“从狮子口里被救出来”(提后四 17)；两次为一物代他物的用法，“口”代表“口供”(林后十三 1，思高)，“一口”(罗十五 6)意即“同声”(现中)；九次指说话的器官(罗三 14、19，十 8、9、10；林后六 11；弗四 29，六 19；西三 8)；本节则纯指主耶稣的“嘴”。“气”字原文与本章第二节的“灵”字相同(详参“帖前释”461－463)，但在这里的意思显然是口中吹出来的气(参现中)，如在七十士译本以赛亚书十一章四节和诗篇三十二篇(马索拉抄本卅三篇)六节一样。神的“嘘气”(伯四 9，思高)、“鼻孔……喷气”(出十五 8，思高)和“口中的气”(诗卅三 6)都是大有能力的；照样，主耶稣“口中的气”是一件锋利的武器(参启一 16，二 16，十九 15)，能置其敌人于死地。有释经者认为，“口中的气”指主耶稣口中出来的一句话，如在保罗所引用的以赛亚书十一章四节一样；[261]但该节“唇边的气息”可用同义平行语“口中的话”来解释，保罗在本节却没有沿用“他口中的话”(参何六 5)而采用了“他口中的气”一词，因此后者不宜解作前者，而应按其本身的字义去了解。

译为“废掉”或“消灭”(思高、新译、现中)的原文动词[262]在新约共出现二十七次(只有两次是在保罗书信之外)，可分为三个主要意思，(一)与人或物脱离关系——寻求靠律法称义的人“是与基督断绝了关系”(加五 4，思高)；信徒是“脱离了律法”(罗七 6)，就如丧夫的妇人是“脱离了丈夫的律法”(罗七 2)一样。(二)使一样东西失其效能——一棵不结果的树是在“荒废”地土(路十三 7，思

---

[260] *stoma*. Cf. BAGD 769－770 (s.v.).

[261] Calvin 405; Whiteley 102.

[262] *katargeō*. Cf. BAGD 417 (s.v.).

高)；犹太人的不信并不使神的信实“失效”(罗三 3，思高)；基督徒并不是因信而使律法“失去效力”(罗王 31，现中)；他们的旧人已经与基督同钉十字架，为要使罪身“丧失机能”(罗六 6，新译)；若属律法者才是继承人，神的应许就“失了效力”(罗四 14，思高)，但后来的律法不能把先前立定的约废掉，以致使应许“失效”(加三 17，思高)。(三) 废止、除灭、弃置——被动语态十次，分别指：今世的有权势者“将要消灭”(林前二 6，思高)；预言终必“过去”，知识终必“消失”(林前十三 8，新译)；那完全的来到，部分的就要“过去”了(林前十三 10，新译)；摩西脸上的光辉是“逐渐消失”的(林后三 7，现中)，他把帕子蒙在脸上，为要使以色列人看不见那“渐渐消逝”的光辉的结局(林后三 13，现中，参新译)；以色列人读旧约时仍然存在的帕子，只有在基督里才能“除去”(林后三 14，思高)；“那〔将要〕废掉的”整个旧约制度原是有荣光的(林后三 11，参现中)；保罗说他若仍旧传割礼，十字架所构成的绊脚石便“没有”了(加五 11，参新译)；死是最后被“毁灭”的仇敌(林前十五 26)。主动语态八次，分别指：保罗既成了人，就把孩子的事“丢弃”了(林前十三 11)；神拣选了世上卑贱的、被人轻视的，以及算不得什么的，为要“废弃”那被认为重要的(林前一 28，新译)；肚腹和食物，两样都是神要“废弃”的(林前六 13，思高)；基督“废除了”由规条命令所组成的律法(弗二 15，思高)；他亲自成了血肉之体，为要藉着死“毁灭”掌死权的魔鬼(来二 14，思高)；他“毁灭了”死亡，并藉着福音把不朽的生命彰显出来(提后一 10，思高、现中)；他既将一切执政的、掌权的、有能的都“毁灭”了，就把国交与父神(林前十五 24)；他再来时要“以所显现的光辉消灭”不法者(帖后本节，现中)。

“(他)降临的荣光”原文直译是“〔他〕来临的显现”(思高)；“降临”一词回应了第一节同一个字，“显现”的原文(名词)[263]在新约另外只出现五次，全部在教牧书信中，一次指基督的首次降临(提后一 10)，四次

---

[263] *epiphaneia*. Cf. BAGD 304 (s.v.).

指他荣耀的再来(提前六 14;提后四 1、8;多二 13),像在本节一样。“显现”与“降临”至终是同义的;前者是指神祇公开露面的希腊专门名词,后者是指基督再临的基督教专门名词。[264] 有释经者认为“来临的显现”应视为一种“重言法”,[265]或认为“显现”的意思可能是“黎明”——基督再临之光辉的黎明将要把不法者消灭(比较一 7 的“火焰”);[266]但将此语解为基督“再来所显现的光辉”(新译)较符合“显现”一词其他五次的意思,亦与此词的特别重点(公开的彰显)相符。

有释经者认为保罗的意思并不是不法者真的会被杀,而是指邪恶与欺诈在真理面前显露时会有什么事发生。[267] 但这种解释殊不自然,也是绝不需要的。保罗用的是启示文学性的图象,这图象的旧约先例就是弥赛亚(参赛十一 4)及耶和华为战士的图画(参赛四十二 13、25,五十九 15b～19,六十三 1～6,六十六 15～16);保罗沿用了这种图象,并且把基督的再来和显现跟不法者的结局直接地连起来,藉此表明基督即时和绝对的胜利:他用不着与不法者格斗,更毋需跟他展开长时间的力战,他“口中的气”并他“再来所显现的光辉”便足以把他“杀死”和“消灭”。[268] 保罗的描写完全不含任何渲染或细节,因他的目的不是要满足读者的好奇心,而是要强调基督至高无上的主权,他在描写不法者的活动(9～12 节)之前,先指出基督的胜利,为要使读者得到安慰与鼓励。

二 9 “这不法的人来,是照撒但的运动” “这不法的人来”原文直译是“他的来临”;[269]保罗不但故意采用了“来到”(新译)一词,而且按

---

[264] Frame 266; cf. Lighfoot 116. 关于二字在重点上的分别,参一 7 注释。“降临”、“显现”(一 7:*apokalypsis*)、“显现”(二 8:*epiphaneia*)这些字眼在新约都是用来指基督同一次的再来,这种用法并不支持主的再来可分为向教会显现及向世人显现这种看法(correctly, Strong, ‘Second Coming’ 157 - 160).

[265] ‘Hendiadys’ (B. Gärtner, NIDNTT III 319).

[266] Bruce 172.

[267] Grayston 104.

[268] Vos, *Eschatology* 127.

[269] *hou* ... *hē parousis*. 虽然最接近关系代名词 *hou* 的名词是“主耶稣”,但文意清楚显示,*hou*(对应着 8 节的 *hon*)的前述词是“不法者”。Holland 115 - 116 认为作者故意制造这种文法上的混乱情况,为要强调不法者是模仿基督的、像魔鬼一样的人。

原文的次序，“他的来到”紧随上一节“他〔主耶稣〕的来临”一语，更加衬托出一件事实，即不法者的来临乃是基督的再来的拙劣模仿。本节继续第四节开始的对不法者的描述：该节着眼于不法者与神的领域的关系，本节和下一节则着重描写他邪恶的活动。关于不法者的来临，保罗提出三点。

（一）他的来临“是照撒但的运动”，即是“照着撒但的行动”（新译）；换言之，不法者的来临将会是[270]撒但（参“帖前释”213 - 215）在他身上运行的结果。“运动”或“行动”的原文是个名词，与第七节译为“发动”及前书二章十三节译为“运行”的原文动词同一字根。[271] 此名词在新约共用了八次，全部都在保罗的书信里，除了在本节和第十一节外，其余六次都有好的意思，分别指神的“功用”（西二 12），即是他“所运行的动力”（新译）、神的能力的“运行”（弗三 7）、此能力在基督身上的“运行”（弗一 19）或在保罗里面的“运用”（西一 29）、基督的能力的“运用”（腓三 21，新译、现中），以及基督的身体上（即教会里）各肢体所发挥的“功用”（弗四 16，参现中）；[272]在本节则有不好的意思，像第七节那个动词一样。此名词跟“能力”（一 7、11）一词的分别，在于该词指潜在的能力，此词则指能力的运用（也可说是运用出来的能力，参冯：“腓立比书”413 的说明）；这点分别在“〔神〕能力的运用”一语里面（弗三 7，现中）[273]尤其明显。

“行各样的异能、神迹和一切虚假的奇事” （二）这是保罗提出关于不法者的来临的第二点。本句原文以介系词“在”字[274]开始；有释经者把它解为指出不法者的来临要在其中显明出来的那个范畴（意即不法者藉着神迹奇事表明他已来到），较好的看法是把介系词解为

---

[270] *estin* = prophetic present （Lightfoot 116； Frame 268）； cf. *erchetai*（帖前五 2），*apokalyptetai*（林前三 13）。

[271] *energeia* （cognate with *energeō*）. Cf. BAGD 265 （s. v.）.

[272] 在上述六次中，除了西二 12 之外，原文皆用 *kata* （*tēn*） *energeian* 这一词组，如在帖后本节一样。

[273] *tēn energeian tēs dynameōs autou*； cf. *tēn energeian tou kratous tēs ischyos autos*（弗一 19）。

[274] *en*.

“由……陪同着”[275](参思高:“具有……”)。译为“异能”的原文是单数的“能力”一字,[276]但此字在新约指“异能”或“行异能”的恩赐时,原文总是复数的(只有两次例外;详参“帖前释”77、78),因此在本节较可能是“能力”之意;罗马书十五章十九节“神迹奇事的能力”一语可说支持这个解释,因为该处的“能力”是单数的,“神迹”及“奇事”则为复数,此点跟本节的情形一样。[277] 该节亦提到“圣灵的能力”(参帖前一 5),与本节由撒但赋予不法者的能力构成强烈的对比。原文的意思既是“能力”而非“异能”,“各样的异能”(新译同)亦宜改译为“一切能力”[278]或“各种能力”(参思高:“各种德能”)。不法者会用此能力来行出许多“神迹”和“奇事”。

“神迹”的原文[279]在保罗书信出现八次(新约共七十七次),主要分为“神迹”(罗十五 19;林前一 22;帖后本节)和“记号”(罗四 11;林前十四 22〔新译〕;帖后三 17)两个意思,这两个意思在哥林多后书十二章十二节同时出现:保罗所行的“神迹”、奇事、异能(和合)就是他作使徒的“记号”(思高)。“奇事”的原文[280]在新约共用了十六次(保罗书信三次),从来没有单独出现,而总是以复数格式与复数的“神迹”及/或“异能”(见注 276)连着使用,分为下列四种次序:“神迹、奇事”(太廿四 24;可十三 22;约四 48;徒四 30,五 12,十四 3,十五 12;罗十五 19;帖后本节);“奇事、神迹”(徒二 19、43,六 8,七 36);[281]“神迹、奇事、异能”(林后十二 12;来二 4);“异能、奇事、神迹”(徒二 22)。

---

[275] 依次见 Milligan 104*a*; Hendriksen 184. 当圣的意译——“这不法之徒是仗着撒但的能力,和各样的法术异能,行很多似是而非的奇迹”——漏掉本节真正的主词(不法者的“来临”),并使整句的结构和意思跟保罗的原句有颇大的差异。

[276] *dynamis* (plural *dynameis*). Cf. BAGD 207 - 208 (s. v.).

[277] Cf. Best 305; Marshall 201 - 202.

[278] *en pasēi dynamei* = ‘with all power’ (RSV).

[279] *sēmeion* (plural *sēmeia*). Cf. BAGD 747 - 748 (s. v.).

[280] *teras* (plural *terata*). Cf. BAGD 812 (s. v.).

[281] K. H. Rengstorf (*TDNT* VIII 125, *TDNTA* 1172)对使徒行传同时使用上述两种次序的现象有所解释,并认为二者在重点上亦有分别;但笔者觉得他所作的区分不容易看出来。

"神迹""奇事""异能"所指的其实都是通常称为神迹的那些事情，但三个词各自有其重点："神迹"一词指出，神迹是一种"征兆"（林后十二12，思高），其主要目的是指向人本身以外的一些东西，即是那行神迹者的身份及能力，或是他与一更高的灵界之间的密切关系（此词在约翰福音还有多一层的意义）；"奇事"指出神迹的奇特性质，它使人惊奇、诧异，难以忘记；"异能"则指出神迹是神的大能的彰显，此词的用意是要指向那些属天的"来世的能力"（来六5，现中），这些能力已进到现今的世界之中。三个词之中，最具伦理道德意义的是"神迹/征兆"，"奇事"则完全没有这种意义，难怪这个可能使人误以为基督教的神迹跟异教的"奇事"无异的字眼，在新约中从来没有单独使用，而总是跟另一个或一些蕴含着对神迹有更高思想的字眼连着出现。[282]

"一切虚假的奇事"这句话里面，"一切"表示和合本的译者认为，在原文只出现一次、已译为"各样"的那个字是同时形容"异能、神迹，和……奇事"三个名词的。[283] 但上文已经解释，该形容词可能只是形容"能力"一词。"虚假的奇事"、"荒诞的事"（新译）、"显假的预兆"（现中），以及"似是而非的奇迹"（当圣）等译法，都是把有关的原文名词[284]看为只形容"奇事"一字，亦有释经者认为它是形容"能力、神迹和奇事"三个名词的；[285]不过，对原文结构（"一切/各种能力"是单数，"神迹和奇事"为复数）最自然的解释，是"虚假的"一词同时形容"神迹"和"奇事"二者，如思高圣经的译法（"欺骗人的奇迹异事"）所反映的。[286]

原文那个名词（注284末字）在新约另外出现九次（三次在保罗书信里），意思都是"谎言"或"虚假"：魔鬼是按本性撒谎的（约八44）；撒谎者不得进圣城新耶路撒冷（思高：启廿一27，廿二15）；从地上买来的那十四万四千人，在他们口中找不到谎言（启十四5）；信徒应除掉谎言（弗四25）；他们从主所领受的膏抹是真的，不是

---

[282] Cf. Trench 339 - 344(§ 91).

[283] So also Ellicott 116*a*; Lightfoot 116; Milligan 104a.

[284] *pseudous* (from *pseudos*). Cf. BAGD 892 (s.v.).

[285] Marshall 202；同上注283。

[286] Cf. RSV; Moore 104; Bruce 173.

假的(原文作“不是谎言”:约壹二 27);没有谎言是出于真理的(约壹二 21,参新译、思高);人类根本的罪恶,就是“他们用虚谎取代了〔关于〕上帝的真理”(罗一 25,新译);“信从虚谎”(与“不信真理”同义)的人是沉沦的人(帖后二 11)。

不法者所行的神迹奇事被描写为“虚假的”,释经者对此有不同的解释:有认为那些神迹奇事是来自虚假,即是由虚假产生,[287]或认为那些神迹奇事的趋向和结果就是虚假;[288]亦有认为“虚假”表达那些神迹奇事的方向和目的,或是表达其来源和目的,或其来源、性质及意图。[289]也许最好的做法,是把“虚假”看为主要表达那些神迹奇事的性质,但同时意味着那些神迹奇事的目标和果效:这些神迹陪伴着不法者虚谎的宣传,并使人相信他自称为神(4 节)及与此有关的谎言(参 11 节)。[290]当然,就事实而论,这些神迹奇事确是来自虚假的,因它们至终是从撒但——它是“谎言之父”(约八 44,原文直译;参现中:“一切虚伪的根源”)——的运行而来的(因此“神迹”一词内的“神”字用于不法者的作为上,其实是不适当的)。值得特别留意的是“虚假”的原文在这里完全没有“似是而非”(当圣)或“不是真的”之类的含意;不法者所行的神迹奇事确是超自然的事件,只是其来源、性质和目的与新约较常提及的另一类的神迹奇事截然不同,并且完全相反。事实上,不法者的神迹奇事乃是主耶稣所行过的“异能、奇事、神迹”(徒二 22;参约四 48)的拙劣模仿,就如他的来临是主的降临的拙劣模仿一样。

不法者的来临既是由神迹奇事陪同着的,这就表示这些神迹奇事是在他出现之时及其后发生,而不是在他出现之前便已发生的;这就是说,在他的来临和他的毁灭之间,亦即是在他的来临与主的降临之间,有一段时间(保罗没有表示其长度),不法者在其间施行这些神迹奇事

---

[287] E.g., Frame 269; Hendriksen 184. *pseudous* = genitive of origin.

[288] Ellicott 116*a* (genitive of 'the point of view').

[289] 依次见:Whiteley 102–103; Best 306; Marshall 202(作者仍称 *pseudous* 为'genitive of origin').

[290] Cf. Milligan 104*a* ('genitive of quality'); Vos, *Eschatology* 113.

来欺骗那“沉沦的人”(10 节)。[291]

二 10 “并且在那沉沦的人身上行各样出于不义的诡诈” (三)这是保罗提出关于不法者的来临的第三点。本句原文以介系词“在”字(见注 274)开始,像上一句(9b)一样;两个介系词是平行和同义的,整个意思即是:不法者的来到,是(1)照着撒但的运行,(2)由一切的/各种能力及虚假的神迹奇事陪同着,并且(3)由“各样出于不义的诡诈”陪同着。

“诡诈”的原文[292]是与第三节译为“诱惑”的复合动词同字根的名词。此词在新约另外出现六次,分别指:“财富的迷惑”使道种挤住而不能结实(思高、新译:太十三 22;可四 19);“罪恶的诱惑”能使人心刚硬(来三 13,思高、新译);旧人因“迷惑人的私欲”渐渐变坏(弗四 22,新译);信徒要提防被人以“虚空的妄言”,即是“骗人的空谈”(新译)把他们掳去(西二 8);假师傅“以自己的诡诈为快乐”(彼后二 13)或是“纵情于淫乐”(思高)——从“诡诈”过渡至“有罪的享乐”是容易的。此词在本节的意思也是“欺诈”(新译),亦可更具体地意译为“诡计”(现中、当圣)或“骗术”(思高)。

“不义”的原文[293]在新约共用了二十五次(保罗书信占十二次)。一次的意思是“不公道的地方”/“委屈”(林后十二 13,现中/思高、新译),另一次指一切“不义的事/行为”都是罪(约壹五 17,和合/现中);其余的二十三次,此词的意思都是“不义”“邪恶”或“不公”。神是绝不会“不公平”的(罗九 14);彼得看出行邪术的西门是在“邪恶”的束缚中(徒八 23,思高);“不义”与“不〔虔〕敬”(罗一 18a,思高)及“邪恶、贪婪、恶毒”(罗一 29)连着出现,并与“罪恶”(来八 12,新译)或“罪过”(约壹一 9,思高)同义;“凡称呼主名的人总要离开不义”(提后二 19);“我们的不义”跟“上帝的公义”(即是神的信实)相对(罗三 5,现中)。“不义”与“真诚”相对(约七

---

[291] Best 305 - 306.

[292] *apatē*. Cf. BAGD 82 (s.v.).

[293] *adikia*. Cf. BAGD 17 - 18 (s.v.).

18,新译),与“义”相对(罗六 13),又与“真理”相对:爱“不以不义为乐,却与真理同乐”(林前十三 6,思高),人却“以不义压制真理”(罗一 18b,新译);神要以忿怒、恼恨报应“不顺从真理,反顺从不义”的人(罗二 8),一切“不信真理,倒喜爱不义的人”都要被定罪(帖后二 12);主要叫一切“作恶的人”离开他(路十三 27)。在下列词语中,名词“不义”有形容词的功用:“不义的管家”(路十六 8)、“不义的钱财”(路十六 9),即是“现世的金钱”(现中)、“不义的判官”(路十八 6,思高)、“不义的酬劳”(徒一 18,新译)、“不义的酬报”(彼后二 15,思高)、“不义的报应”(彼后二 13,思高)、[294]“不义的世界”(雅三 6,思高、新译)、“不义的欺诈”(帖后本节,新译)。

“各样出于不义的欺诈”这译法把原文词组——直译是“各样不义的诡诈”(新译)——的两个名词之间的逻辑关系正确地表达出来:“不法者所行的各种“诡计”(现中、当圣)或“骗术”(思高),都是以“不义”或“邪恶”为源头的,是由不义或邪恶挑动而起的;[295]在这邪恶的背后就是名为“那恶者”(帖后三 3),即是撒但的运行。[296] 不法者的各样诡计是施行“在那沉沦的人身上”,原文结构的意思是“对那些将要灭亡的人”[297]使用各种诡计(现中),亦唯有对这等人,不法者的诡计才能发生功效。

“沉沦”的原文[298]是与第三节的“沉沦”(名词)同字根的动词,此词在保罗书信一共出现十二次(新约全部九十次),主要分为三种用法:(1)主动语态两次,分别指信徒不可因食物“败坏”软弱的弟兄(罗十四 15),即是使他“灭亡”(新译),以及神要“摧毁”智慧

---

[294] 以上三词在原文是同一个词组:*misthos* (*tēs*) *adikias*.

[295] *adikias* = genitive of source/origin: so, e. g., Frame 270; Moore 105; Best 307. Whiteley 103 则认为亦包括“导致不义”之意。

[296] BAGD 18 (s. v. *adikia* 2)将“不义的欺诈”解为“那恶者所能想出来的各种骗术”,也许就是基于此理。但“不义”不能直接解为“那恶者”,除非这是“以抽象代具体”的一个例子(abstractum pro concreto,参冯:“真理”208 注 65)。

[297] *tois apollymenois*(如在林前一 18),不是 *en tois apollymenis*(如在林后二 15,四 3)。Here dative of disadvantage (Marshall 202).

[298] *apollymi*. Cf. BAGD 95 (s. v.).

人的智慧(林前一 19,思高)。(2)被动语态两次,指以色列人在旷野因试探主而被蛇"歼灭",因发怨言而被灭命者"消灭"(思高:林前十 9、10)。(3)中间语态八次,四次分别指在律法之外犯罪者亦必在律法之外"灭亡"(罗二 12,参思高);信徒要小心,免得软弱的弟兄因他的"知识"而"灭亡"(林前八 11,新译、现中);基督若没有复活,在基督里睡了的人也就"灭亡"了(林前十五 18);"打倒了,却不至死亡"是保罗和同工常有的经历(林后四 9);另四次用在与"得救的人"相对的"(那)灭亡的人"(林前一 18;林后二 15,四 3)或"那沉沦的人"(帖后本节)一语中(参注 297)。

"沉沦的人"原文用的是现在时态的分词(见注 297),关于这时态有四种解释:(1)这是一种笼统性分词,与冠词连用来表达某一类人,若改用所谓"无时间性"的过去不定时时态的分词,亦是同样的意思——"那些沉沦/丧亡的人"(新译/思高)这译法,似乎反映此种解释。(2)分词的现在时态是指在作者思想中的那个时候(即是不法者出现后),那些人是"正在〔走向〕灭亡"的——"那些将要灭亡/沉沦的人"(现中/当圣)这译法,也许反映或是近乎这种解释。(3)现在时态表示,这一类人(看为整体)的灭亡是个现今已经开始的过程。(4)现在时态主要指在那日"正在走向灭亡"的人,但同时暗指现今(参 7 节,"不法的隐意")已有这样的一类人(参林前一 18〔新译、现中〕;林后二 15〔原文〕,四 3〔现中〕),前者(在那日"正步向灭亡的人")是后者(现今"正步向灭亡的人")的延续和发展。[299] 第二个解释最符合文理;不过,鉴于"沉沦的人"一词另外那三次的用法,第四个解释所附加的意思是可接受的。

虽然原文分词的现在时态指出"灭亡"此行动的持续性质,"灭亡"或"沉沦"此动词本身(即是不管用什么时态)却有一种"完成式"的意思:在"一个垂死的人"这词语中,"垂死"(希腊文或英文都可用分词表达)并不绝对地排除那人复原的可能性,但的确意味着死是那人可见的结局;照样,本节的"灭亡的人"就是**在作者的概念上**已达到灭亡状况的

---

[299] 此四解释依次见:Frame 270;Hendriksen 185;Moore 105;Ellicott 116-117.

人,他们若要脱离此状况所隐含的灭亡,就非经历完全的改变不可。[300]

"那些将要灭亡的人"大抵即是在那"背叛之事"(3 节,思高)上有份的人。他们之所以要灭亡,是有一定的原因的。

"因他们不领受爱真理的心,使他们得救" "因"字原文直译的意思是"为了某事而得的结果";[301]此词在新约另外只出现四次(路一 20,十二 3,十九 44;徒十二 23〔见思高〕),"为这个缘故"(弗五 31)在原文是类似的结构。[302] 这就清楚地表明,不法者各种不义的诡诈之所以能对那些沉沦的人发生功效,是由于他们不领受真理。"领受"(新译同)或"接受"(思高、现中、当圣)的原文已在前书出现两次(一 6,二 13;详参"帖前释"181),该两次的直接受词是神的道或福音,在此则为"爱真理的心"。

> "真理"一词的原文[303]在保罗书信一共出现四十七次(新约全部一〇九次),主要分为三个意思。(一)"真情、真相",与"表面"相对——神是"照真情判断"(罗二 2,思高),因此他的审判是"没有错"的(现中);信徒要穿上的新人是"在公义和真实的圣洁里"创造的/"具有真实的正义和圣善"(弗四 24,新译/思高);歌罗西的信徒"真正"认识了神的恩典(西一 6,现中)。(二)"真诚、可靠、正直"——用在神的身上,此词指神的"真实",与人的"虚谎"相对(罗三 7),基督作了犹太人的仆人,为要显明"上帝的信实"(罗十五 8);用在人的身上,此词指:在属灵的争战中,信徒应以"真诚"为腰带(弗六 14),[304]"纯洁和真诚",与"奸诈和邪恶"相对(林前五 8,思高),"诚心"与"假意"相对(腓一 18,思高),"诚实"与良善、公义同为光明所结的果实(弗五 9),保罗一向对哥林多人说"实在"话(林后七 14a,现中)。(三)"真理",与"虚谎"相对——(1)在一般的意义上,此词是指:说"实话"(罗九 1〔思高、新译〕;林后十二 6;弗四

---

[300] MHT 1.114 - 115; cf. Milligan 104*b*.

[301] *anth'hōn* = 'in return for which', 'because' (BDF 208.1; F. Büchsel, *TDNT* I 372).

[302] *anti* + genitive (*toutou*).

[303] *alētheia*. Cf. BAGD 35 - 36 (s.v.).

[304] Cf. Bruce, *Colossians* 408; Mitton, *Ephesians* 225.

25;提前二 7a〔思高〕);犹太人自以为在律法上得了"整套的知识和真理"(罗二 20,新译);爱"不以不义为乐,却与真理同乐"(林前十三 6,思高);保罗和同工"不能作什么事违背真理,只能维护真理"(林后十三 8,新译);他们在提多面前夸奖哥林多人的话"成了真的"(直译可作"成为真实",林后七 14b)。(2)此词特指构成基督教内涵的那绝对的真理:"真理是在耶稣里的"(弗四 21,新译);福音称为"真理的道"(林后六 7〔新译〕;弗一 13;西一 5;提后二 15);"福音的真理"应是决定行为的方向路线(加二 5、14);保罗有"基督的真理"在他里面(林后十一 10,思高、新译、现中),他奉派"在信仰和真理上"作外邦人的教师(提前二 7b,思高、新译),他和同工藉着"将真理表明出来"把自己荐与各种人的良心(林后四 2);教会是"真理的柱石和根基"(提前三 15);外邦人的罪行包括"以不义压制真理"(罗一 18,新译),以及"用虚谎取代了〔关于〕上帝的真理"(罗一 25,新译);"不顺从真理"(罗二 8)、"丧失真理"(提前六 5,思高、新译、现中)、"偏离/离弃真道"(提后二 18/多一 14)、"敌挡真道"(提后三 8)、"转耳不听真理"(提后四 4,新译)都是对真理负面的态度和行动,正确的响应是"认识真理"(提前二 4〔思高、新译、现中〕,四 3〔思高、新译〕;提后二 25〔思高、新译、现中〕,三 7〔现中〕;多一 1〔思高、现中〕)、"信/信从真理"(帖后二 12/13〔思高〕)、"服从真理"(加五 7,现中)、[305]"爱真理"(帖后本节)。

"爱"字在原文是个名词[306]("爱真理"="对真理的爱慕"),此词在保罗书信共用了七十五次(包括帖前、帖后八次〔参"帖前释"65〕,新约全部一百一十六次),主要分为两种用法:

(一)指神或基督的爱。(1)神的爱已藉圣灵"倾注在我们心中"(罗五 5,思高);基督在我们还是罪人时为我们死了,这就"证明"了神的爱(罗五 8,思高);神的爱是"在我们的主基督耶稣里

---

[305] 本节的"不顺从"在原文是两个字,即是"不"加"顺从"(*mē peithesthai*),罗二 8 的"不顺从"在原文是一个字(*apeithousi*).

[306] *agapē*. Cf. BAGD 5-6(s.v.).

的”(罗八 39);神预定信徒得儿子的名份,是“由于爱”(弗一 4,思高)——但原文的介词词组可能应连于上文而得另一个意思:神拣选的目的是要信徒以“由爱陪同着”的圣洁无瑕为标志;[307]他使我们与基督一同活过来,是“因着他爱我们的大爱”(弗二 4,新译);神称为“仁爱和平的神”(林后十三 11);[308]保罗为读者祝福和祈求:“神的慈爱”常与他们同在(林后十三 13),他们“在爱中扎根建基”(弗三 17,新译),[309]他们有“上帝的爱和基督的坚忍”(帖后三 5,新译)。基督是神的“爱子”——直译是“‘他的爱’的儿子”(西一 13)。(2)无人能使信徒与基督的爱隔绝(罗八 35);基督的爱是“超过人所能理解的”(弗三 19,新译);基督的爱“支配着”保罗和同工(林后五 14,现中);信徒共有的一项属灵经历是“爱心的安慰”(腓二 1,新译)——基督对信徒的爱所带来的安慰和鼓励(详参冯:“腓立比书”190)。

(二) 指人的爱。除了少数的例外(见下面第〔10〕点),经文没有明说爱的对象是谁(答案要从文理看出来)。(1)爱是圣灵所结的果子(加五 22),因此称为“圣灵的爱”(罗十五 30,参现中:“圣灵所赐的爱心”)及“在圣灵里的爱心”(西一 8,新译;参思高、现中);保罗给提摩太的“训令的目的就是爱”(提前一 5,思高)。(2)爱是“恒久忍耐”“有恩慈”“不自夸”“永存不息”的(林前十三 4a、b、c、8〔新译〕),爱心能造就人(林前八 1);“爱不加害于人”,故此“爱就是〔律法〕的满全”(思高:罗十三 10a、b);“爱、不可虚伪”(罗十二 9,新译),爱是可以增长的(腓一 9)。[310] (3)保罗劝勉读者,要有“同样的爱心”(腓二 2,新译、现中),要“追求”爱(林前十四 1;提前六 11;提后二 22),要“存着爱心”(西三 14,原文直译是“穿上爱心”);“我若没有爱”,其他一切都是徒然的(思高:林前十三 1、2、3)。[311] (4)在为耶路撒冷教会捐献一事上,保罗要藉马其顿人的热心来考

---

[307] Cf. Brucce, *Colossians* 256.

[308] 参冯:“腓立比书”456－457 对此词的解释。

[309] 本节的“爱”指神在基督里、藉圣灵倾注在信徒心中的爱(cf. Bruce, *Colossians* 327).

[310] 以上十次,“爱”字在原文皆为主格,且有冠词:*hē agapē*.

[311] 以上八次,“爱”字在原文皆为直接受格:(*tēn*) *agapēn*.

验哥林多人的爱心是否真实，并要他们证明他们的爱心（林后八8、24，参新译）。[312] (5)信心是“藉着爱表达出来的”（加五6，新译）；信徒应当“用爱心互相服事”（加五13，参思高、现中）；保罗“因着爱”为阿尼西母求（而不是吩咐）腓利门（门9，思高），他因腓利门的爱心而大有喜乐和安慰（门7，参新译）；有些人传福音是“出于〔对保罗的〕爱心”（腓一16，参冯：“腓立比书”123）；一个信徒若为了食物使弟兄忧愁，就不是“凭着爱心行事”了（罗十四15，新译）。[313] (6)信徒应当“凭着爱心行事”（弗五2，新译），所作的一切，都要“凭着爱心去做”（林前十六14，现中），要“在爱德中持守真理”（弗四15，思高，参新译）或（将介词词组连于下文而得）“存着爱心在一切事上向着教会之首长进”（参冯：“恩赐”104），要“用爱心格外尊重”教会的领袖（帖前五13），要“以爱心互相宽容”（弗四2，现中），“在爱中彼此联系”（西二2，新译）；教会是“在爱中建立自己”（弗四16）；保罗和同工“藉着……真诚的爱心”来表明他们是神的仆人（林后六6，现中，参思高）；他宁愿“带着爱心”而不是“带着刑杖”到哥林多人那里去（林前四21，新译）。[314] (7)“爱心”与“信心”及“盼望”构成一种“三组合”：“现在常存的有信、望、爱这三样，其中最大的是爱”（林前十三13a、b，新译）；保罗在祷告中记念帖城信徒“信心的工作，爱心的劳苦和因盼望……而有的坚忍”（帖前一3，新译；参西一4～5）；信徒应当“披上信和爱的胸甲，戴上救恩的盼望作头盔”（帖前五8，新译）。(8)“爱心”亦有数次与“信心”以成双的形式出现：提摩太将帖城信徒“信心和爱心的好消息”带回来给保罗（帖前三6）；主丰盛的恩典使保罗“在基督耶稣里有信心和爱心”（提前一14）；提摩太要以“在基督耶稣里的信心和爱心”坚守从保罗听过的健全道理作为规范（提后一13，参新译，现中）。(9)“爱心”多次与“信心”及其他同等的项目在同一系列中出

---

[312] 以上两次，“爱”字在原文为所有格：*tēs agapēs*.

[313] 以上六次，“爱”字的原文都是用在一些介词词组中，后者依次为：*di' agapēs*, *dia tēs agapēs*, *dia tēn agapēn*, *epi tēi agapēi*, *ex agapēs*, *kata agapēn*.

[314] 以上九次，原文所用的介词词组都是 *en agapēi*.

现：保罗愿"平安、仁爱、信心，从父神和主耶稣基督"临到众弟兄(弗六 23，参新译)；女人若常存"信心、爱心、圣洁自律"，就必在她生育的事上得救(提前二 15，新译)；神所赐的，是"有能力、仁爱、自律的灵"，不是"胆怯的灵"(提后一 7，新译)；提摩太已"追随了〔保罗〕的教训、……度日的态度、志向、信心、坚忍、爱心、容忍"(提后三 10，思高)；提摩太应当在"言语、行为、爱心、信心和纯洁"各方面，都作信徒的榜样(提前四 12，新译、现中；参六 11；提后二 22)；老年人要"在信心、爱心、忍耐上"都健全(多二 2，新译)。(10) 明明提及"爱"的对象的只有十次，分别指：保罗对读者的爱(林前十六 24〔参思高、现中〕；林后二 4〔参思高〕)、哥林多人对那犯罪的教会成员的爱(林后二 8)、读者对保罗和同工的爱(林后八 7，参现中)、读者对众圣徒的爱(弗一 15〔参新译〕；西一 4；门 5〔参现中〕)、读者"彼此相爱的心"(帖后一 3)、他们"彼此相爱……并爱众人的心"(帖前三 12)，以及任何人"爱真理的心"(帖后本节；以不具人格之物为爱的对象的，仅此一次)。[315]

"真理"在这里是指福音真理，即是表明于福音中的真理；[316]但保罗不说"他们不领受真理"，而说"他们不领受爱真理的心"(后者显然比前者较强)，"爱真理的心"一词的原文[317]在整本希腊文圣经里是绝无仅有的。若照字面解释，这话的含意可能是神已差遣他的能力(基督或圣灵)要在他们里面造一个"爱慕真理之心"(思高)，可是他们拒绝了这位天上来的访客，或是他们不但在听见福音真理时拒而不纳，而且压抑圣灵对他们内心的催逼。[318] 不过，保罗用"〔对〕真理的爱慕"(原文直译)这讲法可能是为要与"不义的诡诈"构成互相平衡的对比，[319]"他们不领

---

[315] 关于"爱"字的字词研究，亦参冯："真理"340－344；Fung, *Galatians* 263－264.

[316] Cf. R. Bultmann, *TDNT* I 244; A.C. Thiselton, *NIDNTT* III 886. Holland 118 则认为是指那能保证信徒免受敌基督欺骗的真理。但这么一来，"得救"(与"沉沦"相对)要解为"免受欺骗"之意，并不合理。

[317] *tēn agapēn tēs alētheias*.

[318] 依次见：Frame 270－271 (cf. Marshall 203)；Neil 175.

[319] Best 308. 作者指出四个名词在原本皆以希腊字母 *a* 开始，构成头韵(alliteration)的现象。

受爱真理的心"其实即是"他们不接受、不喜爱……真理"(现中)之意;就是说,他们不但拒绝真理,而且他们对真理并无好感,亦无欲望要认识和拥有真理。[320]

"使他们得救"是人接受真理的目的(参思高:"为获得拯救"),也是保罗传福音的目的(帖前二 16;林前十 33);此点证实"真理"在此是指福音的真理。关于"得救"一词,详参"帖前释"195-196。

二 11 "故此,神就给他们一个生发错误的心,叫他们信从虚谎"

"故此"或"因此"(新译、现中、当圣)指出本节与上文有紧密的逻辑关系:那些将要灭亡的人既然拒绝真理,神就使他们迷恋错谬;这种逻辑次序亦清楚见于罗马书一章十八至三十二节(尤其留意 24、26、28 节:"因此……因此……就……"〔思高、新译〕)。换言之,他们既然故意选择邪恶,神就——引用罗马书的话——"任凭"他们继续在其中,这是神对他们"不领受真理"之罪的裁决。他们自己的选择在先,神"确使他们继续走在所选的道路上"在后,就如在摩西的时代,先是法老"硬了心,拒绝释放百姓"(出七 14,思高),并且不止一次这样作(出八 15、32,九 7〔思高、现中〕),然后才是"耶和华使法老的心刚硬,不听〔摩西和亚伦〕"(出九 12,参四 21〔留意小字〕)。这种明显的因果关系和先后次序,我们不论如何强调都是不会过分的;虽然保罗将人蒙恩得救的整个过程归功于神(13~14 节),但是就人"信从虚谎"以致"被定罪"(12 节)而论,保罗则把原先的责任直接放在人自己的肩头上。

"给"字的原文[321]直译是"差遣",此字在保罗书信一共出现十五次(新约全部七十九次),其中有十二次是以保罗为主词,他所"差遣"或"打发"的人包括提摩太(林前四 17;腓二 19、23;帖前三 2,参 5 节)、以巴弗提(腓二 25、28)、推基古(弗六 22;西四 8)、亚提马或推基古(多三 12)、哥林多人"所认可的人"(林前十六 3,思高),和"几位弟兄"(林后九 3);在这十二次中,有两次同时提及差派那(些)人的原因和目的(腓二 28;帖前三 5),另两次只提原因

---

[320] Lightfoot 117; Milligan 105*a*.

[321] *pempō*. Cf. BAGD 641-642 (s.v.).

(林前四 17;腓二 23),六次只提目的(林前十六 3;林后九 3;弗六 22;腓二 19;西四 8;帖前三 2)。[322] 余下的三次中,两次以神为主词,两次所差的是物而不是人;此三次分别指腓立比人把保罗"所需用的"送到他那里(腓四 16,新译;原文并无直接受词,不过后者可根据文理补充进去),神"差遣自己的儿子成为罪身的样式"(罗八 3,新译),以及神"给他们〔沉沦的人〕一个生发错误的心"(帖后本节)。

"给"字原文的现在时态有两种解释:若把它看为真正的现在时态,此句便是描写正在发生的事;有释经者认为保罗是在想到他在自己的传道生涯中所经历到的,他在这里的话跟他在罗马书十一章八节、二十五节所用的相似。[323] 但文理显示,保罗仍是在描写不法之人来到(9 节)之后的情形,因此原文动词较宜看为一种预告未来的现在时态,像第九节的"是"字一样,意即"(神)会给……";不过,这话同时表达了一个同样适用于现在的原则,即是无论何时人拒绝接受真理,神就给他们一个生发错误的心。[324]

译为"一个生发错误的心"的原文[325]是由两个名词组成,前一个即是在第九节译为"(撒但的)运动"那个字,后一个在前书二章三节也是译为"错误"(参"帖前释"125);此原文词组可直译为"错谬的运行/能力",意思就是,这运行"在他们身上/当中"(思高/新译)的能力是"产生错误"(现中)、导致、增加和推展谬误的。[326] 那些灭亡的人开始时是自动自发地拒绝了福音的真理,结果他们不但失去了分辨真理与错谬的能力(参当圣:"上帝就使他们是非不辨"),而且成为积极宣传错谬的

---

[322] 在上列的十次中,表达原因的原文字词是 *dia touto*(林前四 17;帖前三 5)及 *oun*(腓二 23、28),表达目的的原文结构是 *eis to auto*(弗六 22;西四 8),*eis to* with infinitive(帖前三 2、5),simple infinitive(林前十六 3,*apenenkein*),*hina*(腓二 19、28),*hina mē*(林后九 3)。

[323] 依次见:Ellicott 117b; Barrett, *Adam* 13.

[324] Cf. Roberston, *Pictures* 4.53 ('futuristic [proleptic] present'); Morris II 233 with n.39; Marshall 204.

[325] *energeian planēs*.

[326] Ellicott 118a; Frame 272. *planēs* = objective genitive.

人。[327] 神使用邪灵对人的引诱和陷害来施行刑罚这一观念早见于旧约(例如:比较撒下廿四 1/代上廿一 1;王上廿二 20～23/代下十八 19～22;结十四 9),本节所说的是类似(不是完全相同)的事。神让这种"错谬的能力"运行在那些沉沦的人身上,目的[328]是"叫他们信从虚谎"(参思高)。

"信从"原文[329]直译是"相信"(思高、新译),这词在保罗书信一共出现五十四次(新约全部二百四十一次),主要分为三种意思。

(一)"交托、托付"——神的圣言"托付"了犹太人(罗三 2,新译);他把"荣耀的福音"(提前一 11)以及"宣讲的使命"(多一 3,新译),即是传福音的"职责"(林前九 17,新译),尤其是"传福音给外邦人的任务"(加二 7,现中),托付了保罗;他也把福音交托给保罗的同工(西拉和提摩太,帖前二 4;参"帖前释"130 注 58)。

(二)在宗教意义上对神或基督的"信靠"——(1)明明地提及信的对象是神或基督的有十二次:因信称义的人是"不作工而只信那称不虔敬的人为义的上帝"(罗四 5,新译),即是"那使我们的主耶稣从死里复活的上帝"的(罗四 24,现中);[330]"已信神的人"(和合)应当"常常留心作善工"(多三 8,新译),基督"被世人信服"(提前三 16),保罗知道他"所信靠/信赖的是谁"(提后一 12,现中/思高);[331]"凡信他〔基督〕的人必不至于羞愧"(罗十 11,参九 33),"信他〔就〕得永生"(提前一 16);[332]"然而人未曾信他,怎能求他呢?未曾听见他,怎能信他呢?"(罗十 14a、b),连身为犹太人的保罗、彼得等人"也信了基督耶稣"(加二 16),信徒蒙恩"不但得以信服基

---

[327] Cf. Lightfoot 118; Neil 176.

[328] *eis to pisteusai* 在此表达目的而非结果(cf. Milligan 105; A. Oepke, *TDNT* II 431);亦参上面注 322。

[329] *pisteuō*. Cf. BAGD 660 - 662 (s. v.).

[330] 在这两次,原文所用的结构是 *pisteuein epi* + accusative.

[331] 以上三次,原文用 *pisteuein* + dative.

[332] 以上三次,原文用 *pisteuein epi* + dative.

督，并要为他受苦”(腓一 29)。[333] (2) 没有明说信的对象是神或基督的有十八次：福音是神的大能，“要救所有相信的”(罗一 16，新译)，基督已终止了摩西律法的功效(参现中)，“使所有信的人都得着义”(罗十 4，新译)，神的义是“毫无区别地临到所有信的人”(罗三 22，新译)，亚伯拉罕是“所有没受割礼而信之人的父”(罗四 11，新译)，神“乐意藉着所传的愚笨的道理，去拯救那些信的人”(林前一 21，新译)，说方言不是、说预言才是要给信的人作记号(林前十四 22a、b，参新译)，神的应许是赐给相信的人(加三 22，参现中)，神向信他的人显出非常浩大的能力(弗一 19)，帖撒罗尼迦的信徒成了马其顿和亚该亚“所有信徒”的榜样(帖前一 7，新译、现中)，保罗和同工对帖城的“信徒”显为圣洁、公义、无可指摘(帖前二 10，现中)，神的道在“信者身上”运行(帖前二 13，思高)，主在降临之日“要在所有信徒的身上受到景仰”(帖后一 10a，新译)；[334]“我们〔信徒〕的救恩，现今比我们当初信的时候更临近了”(罗十三 11，思高)，保罗为罗马信徒的祈愿，是愿神“因着你们的信，把一切喜乐平安充满你们”(罗十五 13，新译)，保罗和亚波罗不过是神的仆人，“引导(哥林多人)相信”(林前三 5)，他们“若不是徒然相信”，就必因福音得救(林前十五 2)，“信”与“受……圣灵为印记”是同时发生、一体的两面(弗一 13)。[335]

(三)“相信”——(1)动词单独使用(即无宾词，不过相信的对象或内容可从文理看出来)：“人心里相信，就可以称义”(罗十 10)，保罗“有几分相信〔哥林多的信徒中间有分裂的事〕”(林前十一 18，思高)，保罗和别的使徒所传的是一样的，这也是哥林多人

---

[333] 以上四次，原文用 *pisteuein eis*. 罗十 14b 的 *pisteusōsin hou* 是 *pisteusōsin eis hon hou* 的缩写(cf. Cranfield, *Romans* 534).

[334] 以上十三次，原文皆用冠词加分词这一结构，分为三种格式：*pas ho pisteuōn* (present participle：第一、二次)，*hoi pisteuontes* (present, plural：第三至十二次)，*hoi pisteusantes* (aorist：最后一次)。参多三 8(见注 261 之前正文)：*hoi pepisteukotes* (perfect).

[335] 此节原文 *en hōi kai pisteusantes esphragisthēte* 中的头两个字并不是形容分词“相信”(“既然信他”)，而是形容动词“受了……为印记”(思高：“在他内受了……”)。Cf. Bruce, *Colossians* 265 n. 94.

所信的(林前十五 11),"信"的结果就是"说话"(林后四 13a、b),即是"宣扬"(现中)。(2)所信的人物原文用间接受格表达出来:亚伯拉罕信神(罗四 3;加三 6),就是"那叫死人复活,使无变为有的神"(罗四 17)。[336] (3)"相信或确信"一件事:爱是"凡事相信"(林前十三 7),保罗和同工在帖城信徒中间的证言被相信了(帖后一 10b,参该处注释);[337]信徒相信"耶稣死而复活了"(帖前四 14),且信他们"必与他同活"(罗六 8),"心里信神叫他从死里复活"是得救的必备条件(罗十 9);[338]亚伯拉罕在"没有盼望的时候,仍然怀着盼望去信,因此便成了万国的父"(罗四 18,新译,参思高);[339]以赛亚曾对耶和华说:"上主,有谁相信了我们的报道呢?"(罗十 16,思高),所有"不信真理"的人都要被定罪(帖后二 12),神给灭亡的人一个生发错误的心,叫他们"相信虚谎"(帖后本节)。[340]

"虚谎"一词的原文就是在第九节译为"虚假"的那个字(见注 284 末字)。在罗马书一章二十五节(人们"用虚谎取代了上帝的真理"〔新译〕)的提示下,"虚谎"的本质似乎是在于把只有神配得的尊崇、敬拜和效忠归给一个受造者,就后书本节而论,这受造者就是那自称为神的不法者(3 节);但即使我们不借助罗马书该节,我们仍可从本段文理看出来,这里的"虚谎"是指不法者自称是神的声言。这声言是谎谬绝伦的,可是在不法者"各样出于不义的诡诈"以及运行在他们身上的"错谬的能力"的双重影响下,那些沉沦的人竟然"相信〔此〕谎谬〔的声称〕"(思

---

[336] 此节原文 *katenanti hou episteusen theou* = *katenanti tou theou hōi episteusen* (BDF 294.2; Cranfield, *Romans* 243).

[337] 以上两次,前者用 *pisteuein* + accusative (of the thing),后者用被动语态。

[338] 以上三次,原文用 *pisteuein hoti*.

[339] 本节原文用 *pisteuein* + prepositional phrase(介词词组)。

[340] 以上三次,原文用 *pisteuein* + dative (of the thing).

以上全部共五十三次。余下的一次(罗十四 2),动词的意思较为特别,可能是"认为"(思高:"有人以为什么都可吃",参新译),但更可能是"有胆量"("有人有'什么东西都吃'的胆量":cf. Cranfield, *Romans* 697)。但"有信心的人,什么东西都吃"(现中)这译法,与原文的结构不符。

高)。[341]

本节指出,神让错谬的能力运行在灭亡的人身上,是由于他们不领受、也不喜爱真理("因此"的"此"所指的)。上一节则指出,不法者所行各样出于不义的诡诈对灭亡的人(亦只有对他们)发生功效,是因他们不领受、也不喜爱真理。合并这两点,便得出以下的结论:关于那些灭亡的人,最基本的事实就是他们对福音真理的消极态度,这使他们陷于"两面受敌"的境况中——一面有撒但的运行,藉着不法者所行的诡诈来蒙骗他们,另一面有神对他们不领受真理之罪的裁决,就是任凭错谬的能力在他们身上运行,叫他们信从虚谎。而此二者间的关系,似乎不是先后的关系(撒但藉不法者蒙骗了他们,然后神进一步使他们信从虚谎),而是同等的关系:二者是同一个过程中的两面。[342]

与此同时,不论是保罗自己或是别的新约作者都提醒我们,撒但并非与神同等,乃是神和基督的手下败将。说得更准确一点,撒但被击败是一整个过程:耶稣在旷野受试探时决定性地击溃了撒但(太四 1～11;路四 1～13),他在世上传道时继续取得胜利(太十二 22～30;可三 20～27;路十一 14～22;路十 18),并藉着十字架的救赎确定了他的胜利(约十二 31);到了末日,神要把撒但"压碎"(罗十六 20〔原文动词直译〕,参思高:"踏碎";亦参林前十五 24～26),魔鬼(即撒但,参启二十 2)最终的命运就是"进到那为〔它和它〕的爪牙所预备永不熄灭的火里去"(太廿五 41,现中),即是"被扔在硫磺的火湖里……昼夜受痛苦,直到永永远远"(启二十 10)。

二 12 "使一切不信真理,倒喜爱不义的人,都被定罪" 本节开首的原文结构[343]并不表达结果,因此不宜译为"结果"(现中)或"所以"(当圣);它所表达的是上一节所描写神的行动的目的——"为使"(思高)或"叫"(新译)本节所描写的人"都被定罪"。

---

[341] Holland 119 认为"虚谎"一词是指 9 节那些虚假的"异能、神迹……奇事"。但该词自然的相对词是 10 节的"真理",故正文采纳的看法可能较为正确。

[342] Cf. Best 310.

[343] *hina krithōsin* (aorist subjunctive passive of *krinō*). Cf. BAGD 451 - 452 (s.v.).

原文动词(见注343末字)在保罗书信一共出现四十一次(新约全部一百一十四次),主要分为五个意思。(一)"较喜欢、看为重要"——"有人认为这一天比另一天重要;也有人认为所有的日子都同样重要"(罗十四5a、b,现中;参新译)。(二)"定意、决定"——信徒应当"立下决心,不做任何使弟兄失足的事"(罗十四13b,现中);保罗曾"立定主意",在哥林多人中间不知道别的,只知道耶稣基督和他那"被钉十架者"的身份(林前二2,新译;后面一词参原文);关于哥林多教会内那犯了乱伦之罪的人,保罗"作出了决定"(林前五3,原文直译);[344]他"抱定决心",下次访问哥林多人,不再是在忧愁的情况底下(林后二1,现中);他告诉提多,他"决定"在尼哥波立过冬(多三12,思高、新译、现中);他认为人若"心里决定了要保存自己的童女"——意即"留下女儿不出嫁"或"不跟未婚妻结婚"(现中)——倒是好的(林前七37)。(三)"判断、思想、考虑"——保罗叫哥林多人"判断"他所说的,又叫他们"判断"女人不蒙着头向神祷告是否合宜(新译、现中:林前十15,十一13);他和同工"曾如此断定:既然一个人替众人死了,那么众人就都死了"(林后五14,思高)。(四)人对别人的"判断"(思高:罗二1a、b、c、3)、"评断"(现中)、"批评"(新译)、"论断"(和合)——那些论断别人、自己所行却和别人一样的人,是自定己罪,无可推诿,必不能逃脱神的审判(经文同上);认为所有食物都可以吃的人,和只吃蔬菜的人,不可彼此论断(罗十四3、13a),因为论断弟兄(罗十四10)就是论断别人的仆人(罗十四4);保罗认同良心"强壮"的人,理直气壮地问道:"我这自由〔参27节〕为什么被别人的良心论断呢?"(林前十29);他叫歌罗西的信徒不可让人在饮食、节期等事上论断他们(西二16)。有一次所指的不是对别人的评断,而是对自己的判断:"人在经自己考验后认可的事上能够不自责,他就有福了"(罗十四22,新译)。(五)作为法律上的专门词语:"审判、判决"——(1)保罗告诉哥林多人,在主再来之前"什么

[344] 多个中译本在此译为"审判"(新译)、"判决"(思高)、"判定"(现中)、"判断"(和合),但正文所采纳的意思可能较为正确,理由见 Barrett, *First Corinthians* 124.

也不要判断”(林前四 5,思高),即是不要对保罗及其工作“作出判决”;[345]教内的人应由教会(而非教外的人)“审断”(林前五 12b,思高);以上两次,原文动词为主动语态。(2)信徒彼此“控告”,而且在不信、不义的人面前“起诉”,这做法受到保罗强烈谴责(思高:林前六 6、1;原文为中间语态)。以上四次,有关的“法庭”是人间的法庭,另一次则是个想象中的法庭:神与人进行诉讼,结果获得胜诉的是神(罗三 4)。[346] 其余的十四次则为神的法庭。(3)三次以信徒为神所委派的法官:他们要审判世界,“连天使都要审判”(林前六 2a、b、3〔思高〕)。(4)三次以基督为审判官:他是“那将要审判活人死人”的(提后四 1,新译);信徒若先省察自己(才领受圣餐)就不至于“受审”(林前十一 31)——其含意就是“受罚”(思高);然而他们即使受罚,亦只是受主的惩戒/管教(林前十一 32,参思高/新译)。(5)八次以神为审判者:他是审判世界的(罗三 6),他“在末日要藉着耶稣基督,针对人心中的隐秘,实行审判”(罗二 16,现中),“凡在律法之下犯了罪的,将按律法受审判”(罗二 1,新译);审判教外的人,不关保罗的事(林前五 12a),因为神会审判他们(林前五 13);“那本来没有受割礼却遵守律法的人”要审判那“有仪文和割礼而犯律法的人”(罗二 27,新译),意即前者要以“控方证人”的身份向后者提出控诉,使他被“定罪”(现中);[347]保罗想象中的反对者提出这问题:“如果我的虚谎能够使上帝的真实更加显明,更得荣耀……为什么我还要被判为罪人呢?”(罗三 7,现中;参思高);“所有不信真理倒喜爱不义的人,都〔要〕被定罪”(帖后本节,新译)。

在本节和数节其他经文中,原文动词本身只有“审判”之意,但按文理的要求,其重点是在紧随于“审判”之后的(不利的)判决,即是“定罪”

[345] 这样解释动词,见 Barrett, *First Corinthians* 103; Fee, *First Corinthians* 163.

[346] *krinesthai* 在此可能应视为中间语态(如在林前六 1、6)而非主动语态;参 Bruce, *Romans* 91; Fung, ‘Righteousness’ 1.277.

[347] Cf. Cranfield, *Romans* 174.

（罗二 27，三 7）或"刑罚"（林前十一 31、32），甚或同时在此二者——"被定罪受罚"（本节，思高）；这里所指的刑罚，自然是一章九节已提及的那至终至极的刑罚。

保罗从两方面描写这些要被定罪受罚的人。消极方面，他们是"不信真理"的，原文的结构[348]表示，他们不但不信赖、不委身于真理（见上一节注释，"信"字第二个意思），就连相信它的真确性（同上第三个意思第 3 点）也没有做到。积极方面，他们是"喜爱不义"的人；此语原文在结构[349]和意思上，都与"不信真理"构成鲜明的对比。

"喜爱"（新译同）或"喜欢"（思高、当圣）一词的原文[350]已在前书二章八节及三章一节出现过，字词研究可参"帖前释"150－151。在此补充这词在新约书卷中出现时所用的文法结构：动词单独使用，一次（罗十五 27）；动词之后用不定式的另一动词来表达所喜欢的事，八次（路十二 32；罗十五 26；林前一 21；林后五 8；加一 15；西一 19；帖前二 8，三 1）；以介系词表达所喜悦或不喜悦的人，八次（太三 17，十二 18，十七 5；可一 11；路三 22；彼后一 17；林前十 5；来十 38）；[351]表达所喜欢或以之为乐的事物，用介系词的一次（林后十二 10），[352]用直接受格的两次（来十 6、8），用间接受格的一次（帖后本节）。

上一段的数据显示，在新约中只有这一次，"喜爱"一词是跟一个间接受格的名词连用，有释经者认为这不寻常的结构表达一种倾向、偏爱；[353]不过，此结构亦见于马加比壹书一章四十三节，以斯拉续编上卷四章三十九节，及罗马书一章三十二节（该节的"喜爱"在原文是个复合动词），它在本节出现，也许只是为要使"喜爱不义"在结构上与"不信真

---

[348] *pisteusantes tēi alētheiai*, aorist participle + simple dative.

[349] *eudokēsantes tēi adikiai*, aorist participle + simple dative.

[350] *eudokeō*. Cf. BAGD 319 (s. v.).

[351] 所用的介系词有六次是 *en*，有两次（太十二 18；彼后一 17）是 *eis*.

[352] 所用的介系词也是 *en*（参上一个注）。

[353] Morris II 235 n. 43.

理”完全平行，[354]而在“喜爱”之外别无特别的意思。

就如在第十节“出于不义的诡诈”与“爱真理的心”相对，在本节“信真理”亦与“喜爱不义”相对，此双重对比有力地提示我们，接受福音的真理等于与不义(即是“罪恶”，现中)决裂；“真理”跟“不义”这样的对立(参罗二 8；林前十三 6)，表示“真理”在这里的重点不仅在于它知性的一面，也在于它道德性的一面，而“信”与“喜爱”之间的平行则暗示，意(志)、(感)情、(理)智三者同时牵涉在信的行动里面。[355] “(不)信”和“喜爱”原文都是过去不定时时态的分词(见注 348、349 首字)，表示“不信真理、〔反〕以罪恶为乐”(现中)这句话，概括了那些将要灭亡的人，直到他们“被定罪受罚”之时一生所持的态度；“一切”一词则强调，“所有”(新译)这样的人都绝无例外要被定罪。

本节将人被神定罪的责任牢固地放在人的肩头上，就如上两节把“他们信从虚谎”的责任放在他们自己的肩头上。在这几节经文里面，那些灭亡的人所走的路——“罪人的道路”(诗一 1)分为三个阶段：首先，他们拒绝真理(10b)；继而，到了某个程度，神就施行审判，让错谬的能力运行在他们身上，使他们信从虚谎(11 节)；最后，他们要按照神在第二阶段所施审判的目的，被定罪受罚(12 节)。罗马书一章对异教世界的描绘，显示了与此相同的三步“进程”(特别留意 18、21 节，24、26、28 节，32 节)。[356] 这就提示我们，虽然后书本段所描述的确实是不法者出现后的情况，但这种每况愈下的“进程”，是一个超越时间与地域的属灵定律，尽管在不法者出现及主再临之间，此定律获得最清楚和具体的说明。

---

[354] Marshall 204 持刚好相反的意见，他认为保罗用了“不信真理”原文那“不寻常的结构”(见注 348)，是由于他要使这词组跟“喜爱不义”(见注 349)构成紧密的平行。但“(不)信真理”的原文结构有其他例子支持(罗十 16；帖后二 11；见上面注 340 及所属正文)，因此较可能是此词组的结构影响了“喜爱不义”一语的结构。

[355] 依次见：G. Schrenk, *TDNT* I 156; Frame 272.

[356] Cf. Lightfoot 117.

肆　再次感恩及代祷（二 13～17）

保罗恐怕帖城信徒受“主的日子现在到了”这种谬误的说法影响，以致失去冷静的头脑而陷入思想混乱、情绪不安的状况中（参二 3 注释），因此在上一段（二 1～12）重申主来之前必先有“最后的反叛”和不法者的出现，以表明那个说法的谬误之处。在本段，他更积极地建立读者的信心，来抗衡该说法可能在他们心中产生的对于主的再来及自己的得救的一种不太确定的感觉：他首先为着神对他们的拣选和呼召献上感谢（13～14节），然后劝勉他们要坚守已领受的教训（15 节），最后祈求神在他们一切的言行上鼓励和坚固他们（16～17 节）。

（I）感谢的原因（二 13～14）

13　主所爱的弟兄们哪，我们本该常为你们感谢神，因为他从起初拣选了你们，叫你们因信真道，又被圣灵感动，成为圣洁，能以得救。

14　神藉我们所传的福音召你们到这地步，好得着我们主耶稣基督的荣光。

二 13　“主所爱的弟兄们哪，我们本该常为你们感谢神”　本节在原文以“但我们”[①]开始。“我们”是强调格式的代名词（而不仅是隐含在动词“该”字里面），保罗在此用这格式，也许是因为他和同工的利益跟读者的利益是不可分的：读者蒙神拣选的事实，在他看来就是“我们应该……感谢上帝”（新译、现中）的理由。[②] 反语气的“但”字则引出一个对比，就是上文所描述那些灭亡的人的厄运，以及这里所说帖城信徒

---

① *hēmeis de*.

② Cf. O'Brien, *Thanksgivings* 186. Marshall 206 则认为此词并不含强调之意，保罗常在一个新段落的开始插入个人代名词。Bailey（‘II Thessalonians’ 133）认为只有一个解释：此词是帖后的（冒名）作者机械式地从帖前二 13 照抄过来的。

蒙神拣选的福气之间的对比,这对比可进一步分为一系列的对比,依次涉及神的行动("神就给……一个生发错误的心",11 节;"他……拣选了……",13 节)、此行动的对象("他们",11 节;"你们",13、14 节)、所用的方法("错谬的能力/运行",11 节;"藉我们所传的福音",14 节),以及至终的目标("使……被定罪",12 节;"好得着……荣光",14 节)。③

就如前书二章十三节是对应着一章二节而开始再次感恩,照样,本节是对应着一章三节而开始再次感恩。"我们本该常为你们感谢神"这句话,跟一章三节的"我们该为你们常常感谢神"在思想和词藻上都非常相似(只是本节的句子多了"但我们"等字,并且"应该"是放在"感谢"之前),由此看来,保罗现在是刻意地回到感恩的题目上,而且强调他和同工有责任为读者感谢神(参一 3 注释);不过他没有重复一章所提感恩的原因,即是帖城信徒的信心和爱心,而是着眼于神在他们身上的工作,这两样在前书一章依次构成了保罗为帖城信徒感恩的直接及最终的原因。

保罗直接称读者为"弟兄",这是信上的第三次(参一 3 注释);前书一章四节说他们是"被神所爱"的,这里则说是"〔被〕主所爱",④此词组亦见于七十士译本的出埃及记三十三章十二节;该处的"主"是指神,但本节的"主"是指基督,不然的话,接着一句(即下半节)原文的"神"字(参思高:"天主")便会成为多余的。"被神所爱"和"被主所爱"基本上并无分别,因为神的爱是"在我们的主基督耶稣里的"(罗八 39),不过这里用"被主所爱"显得特别合适:基督所爱的人与跟随敌基督者(即不法者)的人构成强烈的对比;也许保罗是故意不重复"被神所爱"一语而改用"被主所爱",为要使读者安心,知道那要再来歼灭敌人并拯救他子民的主耶稣,亲自爱他们,因此必会保守他们,使他们至终得救。⑤

"爱"字的原文动词(见注 4 末字;名词在保罗书信里的用法详

---

③ O'Brien, *Thanksgivings* 185 (cf. 170).

④ 原文分词两次都是 *ēgapēmenoi* (perfect passive participle), from *agapaō*. Cf. BAGD 4-5 (s.v.).

⑤ Cf. Marshall 206.

见10节注释)在保罗书信共出现三十四次(新约全部一百四十三次),只有两次是指对事物的喜爱,分别指底马“贪爱现世”(提后四10,现中),及所有爱慕基督显现的人都会获得公义的冠冕为赏赐(提后四8)。其余的皆指对“人”(与“物”相对)的爱,分为四种用法。

(一)十四次指人对“自己”(弗五28c)或别人的爱——帖城信徒已“受了上帝的教导,要彼此相爱”(帖前四9,新译);“在彼此相爱的事上,〔信徒〕要觉得是欠了人的债。爱别人的,就成全了律法”(罗十三8a、b,新译);那“不可奸淫,不可杀人,不可偷盗,不可贪婪”等等的诫命,都综合在“爱你的近人如你自己”(思高)这一条命令里面(罗十三9),这命令也成全了律法整体的要求(加五14,见新译;详参冯:“真理”323－324);作丈夫的,“每人应当各爱自己的妻子”(弗五33,思高;另见弗五25a、28a、b;西三19);保罗说,神知道他是爱哥林多人的(林后十一11,参现中),他愤慨地质问他们,说:“难道我越发爱你们,就越发少得你们的爱吗?”(林后十二15a、b)

(二)四次指人对神的爱——“上帝跟那些爱他的人……一同工作,使一切所发生的事都有益处”(罗八28,现中,参思高);神“为爱他的人所准备的,是眼所未见,耳所未闻,人心所未想到的”(林前二9,思高);“那爱上帝的人是上帝所认识的”(林前八3,现中);保罗的祈愿是“一切以不朽的爱爱我们主耶稣基督的人,都蒙恩惠”(弗六24,新译)。

(三)八次指神或基督对人的爱——神说:“我爱雅各,却恶以扫”(罗九13,新译);他喜爱“捐得乐意的人”(林后九7);他使我们与基督一同活过来,是“因他爱我们的大爱”(弗二4);他称为“那爱我们、开恩把永远的安慰〔意即鼓励〕和美好的盼望赐给我们的父上帝”(帖后二16,新译)。“基督爱教会,为教会舍己”(弗五25b);信徒应当“凭着爱心行事,好像基督爱我们,为我们舍己”(弗五2,新译);“他爱我,为我舍己”是保罗的个人经历(加二20,新译);他所奏出的基督徒凯歌(罗八31～39)包括这句话:“靠着那爱我们的主,我们在〔35～36节所说〕这一切事上,大获全胜”

(37 节,思高)。

(四) 六次以“蒙爱”这完成时态被动语态分词的形式[6]出现——神的恩典是他“在爱子里”(直译为“在那蒙爱者里面”)赐给信徒的(弗一 6),他们是“蒙爱的人”(西三 12);神应许“要称……那不蒙爱的为蒙爱的”(罗九 25a、b,新译);帖撒罗尼迦人是“被神所爱”和“〔被〕主所爱的”(帖前一 4;帖后本节)。

“因为他从起初拣选了你们,叫你们……能以得救” 此句表达了保罗和同工觉得有责任为帖城信徒感谢神的原因:神拣选他们叫他们得救。神的拣选和主的爱在本节相提并论,就如神的爱和神的拣选在前书一章四节同时提及一样,因为爱与拣选是互相关连的(参申七 7~8)。这里所用的动词并不是与前书该节同字根、保罗较常用来指神的拣选的那个字(林前一 27a、b、28;弗一 4),[7]而是在新约另外只出现两次、且两次的意思都是“挑选”(腓一 22)或“选择”(思高、新译、现中;来十一 25,新译)的那个字;[8]这字在七十士译本的申命记二十六章十八节用来指耶和华拣选以色列作他的子民,同字根的复合动词[9]在七十士译本有同样的意思(申七 6、7,十 15;在后面两节与注 7 那个字连着出现),但在新约出现的唯一一次的意思则为“决定”(林后九 7,新译)。本节选用的动词虽然较少用来指神的拣选,但在此跟较常用的那个字完全同义,它在七十士译本的用法可为佐证。

关于神的拣选,可参“帖前释”72 - 73。神拣选帖城信徒的目的,是要他们“获得救恩”(当圣);前书五章九节说,神预定信徒“获得救恩”,此语在原文同时有“获得”和“救恩”两个名词(参“帖前释”409),但后书本节的原文只有“救恩”一词,而当代圣经的“获得”则为原文那个介系词[10]的正确意译。“救恩”在前书该节(及同章 8 节)指末日的、完全的救恩,在本节可以指神在他子民身上所施行的整个拯救行动,即是包括

---

⑥ *ēgapēmenos* / *ēgapēmenoi*.

⑦ *eklegomai*,在新约另外出现十八次。

⑧ *haireomai*.

⑨ *proaireomai*.

⑩ *eis*, ‘with a view to’, ‘for the purpose of’.

现今享受的救恩及盼望将来至终得救这两方面,[11]不过其重点可能仍然是在末日至终得救这一面,因为(一)下一节提到帖城信徒蒙召要"得着我们主耶稣基督的荣光",这显然是有待末日才能实现的事,而且(二)保罗在本段的用意是要以他们蒙爱、蒙选、蒙召的事实来鼓励帖城信徒,把"得救"的重点放在将来的一面更符合此用意。[12]

"从起初"(思高、新译同)或"一开始"(当圣)这些译法,反映了原文的一种说法;[13]现代中文译本"使你们先得救"一语里面的"先"字,似乎是意译了原文的另一种说法——"(神拣选了你们)作初熟的果子"。[14]哪一种说法才是保罗的原本,是个不容易决定的问题。以下就释经者提出的各种考虑因素,逐点加以评估。

(一)抄本的证据似乎不足以解决问题,因释经者有认为外证支持"从起初"的说法,但亦有持相反的意见。[15] 从抄写可能性的角度来看,可能是原来的"初果"被抄者改为"从起初",就如罗马书十六章五节和启示录十四章四节的"初果"在一些古卷被改为"从起初"一样,尽管后者并不适合该两段的文意;但亦可能是原来的"从起初"在雅各书一章十八节和启示录十四章四节的影响之下,被改写为保罗较常用的"初果"一词。[16]

(二)译为"起初"一字的原文[17]在保罗书信八次指灵界的"掌权者"(思高:〔复数〕罗八 38;弗三 10,六 12;西一 16,二 10、15;〔单数〕林前十五 24;弗一 21),一次指地上的"执政者"(多三 1,现中),另一次指基督是"新生命的源头"(西一 18,现中),还有一次指保罗在马其顿"传福音之初"(腓四 15,思高)。换言之,在保罗的用法里"起初"一字的原文很少有"起初"之意;但它在腓立比书四章十五节正是此意,而且"元始"(西一 18)基本上仍是"起初"的意思,因此这字的用法不能用来反对本

---

⑪ 依次见:Marshall 207; Bruce 190.

⑫ Cf. W. Foerster, *TDNT* VII 992; J. Schneider, *NIDNTT* III 214.

⑬ *ap' archēs*, 'from the beginning'.

⑭ *aparchēn*, 'as firstfruits'.

⑮ 依次见:Lightfoot 119; Moore 107 及 Bruce 190; Palmer 70.

⑯ 依次见:Metzger 637 及 Best 312; Marshall 207.

⑰ *archē*. Cf. BAGD 11 - 12 (s.v.).

节原文为“从起初”的说法。

(三)“初果”一词的原文[18]在保罗书信另外出现六次(在新约另外只见于雅一 18 和启十四 4),可见是保罗爱用的字。另一方面,这字没有一次是跟拣选的思想连着出现的;而且,除了一次之外(罗十一 16:“初熟的麦面”,思高),其余五次此字都是由(按原文次序)随后的词组或由文理加以形容的:信徒是“有圣灵作为初熟果子”的人(罗八 23,新译);基督从死人中复活,成为“睡了的人初熟的果子”(林前十五 20,新译);按复活的次序来说,“首先是为初果的基督”(林前十五 23,思高);以拜尼土是“亚细亚归依基督的初果”(罗十六 5,思高),就如司提反一家是“亚该亚初结的果子”(林前十六 15)。若本节原文确是“作初果”的话,此字便是单独使用,既无随后的词语加以形容,文理亦无清楚提示,读者作为初熟之果所指向那更大的“收成”是什么;[19]此点是对“作初果”的异文一项有力的反对理由。

(四) 若采纳“作初果”的说法,以帖城信徒为马其顿初结的果子,则与历史事实不符,因为帖城信徒归主是在腓立比人之后,后者才是马其顿初结的果子;而且,若此是保罗的用意,他为何不加上“马其顿的”一字,像他明言“亚细亚的”(罗十六 5)和“亚该亚的”(林前十六 15)那样? 把“作初果”解为指帖撒罗尼迦城的初信主者[20]有同样的困难。

(五)“从起初”一语在保罗书信其他地方完全没有出现,此点可用来支持“作初果”的说法。另一方面,正因为“从起初”不是典型的保罗词语,它便是“较难的说法”,从经文批判学的角度是较可取的异文。

(六) 保罗在以弗所书一章四节形容神的拣选为“在创世以前”的(现中),又称神的预定为“在万世以前”的(林前二 7),这些时间性的词语提示我们,本节的原文较可能是“从起初”。

(七)“从起初”比“作初果”更符合文理和保罗的用意:“从起初”使神原来的计划与这计划在历史中的完成二者间的区别清晰可见,此语

[18] *aparchē*. Cf. BAGD 81 (s.v.).

[19] Marshall 207 以此为不接受此异文的“决定性理由”。Bruce 190,191 似乎把帖城信徒看为代表教会整体,教会整体对神来说就是人类的初果,意即教会指向更多的人会信主。但文理并不支持这解释。

[20] So Palmer 70.

同时强调，帖城信徒不但是蒙神拣选，且是“从起初”就被神拣选的，故此帖城信徒可以大得鼓励。

在上面的讨论中，除了第一、二两点是较中性的，其余五点都支持原文是说“从起初（拣选了你们）”而不是说“（拣选了你们）作初熟的果子”。[21] 因此我们可接纳“从起初”为原来的说法。

原文词组（见注 13）在新约另外出现二十次，词组中的“起初”一字（见注 17）所指的因文理而异：六次指“世界的开始”（太廿四 21，新译）或“创世的开始”（可十三 19，新译），即“创造之初”（思高：彼后三 4；可十 6；参太十九 4、8）；两次指耶稣传道工作的开始（路一 2；约十五 27）；一次指保罗的“幼年”（徒廿六 4，新译；“从起初”意即“有生以来”〔现中〕）；六次指基督徒信仰与经历的开始（约壹二 7、24a、b，三 11；约贰 5、6）；三次指“太初”（新译：约壹一 1，二 13、14）；另两次指人类犯罪的开始（约八 44；约壹三 8）。[22]

本节的“从起初”不大可能是指从保罗在帖城传福音之时起，因经文并无加上“传福音的（初期）”（腓四 15，新译）等字来形容“从起初”这词组；本节是论神的拣选和帖城信徒的得救，而且本节先提到神的拣选，下一节才提及神的呼召，因此在以弗所书一章四节的提示下，“从起初”最宜解为从世界的开始或创世的开始（参上一段所引首六处经文）。此语的功用是向帖城信徒指出，神从创世之始就计划了他的子民至终的命运，即是有份于末日的救恩；这对已经信主的帖城信徒是一种保证，也应是一种鼓励，同时也是要他们在信仰上“站立得稳”之劝勉（二 15）的基础。[23]

---

[21] 支持或采纳这结论的释经者包括：Holland 47；O'Brien，*Thanksgivings* 188 n. 127；G. Delling，*TDNT* I 481；W. Foerster，*TDNT* III 1029；H. Bietenhard，*NIDNTT* I 166；Hendriksen 187 – 188；Guthrie，*Theology* 626. 持相反结论的包括：Whiteley 105；Metzger 636 – 637；H.-G. Link，C. Brown，*NIDNTT* III 416.

[22] “从起初”在此二节的解释，依次参：Barrett，*John* 289；Bruce，*John* 201；Brown，*Epistles of John* 406.

[23] Cf. Marshall 207；Marshall，*Kept by the Power of God* 101.

“……因信真道，又被圣灵感动，成为圣洁” 当代圣经的翻译，像和合本这译法一样，把“相信真道”放在“圣灵的感化而成为圣洁”之前，但二者在原文的次序刚好相反，此点对本句的解释很重要。较贴近原文的译法是：“藉着圣灵成圣的工作，和你们对真道的信心”(新译)。

吕振中译本将此句视为形容动词“拣选”：“上帝从起初就用灵之圣化以及你们信真理之心、选择了你们来得救”；但是“你们信真道的心”显然与“从起初”(＝创世之始)的思想不符。原文的次序支持另一种译法：天主从起初就拣选了你们，藉圣神的祝圣和信从真理而得到拯救”(思高)；即此句是形容“能以得救”一词。虽然他们的至终得救是神从起初就计划的事，但他们能否达到这得救的目标则有赖这里提到的两个因素：“圣灵成圣的工作”，和帖城信徒“对真道的信心”。㉔

“圣灵”原文只是“灵”字(详参“帖前释”461－463)，有释经者解为指人的心灵，㉕但“圣灵”无疑是正确的意译，理由如下：(一)本节先后提到主的爱、神的拣选、“灵”的工作，因此“灵”字最自然的解释是指圣灵，这样，父、子、圣灵三者虽然不是以很清楚的“三个一组”的结构出现(如在林前十二 4～6；林后十三 13；弗四 4～6)，但仍然呈现着功能上的紧密联系；新约的其他例子(罗八 1～4；加四 4～6；多三 4～6；可一 9～11；犹 20～21)可说证实了本节的“灵”是指圣灵。㉖ (二)使人成圣是圣灵的工作：不管是信徒在生活上“成为圣洁”(帖前四 8，参 9 节)，或是外邦人在地位上“成为圣洁”(罗十五 16)，“成为可悦纳的祭品”(思高)，都是圣灵所作成的。鉴于这种特别的关系，本节与“成圣的工作”连着出现的“灵”字，最可能是指圣灵。(三)彼得前书一章二节描写收信人为“照着父上帝的预知蒙拣选，藉着圣灵得成圣洁，因而顺服……的人”(新译)，该节的思想跟本节非常相似：按着相同的次序，两

㉔ 参同上注。原文介系词 *en* 字所表达的是媒介——“藉着”(新译)——而非状况(如 Ellicott 120a)。

㉕ Moffatt 50. Cf. Holland 88 (‘sanctification having the spirit for its object’), 121 (‘holiness in regard to the spirit’).

㉖ 在上列各段中，经文明说是“圣灵”(即原文有“圣”字)的有林后十三 13；多三 5；犹 20；“他儿子的灵”(加四 6)显然是圣灵；但在罗八 2、4；林前十二 4；弗四 4；可一 10 等处，原文只作“灵”，如在帖后本节一样。

节都提到神的拣选及“灵的成圣”。[27] 该节的“灵”字显然是指圣灵，在两节如此相似的事实底下，本节的“灵”字亦应解为是指圣灵。

但“圣灵成圣的工作”是指什么呢？“成圣的工作”原文只是个名词，此词在彼得前书一章二节所指的，似乎是圣灵将人分别出来使之归于基督，即是使人在地位上成为圣洁（参林前六 11）的工作。该节的“藉着圣灵得成圣洁”与本节的“藉着圣灵成圣的工作”在原文是同一个词组（见注 27），这一点支持将本节有关的名词（“成为圣洁”）作同样解释。可是，同一个词组在这两节经文有不同的功用：它在该节所指的是神对信徒的“拣选”成为真实的方法，在本节则是形容他们“得救”的一个条件或必经之路。更为重要的，有关的原文名词在保罗书信另外出现的七次，都是指信徒在生活行为上“成为圣洁”的过程或其果效（详参“帖前释”295）。[28] 这名词在前书三次（四 3、4、7）的用法尤其有力地提示，后书本节“成圣的工作”也是指信徒在实际的生活行为上成为圣洁的过程。这成圣的工作在此称为“〔圣〕灵之圣化”（吕译），表明了圣灵在此事上的主动：成圣的过程是由于圣灵的引导和能力才成为可能的（参：加五 16、18、25b；罗八 13、14）。[29]

“对真道的信心”原文直译是“真理的信心”。有释经者认为，由于此词与“圣灵的成圣”在原文是平行的结构，而前者的意思是“圣灵所作成的（使人）成为圣洁”，因此此词的意思便是“由真理而来的信心”；[30] 但此词显然是与第十二节的“不信真理”相对的，因此它的正确意思乃是“对真理的‘相信’（当圣）和‘信从’（思高）”。“真理”不是泛指“与仅

---

[27] 原文两次皆为 *en hagiasmōi pneumatos*.

[28] 该处第二段第二、三行的“两次……其余八次”应修正为“一次……其余九次”，贴后二 13 应归入后者。

[29] 参“帖前释”321。E. Schweizer（*TDNT* VI 431，*TDNTA* 890 - 891）则认为圣灵使人成圣的工作（罗十五 16；林前六 11；帖后二 13）同时包括把我们放在神的拯救行动中，以及使我们藉此能过真实顺从的生活，二者是同一件事，因此我们不能说保罗的重点是在前者抑或后者。笔者对这话未能完全同意，因认为不同的经文可能因文理不同而有不同的重点——该作者所引的三处经文，头两处跟后一处的重点是有分别的。

[30] Milligan 107*a*：‘faith by the truth’，*alētheias* = subjective genitive. Holland 88 解为“对真理之忠心”。Moore 108 则认为 *alētheias* = both objective and subjective genitive，意即真理同时是信心的对象以及引起信心之回应的能力。

为人的幻想相对的真实的东西”，[31]而是特指神在基督里所启示的真理，即是福音“真道”(新译、当圣同；参 10、12 节)；下一节提到“我们所传的福音”是帖城信徒蒙神呼召的媒介，证实这解释是正确的。由于“对真道的信心”是至终得救的另一条件或必经之路，“信心”在此似乎有坚信到底的含义(参：来十一 38～39)。

二 14 “神藉我们所传的福音召你们到这地步” “到这地步”的原文[32]是在本句的开头，另一个译法是“为此”(思高)或意译为“为此目的”(当圣)。[33] 不管采纳哪一个译法，原文那个关系代名词所指的，就是上一节下半所说的整个意思(参原文词组在一章十一节的用法)，即是“神拣选了帖城信徒要他们得救，并藉着圣灵成圣的工作以及他们对真道的信从来完成这计划”这整个目的。[34] 保罗说，为要达到这目的，神“便藉着我们所传的福音呼召了你们”(当圣)。[35] 动词“召”字(参“帖前释”169－170)原文是过去不定时时态，指保罗及同工起初传福音给帖城信徒的时间；藉着保罗所称“我们所传的福音”(参“帖前释”75－76)，神在使徒到帖城传福音的历史事件中达成了他超历史或超时间之“拣选”的目的，即是使帖城信徒得救：因为帖城信徒的回应就是“相信真道”(参一 10b；帖前二 13)——在这种回应的后面，先有“圣灵成圣的工作”——而接受福音的真理就是得救的途径(10 节)。

“好得着我们主耶稣基督的荣光” 这是神的呼召的目的(“为获得”，思高)。“得着”原文是个名词，此词已在前书五章九节出现过(参“帖前释”409－410)，在此有“分享”(现中、当圣)之意，所分享的是“我们主耶稣基督的荣耀”(新译)。“荣耀”一词在保罗书信的用法，详见一章九节注释。“基督的荣耀”(参林后四 4，现中)是属于基督(即是基督所拥有)的荣耀，是在“创世之前〔他与父〕一同享有”的(约十七 5〔现中〕，参 24 节)；在某个意义上，基督已把神所赐给他的荣耀赐给了他的

---

[31] A.C. Thiselton, *NIDNTT* III 885.

[32] *eis ho*. Cf. AV, RV: ‘whereunto’; RSV, NIV: ‘to this’.

[33] Cf. NEB, NASB: ‘for this’.

[34] Cf., e.g., Best 315; Marshall 208.

[35] 思高圣经的“(他)也(藉着)”反映一些古卷有 *kai* 字；但此字可能是抄者在一章十一节 *eis ho kai* 的影响下加进去的(Marshall 208)。

门徒(约十七 22),信徒在福音里亦“得以看见主的荣光”(林后三 18a);但是分享基督的荣耀,亦即是“分享上帝的荣耀”(罗五 2〔现中,参思高〕;参帖前二 12),乃是在末日才会实现的盼望(参一 12;罗八 17)。这是信徒至终“得救”(13 节)正面的内涵,就如“缺乏上帝的荣耀”(罗三 23,现中)是未蒙救赎者之情况的全面表达法。[36]

“分享……基督的荣耀”(现中、当圣)在实质上亦与“和他〔指神〕儿子的形像一模一样”(罗八 29,新译)同义。事实上,罗马书八章二十九至三十节,跟本节和上一节,表达了相同的“救恩三部曲”,所涉及的三个主要阶段(罗马书加插了另外两个)依次是:(一)神在他永恒旨意中(“从起初”)的“拣选”或“预选”(罗八 29a,思高)——“预定”(罗八 29b,思高)则指神的“预选”所定的目标;(二)他藉以实现他的计划、在历史里“藉……福音”临到人的“(呼)召”——此呼召引起“信真道”的回应(在这回应的背后先有“圣灵成圣的工作”),而“称义”乃是信心的果效;(三)救恩荣耀的完成——信徒“得救”或“得荣耀”,即是“得着我们主耶稣基督的荣光”,亦即是“与〔神〕自己的儿子的肖像相同”(罗八 29,思高)。这整个救恩过程的原动力就是神的爱(罗八 39)和主的爱(罗八 35;帖后二 13)。

在保罗指出他必须为帖城信徒感谢神的原因的这两节经文里面,每一个思想甚或词语都已在本信的上文及/或在前书里表达或出现过至少一次。[37] 保罗告诉帖城信徒他为着他们蒙拣选接受救恩的事实而感谢神,其实是向他们发出鼓励的信息:他们现今的基督徒生命是个记号,表现出他们是属神的,他们可以信赖神会使他们安抵目的地,即是得享末日的救恩。[38]

(II) 勉励坚守教训(二 15)

15 所以,弟兄们,你们要站立得稳,凡所领受的教训,不拘是我们口传

---

[36] Cf. W. Foerster, *TDNT* VII 993; J. Schneider, *NIDNTT* III 214. 关于罗三 23 该句,现今请参拙著“罗马书注释(卷壹)”(台北:校园书房出版社,1997)488 - 1491.

[37] 详见 O'Brien, *Thanksgivings* 191 - 193.

[38] Cf. I.H. Marshall, ‘Election and Calling to Salvation’(见“帖前释”〔三刷〕528)274.

的，是信上写的，都要坚守。

二 15 “所以，弟兄们，你们要站立得稳，凡所领受的教训……都要坚守” 基于上两节所论的救恩事实，保罗向帖城信徒(信上第四次直接称为“弟兄们”，参一 3 注释)发出本节的劝勉。“所以”(原文与帖前五 6 同，参“帖前释”400)这个非常强有力的推理词表示，本节劝勉的内容，乃是帖城信徒对神的拣选与呼召合理和必须的回应；其中的逻辑关系，强调了神的作为(主权)与人的努力(责任)二者间的奥妙关系：神的拣选和呼召并不使帖城信徒的努力成为多余，相反的，正因为神已拣选并呼召他们接受救恩，他们便有责任要“站立得稳”，并获得了在履行此责任上得以成功的保证(参腓二 12～13；冯：“腓立比书”276－277)。

“站立得稳”的原文动词[39]已在前书三章八节出现过(详参“帖前释”250－251)，该节的“在主里站立得稳”(新译)虽然是直说式语法，但仍然含有呼吁之意，要读者在患难逼迫中继续站稳；直说式语法的“站立得稳”亦在腓立比书一章二十七节出现，但该节的文理使这动词有劝勉(即命令式语法)的作用，所指的也是在敌人的反对之下站稳。这动词的命令式语法另外出现三次：一次是笼统性地劝勉信徒要“屹立在信德上”(林前十六 13，思高)——原文亦可译为“在信仰/真道上站立得稳”(新译、现中/和合)，一次“站立得稳”与“被奴役的轭控制”(加五 1，新译)相对，另一次“靠主站立得稳”(腓四 1，原文与帖前三 8 所用的相同)是针对假师傅的坏影响而发的劝勉。本节的劝勉也是特别针对谬误的道理(关于主的再来的教训)而发的：“站立得稳”与第二节的“被动摇〔以致〕离开〔即失去〕理智”(原文直译)和第三节的“让人……欺骗”(思高)相对。

保罗以“要坚持你们……所学得的传授”(思高)这话来解释“站立得稳”的意思。“坚持”“持守”(新译、当圣)或“坚守”(现中同)的原文[40]在新约共用了四十七次，但在保罗书信只出现另一次(西二 19)，该处指一些人不“持定”元首，即是“不与头紧密相连”(新译，参思高)，甚或

---

[39] *stēkō*. Cf. BAGD 767－768 (s.v.).

[40] *krateō*. Cf. BAGD 448 (s.v.).

"跟元首基督断了联系"(现中)。"持守"的性质是好是坏,端视乎所持守的是什么:教会之主谴责别迦摩的教会,因为在那里"有些人持守巴兰的教训……也有些人持守尼哥拉党的教训"(新译:启二 14、15),耶稣曾严词谴责法利赛人"拘守着人的传统,却离弃了上帝的诫命"(新译:可七 8,参 3、4)。在本节,保罗要帖城信徒继续不断地(这是原文的现在时态的意思)持守他们"所学得的传授",即是他们"所领受的教训"(新译同),亦即是"我们〔保罗和同工〕所教导的真理"(现中)。这些翻译背后的原文是四个字,直译可作:"你们被教导的那些传授/传统"。[41]

"传授/传统"一词的原文[42]在新约共用了十三次(保罗书信占五次),一贯的意思都是被动性的(被)传授下来的教训。法利赛人和文士称他们所保存的传统为"先人的传授/古人的传统"(思高/新译:太十五 2;可七 5,参七 3),[43]耶稣则称它为"人的传授/传统"(同上:可七 8),并指斥他们"为拘守你们的传授"(思高)而竟"拒绝上帝的命令"(现中,可七 9),"因你们的传统,违背上帝的诫命"和"废弃了上帝的话"(新译:太十五 3、6),又"藉着所领受的传统,把上帝的话废弃了"(可七 13,新译)。[44] 保罗称歌罗西的异端为"人的传授/传统"(思高/新译:西二 8;原文词组与可七 8 所用的相同),又间接地吩咐帖城信徒要按着"得自我们的传授"去生活行事(帖后三 6,思高)。以上十次,"传授/传统"在原文皆为单数,其余的三次则为复数:保罗说他曾为"我祖先的传授/传统"分外热心(加一 14,思高/新译);也称赞(可能是讽刺地)哥林多人"持守〔他所传授给他们的〕那些传授"(林前十一 2,思高);他劝勉帖城信徒坚守"所学得的传授"(帖后本节,思高)。单数与复数的分别,在于前者指整体的教训,后者则指多项的教训。

---

[41] *tas paradoseis has edidachthēte*, 'the traditions which you were taught (by us)'(RSV).

[42] *paradosis*. Cf. BAGD 615 - 616 (s. v.).

[43] 以上三次原文皆为 *hē paradosis tōn presbyterōn*.

[44] 在以上四节,原文皆用 *hē paradosis hymōn* 一语;所用的动词依次为 *atheteō*, *parabainō*, *akyroō*(最后两节)。

译为“教导”的原文动词[45]在保罗书信一共出现十六次(新约全部九十七次),可分为六种用法:(一)单独使用——保罗“不准许女人施教”(提前二 12,思高);他的行事为人,跟他“在各处教会中所教导的”是一样的(林前四 17,新译);一个基督徒的恩赐“如果是教导,就应用在教导上”(罗十二 7,思高)。(二)教导的对象是人——保罗质问犹太人:“你教导别人,为什么不教导自己呢?”(罗二 21a、b,现中);他叫提摩太把他从保罗那里听见的“交托给那些又忠心又能够教导别人的人”(提后二 2,新译)。(三)表明所教导的东西是什么——保罗嘱咐提摩太,务要堵住那些“教导那不应教导的事”之人的口(多一 11,思高)。(四)所教导的人和事同时表达出来——保罗相信,神所创造的自然界“也教导〔哥林多人〕,如果男人有长头发,就是他的羞耻”(林前十一 14,新译)。[46] (五)与另一个动词连着出现(在结构上分属第二、三种用法)——保罗用各样的智慧“劝戒各人,教导各人”(西一 28),信徒亦要“彼此教导规劝”(西三 16,思高);提摩太要把一些事“嘱咐人,教导人”,也要把另一些事“教导人,劝勉人”(新译:提前四 11,六 2)。(六)以被动语态的格式出现——“领〔受/了〕教训”(西二 7)意即“学习/学到”(现中/新译);保罗的福音“不是人教导”他的(加一 12),意即“不是由人学来的”(思高);信徒是“在他〔基督〕里面受过教导”的(弗四 21,新译);帖城信徒“所学得的传授”(帖后本节,思高)即是他们“被教导的那些传统”(原文直译)。

“你们被教导的那些传授/传统”这直译法,正好表明了其中的动词和名词之间的密切关系:“教导”这词,像“传给”和与之相对的“领受”(林前十一 23,十五 3)二词一样,在保罗的书信里主要是用来描写一种教会内部的功能,就是传授基督教的“传统”,[47]这些(或此一)传统可分

---

[45] *didaskō*. Cf. BAGD 192 (s.v.).

[46] 在此节,“本性”这通常的译法值得商榷;参冯:“再思”135 注 141;Fung, ‘Ministry’ 332 n.141.

[47] Cf. K.H. Rengstorf, *TDNT* II 146, *TDNTA* 163.

为三种主要的形式：基督教信息的纲领、基督言行的记录，以及有关信徒生活的伦理和处事的准则（参冯："腓立比书"454）。[48] 就本节而论，"被教导"和"传授"这些字眼表示，保罗所指的是早期教会的传道者传给信徒的一般教训，而不是保罗特有的教训或应特别情况而发出的教训，加上上一节刚提及"我们所传的福音"，因此"传统"（复数）可解为福音所包含的各种教训，尤其是教义及伦理方面的（林前十一 23～26 所涉及的则是礼仪方面的〔属基督言行记录的部分〕）；[49]另一方面，虽然"站立得稳"在哥林多前书十五章一节是指站稳在福音（的恩典）中（参罗五 2；加五 4；彼前五 12），[50]但此词在本节与上文的"动心"和"被……诱惑"（2、3 节）前后呼应，因此"传统"可能特指有关主的再来的教义。[51]换言之，此词首先指福音中的各种教义及伦理教训，其次亦特指关于主的再来的教训。

"不拘是我们口传的，是信上写的"　按这译法（新译、现中、当圣大致上与此相同），此句所形容的是名词"传统"；较贴近原文的译法是"或由我们的言论，或由我们的书信"（思高），即本句所形容的是动词"（你们）被教导"，指出帖城信徒所领受的传统，是如何学得的。"我们"在原文只出现一次（在"书信"之后），但在意思上显然是同时形容"言论"和"书信"二字；二字在原文皆无冠词（如在 2 节一样），因此其重点在于"言论"（字词研究见该节注释）和"书信"（参"帖前释"482 注 24）作为教导媒介的性质，而不在于指出是什么言论或什么书信，无冠词的"信"字更表示它不可能是指本信（参原文有冠词的"这信"：三 14；帖前五 27；罗十六 22〔新译、现中〕；西四 16）。"被教导"原文所用的过去不定时时态表示，保罗曾在此信之前以言论和书信把那些传统传给帖城信徒；按

---

[48] 详见 Bruce，*Tradition* 29－38. Fannon（'Tradition'，297）则归纳为四项："信仰公式、早期的基督教诗歌、主的言论集及信仰问答式的教训。"

[49] Cf. Best 317（cf. 335）；Moore 109. 不过，前一位作者认为"传统"在此的内容只是教义性的，并不包含礼仪性或伦理性的教训。

[50] 林前十五 1 的介系词 *en* 字的意思似乎不是"在其上"（思高；参现中："作信心的基础"），而是"在其中"：cf. Fee，*First Corinthians* 720 n.31. 即使译为"靠着"（新译同），也应在罗五 2 的提示下解释：cf. Bruce，*Corinthians* 138.

[51] Cf. Frame 284；Schmithals，*Paul* 208.

照最自然的解释，他心中想到的无疑是他在帖城信徒当中所给他们的口头教导(帖前二 11，三 4，四 1～2、6、11，五 2；帖后二 5)，以及在前书所给的各样教训，该书多次表示保罗所写的只是加强了他已给了他们的口头教导，此点有力地支持这个解释。[52]

本句显然是对应着第二节"无论有灵、有言语、有冒我名的书信"那句话而说的；保罗在这里特别再提"言论"和"书信"，就是因为第二节所反映的错谬看法，即"主的日子现在到了"这宣称，似乎是根据一些人的言论或是保罗的书信(被误解的保罗书信)得来的，现在保罗根据他先前所给的口头教导(5 节)澄清了他的意思后，就劝勉读者坚守他实在说过和实在写过的话，不要接纳其他看法。[53] 这就同时解释了本句和第二节之间的一点分别：本句说"我们的书信"，并无该节的"似乎出于"(思高)等字，因保罗现在指的是读者知道确是出自保罗手笔的书信。另一点分别是：本句没有提到"灵"，此点跟本句所用的"被教导"和"传授/传统"等字眼有关，因为"灵"所指的既是有别于"言语"、在灵的感动下并在出神的状况中发出的预言(见上文 2 节注释)，此字就在意义上与"教导"和"传统"二字不相协调，因为圣灵的直接启示(如预言)与藉着人的教导传递下来的传统是可加以区别的东西，而上述两个字只属于后者，却不适用于前者。[54] "传统"可说比"灵"更为重要：即使是藉着灵的启示而来的信息，仍须接受一项重要原则的试验，就是这信息是否跟已知的福音真理及使徒的教训一脉相承、和谐一致(参帖前五 19～22，及"帖前释"450－451)。

"或由……或由"[55]这种完全平行的表达方式，表示"言论"和"书信"是完全平等的，二者是保罗教导帖城信徒同样重要的媒介，两者被视为具有同等的权威。这是因为保罗认为他的信是一种代替品，替代了他本人的临在(参林后十 11)；就他的教会而论，主的权柄藉以运用出来的两种有效方法就是："使徒本人，以及他亲自同在和亲口说话把

---

[52] Cf. Whiteley 8－9.

[53] Cf. Marshall 210.

[54] Cf. Bruce 193.

[55] *eite ... eite*(如在帖前五 10 一样)，有别于 2 节的 *mēte ... mēte*(即 *oute ... oute*)。

传统……传递下去，和使徒的写作（被视为他另外的那个己）”。[56] 保罗的教训，不管是口传的，或是信上写的，都同样带着使徒的权柄。本节经文直接否定了后来产生的、罗马天主教所接受的看法，即是有成文的圣经与口授的传统之分（后者补充前者），仿佛口授传统的权威是由“传统”一词在圣经中的用法所认可一般。其实新约所说的“传统”非但不是一些因循、迂腐的“遗传”（此词一般的用法常有这种含意），且亦不是与“圣经”相对的不成文的传统，这种相对并非“传统”一词本身的部分含义，亦不为此词在新约的用法所支持。[57] 保罗并不认为口授的传统与成文的传统二者之间在意义上有什么分别，传统的价值不在乎它的特别形式，乃在于它的来源及内容的素质。[58]

使徒保罗——其他使徒也是一样——不但是传统的监护者（参提前六 20；提后一 14；他对提摩太的嘱咐，他必然自己先做到了）和传授者（本节；参林前七 10，九 14，十一 2、23，十五 3；腓四 9），他也是传统的创始者。传统必然是由某人开始的，虽然某些传统确是“从主领受的”（林前十一 23），但并非一切传统都可溯源到主那里。举例说，下一章所提及的“信徒当自食其力，以免负累别人”的“传统”（三 6～12；参帖前四 11～12），其主要根据可能只是保罗（和同工）本身的榜样，但保罗是“被神的灵感动”而说话的（林前七 40，参二 13），因此所写的也有“主的命令”（林前十四 37）一样的权威，而他先是口授、继而写在信上的教训，也就成为了基督教权威性的传统的一部分。

（III）祷告的内容（二 16～17）

16 但愿我们主耶稣基督和那爱我们、开恩将永远的安慰并美好的盼望赐给我们的父神，

17 安慰你们的心，并且在一切善行善言上坚固你们。

二 16 “但愿我们主耶稣基督，和……父神” 保罗晓得，神要亲

---

[56] Martin, ‘Authority’ 76.“另外的那个己” = ‘the other self’.

[57] Cf. Lightfoot 121; K. Wegenast, *NIDNTT* III 774.

[58] Robertson, *Pictures* 4.55.

自(也唯有他才能够)成就他在信徒身上的救恩计划,因此他以本节及下一节的"祈愿"(此词的解释见"帖前释"261)来支持上一节的劝勉。本句在原文跟前书三章十一节非常相似,只是用了"主耶稣基督"而不仅是"主耶稣"的称号,又称神为"神我们的父"(原文直译)[59]而不是"我们的神和父"(原文直译),[60]并且一反保罗惯常的次序,把基督放在神之前(这次序在保罗书信中另外只见于林后十三 13 及加一 1),因而句首那强调的"自己"一字[61](解释见"帖前释"261－262,456－457)也变成形容基督而不是父神。这里先提到"我们主耶稣基督",也许是因为上文(14 节末)刚提过信徒至终得救的正面内涵就是"得着我们主耶稣基督的荣光"。[62] 无论如何,本节这次序上的改变并不影响经文的意思,它唯一的意义就是表明在保罗心中,神与基督在救恩的计划和行动上是完全一致的。

"那爱我们、开恩将永远的安慰,并美好的盼望赐给我们的……"
"爱"和"赐给"在原文都是单数的分词,二者同属一个单数的冠词之下,因此单从文法格式的角度来看,本句只形容"神我们的父"一词,但在意思上则是同时形容神和基督的。[63] 原文在"爱我们"和"赐给"之间有"并/又"(思高/当圣)字,因此这两个词可以分开来解释而不必互相解释,尽管"赐给"确是表达"爱"的一种方式。有释经者把"爱"解为帖城信徒所经历的、神拣选之爱(他引帖前一 4 为证);[64]但原文两个分词所用的是过去不定时时态,暗示"爱"(像"赐给"一样)所指的是在历史(而非超时间的永恒)中发生的事,因此"爱"较可能是指神差他的儿子为我们死(罗五 8)并叫我们与基督一同活过来(弗二 4)的爱,以及基督为教会(弗五 2、25)和为信徒舍命(加二 20)的爱。"赐给"同样是指神在基督里的拯救行动:这行动不但说明了神和基督的爱,也为他的子民带来了"永远的安慰和美好的盼望"(新译)。

---

[59] 原文的"神"字可能并无冠词,此点见 Metzger 637.

[60] 关于"神"和"父"二字在新约连着出现时的各种格式,详参"帖前释"51－52,连注 22.

[61] *autos* 'probably ... has some emphasis' (MHT 3.40).

[62] Cf. Milligan 108a.

[63] Marshall 211; Bruce 196; Peterson, 'Encouragement' 237.

[64] Jewett, *Anthropological Terms* 319.

“安慰”这名词的原文[65]在新约一共用了二十九次(保罗书信占二十次,包括帖前二3及本节),分为四个主要的意思:

(一)“恳求”(林后八4,思高、新译、现中)或“请求”(林后八17,思高)。

(二)“劝勉”——“劝勉”是一种恩赐(罗十二8,思高、现中);在彼西底的安提阿,管会堂的问保罗和同伴有没有“劝勉众人的话”要说(徒十三15);保罗告诉提摩太“要以宣读、劝勉、教导为念”(提前四13);希伯来书的作者以箴言书上的一段“劝勉〔话〕”提醒读者(来十二5,原文直译),他的信就是一番“劝勉的话”(来十三22)。保罗在帖城的“劝勉”包括了对未信者的呼吁及对信徒的劝勉两方面(帖前二3,参“帖前释”125-126)。

(三)“安慰”——西面期待着“以色列的安慰”(路二25,思高);耶稣说富有的人有祸了,“因为你们已经得了你们的安慰”(路六24,新译);神是“赐各样安慰的神”(林后一3);保罗和同工经历了“神所赐的安慰”(林后一4),他们的安慰是“靠基督”而得的(5节),不论他们是受患难或得安慰,都是为要使哥林多人得安慰(6a、b),信徒既是一同受苦,也必照样同得安慰(7节);保罗“充满了安慰”(林后七4,思高),神藉着提多“从〔哥林多人〕所得的安慰”安慰了他(7节),他说除了“我们的安慰”之外(13节,原文直译,参思高),提多的喜乐使他们更加喜乐;他因腓利门的爱心而“获得极大的喜乐和安慰”(门7,思高)。

(四)“鼓励”——“巴拿巴”这名字的意思是“鼓励者”(徒四36,现中);早期教会“因着圣神〔即圣灵〕的鼓励”,人数增多起来(徒九31,思高);安提阿教会的信徒因着耶路撒冷会议的复函上“鼓励的话”而欢喜(徒十五31,现中);信徒可藉着坚忍并藉着圣经所给的“鼓励”得着盼望(罗十五4原文,参现中);说预言者(参思高:“那做先知的”)的目的是要造就、“鼓励,和安慰”人(林前十四3,现中);“在基督里的鼓励”是所有信徒同享的基本经历(腓二

---

[65] *paraklēsis*. Cf. BAGD 618 (s.v.).

1 原文自译；参冯："腓立比书"189)；藉着两件不可更改的事(神的应许和起誓)，信徒"得到一种强有力的鼓励"(来六 18，思高)去"抓紧那摆在我们面前的盼望"(新译)；神是"给人……鼓励"(罗十五 5，现中)、"赐我们永远的鼓励"的神(帖后本节原文自译)。[66]

"永远"(字词研究参一 9 注释)或"永恒"(现中)[67]在这里的意思可能是超越时间、从现世无尽地持续至来世(像永生一样)。[68] 鉴于此点，本节的"安慰"[69]较宜改译为"鼓励"(亦参下一节动词的注释)，因为在那"不再有死亡……悲哀、哭号、痛苦"和眼泪的新天地里(启廿一 4，新译)，按理也不再有"安慰"这回事，但就是在永世里，神的子民仍会因他不断的慈爱和恩典得着鼓励。[70]

有释经者将"永恒的鼓励"解为"关乎永远的鼓励"，按此解释，此词与随后的"美好的盼望"是平行的同义词，前者是保罗自己的用语，后者是古代用来指死后之生命的流行词语。[71] 但将前者解为"永远的"鼓励(而不是"关乎永远"的鼓励)似较为自然；而即使"美好的盼望"在当时是个流行词语，保罗亦大可赋之以独特的基督化内涵。

"盼望"原文[72]在保罗书信一共出现三十六次(包括前书四次)，可分为四种主要用法：

(一)指一般性的希望或期望：亚伯拉罕在"没有盼望的时候"——原文的意思是"与(一切人的)预期相反"——"仍然怀着盼望去信"(罗四 18a、b，新译)；"犁地的当怀着希望去犁，打场的也当怀着有份的希望去打场"(林前九 10a、b，思高)；保罗对哥林多人

[66] Cf. NEB, NIV: 'encouragement'.

[67] 原文所用的是阴性特有格式 *aiōnia*(在新约另外只见于来九 12)，不是出现超过五十次的阴阳性格式 *aiōnios*(其中四十次以上是形容阴性的"生命"一词)：cf. MHT 2.157.

[68] Cf. H. Sasse, *TDNT* I 208.

[69] Cf. O. Schmitz, *TDNT* V 797, 799, *TDNTA* 781, 782.

[70] Cf. Hendriksen 189.

[71] Cf. Best 320 - 321.

[72] *elpis*. Cf. BAGD 252 - 253 (s.v.). 亦参"帖前释"67。

的"盼望〔指他们必同得安慰〕是坚定的"(林后一7,新译);他又对他们存着这样的盼望:"随着你们信心的增长,我们的界限就因你们而大大扩展"(林后十15,新译);"在凡事上我都不会羞愧"(腓一20,新译)是保罗"充满盼望的热切期待"(参冯:"腓立比书"140-141)。

(二)指盼望的对象:基督在外邦信徒当中是他们得荣耀的盼望(西一27,参思高),他也是所有信徒的盼望(提前一1);帖城信徒是保罗和同工的盼望(帖前二19,参思高、新译)。

(三)所盼望之物:"所希望的若已看见,就不是希望了"(罗八24b、c,思高);信徒有"存在天上的盼望"(西一5);他们在"等候那有福的盼望"(多二13,新译)。

(四)特指基督徒的盼望:"现今存在的有信、望、爱这三样"(林前十三13,思高)。外邦信徒在归主前是"在世上没有盼望"的(弗二12,新译),外邦人尤其没有复活的盼望(帖前四13)。保罗"既然有这样的盼望〔来自福音职事之荣耀永不褪色的保证〕,就大大地放胆行事"(林后三12,新译);"被造的〔万物〕仍然盼望着"(罗八20,现中)得脱"败坏的奴役,得着上帝儿女荣耀的自由"(21节,新译)。信徒可藉着坚忍并藉着圣经所给的鼓励得着盼望(罗十五4原文,参现中);他们应当"因盼望而喜乐"(罗十二12,原文自译);[73]他们蒙召"来享有同一个盼望"(现中:弗四4,参一18),他们务要"常存信心,根基稳固,不受动摇而偏离福音的盼望"(西一23,新译)。信徒现在已是得救的,但只是"存着这〔身体得赎的〕盼望"(罗八24a,新译),意即此盼望尚未实现;对他们来说,"老练〔即经炼过的品格〕生盼望"(罗五4),这"盼望是不会令人蒙羞的"(罗五5,新译);因此他们等候他们称义的事实所指向的盼望得以实现(加五5,参冯:"真理"295-301)——对主耶稣再来的盼望(帖前一3)、至终得救的盼望(帖前五8)、分享神的荣耀的盼望(罗五2,参现中、新译)。信徒因着神的恩"得称为义,可以凭着

[73] Cf. Cranfield, *Romans* 636.

永生的盼望成为后嗣”(多三 7),而“永生的盼望”是基于“没有谎言的上帝在万世以前”的应许(多一 2,新译)。“那赐盼望的上帝”能使信徒“靠着圣灵的大能满有盼望”(罗十五 13a、b,新译);他已赐给他们“美好的盼望”(帖后本节)。

按文理的提示,本节的“盼望”是指至终得救、分享基督荣耀(13、14节)的盼望;这盼望是“美好”的(字词研究见“帖前释”242－243),意即真实可靠(参多一 2)、不会落空而令人蒙羞的(参罗五 5)。这美好的盼望可说是“永远的鼓励”的部分内涵;二者都是神“开恩”(思高、新译、当圣同)——原文直译是“在恩典中”,[74]即是“藉着(他的)恩典”[75](字词研究见一 12 注释)——在信徒归主时便白白地赐给了他们的。

二 17　“安慰你们的心,并且在一切善行善言上坚固你们”　“安慰”和“坚固”这两个祈愿式语法的动词在原文都是单数,但祷告的对象是复数的“主耶稣基督和……神”;这现象已在前书三章十一节出现过,关于这现象的解释和意义,详参“帖前释”263－265。

动词“安慰”(名词的字词研究见上一节注释)的原文[76]在保罗书信出现五十四次(包括前书八次及后书两次;新约全部一〇九次),主要分为四个意思:

(一)“恳求、请求、呼吁”——(1)单独使用,即是没有宾词:保罗和同工被毁谤时就“谦卑地呼吁”(林前四 13,原文自译)。[77] (2)请求的对象以直接受格表明出来(林后十二 18,思高;提前一 3,思高;门 10),或可从上文补充而得(门 9)。(3)以直接受格表明请求的对象,继而表明请求的内容(罗十五 30,思高、现中;林前四 16;

---

[74] *en chariti*.

[75] *en* = instrumental: cf. H. Conzelmann, *TDNT* IX 395 n.184. BAGD 261 (s.v. III 2)则解为“慈悲地”。

[76] *parakaleō*. Cf. BAGD 617 (s.v.).

[77] Cf. NEB ('we humbly make our appeal'); Fee, *First Corinthians* 180. 现中则译为“用好话回答”; cf. BAGD 617(s.v.5).

林前十六12,思高;林后八6,思高;林后九5,十二8)。[78]

(二)"劝勉"——(1)单独使用(罗十二8a,思高、现中;林后十三11;[79]提后四2;多一9)。(2)对象以直接受格表达(林后十1;帖前二12,五11),或可从上文得知(提前五1)。(3)以直接受格表明对象,继而表明劝勉的内容(帖前五14;罗十二1,十六17;林后二8,六1;弗四1;腓四2a、b;帖前四10;多二6;林前一10,十六15〔参思高、现中〕;帖前四1;帖后三12)。[80](4)没有表明对象,只表明劝勉的内容(林后五20;提前二1)。[81](5)以直接受格表达所劝勉之事(提前六2,新译;多二15,现中)。

(三)"安慰"——(1)以直接受格表明安慰的对象(林后一4a、b,二7,七6a、b;帖前四18)。(2)动词以被动语态格式出现(林后一4c、6,七7、13;帖前三7)。

(四)"鼓励"——(1)以直接受格表明鼓励的对象(帖前三2)。(2)动词以被动语态格式出现,"受到鼓励/得着勉励"(思高/新译,参现中)的是"众人"(林前十四31)或"他们〔即所有没有跟保罗见过面的人〕的心"(西二2)。(3)以直接受格表达鼓励的对象——"你们的心"(弗六22,现中;西四8,现中;帖后本节,思高)。

保罗为帖城信徒的祈愿包括两方面的内容:(一)愿神与基督"鼓励你们的心"(思高)。"鼓励"这译法比"安慰"(新译、当圣同)更符合文理及保罗书信的其他例子(见上一段〔2〕〔3〕),亦更能与上一节"永远的鼓

---

[78] 以上六次,在 accusative of the person 之后所用结构依次为:infinitive, direct discourse, *hina*-clause(最后四处)。

[79] 此节原文 *parakaleisthe* 若看为被动语态,意即"要服从劝勉"(思高)或"接受……劝告"(现中),但若视为中间语态,则是"彼此劝勉"之意(Barrett, *Second Corinthians* 342)。

[80] 以上十四次,在 accusative of the person 之后所用结构依次为:direct discourse, infinitive, *hina*-clause(第一、二至十、十一至十四次)。保罗多次加上一句形容的话来描写他劝勉的行动——"凭着上帝的仁慈"(罗十二1,新译)、"藉我们主耶稣基督的名"(林前一10)、"以基督的谦逊温柔"(林后十1,新译)、"在主耶稣里"(帖前四1,新译)、"在主耶稣基督里"(帖后三12,原文直译)。他对罗马信徒的"请求"(思高、现中)也是"藉着我们主耶稣基督,又藉着圣灵的爱"(罗十五30)。

[81] 以上两次,原文分别用 direct discourse 及 infinitive。

励”一语互相协调。“心”字的原文已在前书出现三次(二 4、17，三 13——字词研究见下面三 5 注释)；人的内心就是隐藏在他里面的“己”，因此“鼓励你们的心”[82]在实质上与“激励你们”(现中)并无分别(参上一段〔2〕所引例子)。(二)“坚固你们”。这动词的原文已在前书出现两次，坚固的对象分别是“你们”(三 2；帖后三 3 同)和“你们的心”(三 13)；本节原文在此动词之后并无“你们”(思高、新译、当圣同)一字，因此这动词较可能是与“鼓励”分享同一个受词，即是“你们的心”。[83] 不过，正因为“你们的心”等于“你们”(现中)，补充哪一个受词在意思上并无分别。

“鼓励你们的心”是较笼统的讲法，概指帖城信徒的整个内在生命，“坚固你们的心”则是特别指他们“在一切善行善言上”的外在表现，这就是说，保罗祈愿神和基督坚固帖城信徒的心，致使他们“有良善的言行”(当圣)。“一切”并不是绝对的概括一切之意，而是“各种”(思高；参二 9〔思高〕及该节注释，二 10“各样”)；[84]“善行”可包括“善工”(思高)。“行为/工作”(字词研究见“帖前释”63 - 64 注 27)与“言语”(二 2、15)有时是相对的(林后十 11；约壹三 18)，但在这里是互相补足的，如在别的经文一样(路廿四 19：“行事说话”，思高；相反的次序〔但意义相同〕见：徒七 22；罗十五 18；西三 17)。“善”(帖前三 6、15；帖后二 16；参“帖前释”242 - 243)的意思是“有内在价值(尤指道德价值)”；这样的言行能使人得益处，使神得荣耀(参林前十 31)。[85]

保罗的祈愿(二 16～17)结束了本信的前半部分，就如前书三章十一至十三节的祈愿结束了该信的前半部分；照样，前后书的后半部分也是由另一个祈愿结束的(三 16；帖前五 23～24。参三 1 注释首段末句)。

---

[82] “你们的”在原文也是在“心”字之前，但并不表示强调(参“帖前释”257 注 192)。

[83] Cf. RV, RSV, NASB, NEB — over against AV, NIV.

[84] *pas* 字有此意思的另一些例子见 C. Brown, *NIDNTT* III 197.

[85] Holland 49 (cf. 73)认为“善行”及“善言”皆指传统的教训；“善行”就是坚守此教训，并远避那些不按照其道德标准而行的人(三 6)。但“一切”一词及上引的类似经文都表示，“善行善言”所指的是笼统性的言语及行为。

伍 请求代祷及再次代祷（三 1～5）

保罗为帖城信徒所作的祷告（二 16～17）可能使他想到，他和同工也需要帖城信徒为他们的福音工作祷告，因此他就请求他们这样作（三 1～2）。藉着“信心”和“信实”二字间的“文字游戏”，保罗的思想轻易地过渡至第二小段（三 3～4），在其中他表明了他对主及对帖城信徒的信任。最后他再一次为他们献上祷告（三 5）。

（I）请求代祷（三 1～2）

1 弟兄们，我还有话说：请你们为我们祷告，好叫主的道理快快行开，得着荣耀，正如在你们中间一样；
2 也叫我们脱离无理之恶人的手，因为人不都是有信心。

三 1 “弟兄们，我还有话说：请你们为我们祷告” 这是保罗在信上第五次直接称读者为“弟兄”（参一 3 注释），标志着新一段的开始。更清楚的标志是在原文句首的“我还有话说”这词组，[①]此语有时确是“最后”（新译、当圣）或“末了”（现中）之意，但在本节它可能有过渡性作用（如在腓三 1，四 8 一样；参冯：“腓立比书”332，445），意即“此外”（思高）或“我还有话说”；前书四章一节只用此词组内的那个形容词（注 1 第二个字），也是同样的意思（参“帖前释”283－284）。事实上，该节和本节以非常相似的方式分别开始前书和后书的后半部分（参二 17 注释末段）。

“为我们”的原文词组[②]在古典希腊文的意思是“关于我们”，按此意思来解释，保罗的请求只是：“请以我们作你们祷告的题目”；[③]不过

① *to loipon*.
② *peri hēmōn*.
③ Lightfoot 124.

按新约时期的希腊文用法，此词组跟前书五章十节论基督“为我们”死（思高、现中）所用的词组[4]可以有同样的意思，即是“为我们的缘故/益处”[5]（相反的情形，即是以注 4 那个词组表达“论到、关于”之意，已在二 1 出现过——那是两个结构可以交换使用的另一个例子，只是两个例子的方向不同）。保罗通常是在信末才请求代祷（帖前五 25；罗十五 30；弗六 19；西四 18），但并非总是那样（西四 3；参林后一 11；腓一 19）；[6]他在这里重复了前书五章二十五节的请求，但更进一步提出他请求代祷的事项。“祷告”原文（帖前五 17、25；帖后一 11；参“帖前释”440－441）所用的现在时态，表示一种持续的活动。保罗请求代祷，不是一次性的为着一种特别的、可能很快使之成为过去的处境祷告，而是继续不断地为着他所常处于其中的宣教士的处境及其需要代求。[7] 代祷是信徒参与福音事工的重要方法。

“好叫主的道理快快行开，得着荣耀” “为我们祷告”的内容分为两部分。首先提及的是“主的道”（新译），即是以主耶稣为创始者的福音，如在前书一章八节一样（参“帖前释”91－92）。就如他在腓立比书一章向读者报告他的现况时，所提及的其实是他的遭遇对福音事工的影响。照样，他在这里请求读者为他和同工祈祷，他首先关注的是福音的进展（同样的情形亦见于弗六 19～20；西四 3～4）。

“快快行开”的原文[8]直译是“奔跑”，此字在新约共用了二十次（保罗书信占半数），其中十一次有它的字面意义，即是“跑”（约二十 4）——按文理而进一步得“跑来”（约二十 2）、“跑过去”（可五 6）、“跑去”（太廿七 48；可十五 36；路十五 20；太廿八 8）、“跑到”

---

④ *hyper hēmōn*.

⑤ Cf. H. Riesenfeld, *TDNT* VI 54.

⑥ 在上列七节经文中，所用的介系词有两次是帖后本节用的 *peri*（帖前五 25；西四 3），三次是 *hyper*（罗十五 30；林后一 11；弗六 19）；又弗六 18“为众圣徒”一语中用的是前者，19 节“为我”则为后者；这两点都表示两个介系词在这种文理或“意域”中可交换使用。

⑦ Best 324.

⑧ *trechō*. Cf. BAGD 825－826 (s.v.).

(路廿四 12)等意思[9]——包括一次指"许多马车奔驰上阵"(启九 9,思高、新译),另两次指在运动场上的徒步"赛跑"(林前九 24a、b)。其余九次属比喻性用法,其中八次仍以运动场上的徒步赛跑为基础(或背景),分别用以比喻"人的……努力"(罗九 16,现中,参思高、新译)、基督徒的人生(林前九 24c、26)或信心旅程(加五 7;来十二 1),以及保罗的使徒工作(加二 2a、b;腓二 16);另一次则指主的道"快快传开"(帖后本节,新译、现中)。

除了启示录九章九节外,只有在本节,动词"奔跑"的主词是物而不是人;换言之,这里用了拟人化的说法,强调了在保罗的观念中"福音的那种本有的、几乎是独立存在的、属神的能力"[10](参罗一 16;林前一 18),就如前书一章五节不说"我们把福音传到你们那里"(思高),而说"我们的福音来到你们那里"(原文直译;参"帖前释"76)。这种说法可媲美路加的做法,他形容神的道"兴旺起来"、"日见兴旺,越发广传"(徒六 7,十二 24)。拟人化说法有旧约的先例可援——耶和华"向大地发出自己的语言,他的圣旨便立即迅速奔传"(诗一四七 15〔七十士译本 4〕,思高)——旧约亦有"太阳……如勇士欢然奔路"(诗十九 5〔七十士译本十八 6〕)的比喻性用法,因此本节"奔跑"的图象不一定是来自希腊运动场的竞赛;从"快快传开"这意思(详见下一段)看来,这图象较可能是取自旧约,不过对希腊读者来说也是不难明白的。[11]

"顺利展开"(思高)这译法,反映了一些释经者的见解,即认为"奔跑"不但表示迅速,且具有"没有从敌人方面来的阻拦和干扰"的含意。[12] 但此见解值得商榷,理由有二:(一)保罗常在信上提及他(和同工)在福音事工上所遭遇的逼迫、反对及所受的患难、困苦(例如:帖前二 2、15～16,三 7;林前四 12～13,十六 9;林后四 8～9,十一 24、26;提

⑨ 以上五次,原文用了三种不同的结构:"跑"的分词之后有限定式的动词(头三次)、"跑"字之后以另一动词的不定词表达目的(第四次)、以介系词结构表达目的地(最后一次)。

⑩ Neil 187.

⑪ Cf. Marshall 213. Frame 291 则认为是来自希腊的徒步竞赛(如在另外八次比喻性的用法一样);cf. Holland 50.

⑫ Ellicott 124a; Frame 291; BAGD 825 (s.v.2b).

后四 11),并且教导信徒要预期会遭受反对和逼迫(例如:帖前三 3～4;腓一 28～30;提后三 12),因此他大概不会不切实际地希望主的道能在不受干扰的情况下顺利展开。(二)本节末句"正如在你们中间一样"并不支持上述的见解——因为福音事工在帖城开展绝对不是在无干扰的情况下发生的(参徒十七 5～7;帖前一 6,三 3;帖后一 4～7)——除非该句是只形容"得着荣耀"一语的;但"也像在你们那里一样"显然是同时形容"快快传开"及"得着荣耀"两个动词(新译,参思高;这两个译本都把该句放在两个动词之前,避免意思上模棱两可)。基于上述理由,"奔跑"在此大抵并不含"不受阻拦及干扰"之意,而只有"迅速广传"(当圣)的意思;所提示的意象不是赛跑者的努力,而是传令官或报信者迫切地将命令或信息传开。[13]

主的道"迅速广传"不等于它被人接受信服,因此保罗随即加上"并得到光荣"(思高)一语(这两个动词这样连起来,在希腊文圣经中只见此处)。

"得着荣耀"的原文动词[14]是跟一章(10、12 节)所用的复合动词同字根的简单动词;此词在保罗书信的用法,详见一章十节注释。该处的资料显示,保罗书信中以"主的道"为"荣耀"的对象的,只有本节。但使徒行传十三章四十八节记载,外邦人听了福音就"赞美/颂赞主的道"(新译/现中),因此有释经者认为,本句的意思即是"被人存着崇敬尊重(的态度)来接受"(参现中:"得到尊重"),或认为本节与该节有同样的意思,即是当人相信并接受福音时,就是把荣耀归与神。[15] 不过,同一个动词在两节的意思似乎有所不同:该节的"赞美/颂赞"是此词一个较弱的意思,本节的"得着荣耀"则指主的道的真正价值及其能力得以彰显并且被人承认和接受[16]("归荣耀与神"可能是主道"得着荣耀"的自然或必然结果,却不是此词本身在这里的意思)。帖城信徒听见保罗等

---

⑬ Cf. Pfitzner, *Agon Motif* 108. L.-M. Dewailly (as reported in *NTA* § 9[1964]-264)则认为"奔跑"一词不但并非暗指赛跑,且亦不含迅速之意,而只是表明主的道的流动性及其活力。

⑭ *doxazō*.

⑮ 依次见:Lightfoot 124; Marshall 213; *Acts* 231.

⑯ Ellicott 124*a*; Thayer 157 (s.v. 4b).

人所传“神的道，就领受了；不以为是人的道，乃以为是神的道”（帖前二13），他们又经历这“确实是上帝的”道运行在他们里面（14 节），正是“主的道……得着荣耀”（新译）的具体说明。

“正如在你们中间一样” 如上文指出的，此句是形容“迅速广传〔并且〕得着荣耀”（当圣，参现中），而不是只形容“得着荣耀”。原文并无动词，因此“也像在你们那里一样”（思高、新译）的意思，可能不是仅指“从前在你们那里”（当圣），也不是仅指福音事工现在于帖城的进展，而是包括从过去（保罗在帖城初传福音：参帖前一 6～9，二 13；徒十七 4）延至现在（保罗写信时：参帖前一 3～4，三 6～10，四 1、9～10；帖后一 3～5）的整段时间。[17] 这话的含意就是保罗在帖城传福音的工作异常成功，其果效亦令他大得鼓励，以致福音在帖城的植根及进展足以成为日后福音事工的准绳和模范（参帖前一 7，二 19～20）。

三 2 “也叫我们脱离无理之恶人的手” 这是保罗请求帖城信徒“为我们祷告”的第二部分内容。

> “脱离”或“救”（现中）字的原文[18]已在前书一章十节出现过，此词在新约共出现十七次（保罗书信占了十二次），主要分为三种用法：（一）没有介词词组表明“从什么”获救或获救“脱离什么”，五次，分别指：犹太宗教领袖讥笑耶稣，说：“让上帝现在救他吧”（太廿七 43，新译）；保罗的信念是神“而今仍在施救”，他同时“切望〔神〕将来还要施救”（林后一 10b、c，思高）；神“搭救了那常为恶人淫行忧伤的义人罗得”（彼后二 7）；以色列的“拯救者”要从锡安出来（罗十一 26，新译）。（二）以介词词组表达所脱离的是何事物，九次，分别指：以色列“从仇敌手中被救出来”（路一 74）；罗马书那个“真是苦”的人的呼喊是，“谁能救我脱离这取死的身体呢？”（罗七 24 节）；保罗见证神曾救他和同工“脱离那极大的死亡”（林后一 10a），主把他从所受的“一切迫害”中救出来（提后三 11，思高），他

---

[17] 此三种看法依次见：B. Reicke, *TDNT* VI 722 （‘even as with [when it came to] you’）；Frame 291；Morris II 245. Marshall 213 则认为或指过去，或指现在。

[18] *rhyomai*. Cf. BAGD 737 (s.v.).

曾"从狮子口里被救出来"(提后四 17);也相信主会救他"脱离一切邪恶的事"(提后四 18,新译);神救信徒"脱离了黑暗的权势"(西一 13,新译、现中);他们等候"那位救我们脱离将来忿怒的耶稣"(帖前一 10);"主知道如何拯救敬虔的人脱离试炼"(彼后二 9,现中)。[19] (三)以介词词组表达所脱离的是何人,三次,分别指:主祷文中的一项请求是,"救我们脱离那恶者"(太六 13,新译,参现中);保罗请求罗马的信徒为他祈求神,使他"脱离犹太地不信从的人"(罗十五 31,新译),又请求帖城信徒为他和同工祈求神,使他们"脱离邪恶的人"(帖后本节,现中)。[20]

译为"无理"或"不讲理"(新译)一词的原文[21]在保罗书信只见此处,在新约另外亦只用了三次;此字原意是"不得其所""不适当"或"不正当",由此而得"罕见""惊人""不寻常""出乎意料之外"的意思,如在使徒行传二十八章六节:米利大岛上的土人看不出被蛇所咬的保罗"有什么异样"(徒廿八 6,现中),即是"见他无害/平安无事"(和合/新译)。由此再发展至伦理意义上的"不对""不义",如在七十士译本(例如:伯廿七 6;箴三十 20;马加比贰书十四 23——三处皆指行为上的坏事或错事)及新约其余的三次:与基督同钉的两个犯人中的一个说:"这个人没有作过一件不好的事"(路廿三 41),即是"不对/不正当的事"(新译、思高);非斯都指着保罗对犹太人的首领说"那人若有什么不是〔现中:"不法的行为"〕,就可以告他"(徒廿五 5);保罗请帖城信徒求神救他脱离"坏人"(帖后本节,思高)。

上一段资料显示,"无理"一词的原文用来形容人而非事,在新约只见此处。所谓"无理之……人"的意思不是"不可理喻"(石 106)或"无理取闹的……人"(当圣),而是行为不当的"坏人"。"坏人与恶人"(思

---

[19] 以上九次,原文所用的介系词有八次是 *ek*,只有一次是 *apo*(提后四 18)。

[20] 以上三次,原文所用的介系词都是 *apo*。太六 13 如此翻译,而不是"救我们脱离凶恶"(参思高),为上述两个介系词在新约与"脱离/救"字连用时大致用法上的分别(前者指脱离非个人性之物,后者指脱离有位格的人物)所支持:cf. M.J. Harris, *NIDNTT* III 1176.

[21] *atopos*. Cf. BAGD 120 (s.v.).

高）这译法看来是指两班人，但原文直译可作“那些坏而恶〔即又坏又恶〕的人”（“恶”字的字词研究见“帖前释”454－455），所指的只是一班人（参现中：“邪恶的人”）；“救……脱离恶人”一语可能是旧约句子的回响（七十士译本：赛廿五4；诗一三九〔马索拉抄本一四〇〕2）。[22] 在七十士译本中，“恶”字常与“无法”（参二8）一字连着出现（例如：赛九17〔现中：“无法无天……邪恶”〕；马加比壹书十四14）；[23]有释经者认为，保罗以“坏”字代替了“无法”，可能是因他在上一章（3～8节）曾用后者来形容那不法的人，亦有认为更可能是因他现在所特指的敌人是犹太人（他们不是“无〔律〕法”的）。[24] 不论“又坏又恶的人”这独特的词组（在希腊文圣经中绝无仅有）是如何得来的（我们不应排除作者自创此语的可能性），从上文下理可知，所指的是不信基督、并拦阻福音进展的人。

此词组在原文有冠词（“那些”，新译、当圣），这意味着帖城信徒知道保罗当时的处境，他不是笼统地提及一些“坏而恶的人”，而是具体地特指某一班人。虽然有释经者认为这班人的身份无从证明，因保罗常常遇到来自犹太人及外邦人的麻烦，[25]但鉴于保罗当时正在哥林多传福音并且受到犹太人的“反对……毁谤”（徒十八6〔现中〕，参9～10节；亦参12节，不过此节所载的是保罗在哥林多停留的末期才发生的事），保罗所说“又坏又恶的人”最自然的解释，就是指（或至少主要是指）帖城信徒对他们也有亲身经历的“不信的犹太人”（参徒十七5；亦参帖前二15～16；罗十五31），这也是多数释经者的见解。[26] 按此理解，保罗请求代祷的内容首部分是笼统性的（主的道迅速广传，并且得着荣耀），次部分是较为特别的（针对他当时的处境），尽管此部分亦可以按广义来应用。

---

[22] 有关的两句在原文依次为：*apo anthrōpōn ponērōn rhysēi autous*，*Exelou me ... ex anthrōpou ponērou*.

[23] 有关的原文词组依次为：*pantes anomoi kai ponēroi*（复数），*panta anomon kai ponēron*（单数）。

[24] 依次见：Best 325；Marshall 214.

[25] Best 326. Bruce 198 也认为“那些……人”不限于特别的某一类人。

[26] Cf. Ellicott 125*a*；Lightfoot 125；Frame 292；Neil 188；Morris II 245；Whiteley 107；Moore 112；J. Schneider，C. Brown，*NIDNTT* III 203；多马斯 266。

“因为人不都是有信心” 这句解释了为何有那些又坏又恶的人存在——“因为‘信’不是属于所有人的”(原文直译)。“信”字原文(详见“帖前释”64－65)理论上可解为客观的信仰内容(参腓一 27,冯:“腓立比书”177;亦参加一 23,冯:“真理”90),即是“福音”或“基督教”,㉗但此词在这里的意思显然是“信德”(思高),指福音所要求的、人对福音的主观回应,因为只有这样解释,保罗的思想才可以自然地藉着“信心”与“信实”二字间的文字游戏从本节过渡至下一节。㉘“不是人人都有信心”(新译)这句话,像“不是所有的人都顺从福音”(罗十 16a,新译)一样,其实是一种低调的说法(留意罗十 16b:“我们所传的有谁信呢?”),意即很多人都是没有信心的;而在这许多的不信者当中,有些更是积极地反对福音及使徒和信徒的人(参林前十六 9;腓一 28)。本句一方面为下一节铺路(提供与“信实”一词的联系),另一方面亦表示,虽然保罗请帖城信徒为福音工作的成功祷告,他同时也认识到一件事实,就是并非所有人都相信或会相信的。㉙

(II) 表示信任(三 3～4)

3 但主是信实的,要坚固你们,保护你们脱离那恶者。
4 我们靠主深信,你们现在是遵行我们所吩咐的,后来也必要遵行。

三 3 “但主是信实的” 本节跟上一节有两方面的联系:(一)上节最后一个字是“信心”,本节原文第一个字是“信实”,两字字音近似,构成一种“文字游戏”;㉚(二)二字亦构成思想上的对比,由“但”或“但是/然而”(现中/当圣)一字引介出来:又坏又恶的人(迫害者)是没有信心的,但主是信实的,因此有信心的人(被逼迫者)可以倚靠信实的主而

㉗ 依次见:Lightfoot 125; Moffatt 51*b*.

㉘ Holland 87 则认为 *pistis* 在此应解为“信实”:不但“并非人人都是信实的”与“主是信实的”相对,“信实”亦与“离道反教”(二 3)相对。但“并非人人都是信实”这意思与上文不大相符。

㉙ Marshall 214.

㉚ *pistis*, *pistos* = paronomasia (BDF 488.1). 参罗三 3“不信……信实”(新译): *apistia* ... *pistis*.

得到鼓励。[31] “信实”或“忠信”（思高）原文的字词研究，见“帖前释”469－470。在前书该节（五24）被形容为“信实的”呼召者是神，保罗书信另外有三次说“神是信实的”（林前一9，十13；林后一18）；这里称为信实的是主，不是因为“主”比“神”与“那恶者”构成更佳的对比（神常以撒但的末世性对头的姿态出现，例如参：罗十六20），而是因为本段（三1～5）的重点是在主而不是在神的身上（二字出现的次数分别为四次与一次）。当然，这两种讲法是完全一致的，因为神的一切应许是在基督里获得兑现（林后一20），基督的信实反映并证明了神的信实。不过，在上列四次“神是信实的”一语中，原文并无“是”字（读者自然会在思想上补充这个动词），但本句是有的，这就强调了主的信实是一件千真万确的事实。[32]

“要坚固你们，保护你们脱离那恶者” 这是主的信实带来的双重结果——原文有“并且”一字将两个动词连起来——亦可说主的信实“会”（现中，原文动词是未来时态）显明于他对帖城信徒的“坚固”和“保护”上。“坚固”是“保护”的方法：帖城信徒若得着坚固，就能同时受到保护，得以脱离那恶者。“坚固”（字词研究见“帖前释”228－229）在这里所指的，不是信徒“在一切善行善言上”得坚固（二17），也不是他们的心被坚立到在圣洁中无可指摘的地步（帖前三13），而是（像在帖前三2一样）他们在逼迫患难中仍然坚持信心（参一4）。[33]

“保护”原文[34]在新约一共用了三十一次（保罗书信占八次），显示了五个意思：（一）一次指牧人“守夜〔更〕”（路二8，思高）。（二）四次分别指士兵“看守”彼得（徒十二4）及保罗（徒廿八16），保罗“〔被〕拘留”在希律的王府中（徒廿三35，新译，原文为被动语态），以及格拉森被鬼附者“被拘禁”/“被看管着”（路八29，现中/思高）。（三）四次（均为中间语态）分别指“戒避”一些事物（徒廿一

---

[31] Best 327.

[32] Cf. Frame 294; Morris II 247.

[33] G. Harder (*TDNT* VII 656)认为是指道德方面的坚固。但本句的文理并不支持这看法。

[34] *phylassō*. Cf. BAGD 868 (s.v.).

25，思高)，“躲避/远离”一切的贪婪(路十二 15，思高、现中/新译)，“防备”或“提防”(思高)恶人(提后四 15)和错谬的教训(彼后三 17)。(四)十一次的意思是“遵守”，所遵守的分别是：神的律法(徒七 53，廿一 24；加六 13〔后二节参思高、新译、现中〕)、诫命(太十九 20；可十 20；路十八 21〔后二者原文为中间语态〕)、律法上公义的要求(罗二 26，参原文)、神的道(路十一 28)、耶稣的话(约十二 47)、耶路撒冷的使徒和长老所定的规条(徒十六 4)，以及保罗给提摩太的教训(提前五 21)。(五)另十一次是“护卫、保存、保守”等意思，分别指：壮士“守卫”自己的家园(路十一 21，现中)，保罗曾为杀害司提反的人“看守”衣服(徒廿二 20)，神在洪水的审判中“保存”了挪亚一家(彼后二 5，思高、新译)，耶稣说“在这世上恨恶自己生命的，必会保存生命到永远”(约十二 25，新译，参思高、现中)；㉟神能够“保守”信徒不至跌倒(犹 24)，保罗深信神能够“保守他所付托给我的”(提后一 12，现中，参思高)；他嘱咐提摩太要“保守”所托付他的(提前六 20)，靠着圣灵“保守”所交托他的善道(提后一 14，新译、现中)；信徒要“保守自己远离偶像”(约壹五 21，新译)；基督在世时“护卫”了神所赐给他的人(约十七 12)，主亦会“保护”信徒脱离那恶者(帖后本节)。

用“保护”一词的原文来指主的保护，在保罗书信中仅此一次，但亦见于旧约(诗一百廿一〔七十士译本一二〇〕3、4、5、7a、b、8，一百四十一〔一四〇〕9；参出廿三 20)。“那恶者”(新译同)这译法把原文的“恶”字㊱(三 2；帖前五 22；详参“帖前释”454－1455)看为阳性，“免于凶恶”(思高)这译法则把它视为中性；㊲前一个看法较为正确，理由如下：

㉟ 以上四次动词是用在字面意义上，以下七次则为比喻性意思。

㊱ *tou ponērou*.

㊲ “(可以脱离)罪恶”(当圣)是较松散的意译。有学者在同一本书的不同地方，把原文分别解为““那恶者”和“凶恶”(Guthrie, *Theology* 109,627). G. Harder(*TDNT* VI 561)解为中性，并认为所指的是犹太人祷文中的邪恶，尤其是末日的灾难；cf. G. Bertram, *TDNT* IX 241. Holland 51 则认为作者是在想到一种特别的“恶”，即是(读者)偏离从作者所受的传统教训。

(一)“那恶者”比“凶恶”与“主”构成更鲜明有力的对比;(二)上文提到又坏又恶的人(2节),他们对使徒和信徒的攻击不是出自抽象的“凶恶”,而是由他们的父(参约八38、44)——即“那恶者”——的煽动而起的;(三)本书和前书曾不止一次描写“那恶者”的活动(二9;帖前二18,三5),如在其他的保罗书信一样(例如:林后二11,四4,参六15);(四)原文词组在新约的用法支持此看法:除本节外,此词组在新约共用了十七次,其文法格式清楚表示它是阳性的有六次(太十三19;路六45a;林前五13;约壹二13、14,五18),表示它是中性的有一次(罗十二9),在其余的十次中,较难决定是中性抑是阳性的有两次(太五37:或“那恶者”抑“邪恶”〔思高〕? 太六13:“凶恶”抑“那恶者”〔新译〕?[38]),文理清楚表明它是中性的只有两次(路六45b、c:“恶”与“善”相对),表明它是阳性的则有五次(太五39,留意下文一连串的“有人”或“有……的”;太十三38,下一节提到“魔鬼”;弗六16,参11节“魔鬼”;约壹三12,上文〔8、10节〕提及“魔鬼”,且有二13～14的提示;约壹五19,上一节刚提过“那恶者”),余下的一次(约十七15)本身是模棱两可的(“那恶者”抑或“邪恶”〔思高〕?),但在约翰壹书上述的那些经文的提示下,可能也是阳性的。本节的原文词组的用法是像上面那五次一样,即是文理表明它是阳性而非中性的。基于上述四项理由,笔者赞同多数释经者的见解,即保罗的意思是,主会保护信徒脱离那恶者。[39]

一章四、五节及前书三章三节等经文足以表明,“保护你们脱离那恶者”或“使你们不受那恶者的侵害”(现中)这话的意思,不是说神会使信徒免受逼迫患难,而是说神会“使〔他们〕坚强”(现中),就是使他们有坚定的信心去渡过一切的逼迫患难,以致他们不会被那恶者所胜(参约壹四4)。除了现今的逼迫患难之外,也许“那恶者”在这里还暗指撒但在末期更加强烈的活动(二9),[40]而本句所应许的,就是信实的主会坚固信徒,使他们不但在现今的苦难中不为那恶者所胜,就是在最后不法

---

[38] 关于此节,参三2注释注20.

[39] Cf., e.g., Lightfoot 125 - 126; Frame 294; Neil 189; Best 327 - 328; Marshall 215; Bruce 200; W. Foerster, *TDNT* II 80, VII 160 - 161; E. Achilles, *NIDNTT* I 566; H. G. Schütz, *NIDNTT* II 135.三2注释注20所提出的一点,亦进一步支持这个结论。

[40] Cf. Moore 113; Robertson, *Pictures* 4.57; Bruce 200.

者横行时，仍能屹立不倒(参串释三 3～5 注释)。

三 4 “我们靠主深信” 上一节表明了保罗对信实的主的信任，本节继而表达他另一方面的信任，是关乎读者的。保罗的思想在这里回到二章十三至十五节那段的主题上(仿佛二 16～17 的祈愿和三 1～2 的请求代祷是一段插入的话)，就如他在该段为读者蒙拣选接受救恩的事实而感谢神之后，便进而呼吁他们尽上自己的本分，坚守所学到的传统。照样，他在本段表明了“主会保护他们”这种信心后，便继而表示他深信他们会遵行所受的吩咐——亦即间接地呼吁他们要如此遵行。[41]这样，两段都先后提及神的工作和信徒的责任。

译为“深信”的原文[42]在保罗书信另外出现二十一次(新约全部五十二次)，主要分为四种用法：(一)主动语态(除了完成时态及过去完成时态外)的意思是“劝(人)”(林后五 11)——即是“尽力使人相信我们”(思高)；或是贬义的“哄骗人”——为要“得人的欢心/讨人的喜爱”(加一 10，新译/思高)。(二)被动语态(完成时态除外)的意思是“顺从(真理)”(罗二 8；加五 7)。(三)完成时态被动语态的意思是“深信”(罗八 38，十四 14，十五 14；提后一 5、12)。(四)完成时态主动语态的意思也是(1)“深信”(罗二 19；林后二 3；腓一 6、25，二 24〔现中〕；门 21)、“(自)信”(林后十 7)、“笃信不疑”(腓一 14；但参思高：“依靠”)，或是(2)“倚靠”(新译、现中：林后一 9；腓三 3、4)、“信任”(加五 10，思高，参现中)。

本句原文(除了连接词外)由三部分构成，依次为：(1)动词，(2)介词词组“在主内”(思高)，(3)另一介词词组“对你们”(现中)。[43] 若把(3)直接连于(1)，得出的意思便是：“我们在主内信赖你们”(思高)，意即“我们对你们的信任是从主而来的”，亦即“主使我们对你们有信心”(现中)。按此解释，本句的意思便与加拉太书五章十节相同(唯一的分

---

[41] Cf. Moore 112; Marshall 216.

[42] *peithō*. Cf. BAGD 639 - 640 (s.v.).

[43] *pepoitharmen de* (1) *en kyriōi* (2) *eph' hymas* (3).

别是主词是单数抑或复数):“我在主内信任你们”(思高)。不过,该节原文的次序是这样的:(1)动词,(2)介词词组“对你们”,(3)另一介词词组“在主里”。[44] 换言之,本节与该节的原文次序有一点重要的分别:该节的次序支持“我信任(1)你们(2)”这个译法,但本节的次序则支持“我们深信(1)在主里(2)”——即是“我们靠主深信”(新译、当圣同)——这个译法。按此了解,本句的意思便是:我们的信心(信任)是“在主里”的,而这种信心是“向着或关乎你们”的。[45]

但“在主里(深信)”是什么意思呢?原文结构亦见于罗马书十四章十四节,[46]其意思可能是“凭着〔我〕跟主耶稣的密切关系(确实知道)”(现中),或进一步有“基于主耶稣明确的教训”之意;[47]相同的结构在另外两处——“在主里笃信不疑”(腓一 14,参冯:“腓立比书”119~120)、“靠着主我相信”(腓二 24,新译)[48]——的意思,都是说主乃所谈及的信心的基础。本句的“靠主深信”可以作同样解释,即是保罗对帖城信徒的信任是以主为基础,是来自他对主的信心;他深信主会在帖城信徒身上继续他所已开始的善工(一 3;帖前一 6~8,二 13~14,四 9~10;参腓一 6),因而相信帖城信徒会继续遵行所受的吩咐。另一个解释把“在主里”看为信心在其中生效的范畴,就是说,保罗等人之所以能对帖城信徒有信心,是因为他们双方都“同在主的生命里”(现中,于加五 10 的意译);但即使按此解释,保罗的信心到头来仍是对主的能力与信实的信心。[49]

“你们现在是遵行我们所吩咐的,后来也必要遵行” 本句表达了保罗和同工对帖城信徒所存之信心的明确内涵。有释经者将“我们所吩咐的”解为保罗刚在上文发出、要读者为他和同工祷告的“命令”;[50]

---

[44] (*egō*) *pepoitha* (1) *eis hymas* (2) *en kyriōi* (3).

[45] 本句与加五 10 的另一点分别是,该节用的介系词是 *eis*,本节用的是 *epi*,如在林后二 3(*pepoithōs epi pantas hymas*)一样。

[46] *pepeismai en Kyriōi Iesou*.

[47] Cf. Cranfield, *Romans* 712 - 713.

[48] 原文依次为:*en kyriōi pepoithotas*, *pepoitha de en Kyriōi*.

[49] Cf. Best 328 - 329; Marshall 216.

[50] Lightfoot 127.

此说不可能是正确的,因为即使该节命令式语法的动词"(为我们)祷告"可视为表达命令而不是请求,该项命令并不符合本节复数的"所吩咐的〔东西/事情〕"(原文的中性关系代名词是复数的)。"吩咐"这动词表达一种带权柄的命令(帖前四 11〔参"帖前释"331－332〕,同字根的名词见帖前四 2),反映了保罗和西拉的使徒权柄(参"帖前释"141－142),以及提摩太作为主的工人所有的权柄。此动词在保罗书信多数指有关伦理道德或教会生活(而不是教义方面)的"教训和嘱咐"(当圣)。"我们……吩咐"原文是现在时态,因此"我们所吩咐的"应指此信上的教训,但帖城信徒怎么可能"现今(已是在)实行"(思高)他们尚未收到的信上的教训?这个表面上的难题的答案,可能就是保罗认为自己在此信上只是重复(至多是详述或增补)了先前所给的教训(二 15;连教义方面的教导也是如此,参二 5),因此他可以有这样的信心,相信他在信上所吩咐的,至少已部分为读者实行出来了。[51]

保罗深信,帖城信徒不但"是在实行,并且要继续实行"(现中)他所吩咐的;类似的信念或盼望(在原文,同一个动词的未来时态紧随其现在时态之后)亦见于哥林多后书一章十节("他……而今仍在施救,……将来还要施救",思高),及十三至十四节(原文 14 节:"你们现在领会……以后会完全明白",现中)。本节的"后来"或"将来"(思高)所指的,大抵是读者接获此信之后;保罗对他们表示信任,相信他们"以后还是一样〔当圣〕会遵行我们吩咐的〔新译〕",其实也有劝勉的作用,只是不像"要照你们现在所行的,更加勉励"(帖前四 1,参 10)那么直接。由此看来,亦鉴于"命令"这动词在下文重复出现(三 6、12,参 10 节),也许在"我们所吩咐的"这笼统性的词语背后,保罗特别想到他对"如何处置闲懒不作工者及不听劝戒者"这问题所要提出的教导,而本节可说是为下文(6～15 节)预备道路的伏笔。[52] 事实上,保罗在此信上"所吩咐的",除了二章十五节外,就只有下文该段;该段可视为前书四章九至十二(尤其是十一、十二)节的补篇:前书那段是对信徒直接的、正面的教训,后书那段是关乎他们中间的不良分子的、较负面的教导,因此,单就

---

[51] Marshall 216.

[52] Cf. Ellicott 126; Frame 295; Best 329.

本节与下文该段的关系而论，“你们现在是遵行我们所吩咐的”实质上可指前者（帖前四 9～12），而“后来也必要遵行”则指后者（帖后三 6～15）。

“遵行”（新译、当圣同）或“实行”（思高、现中）的原文[53]在保罗书信一共出现八十三次（新约全部为五百六十八次），显示了多种不同的用法：有九次以中间语态的格式与一个名词连着出现，二者构成一种“迂回说法”，[54]合起来的意思分别是：“提到”（罗一 9；门 4）或“提起”（现中：弗一 16；帖前一 2）、“祈求”（腓一 4；提前二 1，现中）、“（身体）增长”（弗四 16）、“凑出捐项”（罗十五 26）、“（为肉体）〔作出〕安排”（罗十三 14）。其余的七十四次都是主动语态。（一）动词单独使用（即是并无副词），但其受事词可从文理补充而得：“办……事”与“起……意”相对（林后八 10、11）；帖城信徒“现在所做的”（现中）就是“彼此劝慰，互相建立”（帖前五 11）；信实的神必“成就”使信徒全然成圣及得蒙保守的事（帖前五 24）；保罗“将来还要作”的，是他现今作的（林后十一 12b，思高）；他知道腓利门会甚至“超过我所说的”去作（门 21，思高）。（二）以副词形容行动的方式：“作得好”（思高：林前七 37、38a）、“作得更好”（林前七 38b，思高）、“照样做”（林前十六 1，思高）、“这样做”（罗九 20）——即是“造成这（个）样子”（现中、新译）；有一次，“你们……做得好”（腓四 14，思高）其实意即“多谢你们这样做”（参冯：“腓立比书”474－475）。（三）以随后的分词表达行动的方式：主“完成他的判决”是“彻底迅速”地（罗九 28，思高）作成的；保罗从前对神亵渎，是“由/出于无知而作”的（提前一 13，新译/思高）。（四）指人制作的活动，如陶匠用泥“造”器皿（罗九 21，新译、现中）。（五）“工作、达成、预备”等意思：保罗嘱咐提摩太，要“作传福音者的工作”（提后四 5，新译）；神在基督里“成就……永恒的旨意”（弗三 11，新译）；他会为受试探的信徒“开一条出路”（林前十 13）；基督已“成就（了）和平”（弗二 15，思高、新译）；信徒当远离“制造纷争

---

[53] *poieō*. Cf. BAGD 680－683 (s. v.); Thayer 524－527 (s. v.).

[54] Periphrasis.

和绊脚石”的人(罗十六 17,思高)。

(六) 原文以中性的形容词或代名词或类似的字来表达所作的是什么:(1)“行善”(罗七 21,现中;林后十三 7b,思高、新译;加六 9;罗十三 3)、“不论行了什么善事”(弗六 8,思高);[55](2)“作恶”(罗三 8,十三 4)、“不做任何坏事”(林后十三 7a,现中);[56](3)神能“成就一切”(弗三 20),保罗“所作的一切”都是为了福音的缘故(林前九 23,新译),信徒“做一切事”都不可抱怨或争论(腓二 14,思高),“一切”都要为荣耀神而作(林前十 31b,思高);(4)原文单数关系代名词分别指:“无论……什么”(西三 17、23)、“我所恨恶的”、“我所不愿意”、“我所愿意的”(罗七 15、16、19)、“他所愿意的”(林前七 36,直译)、“神所应许的”(罗四 21)、保罗自食其力,不成为信徒的经济负担(林后十一 12a),复数的关系代名词[57]指信徒所没有的“义行”(多三 5,原文直译);(5)动词的受词有五次没有译出来(罗七 20)或意译为“这样”(罗十二 20;林前十一 24、25;提前四 16)的“这事”,一次为“正是这件事”(加二 10,参现中),[58]还有“这些事”(加五 17,原文)、“同样的事”(弗六 9,原文)、“什么”(林前十五 29,思高)、“无论……什么”(林前十 31a)、“无事”(原文:提前五 21;门 14)、“它”(帖前四 10,原文;思高作“这事”)、“它们”(原文:罗一 32,二 3,十 5;加三 10、12)。[59] (七)动词与随后的连接词[60]合成“使”的意思(西四 16,思高:“使这封信也在……宣读”)。(八)原文用双受词的语法,分别指:行淫的信徒简直是“把基督的肢体当作娼妓的肢体”(林前六 15,新译、现中);神“使那不认识罪的,替我们成了罪”(林后五 21,思高);基督“使双方(犹太人与外邦人)合而为一”(弗二 14)。(八) 此词一次与表达时间的副词连用而得出“度过一日一夜”之意(林后十一 25,思高)。(九)

---

[55] 以上五次,原文依次用 to *kalon*(头三次),*to agathon*(第四次),*ti agathon*(最后一次)。

[56] 以上三次,原文依次用 *ta kaka*, *to kakon*, *kakon mēden*.

[57] 单数与复数分别是ὅ(首二节依次为 ὅ τι ἐάν 及 ὃ ἐάν) 与 ἅ.

[58] 以上六次,原文依次为 *touto*, *auto touto*.

[59] 以上十二次,原文依次为:*tauta ta auta*, τί,τι, *mēden*, *ouden*, *auto*, *auta*(最后五次)。

[60] *hina*.

“行善”(罗三 12)在原文[61]跟上文(六)(1)所引经文的“善”字不同，这里的意思是“实行‘恩慈’(加五 22)的美德”。(十)“行”字亦用来指“犯罪”(林后十一 7;林前六 18)以及“作……不正当的事”(罗一 28,新译,参思高)。(十一)此词数次有顺从或遵行之意:信徒从前所行的是“肉体和心意所喜好的”(弗二 3,新译),如今他们应“从心里遵行神的旨意”(弗六 6);受割礼者“有责任遵行全部的律法”(加五 3,新译);没有律法的外邦人亦可能行出合乎律法的事(罗二 14,参现中);保罗深信帖城信徒“现在以及将来都会遵行我们所吩咐的”(帖后本节〔两次〕,新译)。

(III) 再次代祷(三 5)

5 愿主引导你们的心,叫你们爱神,并学基督的忍耐。

三 5 “愿主引导你们的心” 保罗的思想从他对主的信心(3 节)转到帖城信徒对他的教训的回应(4 节),现在再转到为他们祷告(5 节);就如在第二章末,他的思想从他对神的信心(神拣选了帖城信徒接受救恩,13～14节)转到读者对他的教训应有的回应(15 节),然后又转到为他们祷告(16 节)一样[62](参三 4 注释首段)。不过,前一次祷告的对象是主耶稣基督和神(二 16;参帖前三 11),这次则只是主;这是由于本段(三 1～5)的重点是在主而不在神(参三 3 首句注释)。

“引导”的原文是祈愿式语法的动词,[63]已在前书三章十一节的祈愿中出现过(参“帖前释”262－263);它的过去不定时时态并不表示一次性的引导,只是把重点放在引导的事实(而不是过程)上。“引导(某人的)心”一语常在七十士译本里出现,例如:罗波安行恶,因“他没有引导他的心去寻求主”(代下十二 14,原文直译,下同);相反的,先知耶户说约沙法的善行之一,正是“你曾引导你的心去寻求主”(代下十九 3),

---

[61] *poiein chrēstotēta* (from *chrēstotēs*).

[62] Moore 113.

[63] *kateuthynai* (from *kateuthynō*). Cf. BAGD 422 (s.v.).

但就算在约沙法年间，百姓仍“没有引导〔他们的〕心归向主”（代下二十33）；“求你引导他们的心归向你”（代上廿九 18）正是大卫为以色列民的祈求。[64] 在这些例子里，此语表达了全力以赴（为要达到目标）之意。[65] “心”字在本节也是指人的整个内在生命（如在二 17 及帖前二 4、17，三 13 一样），因此“引导你们的心”[66]在实质上跟“引导你们”（现中）并无分别，只是强调了这种引导是内在生命的事。

“心”字原文[67]在保罗书信一共出现五十二次（新约全部一百五十六次），一贯的意思都是指人（不论是否已蒙救赎）的整个内在生命，包括思想、感情和意志各方面；不过，不同的文理会给予此字略为不同的重点。兹分述如下：

（一）“心”作为思维与理解（包括属灵的理解）的官能，重点在“意”（与“情”“志”区别）方面——“心里说”（罗十 6）意即不作声的思想，“人心……未曾想到”（林前二 9）原文直译是“（某事）未尝进入〔人的〕心〔即思想〕中”；神已“用光照亮我们〔信徒〕内心”，为使我们得以认识他那照耀在基督脸上的光辉（林后四 6，现中）；保罗祈求神使读者“心灵的眼睛明亮”，使他们知道某些属灵的事实（弗一 18，新译）；“法律的命令”，即是律法所要求的行为，是刻在外邦人心上的（罗二 15，现中），另一方面，“他们冥顽不灵的心陷入了黑暗”（罗一 21，思高）；以色列人诵读摩西之书时，有帕子“盖在他们的心上”（林后三 15，思高、新译）；保罗叫罗马的信徒提防一些背道的人，他们“以甜言蜜语”（思高）“欺骗老实人的心”（新译，罗十六 18）。

---

[64] 四段的原文依次为：

ou	*kateuthynen*	*tēn kardian autou*	*ekzētēsai ton kyrion*
	katēuthynas	*tēn kardian sou*	*ekzētēsai ton kyrion*
ou	*kateuthynen*	*tēn kardian*	*pros kyrion*
	kateuthynon	*tas kardias autōn*	*pros se*

[65] Moore 113－114.

[66] “你们的”在原文也是在“心”字之前，但并不表示强调；参二 17，及“帖前释”257 注 192.

[67] *kardia*. Cf. BAGD 403－404 (s. v.); Thayer 325－326 (s. v.).

(二)“心”作为愿望、欲念、感情(尤指爱)的所在,重点在“情”方面——神任凭人顺着“心里的欲念”去作污秽的事(罗一 24,现中);保罗“心里所愿的”是要以色列人得救(罗十 1),因为他们的不信,他“心里时常伤痛”(罗九 2);他曾在“心里难过痛苦”的情况下写信给哥林多人(林后二 4),他感谢神“把我对你们那样的热情,放在提多的心里”(林后八 16,新译);“你们常在我们心里”(林后七 3)意即“我们多么地爱你们”(现中),“你们常在我心里”(腓一 7)可同样解释;神的爱藉着圣灵“已倾注在我们〔信徒〕心中了”(罗五 5,思高)。

(三) 重点在“志”方面,指人的意志及其决定(包括道德灵性方面的决定)——存“不悔改的心”等于为自己积蓄忿怒(罗二 5);真正的割礼是“心里”的(罗二 29);主会显明“人心里的动机”(林前四 5,新译、现中);保罗告诉信徒要让基督的和平“在你们心里作裁判”(西三 15,现中),“各人要照着心里所决定的捐输”(林后九 7,新译),如果有人“心里坚决,……决心让她〔女儿或女友〕持守独身”,这样作也是好的(林前七 37a、b,新译);在“保守你们的心思意念”一语中(腓四 7),“心思”的重点是在感情与意志方面,“意念”的重点则在思维方面(参冯:“腓立比书”442－443)。

(四)“心”代表性情或气质——外邦人是“心里刚硬”的(弗四 18);作仆人的应以“真诚的心”听从肉身的主人(弗六 5,新译;西三 22,思高)。

(五)信徒的心是神的居所——神“赐圣灵在我们心里作凭据”(林后一 22),他“差遣他儿子的灵进入我们心里”(加四 6,新译);保罗为读者祈求,“使基督藉着你们的信,住在你们心里”(弗三 17,新译)。

(六) 用在概括性的意义上,“心”指人的整个内在生命——(1)心与口相对,口可表达内在的生命:保罗说他所传信心的信息是“在你口里,也在你心里”(罗十 8,新译);信徒“口里宣认……心里相信”的,是神使基督从死人中复活(罗十 9、10,现中);保罗对哥林多人“口是张开〔新译:坦率〕的,心是宽宏的”(林后六 11);信徒要“在……心中歌颂赞美主”,“在……心内……歌颂”神(思高:

弗五 19〔参和合：口唱心和地〕；西三 16)；(2)"凭外貌不凭内心夸口"(林后五 12)是外表与内在生命的对比，在"仅是面目离开，而不是心离开"(帖前二 17，思高)一语里，"心"尤指内在生命中的意志和感情；(3)保罗以哥林多教会为他和同工的荐信，是"写在我们的心里"(林后三 2)、"写在血肉的心版上"的(林后三 3，思高)；他对提摩太两次提到"纯洁的/之心"(思高：提前一 5/提后二 22)；"从心里顺服"(罗六 17)意即诚心诚意地顺服；(4)未信者"心里隐秘的事"可能会在教会的聚会中显露出来(林前十四 25)；神是"洞悉心灵/洞察人心的"(罗八 27，思高/现中)；(5)保罗打发推基古，目的是要"鼓励"读者的心(现中：弗六 22；西四 8)，他自己尽心竭力，也是为要使信徒的心"受到鼓励"(西二 2，思高)；神不但是"察验我们内心"的神(帖前二 4，现中)，他也能"坚固"(帖前三 13；帖后二 17)、"鼓励"(帖后二 17，思高)和"引导"(帖后本节)信徒的心。

"叫你们爱神，并学基督的忍耐" 保罗愿主引导帖城信徒的心"进入神的爱及基督的坚忍里"(原文直译)。"神的爱"及"基督的坚忍"这二词各有至少两个不同的解释。"神的爱"若解为信徒对神的爱，得出的意思便如和合本及思高圣经的翻译("去爱天主")。[68] 若解为神对信徒的爱，"进入神的爱……里"的意思便是："使你们对上帝的爱有更深的体验"(现中，参当圣："能深入地了解上帝的爱")。[69] 若合并上述两种解释，"神的爱"便同时包括神对信徒的爱(这是信徒所经历的)，以及信徒对神的爱(这是他们所表达的)，其中以前者为主，因后者是由前者引发的回应。[70] 还有一个解释，认为保罗要读者显出神对他们所已显明的那种爱，显出之法，就是藉着为保罗祷告。[71] 笔者认为第二种解释

---

[68] (*tēn agapēn*) *tou theou* = objective genitive. Cf. MHT 3.211; E. Stauffer, *TDNT* I 50 n.140; Calvin 415; Ellicott 127a; Jewett, *Anthropological Terms* 322.

[69] *tou theou* = subjective genitive. Cf. Guthrie, *Theology* 104－105.

[70] *tou theou* = *both* subjective *and* objective genitive. Cf. Lightfoot 127－128; Moore 114; Morris II 249－250.

[71] Marshall 217: *tou theou* = genitive of quality. 参下面注 79.

最为可取，理由如下：(1)保罗很少提到人对神的爱；在他提及人对神的爱的四段经文中，所用的都是动词而不是(如在本节)名词(罗八 28；林前二 9〔引赛六十四 4〕，八 3；弗六 24；参二 13 注释，动词“爱”字的字词研究第〔二〕点)。(2)本节原文所用的词组(见注 68)在其他的保罗书信出现三次，三次都是指神对人的爱(罗五 5，八 39；林后十三 13；参二 10 注释，名词“爱”字的字词研究第〔一〕点)。[72] (3)若保罗的原意是“引导你们的心去爱神”(参思高)，较自然的表达方式是在限定式的动词“引导”之后用不定式语法的“爱”字(而不是名词)。[73] 按此解释，本节“神的爱”一语单指神对人的爱；不过，就事实而论，信徒若对神的爱有深刻的体验，他们便会(或至少应当)向别人反映神的爱，即是向他们显出自己所已经历的、神对他们所已显明的那种爱，“使你们有上帝的爱”(新译)这种译法，也许正好把词组的原意及引申而得的意思同时包括在内。

“基督的坚忍”(思高、新译、当圣)在原文，[74]是与“神的爱”相同的结构(参注 68)，因此同样引起了几种解释。(一)有人说所指的是信徒虔敬地耐心等候基督再临(参帖前一 3)。[75] 但“坚忍”一词的原文在保罗书信另外出现十五次，一贯的意思都是“坚忍”，却没有一次有“忍耐等候基督再临”之意(参“帖前释”67－68 的字词研究)；此意思按理应由与前书一章十节“等候”一词同字根的名词表达出来，[76]或以该动词的不定式表达；因此，这个解释大抵不是正确的。(二)另一说将原文词组解为“在基督身体之内坚贞不移的忠诚”；[77]但这样把所有格“基督的”看为相等于介词词组“在基督里”是有问题的做法，并且(像前说一样)破坏了“基督的坚忍”和“神的爱”二者间的平行状态。(三)在此平

---

[72] 原文词组在新约另外出现五次(约壹二 5，三 17，四 9，五 3；犹 21)；它的意思在第四段显然是人对神的爱，在第三、五两段是神对人的爱，在第一、二两段则较为模棱两可。

[73] Cf. Best 330.

[74] *tēn hypomonēn tou Christou*.

[75] *tou Christou* = objective genitive. Cf. Calvin 415－416; Jewett (as in n. 7); F. Hauck, *TDNT* 586 with n. 19.

[76] *anamonē* (cf. *anamenō*): Whiteley 108.

[77] MHT 3. 212: ‘steadfast loyalty in the Body of Christ’ (*tou Christou* = ‘mystical’ genitive).

行状态的提示下,并配合着"坚忍"一词在上文(一 4;参帖前一 3)及保罗书信一贯的意思,"基督的坚忍"最自然的意思是基督本身所显出来的坚忍(参来十二 2~3);⑱但保罗显然盼望读者在自己的生命中显出基督所表现的那种坚忍来,⑲因此"进入……基督的坚忍里"或"有……基督的坚忍"(新译)同时包含基督所表现的坚忍以及基督所激发或"所赐"(当圣)的坚忍这两个意思,后一个意思有罗马书十五章四至五节的支持。⑳ 虽然坚忍亦是信徒应当追求获得的一样美德(参提前六 11;多二 2),故此"学基督的忍耐"或"学习基督的坚忍"(思高、当圣)这些译法本身的意思是没有错的,不过在本节的祈愿中,保罗想到的较可能是基督的激发或赋予,而不是信徒的学习。㉑ (四)还有一种解释合并了第一种和第三种的部分解释,而得出以下的意思:"愿那些信徒致力于理解基督的忍耐(第三种解释首部分)到一个地步,以致这样的理解会把忍耐等候末日〔的能力,第一种解释〕灌输入他们里面。"㉒鉴于上述对第一种解释所提出的反对理由,笔者亦未能接受此解释为"进入/有基督的坚忍"一语本身的正确解释,尽管就事实而论,信徒对主之再来的盼望和确信,会使他们越发能够显出基督那样的坚忍(帖前一 3),而理解基督的坚忍,亦会使信徒更能忍耐等候他的再临。

按此处所接受的解释,"基督的坚忍"这词组反映了保罗对历史中的耶稣某方面的认识。虽然保罗不大可能曾认识在世为人的耶稣,但这不等于他对耶稣的生平一无所知;尽管他在他的书信中较少提及耶稣的生平和教训,而较多集中注意力于复活的主身上,但认为保罗对历史上的耶稣不感兴趣这一说法,仍然与保罗书信显示的证据不符。㉓

---

⑱ *tou Christou* = subjective genitive. Cf. Bruce 202, II 1165a; Ellicott 127; Morris II 250; Best 330; W. Grundmann, *TDNT* IX 546; U. Falkenwrath, C. Brown, *NIDNTT* II 775.

⑲ 因此,按 Marshall 218 的解释,*tou Christou* = genitive of quality(参上面注 71)。

⑳ Cf. whiteley 108; Neil 190. 另一些释经者则只接纳"基督所激发"或"基督所赋予"之意,分别见:Frame 24; Best 330.

㉑ Zerwick 38 (*tou Christou* = 'general' genitive)则认为"基督的坚忍"包括(1)由仿效基督之忍耐的愿望所激发的忍耐,以及(2)此忍耐在基督里显明出来(参林后一 5)两个意思。

㉒ Moore 114: *tou Christou* = *both* subjectve *and* objective genitive. 参上面注 70。

㉓ 对有关说法的反驳,参冯:"真理"83 - 85;Fung, *Galatians* 76 - 77.

本句正是这证据的一小片段，它表明在适当或有需要时，保罗是能够采用关于历史上的耶稣广泛的传统的。[84]

本节祈愿的内容对读者十分适切：帖城信徒若深刻地经历神对他们的爱，又获赐基督所表现的坚忍，就能得着力量去坚守他们所已领受的传统（二 15）及保罗现今要给他们的教训（4 节、6～15 节），并且继续在那恶者（3 节）所发动和利用的逼迫患难中，"仍然存着坚忍和信心"（一 4，新译）。[85] 本节更可说展示了"基督徒内在和外在的特色。内在的特色就是对神的爱的认识体会……外在的特色就是基督所能赐的坚忍。……一个人心中有神的爱，生命中有基督的力量，就能面对任何事情"。[86]

---

[84] Cf. Guthrie, *Theology* 225; Ladd, *Theology* 412.

[85] Cf. Frame 289, 296; Best 330.

[86] Barclay 216.

陆　劝勉（三 6～16）

保罗在结束他这封信之前，再次就前书已谈及的一个问题向读者提出劝勉，就是关于闲懒不作工的信徒的问题(帖前五 14，四 11～12)。在前书四章十二节的讨论中(见“帖前释”336－338)，我们得出了这样的结论：该问题与主再来的问题无关，而是由一些会友误解彼此相爱的道理并滥用别人爱心的济助引起的(参帖前四 11～12 串释注释)。就本段而论，同样有释经者认为，有些信徒继续闲懒不作工，是直接因他们相信主再来的日子已迫近眉睫；或认为问题还有另一个成因，就是他们持希腊人对体力劳动的典型看法，以之为只属奴隶的工作，不是享自由之身者所应做的；[①]另一个看法谓于前书已窥见一二的“信徒中有人终日闲散不作工的情形……此时更可能因为误解主的日子已到而益显严重”(串释三 6～15 注释)。[②] 但在本段如在前书一样，并无片言只字把两个问题连起来，[③]而且本段的内容显示，保罗是在讨论一个伦理性而非关于“已实现之末世观”(参二 2)的问题，因此上述对前书四章的结论，仍然适用于本段。鉴于保罗在上文(4 节，一 3～4)所表达对读者的称赞和信任，本段所反映的问题大抵只涉及教会中少数的信徒，它不是个普遍的问题，更没有达到构成“危机”的程度。不错，本段比起前书用来处理同一个问题的篇幅长多了，但这不一定是由于问题变得更为

---

① 依次见：Moffatt 52；Neil 191；Marshall 219；及 Morris II 251－252.(最后一位作者所提出的那另一个成因本身却是可接受的；参三 10 注释注 76 及所属正文。)

② Cf. Frame 18.作者认为另一个成因是：那些受了保罗之托要警戒闲懒不作工者(帖前五 14)的教会大部分的信徒，在履行他们的责任上不够机智而处理失当(帖后三 13、15)。

③ Collins(*Letters* 234)正确地指出，在讨论怠工者的一段里面，并无明确地提及主的再来，在信上关于末日的部分及劝勉部分之间，看来并没有正式的关连。Schmithals(*Paul* 198)亦谓，保罗似乎并不认为那些“专管闲事”者的狂热是由他们对末日来临的过分热切期待引致的，不然的话，他便得解释为何虽然末期已迫近眉睫，信徒仍必须工作，或是指出这种期待的错处。亦参三 10 注释注 75 及所属正文。

严重，[4]而较可能是因为那些出了问题的人仍然执迷不悟，所引起的处境仍然未有改善，故此保罗需要较详细地处理这个问题。[5]

关于那些闲懒不作工者，保罗嘱咐读者要远离他们，并举出自己和同工自食其力的事实为帖城信徒当效法的榜样（三 6～10）；他直接劝戒怠工者要“安静作工，吃自己的饭”（三 11～12），又向读者指示应如何对待不听从保罗的教训的人（三 13～15），最后以祷告结束本段（三 16）。

(I) 关于闲懒不作工者(三 6～10)

6 弟兄们，我们奉主耶稣基督的名吩咐你们，凡有弟兄不按规矩而行，不遵守从我们所受的教训，就当远离他。

7 你们自己原知道应当怎样效法我们；因为我们在你们中间，未尝不按规矩而行，

8 也未尝白吃人的饭；倒是辛苦劳碌，昼夜作工，免得叫你们一人受累。

9 这并不是因我们没有权柄，乃是要给你们作榜样，叫你们效法我们。

10 我们在你们那里的时候，曾吩咐你们说，若有人不肯作工，就不可吃饭。

三 6 “弟兄们，我们奉主耶稣基督的名吩咐你们” 这是信上第六次直接称呼读者为“弟兄们”（参一 3 注释）。“吩咐”或“命令”（现中）这动词[6]（亦见于 4、10、12 节；参“帖前释”331 - 332）比“劝”字（帖前四 10；参帖后三 12）较为强硬；除了在本书及前书（四 11）出现共五次外，

---

④ Cf. Moore 114 - 115.

⑤ 笔者在“帖前释”337 末行以括号加上的一句话——“此问题到保罗写帖后时显得更为严重”——说得过分肯定，最后六个字应改为“仍然没有改善”（如在该书初版的勘误表所作的）。

⑥ *parangellō*. Cf. BAGD 613 (s. v.). 同字根的名词为 *parangelia*.

此词亦在提摩太前书出现五次(一 3,四 11,五 7,六 13、17),但在保罗这两组书信之间,只在哥林多前书出现两次(七 10,十一 17);同字根的名词(见注 1)在前书出现一次后(四 2),要到提摩太前书才再出现两次(一 5、18)。换言之,就保罗书信而论,此组词汇几乎完全集中在他这两封早期的书信和那封属最后期的教牧书信;这是因为帖城信徒信主的年日尚浅,需要使徒给予强有力的领导,而教牧书信所反映的异端,则亟需受到严词谴责。[7]

"奉主耶稣基督的名"("名"字详参一 12 注释)这介词词组的原文在保罗书信中另外出现五次(林前五 4,六 11;弗五 20;腓二 10;西三 17),介系词的意思因文理而稍有分别(参冯:"腓立比书"256 - 257);在本节(如在林前五 4,该段亦是在论及教会惩治的问题),"奉"即"基于其命令及权柄"之意,"因我们的主耶稣基督的名"(思高)意即"因为蒙了主耶稣的委任与授权"。[8] 保罗及同工之所以能"命令"帖城信徒,正是因为他们有主所赋予的权柄,但他们之所以能吩咐"你们",则是因为帖城信徒是"弟兄",即是承认了基督为主,理应顺从基督(因此亦顺从基督所委派的人)的信徒。

"凡有弟兄不按规矩而行,不遵守从我们所受的教训,就当远离他" 较贴近原文次序的译法是:"要远离所有游手好闲、不遵守我们教训的弟兄"(现中,参思高)。"凡有弟兄"原文是"每一个弟兄";这是"弟兄"一词在信上首次不是用来直接称呼读者(另一次在 15 节)。有释经者认为这种讲法似乎表示所指的情况只是偶尔出现——这里一个,那里一个;[9]但此推论似乎有欠稳妥,因为在结构与此非常相似的"各种坏的(灵恩现象)要远避"(帖前五 22;见"帖前释"453 - 456)一语中,[10]并不见得有"只偶尔出现"的含意。"凡有弟兄"这讲法只是强调,保罗现在提出的规定,适用在符合他所描述的"每一个弟兄"身上,无一

---

⑦ 这项观察得自夏里逊教授(参"帖前释"459 注 636)。

⑧ H. Bietenhard, *TDNT* V 271, *NIDNTT* II 654; cf. O. Schmitz, *TDNT* V 764.

⑨ Hendriksen 199.

⑩ 比较:

stellesthai . . . apo pantos adelphou (本节)

apo pantos eidous . . . apechesthe (帖前五 22)

例外。

> “远离”一词的原文[11]可能是个航海用语，指将帆缩短（与“扬帆”相对），从而得出“抑制”“阻止”，以及（中间语态则有）“退（缩）”之意；后者正是此词在七十士译本玛拉基书二章五节（与“敬畏”构成同义的平行状况）的意思。[12] 此词在新约只出现两次（都是中间语态），另一次的意思是“防范”（林后八 20，思高），即是力图避免（参现中：“十分谨慎，免得……”）。同字根的复合动词[13]在新约出现四次，一次为主动语态，指彼得在安提阿时因怕那些守割礼的人而“退避/退缩”（加二 12，思高/现中），不再跟外邦信徒一起吃饭；三次为中间语态，分别指保罗在以弗所时没有“避讳”不说任何一件对信徒有益的事（徒二十 20），而是把神的全部计划毫无“保留”地传给了他们（徒二十 27，新译、现中），以及神的心不喜悦义人“后退”（来十 38，新译）。

“远离他”的意思不是把他“开除”（现中：林前五 2、13；参 3～5 节）或逐出教会，而是“不和他交往”（14 节，见下面注释）。[14] 保罗在此提出这种“排斥”的做法，表示他关注的重点，不在于把不良分子从教会“铲除”（林前五 13，思高），而在于教会要保守自己清洁（参林前十五 33）。[15] 保罗从正反两面描写了这应受教会其他成员孤立的弟兄的生活方式是怎样的。首先，他是“不按规矩而行”（当圣同）。“行”字（参“帖前释”168－169）本身的意思，及所用的现在时态，都表示所指的是这人惯性的行为举止和态度。“不按规矩”在原文是个副词（在新约仅见此处及 11 节），是与前书五章十四节同样译法的那个形容词同字根的；副词加上“行”字的意思，等于同字根的动词（7 节，新约仅此一

---

[11] *stellō*. Cf. BAGD 766 (s.v.). 其中间语态为 *stellomai*.

[12] MM 587 (s.v.).

[13] *hypostellō*. Cf. BAGD 847 (s.v.).

[14] Cf. H. Greeven, *TDNT* VII 854 n.19；石 109.

[15] Cf. K.H. Rengstorf, *TDNT* VII 590.

次)。⑯ “不按规矩而行”这译法，反映了此动词在古典希腊文的意思，即是“违犯法令”或“不受约束”，但此词在当代的蒲草纸文献上的用法，支持“旷职、怠工”等意思(参“帖前释”429－430)，因此“游手好闲”这译法(思高、新译、现中)较为可取。本节所论的弟兄，是前书该处所论那些弟兄之中的一分子，即是个不负责任，不亲手作工，反而用“弟兄相爱”的借口倚靠别人的供应来度日的人。⑰ 第二，保罗说这第兄“不遵守从我们所受的教训”——较贴近原文的译法是：“不按得自我们的传授(而)生活”(思高)，⑱而且原文含有一子句，新译本译为“你们从我们……领受〔的传授〕”，另一些抄本则以“他们领受”代替“你们领受”。⑲ 支持“你们领受”这说法的释经者认为，此说法与下一节的“你们……知道”相符，若保罗这里是说“他们领受”，下一节便应说“他们知道”才对。原来的“你们领受”其后被改为“他们领受”，可能是抄者看错了“传授”一词的结尾部分所致。⑳ 笔者认为支持“他们领受”这说法的理由较强：(一)刚提及的那个解释的说服力不大，因为有关的那两个字

---

⑯ 原文依次(副词、形容词、动词)为：*ataktōs*，*ataktos*，*atakteō*.

⑰ Jewett 105 则坚持原文形容词的基本意思是“反叛的”或“不服从的”，并记为两段(帖前五14；帖后三 6～15)所指的，都是一些坚决抗拒权柄、本身却可能声言有权接受其他教会成员供养的人。Holland 52－53 提出类似的理论：本节所论的人没有遵守传统的教训，却自命为赋有属灵权柄，有权受教会供养；他们是一班“反对者”，后书的作者就他们的行为和教义两方面攻击他们，此释经者进一步认为，这些人跟帖前五 14 的“不守规矩的人”并非同一班人，后书的“不守规矩”的情况根本与前书的“不守规矩”者无关，只是后书的作者借用了前书一个短语来描写一个新的处境(同书 82)。Ellis (*Prophecy* 20－21，cf. 11 n. 36)认为帖后这些“游手好闲”的人是一群同工，保罗劝他们要像他那样自食其力(cf. also Collins，*Letters* 234－235). 三个理论都缺乏说服力，参导论第壹节 III 部下之第五说及笔者的评论，三 15 注释注 152，及导论第贰节注 49 及所属正文。

⑱ 但此译本在本句之前的“或”字，似乎是原文 *kai* 字错误的翻译：“或”字表示这里所说的是两种人——“游手好闲”的，以及“不按得自我们的传授生活”的弟兄。但原文那个连接词其实有解释的作用——“游手好闲”即是(或：因而、这样就)“不按得自我们的传授生活”。本书参考的另外四个中译本都(正确地)没有把那个小字译出来，特别留意现中此处所用的顿号。

⑲ 原文依次为：*parelabete*，*parelabosan*/*parelabon*. 在后面这两个复数第三人称的异文中，前一个是较不规则的格式(解释见 Bruce 203 n. b)，因此受到一些学者的怀疑(Milligan 113*b*；MHT 1.52)，但为近代学者所接纳(BDF 84.2；Marsahll 220；F. W. Beare，*IDB* IV 629*a*).

⑳ Frame 300；Morris II 252 n. 9. Cf. *parelabosan* with *paradosin*.

并不是那么相似(参注15);(二)“他们领受”的原文(见注14第二个希腊字)是个较不寻常的格式,因此难以想象是抄者将原来的“你们领受”改正而得的结果;(三)上下文都多次用复数的第二人称,因此第三人称是“较难的异文”,其后可能有抄者在第七节的“你们知道”一词的影响下“改正”为第二人称的“你们领受”。㉑ 不过,两种异文所引起的实质上的分别不大,因为若是“你们领受”了,则“他们”也自然领受了;保罗的重点仍然是在这弟兄的生活方式有违他(和其他信徒)从保罗等人所领受(此动词参“帖前释”181)的“传授”(思高)这一此事实上。

“传授”(原文为单数;参二15注释)包括保罗“口传的〔和〕信上写的”教训(二15);此词在本节特指关于“信徒与工作”的教训,包括前书所载的教训(四11～12)、保罗和同工的个人榜样(7～9节),以及他们对帖城信徒重复的口头教导(10节的“吩咐”原文为未完成时态,表示重复的行动),其中有该节下半节那项明确的指示。㉒

三7 “你们自己原知道应当怎样效法我们” 原文于句首有“因为”一字,㉓表示本句是支持上一节所给的命令,它特别解释了“他们从我们所领受的传统”一语,保罗的思路似乎是这样:你们当把闲懒不作工、不按得自我们的传授而生活的弟兄孤立起来,因为你们(包括那弟兄)自己知道这传授是什么,并知道应按此传授来生活,效法我们的榜样。“你们自己知道”(现中)这种强调的讲法已在前书出现三次(二1,三3,五2;参“帖前释”82);这里强调“你们本来就知道”(新译)这一事实,为要表明上节“要远离他”的命令是非常合理的。“应当”的原文不是一章三节和二章十三节所用、表达个人责任感的“该”字,而是前书四章一节所用、表示信徒的本分乃基于神的旨意的“该”字。㉔ “应当怎样效法我们”是“应当怎样行,以致可以效法我们”(参较帖前四1)的缩写;㉕这种缩短的讲法使“效法”一字更为突出,因而受到强调。以上两

㉑ Cf. Best 335; Metzger 637; Moore 116; also, Lightfoot 129-130; Ellicott 128*b*.

㉒ Cf. Russell, 'The Idle' 108.

㉓ *gar*.亦见于10、11节句首。

㉔ *dei* (not *opheilō*); cf. Moore 117; W. Grundmann, *TDNT* II 25.

㉕ *pōs dei mimeisthai hēmas* = a brachylogy for *pōs dei hymas peripatein hōste mimeisthai hēmas* (Lightfoot 130).

点(所用的"应当"一字、缩短的讲法)所产生的果效,就是强调了使徒之传授的权威性质,而保罗这么强调帖城信徒要遵守他的教训和"效法我们的榜样"(当圣),是因为闲懒不作工者的问题,虽然经过保罗在前书的指示(四 1～12),仍未获得解决。

> "效法"一词的原文[26],除在本节及第九节出现外,在新约另外只用了两次,分别指信徒应效法教会领袖的信心(来十三 7)和效法善(约三 11;现中:"学好")。同字根的人物名词"效法者"[27]在新约共用了六次:希伯来书的作者盼望他的读者会"效法那些凭信心和忍耐承受应许的人"(来六 12);保罗要信徒效法他,就如他效法基督(林前四 16,十一 1),也要他们效法神(弗五 1);帖城信徒成为使徒和主的效法者,是在于他们在患难中带着圣灵的喜乐接受了真道(帖前一 6,参"帖前释"84－85),他们也成为犹太地众教会的效法者,是在于他们和那些教会分享了同样的受逼迫的经历(帖前二 14,参"帖前释"184－185)。同字根的复合人物名词"一同效法者"[28]在新约里只出现一次(腓三 17),指保罗要读者一同效法他。可见此组词汇除了前书那两次外,都有主动地仿效一个榜样的意思,此主动的意思在三章九节特别清楚。

"因为我们在你们中间,未尝不按规矩而行" 现代中文译本及当代圣经的翻译并无"因为"一词,这反映了一些释经者的看法,即是原文那个小字是与上一句"怎样"一字前后呼应,指出"怎样"的实际内容。[29]但"因为"(思高、新译同)是原文自然和合理的翻译,它引出本句来解释为什么帖城信徒知道怎样效法保罗。[30] "在你们中间"意即"(我们)跟

---

[26] *mimeomai*. Cf. BAGD 521－522 (s. v.).

[27] *mimētēs*. Cf. BAGD 522 (s. v.).

[28] *symmimētēs*. Cf. BAGD 778 (s. v.).

[29] *hoti* = 'that' (Bruce 205).但此字在同书 203 的经文翻译中则被译成'because'. RSV, NEB, NIV 像现中、当圣一样,没有译出此字。

[30] *hoti* = 'because' (NASB), 'seeing that', 'in that' (Ellicott 129 a), 'for' (AV, RV; Frame 301; Lightfoot 130).

你们在一起的时候”(现中);“不按规矩而行”在原文只是一个字(见注11),此字在新约出现仅此一次,意思是“游手好闲”(新译;参6节注释)。原文的过去不定时时态将保罗和同工在帖城传道的整段时间综合起来,在此期间,他们“并不偷懒”(现中),“未尝”游手好闲,从“没有闭散过”(思高)。这是另一个低调说法[31]的例子(参2节:“人不都是有信心”;帖前二15:“不得神的喜悦”);较准确的描写可见下一节。

三8 *“也未尝白吃人的饭”* 这是保罗等人未尝游手好闲的自然结果,就如“闭散/偷懒”的结果便是要“白吃人的饭”。原文直译是“也没有白白地从任何人〔那里〕吃面包/食物”。译为“吃饭”的原文词组[32]是希伯来语法,指用膳(出二20;撒下九7;王上十三15;王下四8;路十四1、15)或进食(创三19;撒上二十34;太十五2;可三20),但“从任何人(那里)”这词组提示我们,“吃饭”在这里的意思可能是“接受供养”“靠……维持生计”;无论如何,“从任何人那里吃饭”此语在整本希腊文圣经中似乎再没有完全相同的例子。[33]

译为“饭”字的原文[34]在保罗书信共用了十次(新约全部为九十七次),其中七次指主的晚餐所用的饼(林前十一23;参太廿六26;可十四22;路廿二19)或圣餐时“我们〔信徒〕所擘开的饼”(林前十16):“只有一个饼,……我们都是分享同一个饼”(林前十17a、b,新译),“这饼”(林前十一26、28)称为“主的饼”(林前十一27)。一次指作食物用的面包:神是那“赐种子给撒种的,又赐食物给人吃的”上帝(林后九10,新译、现中)。其余两次泛指食物,“吃自己的饭”(帖后三12)与“吃别人的饭”(本节,现中)相对。

“吃”字原文[35]在保罗书信共用了四十三次(新约全部为一百五十八次),主要分为五种用法:(一)单独使用——“吃(的人)”与“不吃(的人)”相对(罗十四3〔四次〕、6〔四次〕;林前八8a、b);“谁

[31] *meiosis* or litotes. Cf. Milligan 114.
[32] *arton phagein*.
[33] Frame 301 - 302.
[34] *artos*. Cf. BAGD 110 - 111 (s.v.).
[35] *esthiō*. Cf. BAGD 312 - 1313 (s.v.).

若怀着疑心吃了,便被判有罪”(罗十四23,思高);在某种情形下,信徒要“为良心的缘故不吃(献过祭的食物)”(林前十28);哥林多人聚集在一起吃的时候,本应彼此等待(林前十一33),他们却在吃的时候,各人急着享用自己的晚餐(21节),保罗吩咐“若有人饥饿,可以在家里先吃”(34节);“若有人不肯作工,就不可吃(饭)”(帖后三10)。(二)“吃”与“喝”多次在哥林多前书连着出现——使徒“有权利吃喝”(九4,新译),即是“有权利靠传福音吃饭”(现中);在家里“吃喝”意即在家中用膳(林前十一22);“吃喝”可指严肃的献祭的餐(林前十7)或圣餐(林前十一29a、b,参现中);“吃吃喝喝”(林前十五32)指一种无忧无虑,甚至是看重享受或放荡不羁的生活方式;信徒“或吃或喝”都当为着神的荣耀而行(林前十31)。(三)以介词词组形容“吃”字——“人若因食物绊倒弟兄,对他来说〔直译为:对那吃而引致(弟兄)跌倒的人㊱〕,这就是恶事了”(罗十四20,新译)。(四)以介系词表示所吃之物——牧放羊群〔者〕吃羊群的奶”(林前九7b,思高),就如“在圣殿供职的,就吃殿中的供物”(林前九13,新译);“人应当省察自己,然后才吃〔主的〕饼,喝〔主的〕杯”(林前十一28,新译)。㊲(五)用直接受格表示所吃之物——“吃蔬菜”与“(吃)所有的食物”相对(罗十四2b、a,新译)、“吃肉”(林前八13)与“喝酒”相对(罗十四21)、吃“祭偶像之物”(林前八10、7〔参新译〕)、“吃〔葡萄〕园里的果子”(林前九7a)、(昔日的以色列人)“吃了一样的灵粮”(林前十3,新译、现中)、“吃祭物”(林前十18)、吃“肉市场上所卖的〔一切〕”(林前十25,现中,参新译)、吃“凡摆在你们〔赴宴者〕面前的”(林前十27)、“吃主的晚餐”(林前十一20)、“吃主的饼”(林前十一27)、“吃这饼”(林前十一26)、“吃自己的饭”(帖后三12)与“吃别人的饭”(本节,现中)相对。

“白白地”原文副词㊳在新约共用了九次(保罗书信占四次),

㊱ *tōi anthrōpōi tōi dia proskommatos esthionti*.

㊲ 所用的介系词三次都是 *ek*.

㊳ *dōrean*. Cf. BAGD 210 (s.v.); H. Vorländer, *NIDNNT* II 41.

> 分为三个主要意思:(一)"徒然"(加二 21)——"如果义是藉着律法而来的,基督就白白地死了"(新译,参现中、思高)。(二)"无缘无故地"(约十五 25,现中;引诗卅五〔七十士译本卅四〕19,六十九 4〔六十八 5〕)。(三)"白白地",即是当作礼物,不用付钱——信徒是"因着上帝的恩典,藉着在基督耶稣里的救赎,就白白地称义"(罗三 24,新译);上帝"要把生命的泉水白白地赐给口渴的人喝","谁愿意,都可以白白地接受生命的水"(现中:启廿一 6,廿二 17);耶稣吩咐十二个门徒,"你们白白地得,也要白白地给"(太十,现中);保罗"把上帝的福音白白地传给"哥林多人(林后十一 7,新译);他和同工在帖城信徒中间"从来不白吃人家的饭"(帖后本节,当圣)。

"倒是辛苦劳碌,昼夜作工,免得叫你们一人受累" "倒是"或"而是"(思高)与上文的"未尝……也未尝"或"没有……也没有"(思高、新译)形成强烈对比。[39] 这下半节的其余部分,跟前书二章九节的有关部分(即是除了"弟兄们,你们记念"及"传神的福音给你们"等字外)几乎完全一样,只是该处说"我们的辛苦劳碌",本节则说"以(/在)辛苦劳碌(中)"(原文直译);故此这下半节的解释,可参"帖前释"156 - 161。[40] 帖撒罗尼迦教会的成员,似乎主要都是一些来自基层的人士,如技工或作小买卖者,他们可能甚至在经济上遭受某种程度的剥夺。[41] 鉴于此

㊴ *ouk . . . oude . . . all'*.

㊵ "黑夜白日"(思高)在原文用 *nyktos kai hēmeras*,意即保罗和同工"在晚间和在日间"都工作。用直接受格的异文(*nykta kai hēmeran*)强调他们长时间地工作("整夜和整日"),可能是抄者为要加强保罗的话而加以修改的结果(Metzger 638)。石 110 谓"作工包括传道工作及织帐棚的工作"。笔者认为"作工"只是指为着"维持生活"(当圣)而作的工,而这工作不是"织帐幕/棚",而是以皮匠的身份制造帐幕(参"帖前释"158 - 159)。

Bailey('II Thessalonians' 139)认为,保罗在帖城时并非完全自给自足,因他不止一次从腓立比教会获得资助(腓四 15 - 16),帖城的信徒必定知道这事。此事发生未几,保罗便写帖后三 7 - 8 节的话给帖城信徒,叫他们在这方面效法他,是极不可能的事——多年后另有人以保罗的名义写了这些话,可能性更大。可是,(1)保罗在帖城时获腓立比教会的资助其实只有一次(参"帖前释"480—482);(2)即使帖城信徒知道此事,亦不影响保罗在这两节的一个重点——"免得叫你们一人受累"——因保罗并不是接受帖城信徒的资助;(3)我们不晓得保罗在帖城时所获得的资助有多少(参冯:"腓立比书"486)。

㊶ Cf. Jewett 118 - 123 (esp. 121 - 122).

点，这里提出的保罗和同工自食其力的动机——“免得加重你们任何一人的负担”(新译，参思高)——就显得更为重要了。

三9 “这并不是因我们没有权柄” “这并不是”(省去“因”字)正确地译出了原文词组[42]的意思；此语(亦见于林后一24，三5；腓四11、17)的功用是要避免读者对上文刚说过的话产生误解，因而加以进一步的解释(参林前九15)。上文刚提过保罗与同工在帖城信徒当中从没有游手好闲或接受他们的供应，而是辛勤作工，自食其力(7b－18节)，这事实可能使读者误以为保罗等人根本“无权要求生活上的供给”(现中)或“接受供应”(当圣)，因此他在这里明说，事实并不是这样。这种“权利”(思高、新译、当圣)是主耶稣差派门徒出去传道时赋予他们的(太十10；路十7)；保罗晓得，“传福音的人靠福音为生”是主的吩咐(林前九14，新译；参提前五18)，他自己以使徒的身份就更有这种“不劳作”而“取得饮食”的权利(思高：林前九6、4)。本节这句话的含义，就是保罗等人虽然享有这种权利，却“没有用过这种权利”(新译：林前九12，参15节)。保罗申明他和同工其实有这种权利，为要使他们的个人榜样更为有力。与此同时，他这种申明还有两个作用，一是使别的传福音者靠福音养生的权利获得保障，二是免得使他的使徒权柄、因而连同他所传的福音受到怀疑(这种怀疑在保罗与哥林多教会的关系上是个重要的因素，参林后十二11、13)。[43]

“权柄”或“权利”的原文[44]在保罗书信共用了二十七次(新约全部为一〇二次)，分为三个主要意思：(一)“抉择上的自由”“权利”——十次，分别指：一个人“随自己的意愿处置〔某人〕”的自由(林前七37b，思高；与“有不得已的事”相对)、信徒吃祭过偶像之食物的“自由”(林前八9，参思高)、陶匠“用同一团泥，又造贵重的、又造卑贱的器皿”之权(罗九21，新译)、保罗“在传福音上所有

[42] *ouch hoti*. 在此之前大抵应补充动词 *estin* 或类似的字(MHT 3.303). 另一些释经者则认为此词组 = *ou legō*/*legomen hoti* (Milligan 114b; BDF 408.5). 无论如何，*hoti* 的意思不是‘because’，而是‘that’。

[43] Cf. respectively, Frame 303; Calvin 418; Whiteley 109.

[44] *exousia*. Cf. BAGD 277－1279 (s.v.).

的权利”(林前九 18,思高)、他和巴拿巴理论上有“带着信主的妻子往来”的权利(林前九 5,新译)、他与同工“不劳作”而“取得饮食”的权利(思高:林前九 6、4)、从哥林多人那里“收获一些物质的供应”的权利(新译:林前九 12a,参 12b),以及从帖城信徒那里“接受供应”的权利(帖后本节,当圣)。(二)“权柄”——三次,分别指主所赐的使徒权柄(林后十 8,十三 10),以及妇女头上“服权柄的记号”(林前十一 10,新译同)。(三)统治者所行使之权力的行使“范围”,或“行使权力者”本身——十四次,分别指:“黑暗的权势”(西一 13;与“他〔神〕爱子的国”=“他亲爱的儿子的主权”〔现中〕相对)、“空中的领域”(弗二 2,原文直译;参现中:“天界”)、灵界的“掌权者”(与“执政者”连着出现:单数:西二 10;复数:〔思高〕弗三 10,六 12;西二 15;与“执政者”和“有能者”连着出现〔单数〕:林前十五 24,现中;与“在位者、统治者、执政者”连着出现〔复数〕:西一 16,现中;与“执政者”“统治者”及“有能者”连着出现〔单数〕:弗一 21,参现中),以及地上的“政府”“政权”以及“执政者”(现中:罗十三 1a、b、2、3;多三 1)。

“有”字原文[45]在保罗书信共出现一百六十一次(新约全部为七〇七次),都是主动语态的,其中三次作不及物动词用:两次与介词词组连着用而得“准备停当”“预备好”之意(思高:林后十 6,十二 14),[46]一次与副词连用而得“不是这样/是不同的”之意(提前五 25,原文直译)。[47] 作及物动词用的一百五十八次,可分为六个主要意思:(一)“穿戴”(即“有……在身上”)或“持守”——(1)“蒙着头”(林前十一 4)直译为“有〔东西〕从头上〔垂下来〕”,[48]这是女人应有的“服权柄的记号”(林前十一 10);(2)人最基本的罪在于“不愿意持守关于上帝的真知识”(罗一 28,现中),某些个人的信念,自己“在上帝面前持守”便好了(罗十四 22b,新译),作监督的一项

---

[45] *echō*. Cf. BAGD 331 - 334 (s.v.).

[46] 原文依次为:*en hetoimōi*, *hetoimōs*.

[47] *ta allōs echonta* = ‘those [works] which are otherwise’ (NASB, cf. AV, RV).

[48] *kata kephalēs echōn*.

资格是能“使儿女凡事敬重顺服”(提前三 4,新译),作执事的必须“用清洁的良心持守信仰的奥秘”(提前三 9,新译),提摩太应把从保罗所听的健全道理,“奉为模范”(提后一 13,思高)。(二)“有”即是“本身包括”——操练敬虔“享有今生和来世的应许”(提前四 8,新译)——或是“(根基)上面刻着”(提后二 19,新译)。(三)“视为”——“尊重”(腓二 29)直译是“把(这样的人)看为宝贵”,保罗相信腓利门是把他“看作同伴”(门 17,新译)。(四)“有”字加上不定式语法的动词,意即“能”或“可”——如在“有力量帮助贫穷的人”及“无话可说”(现中:弗四 28a;多二 8)等词语中。(五)“有”字用于较为特别的词语中,分别指“争讼”、“在日常生活上……应审判的事”、“彼此……诉讼的事”(思高:林前六 1、4、7)、“嫌隙”(西三 13)和毒瘤的“蔓延”(提后二 17,新译)。

(六) 最常见的意思(一四〇次)是“拥有、享有、具有”或“得到”——(1)“照所有的”与“照所无〔=没有〕的”,相对(思高:林后八 11、12a、b),“似乎一无所有”与“却是样样都有”相对(林后六 10),[49]“没有的人”(林前十一 22b,思高)即是“穷人”(现中),信徒没“有什么不是领受的”(林前四 7),某些类别的人不能在基督和神的国里“承受产业”(弗五 5,思高)。(2)“有”指有亲属关系或其他密切关系的人:“丈夫”(加四 27;林前七 2b、13)、“妻子”(林前七 2a、12、29a、b)、“儿子”(加四 22)、“儿女”(多一 6)、“儿女或孙儿女”(提前五 4,现中)、“自己父亲的妻子”(即是“同……姘居”:林前五 1,思高)、“上万的导师”(林前四 15,现中)、在天上的“主人/主子”(西四 1,现中/思高)、家中的寡妇(提前五 16)、“信主的主人”(提前六 2,新译)、作榜样的使徒和同工(腓三 17,参冯:“腓立比书”396－397)。(3)指整体和部分的关系:“一个身体有许多肢体”(新译:罗十二 4a;参林前十二 12)。(4)“有”即是可供自己使用:“有家”(可在家里吃喝:林前十一 22a)、“有诗歌,或有教训,或有启示,或有方言,或有翻出来的话”(可于聚会中与众人分享:林

[49] 两个“有”字原文依次为:*echō*, *katechō*.

前十四26〔五次〕)、"有言可答"(林后五12)、有"同心的人"(可供保罗差遣:腓二20,参冯:"腓立比书"301-302)。(5)"有"指身、心、灵各方面的状况——如"肉身上的痛苦/肉体上的苦难"(林前七28,思高/新译)、"瑕疵、皱纹,或其他类似的缺陷"(弗五27,思高),以及下列各项:"爱"(林前十三1、2c、3)、保罗对哥林多人的爱(林后二4)、信徒间彼此"同样的爱心"(腓二2,新译、现中)、歌罗西人"对众圣徒的爱心"(西一4,新译),"信心"(罗十四22a)、"全备的信心"(林前十三2b,思高),"信心和无愧的良心"(提前一19,新译),腓利门"对主耶稣和众圣徒〔的〕爱心和信心"(门5,新译),盼望(罗十五4;林后三12,十15;弗二12;帖前四13〔后三次参新译、现中〕),"知识"(林前八1、10),"惧怕/警惕"(提前五20,新译/思高、现中),"忧愁"(林后二3),"忧上加忧"(腓二27),"喜乐和鼓励"(门7,现中),"向神〔的〕热心"(罗十2),对神的"感谢"(提前一12;提后一3a),对神的"不认识"(林前十五34,原文是一个字),对人的"记念"(帖前三6;提后一3b〔新译〕),"放胆"(门8),对己的"自信"(林后三4,思高),对肉体的"倚靠"(腓三4,新译),[50]身体和心中的"安宁"(新译:林后七5,二13),以巴弗的"辛劳工作"(西四13,现中),保罗要"到你们〔罗马人〕那里去的心愿"(罗十五23b,思高)以及"离世与基督同在"的意愿(腓一23)。[51](6)"有"指在一己里面:有"孕"(罗九10;帖前五13〔思高〕),有死刑的宣判(林后一9,参现中),"有(某人)在心里"(腓一7,原文直译;参冯:"腓立比书"94-95)。(7)"有"指有一样东西在一己之上,自己处于其下或牵涉在内:有某种"需要"(思高:林前十二21a、b;帖前一8,四9,五1;现中:林前十二24;帖前四12),"有需要的人"(弗四28b,原文直译)即是"贫乏的人"(思高)、有"不得已的原因"(林前七37a新译)、有"律法"(罗二4a、b)、有"主的命令"(林前七25)、有某种"规矩"(林前十一16)——即是"风俗"(思高)或"习惯"(新译)、有某种特别的"职分"(林后四1)、有某种"争战"

---

[50] 最后两节原文用的字都是 *pepoithēsis*.

[51] "心愿"及"意愿"原文依次为 *epipothia*, *epithymia*.

(腓一 30)或"奋斗"(西二 1,思高、新译);[52]背弃起初誓约的年轻寡妇必因此"取罪/招致惩罚"(提前五 12,思高/现中),身体上的肢体都各有不同的"功用"(罗十二 4b,新译、现中)。(8)"有"指得到或享有某种优势、利益或属灵的福气:神是"那独享不死不灭"的(提前六 16,思高)。信徒所享有的包括:"救赎"(弗一 7;西一 14)、不必受割礼而得以称义的"自由"(加二 4)、"跟上帝……和睦的关系"(罗五 1,现中)、"基督的灵"(罗八 9),即是"从上帝那里领受的"(林前六 19,新译),"圣灵作为初熟〔的〕果子"(罗八 23,新译)、"基督的心意"(林前二 16,思高、新译)、"信心的灵"(林后四 13,新译附注)、"进入现在的这恩典中"(罗五 2)、"进到父面前"(弗二 18)及"坦然无惧地……进到上帝面前"(弗三 12,新译)的通路、[53]"成圣的果子"(罗六 22)、"这属灵宝物"(林后四 7,现中)——"得知神荣耀的光显在耶稣基督的面上"(6 节)、神的某些"应许"(林后七 1)、"在一切事上常十分充足"(林后九 8,思高)、各人不同的"恩赐"(复数:罗十二 6;林前十二 30;单数:林前七 7)——其中一样是"先知之恩"(即是说预言的恩赐:林前十三 2,思高),并于死后获得"天上的住宅"(林后五 1,现中)。信徒归主前没有什么好"果子"(罗六 21,参思高),但他们归主后的一生都是行善的"机会"(加六 10,参冯:"真理"376－377),我们只要"有衣有食",就当知足(提前六 8)。各人应察验自己的工作与行为,这样,若有"可夸耀之处"也是"只在自己而不在别人了"(加六 4,依次见思高、新译);亚伯拉罕若是因行为称义,便有夸耀的根据(罗四 2);保罗在基督里的夸耀行动是有所根据,因而是正当的(罗十五 17),他有一次甚至以此种夸耀的事实作为起誓的根据(林前十五 31,参思高)。[54] 保罗不要一种因守律法而得、可谓"属于自己"的义(腓三 9);他相信他有"上帝的灵在指引我"(林前七

---

[52] 最后两节原文用的字都是 *agōn*.

[53] 在最后三节,"进入"和"进到"原文皆为名词 *prosagōgē*(在新约只出现此三次;参较注 50)。最后一节的"坦然无惧"在原文也是个名词,*parrēsia*.

[54] 以上四节,原文依次用 *kauchēma*, *kauchēsis*(各两次),分别指夸耀的根据和夸耀的行动或事实。

40，现中）；他传福音若是出于自愿的，就可以“获得酬报”（林前九7，现中）；他在“从耶路撒冷直到以利里古”这一带“再没有可传〔福音〕的地方”（新译：罗十五23a，参19节）；他曾多次决意往罗马人那里去，要在他们中间“得些果子”（罗一13）；保罗原先所定的旅程，是要哥林多人“获得第二次的恩惠”（林后一15，思高）。身上不俊美的肢体，我们使它们“越发得着俊美”（林前十二23）；我们若行善，就会得到执政者的“嘉许”（罗十三3，现中）；犹太人自以为“在律法上得了整套的知识和真理”（罗二20，新译）；作监督的必须“在教外有好声誉”（提前三7，新译）。歌罗西异端的规条“使人徒有智慧之名”（西二23）；末世时人们徒“有敬虔的形式”（提后三5，新译）。“我们是怎样进到你们那里”（帖前一9）原文直译为“我们有怎样的‘进入’到你们那里”。[55]“有”字以“权/权利/自由”一字为直接受事词的共有六次（罗九21；林前七37b，九4、5、6；帖后本节——详见上面“权柄”一词的字词研究下之第〔一〕个意思）。

“乃是要给你们作榜样，叫你们效法我们” 保罗现在从正面表明他和同工放弃接受教会供应、反而自食其力的目的。“给你们作榜样”在原文是“把我们自己作为一个榜样给你们，[56]这样的次序把重点放在了“我们自己作为榜样”这个思想上；[57]与此同时，保罗说“为……给你们”（思高）而不是“为要使你们有……”（参腓三17原文；冯：“腓立比书”396－397），强调了他们这样放弃自己的权利是一种因爱而自我牺牲的行动（参帖前二8）。[58] 从句子的构造来看，保罗等人为帖城信徒所立的榜样，只在于他们自食其力、拒绝成为任何人的负累（7b～8节），而并不包括他们放弃了自己应有的权利这一点（9a），[59]因为在本节里

---

[55] 本节“进到”或“进入”原文是 *eisodos*（参较注53）。

[56] *heautous typon dōmen hymin*. 以 *heautous* 为复数第一人称（本节；帖前二8）及第二人称（帖前五13）的反身代名词，此现象的解释见 Bruce 118 note d.

[57] “榜样”原文（字词研究见“帖前释”89－90）是单数的，如在帖前一7一样。MHT 3.25 把它看为 distributive singular，但见“帖前释”91 注125.

[58] Cf. Frame 304.“给”字的字词研究见“帖前释”289－291.

[59] Cf. Best 337; Marshall 222 — over against Moore 117.

面——“我们这样做，不是说我们无权要求生活上的供给，而是要作你们的榜样”(现中)——“要作你们的榜样”是“这样做”的目的，而“这样做”只是指上文第七节下半和第八节所说的，并不包括“不是说我们无权要求生活上的供给”这话的含意(即是“我们有权，但放弃了这权利”)在内；而且，“放弃接受生活上的供给之权”也不是帖城信徒所能效法的，因他们根本没有此权利可以给他们放弃。不过，这正是保罗等人的榜样之所以非常有力的原因：他们本来有权接受帖城信徒的供给，却放弃这权利而辛勤工作、自食其力，免得他们任何一人受累，那么根本无权受别人供给的帖城信徒，就更当辛勤工作、自食其力，免得成为别人的经济负担了。[60]

前书二章九节已提出保罗和同工自食其力的目的，是“免得叫你们一人受累”，本节则进一步提出另一个目的，就是“要以身作则，给你们留个榜样”(当圣)；还有一个目的可见于哥林多后书十一章七至十二节。这些目的不是互相排斥的，而是同一经历的不同方面(参“帖前释”160－161)，因此没有理由认为，本节与前书二章九节有不同的目的，显示两段是出自不同作者的手笔。[61]

“叫你们效法我们”是“给你们作榜样”的目的；“榜样”与“效法”是自然地互相关连的。保罗等人的个人榜样，使具约束力的口头教导(10节)和成文教导(帖前四 11～12；参本章 12～15 节)具体生活化起来；榜样和教导同是帖城信徒从使徒所受的传统(6 节)中的部分，二者皆见证了神所赐之信心生活的真实，因此这里所说的“效法”，一方面含有承认权柄之意，另一方面亦是在信心的生活中才能达成的。[62] 这里当效法的榜样不是由保罗一个人构成，而是由他和同工一起构成的(这是原文单数的“榜样”的意义；参注 57)，如在腓立比书三章十七节下半节一样；这事实部分答复了“保罗要信徒效法他是否表示他不够谦卑，或简直是傲慢”的问题；较详细的讨论可参冯：“腓立比书”395－399。[63]

---

[60] Cf. Bruce 206; Frame 302－303.

[61] So, Correctly, Moffatt 13; Marshall 222,223.

[62] Cf. L. Goppelt, *TDNT* VIII 249, *TDNTA* 1193(on *typos*); W. Michaelis, *TDNT* IV 667 (on *mimeomai*).

[63] Cf. also Best, *Paul* 69－70,149－150.

三10 “我们在你们那里的时候，曾吩咐你们说……” 原文开始时有两个小字，其中一个是“因为”，即是第七节开头那个小字（见注23），这表示本节是支持第六节的吩咐的第二个理由：像第七、八节（第一个理由）一样，本节特别解释了“他们从我们所领受的传统”一语，进一步指出帖城信徒不但有保罗等人的个人榜样，“并且”（思高，正确地翻译了原文另外那个小字[64]的意思）有他们重复的口头教导（“吩咐”〔字词研究见“帖前释”331－332〕原文为过去未完成时态，表示重复的行动）。“并且”原文理论上可译为“甚至”，从而得出“甚至我们还在你们那里的时候，便早已不止一次吩咐你们”的意思（参帖前三4，合并思高、新译的译法）；不过上文刚提过“我们在你们中间”时一方面的情形（7～9节），因此在这里较可能的意思是“并且”，指出“当我们在你们那里的时候”（思高）的另一件事实，[65]即是他们曾屡次这样吩咐。[66]

“若有人不肯作工，就不可吃饭” 部分释经者认为，本句是（或极可能是）基于创世记三章十九（或十七至十九）节、为犹太拉比所常用的谚语。[67] 最接近这句话的犹太例子，是拉比雅巴户的话，他说：“我若不作工，便没有得吃”；[68]不过，这位拉比是在申诉他受到不公平的待遇而不是定下一项原则。二世纪的希腊讽刺诗人琉善努立下这规则：一个学生若进步得好，你们就给他吃，不然就不要给他吃。[69] “十二使徒遗训”教导人如何对待奉主名来的访客：“若果来者是个旅客，要尽力帮助他，但他不可在你们那里留宿多过两天（或者，若需要的话，三天）。倘若他想在你们那里住下来，又有一门手艺，就让他自食其力。但若他没有一门手艺，你们就要按照你们的聪明才智所许可的来供给他，免得有

---

[64] *kai*.

[65] “在你们那里”意即“跟你们在一起”（*pros hymas*）；此介词结构的这种用法（*pros* with accusative denoting ‘punctiliar rest’: M.J. Harris, *NIDNTT* III 1204）亦见于二5；帖前三4；林前十六6、7；林后五8，十一9；加一18，四18、20；腓一26；可六3，九19等处。

[66] 原文有 *touto*（“这”）一字为动词“吩咐”的直接受词，前者放在后者之前，表示强调；随后的 *hoti* 是 *hoti* recitative (cf. BDF 397.3)，它引出以讲者自己的话表达的那项吩咐，与“这”字前后呼应。

[67] E.g., Lightfoot 131; Moffatt 52*b*; Neil 194.

[68] Rabbi Abbahu as cited in *Genesis Rabba* 2.2 on Gen. 1:2; see Bruce 206; Marshall 223.

[69] Lucian, *Parasite* 13, cited in BAGD 313 (s.v. *esthiō* 1 d).

任何人以基督徒的身份闲懒地住在你们那里。他若拒绝这样做,就是以基督为商品;这样的人你们要提防”(十二2～5)。[70] 事实乃是,在现存的文献中,没有一个例子跟保罗这句话完全相同,因此另一些释经者认为,这话很可能是保罗自创的;[71]笔者赞同这个看法。无论如何,自从此语在本书信出现后,它已成为基督徒耳熟能详的一句格言了。它的独特之处,在于它所关涉的不仅是“不做工/不工作”(现中/当圣)的事实,而是“不肯作工/不愿意工作”(新译同/思高)的基本态度。

“肯”字原文[72]在保罗书信共出现六十一次(新约全部为二〇八次),除了一次的意思较为特别,即是“以……为乐”(西二18),[73]主要分为两个意思,分别指表达愿望的“愿意”以及表达意志、计划和决心的“愿意”。

(一)(1)所愿之物以直接受词表达——保罗问哥林多人“愿意怎么样”(林前四21);在教会中,他“宁愿用理智说五句话去教导人,胜过用方言说万句话”(林前十四19,新译);他要断绝那些“找机会”的人的机会(林后十一12,思高);他怕和哥林多人见面时,彼此所见的都是“不如……所想的”(林后十二20a、b,新译)。(2)所愿之事以不定式语法的动词表达——“你愿意/想不怕掌权的吗?”(罗十三3,思高/新译);“不愿意脱去”与“(愿意)穿上”相对(林后五4,新译);保罗“恨不得”现今就在加拉太人那里(加四20,思高、新译)。(3)所愿的事以直接受格的代名词及不定式语法的动词表达——犹太主义者愿意加拉太人“受割礼”(加六13);保罗愿意罗马人“在善上〔即是向着善的方向、为着善的目的〕聪明”(罗十六19),愿意“大家都像我一样不结婚”(林前七7,现中),愿意哥林多人“无所挂虑”(林前七32,思高、新译),愿意他们“都说方言”(林前十四5),不愿意他们“跟鬼来往”(林前十20,现中)。“我不

---

[70] Cited in Bruce 206-207.

[71] E.g., Frame 304; Moore 118.

[72] *thelō*. Cf. BAGD 354-355 (s.v.).

[73] ‘delight in’: BAGD 355 (s.v.4 b); Bruce, *Colossians* 118 n.115; O'Brien, *Colossians* 142.

愿意你们不知道"(罗一 13;参十一 25;林前十 1,十二 1)或"我们不愿意你们不知道"(帖前四 13,思高、新译;参林后一 8)意即"我〔/我们〕愿意你们知道"(林前十一 3;西二 1〔新译〕)。

(二)(1)单独使用——"那定意的"及"那奔跑的"与"发怜悯的神"相对(罗九 16);"主若愿意"(林前四 19,思高、新译)包括了"主若许可"(和合)之意在内;神"按照自己的意思",把肢体一一放在身体上(林前十二 18,新译),就如他"照着自己的意思"给种子一个形体(林前十五 38,现中);他"愿意(怜悯)谁就怜悯谁,愿意〔使〕谁(刚硬)就使谁刚硬"(罗九 18a、b,新译)。"立志"与"行事"(腓二 13)、"立志(为善)"与"行出来"(罗七 18)、"起……意"与"下手办"(林后八 10)、"愿意"与"完成"(林后八 11,新译)相对。[74] (2)所愿之事以直接受词表达——"我所愿意的"(罗七 15)与"我所不愿意的"(罗七 16、20)、"我所愿意的善"与"我所不愿意的恶"(罗七 19a、b)相对;在符合某些条件的情况下,一个人对他的"女儿"或"独身的女朋友……可以照着自己的意思去作"(林前七 36,新译);圣灵与肉体为敌的结果,就是信徒不能作"所愿意的事"(加五 17,思高)。(3)所愿之事以直接受格的名词及不定式语法的动词表达——神"愿意所有的人都得救,并得以认识真理"(提前二 4,思高)。(4)以过去不定时时态不定式语法的动词表达——神"愿意显示自己的义怒,并彰显自己的威能"(罗九 22,思高);"神愿意叫他们知道"(西一 27)意即"上帝的计划是要他的子民知道"(现中)。妻子在丈夫死后"可以自由地嫁给她愿意嫁的人,只是要嫁给主里的人"(林前七 39,新译);妇女在会中若"想要学/知道什么",可在家里问自己的丈夫(林前十四 35,新译/现中)。保罗"只想问"加拉太人一件事(加三 2);他"不想只是顺路见见"哥林多人(林前十六 7,新译);他说"即使我愿意夸耀,我也不算是狂妄"(林后十二 6,思高);他未得腓利门同意,"什么都/也不愿意做"(门 14,现中/思高);他和同工"立志"要到帖城信徒那里去(帖前二

---

[74] 在以上四节,与 *to thelein* 相对的原文依次为:*to energein*, *to katergazesthai*, *to poiēsai*, *to epitelesai*.

18，当圣〔17 节〕)。加拉太的煽动者"想要改变基督的福音"(加一 7，现中)，想把信徒"关在外面"(加四 17，小字)，"想以外表的礼节来图人称赞"(加六 12，思高)。(5)所愿之事以现在时态不定式语法的动词表达——"愿意为善"(罗七 21)、"愿意去〔赴宴〕"(林前十 27)、"愿意在律法之下/生活在法律下"(加四 21，新译/现中)、"情愿再作……奴仆"(加四 9，新译)、"想要做律法教师"(提前一 7，新译)、"想结婚/再婚"(提前五 11，新译/思高、现中)、"立志在基督耶稣里过敬虔生活"(提后三 12，新译)、"不愿意工作/不肯作工"(帖后本节，思高/新译同)。

本句的原则是保罗在帖城初传福音时就已屡次教导帖城信徒的，而且保罗在这里复述此教训时，对主的再来只字不提，这两点都提示我们，那些闲懒不作工者的问题并非由于他们误信主的再来是迫近眉睫而起的，因为若是的话，我们就难以解释为何保罗不斩钉截铁地说，"人人都应当继续工作，直到主来"，或说，"不要停止工作，因为主未必像你们想象中那么快回来"。[75] 问题的起因在于部分帖城信徒误解了弟兄相爱之理而滥用较富裕弟兄的爱心和慷慨(参林后八 1～5)；当时希腊文化中所流行的对体力劳作的轻蔑态度，亦有助于此问题的形成，但保罗拒绝希腊文化的这个特色，[76]坚持自食其力、不负累别人才符合基督徒彼此相爱的原则(参帖前四 9～12)。有释经者认为，教会中较富裕的成员觉得有责任帮助穷乏的人，也许尤其是在教会整体一起用饭之时(当中包括领受圣餐，参林前十一 20～22)，又或者帖城的教会亦有分派饭食给穷人的做法，像早期的耶路撒冷教会一样(参徒二 44～45，四 32～五 11，六 1～6)。[77] 但此说的两点都是基于其他经文而作的臆测，并无后书(或前书)本身的证据支持，因此缺乏说服力。

如上文指出，本节所处理的是"不肯作工"的问题；帖城那些闲懒不

---

[75] Cf. Moore 118.参三 6～16 注释引言注 3 及所属正文。

[76] Cf. Stanley, 'Imitation' 136: 'Paul's solution represents one of the rare occasions on which he refused to yield to the demand of acculturation.'亦参三 6～16 注释引言注 1。

[77] Marshall 219.参石 111："在帖撒罗尼迦教会可能有一种公共饮食，供给为信仰受逼迫而无饭吃的人。……但是有些游手好闲的人却乘机不做工或偷懒而来吃公共饭食。"

作工者不是因有先人的遗荫而“不用作工”，不是因患病或因年老体弱而“不能作工”，也不是因社会经济不景气而“无工可作”，而是有工作机会，亦有能力作工，却缺乏工作的意愿[78]因而拒绝作工的人。掌握此点对本节的应用是重要的，尤其因为随着医学的突飞猛进，人的寿命愈来愈长，因高龄而不能作工的老人亟需照顾，不能以“不作工者不可吃饭”一语遣散之；另一方面，若一个国家的经济及福利制度容许一些有能力作工的人倚赖别人的工作维生，就显然有违本节的原则了。此原则同时提示，长期失业是基督徒的良知所不能接受的，信徒颇有责任对此现象提出抗议。[79] 加尔文提醒我们：“工作有不同种类，任何人若藉着他的勤劳——不论是藉着管理他的家、经营公共或私人事业、给予指导或教导，或以其他方式——使社会得益，就不能被视为没有工作。保罗所谴责的，是那些无所事事的寄生虫。”[80]

(II) 直接劝戒怠工之人(三 11～12)

11 因我们听说，在你们中间有人不按规矩而行，什么工都不作，反倒专管闲事。

12 我们靠主耶稣基督，吩咐、劝戒这样的人，要安静作工，吃自己的饭。

三 11 “因我们听说，在你们中间有人不按规矩而行” 现代中文译本的译法——“我们说这话，是因为……”——正确地表达了本节与上文的关系；“这话”指上文(6～10 节，尤其是 6 节)的教训，这教训是给教会整体的，保罗嘱咐他们要远离所有游手好闲的弟兄。在他直接劝戒这些人(12 节)之前，他首先正面地(不像在 6 节那样侧面地)道出有此问题存在的事实。“我们听说”原文是现在时态，此时态在这里的

---

[78] G. Schrenk (*TDNT* III 45 n.7)则认为 *ou thelei* = ‘does not like’, ‘has no desire for’，即是采纳字词研究所提的第一个意思(见注 72 所属正文)。

[79] 依次见：Guthrie, *Theology* 941; Whiteley 109; Moore 118; Guthrie, ‘Social Responsibility’ 48 - 49.

[80] Calvin 418.

意思并不是“我们重复地或不断地听说”，也不是“我们在写信的当儿听到”；这现在时态的动词相等于过去未完成时态的“我们听到了”，意即“有人告诉我们”(参林前十一 18，现中)。[81] 有关的消息大抵是与帖城信徒误以为主的日子已到的消息，同时及以同样的方式达到保罗和同工的耳中。

“听说”原文直译为“听”，这字[82]在保罗书信共出现三十四次(新约全部为四百二十七次)，除了一次的意思是“听得懂”(林前十四 2，思高、新译、现中)之外，主要分为两种用法：

(一)指字面意义上(即听觉方面)的听或听见——(1)单独使用，如在“耳朵不能听见”(罗十一 8)或“听众”(思高：弗四 29；提后二 14)等词语中。(2)以所有格表达所听之人(讲者)：“听你的人”(提前四 16)可意译为“你的听众”(思高)。(3)以直接受事词表达所听见之物，包括“真理的道”(弗一 13)、“法律的话”(加四 21，现中，参思高)、“不可言传的话”(林后十二 4，思高)或“不能用言语表达……的事”(现中)。(4)除以直接受事词表达所听见之物外，还用介系词表示从何处(何人)听见：保罗怕别人对他的估计是“超过了他……由我所听到的”(林后十二 6，思高)；他要提摩太“把从我所听的健全道理，奉为模范”(提后一 13，思高)，[83]又“把……从我这里听见的，交托给那些又忠心又能够教导别人的人”(提后二 2，新译)。

(二)指因获告知而晓得——(1)单独使用，如在“没有听过”(罗十 18，思高)、“未曾听过”(罗十五 21)等词语中。(2)以所有格表达所听之人：“未曾听见他，怎能信他呢?”(罗十 14a)是辞令式的问句；在紧随着的问句里——“没有人传扬，怎能听见呢?”(罗十 14b，新译)——可从上文补充“他”字。(3)以直接受词表达所听

[81] *akouomen* = perfective present: cf. *Moods and Tenses* 16; BDF 322; MHT 3.62.

[82] *akouō*. Cf. BAGD 31－33 (s.v.).

[83] 此节的关系代名词原本应是直接受格的 *hous*，但在它所指的 *hygiainontōn logōn* 之所有格的影响下(attraction)而变成所有格的 *hōn*.

见之事物，包括："神为爱他的人所预备的"（林前二 9）、"上帝的恩典"（西一 6，现中）、"上帝恩惠的计划"（弗三 2，新译）、"福音的盼望"（西一 23）、"关于他〔基督〕的事"（弗四 21，现中；原文作"听过他"）、"关于你们〔腓立比人〕的事"（腓一 27，思高）、"淫乱的事"（林前五 1，动词为被动语态）、"我〔保罗〕从前在犹太教中的行事为人"（加一 13，现中）、"你们〔收信人〕在主耶稣/基督耶稣里的信心，和对众圣徒的爱心"（新译：弗一 15；西一 4）、"你〔腓利门〕对主耶稣，和对众圣徒所表现的爱德与信德"（门 5，思高）、腓立比人在保罗身上"所见过、现在又听到"的争战（腓一 30，新译），以及他们在他身上"所学习……所听见……"的（腓四 9，新译）。受事词有两次可从文理得知："我们从听见的那天起"（西一 9，新译）意即"自从我们得到了报告、听到了有关你们的消息那天起"（合并思高、现中）；"（叫）外邦人都听见"的，就是上文刚提到保罗所传的福音（提后四 17）。（4）以连接词引出的子句表达所听见的事：腓立比人听说以巴弗提病了（腓二 26）；犹太境内各教会不断地听说："那曾经迫害我们的〔保罗〕，如今却传扬他曾经想消灭的信仰了"（加一 23，思高）。（5）以直接受格的代名词及分词或不定式语法的动词表达所听见之事：保罗听说哥林多人"在聚会的时候……中间起了分裂"（林前十一 18，新译），他和同工听说在帖城信徒中间"有人游手好闲"（帖后本节，新译）。

"不按规矩而行"的原文（分词加副词）已在本章第六节出现过（见该处注释），意即"过着游手好闲的生活"（现中）。"行"字是现在时态的分词，这时态在此表示一种正在发生、仿佛在作者眼前展示的行动或情况。[84] "有人"（新译、现中同）或"有些人"（思高、当圣）这种含糊的讲法可说是典型的保罗用语，因此不一定表示保罗不知道这些人是谁。[85]

---

[84] Ellicott 131*a*.

[85] 参："有人"（林前六 11，八 7，十五 12、34；林后十 2；提前一 6、19，四 1，六 10、21）、"有些人"（林前四 18；加一 7；现中：罗三 8；林前十五 6；提前一 3；新译：林后三 1；腓一 15a、b；提前五 15）、"一些人"（思高：加二 12；提后二 18）、"某些人"（林后 12，思高）。原文皆用复数的 *tines*，如在帖后本节一样。

无论如何，他们大抵只是少数的人，因为保罗对他们直接发出的命令只有一节(12 节)，其余的劝勉都是给教会其他的成员，而且他称这些人为“你们中间有些人”(思高)。[86] 保罗不说“你们中间的一些人”而说“在你们中间有人”，[87]有释经者认为这可能有以下的意义：他们的行为已使他们丧失了正式的(即是享有全部权利的)教会成员之身份，在他们及其同侪之间多少竖起了一道障碍；[88]但这种推论似乎有欠稳妥，尤其因为保罗仍然称这样的人为“弟兄”(6 节)，并嘱咐读者也“要劝他如弟兄”(15 节)，可见他没有失去正式会友的身份，不过需要接受纪律处分而已。按原文的次序，“在你们中间”这词组是与“有些人”一字由分词“行”字隔开的(参注 87)，显出此词组有强调之意：有些人不务正业、游手好闲的事实，似乎已成为一种公开的丑闻，此词组暗示，教会整体对这些在他们中间、使教会的名誉受损的分子有当尽的责任。[89] 此责任已在第六节清楚地说明了，同时亦隐含于第十节所述的原则里面——帖城信徒应停止供给游手好闲者的生活所需。

“什么工都不作，反倒专管闲事” 这话描写了那些“过着游手好闲的生活”(现中)的人两方面的特征。当代圣经的意译——“不只游手好闲，无所事事，而且专管闲事”——将“什么工都不作”看为进一步解释“游手好闲”，又将“专管闲事”看为与“游手好闲”对等，并且把原来的“反倒”(新译同)改为“不但……而且”；但原文的结构和字眼并不支持这种理解。“作工”(参 8、10、12 节)与“专管闲事”(新译、当圣同，参现中)在原文构成一种意思相对的叠韵法，[90]显见“什么工都不作”与“反倒专管闲事”是对等的词组，而二者是同时解释“游手好闲”的正反两

---

[86] Best 339.

[87] Not *tinas* (*ex*) *hymōn*, but *tinas* ... *en hymin*. Cf. *en hymin tines*(林前十五 12)。

[88] Morris II 255.

[89] Cf. Frame 306; Moore 119; Marshall 224.

[90] *ergazomenous* ... *periergazomenous* = paronomasia used in a contrast (BDF 488.1b). 叠韵法在保罗书信的其他例子包括：*mē hyperphronein par'ho dei phronein*, *alla phronein eis to sōphronein*(罗十二 3)，*hoi chrōmenoi ton kosmon hōs mē katachrōmenoi*(林前七 31)，*ha anaginōskete ē kai epiginōskete*(林后一 13)，*ginōskomenē kai anaginōskomenē*(林后三 2)，*hōs mēden echontes kai panta katechontes*(林后六 10)，*enkrinai ē synkrinai* ... *synkrinontes*(林后十 12)。

面。消极方面，这些人“什么工都不作”——与“亲手作工”（帖前四 11）的嘱咐背道而驰；积极方面，他们“好管闲事”（思高），这与“办自己的事”（帖前四 11）刚好相反，可说是“无所事事”（当圣）的自然恶果。[91]

译为“专/好管闲事”一字的原文是和“作工”同字根的复合动词，它在新约出现仅此一次；此字在古典希腊文的基本意思是“做多余的工作”，常有“好管闲事”之意，蒲草纸的文献亦不乏这用法的例子。[92] 同字根的形容词[93]在新约只用了两次，一次有半专门的意思，指“邪术/巫术”（徒十九 19，现中同/思高、新译）；[94]另一次指“好管闲事”的年轻寡妇（提前五 13）。在彼得前书四章十五节译为“好管闲事”（新译、现中同）的原文复合形容词[95]是个不同的字，但也是在新约只出现一次。

按一些释经者的推测，帖城的游手好闲者不但由于持错误的末世观（以为主的日子已到）而自己停止作工，更试图游说其他的信徒也照样不作工；他们所爱管的“别人的闲事”（现中）可能不是别人的私人事务，而是别人的灵性——要他们为那大日子做好准备。[96] 但这种推测完全没有经文的根据作为支持，因为（如在上文指出的，见 10 节注释）这整段（6～15 节）完全没有提及主的再来。因此“好管闲事”较宜按此词的广义来了解，指不正当地干涉别人的、与自己无关亦无权过问的事情，而成为令别人讨厌的人。[97]

---

[91] “无所事事，欲好管闲事”（合并当圣、思高）这译法，也许可以稍为反映原文的叠韵法。英译的尝试包括下列例子：‘They are not busy; they are busybodies’（NIV）；‘minding everybody’s business but their own’（NEB）；‘busy only with what is not their own business’（Jowett as cited in Whiteley 109）；‘doing no business, but being busybodies’（Ellicott 131*b*）；‘busybodies very busy doing nothing’（Manson, *Studies* 272）.

[92] D. H. Field, *NIDNTT* I 266, s. v. *periergazomai*（= *peri* + *ergazomai*）; cf. MM 505（s. v.）.

[93] *periergos*.

[94] Cf. D. H. Field, *NIDNTT* I 267; MM 505（s. v.）. 前一位作者指出，在古典希腊文的用法里，此形容词的一个意思是“有好奇、爱发问的心”，因而得“巫术的”之意；其另一个意思是“好出主意、好管闲事”（266）。

[95] *allotriepiskopos*.

[96] Cf. Neil 194; Morris II 256.

[97] “管闲事就是搬弄是非，吹毛求疵”（石 111）这话是否正确，颇值得怀疑。

三 12 “我们靠主耶稣基督，吩咐、劝戒这样的人” 按原文的次序，本句是以“这样的人”开始的(参现中)，这样突出受事词有强调的作用；“这样的人”自然是指上一节所描述的游手好闲、无所事事、爱管闲事者，现在保罗要直接劝勉他们。不过保罗仍然不是用第二人称“你们这些……”，而是用第三人称的“这样的人……他们”(参现中、思高)。这是一种笼统和较委婉的讲法：保罗的命令是向“这样的人”发出的，适用于任何符合上一节所描述的人。

译为“这样的人”的原文形容词[98]在保罗书信共出现三十二次(新约全部为五十六次)，主要分为三种用法：(一)作为关系形容词，三次出现在“怎样……也怎样”(林前十五 48a、b，思高)、“如何……也如何”(林后十 11b)此结构中。[99] (二)六次作形容词用，其中五次与名词连用——(1)有冠词：“这样的一个人”(林后十二 3，原文直译)；(2)无冠词：“这样的规矩”(林前十一 16)、“这样〔的〕自信”(林后三 4，思高)、“这样的盼望”(林后三 12)；(3)其意思由随后的关系子句表明出来：“这样的淫乱〔即是〕连外邦人中也没有〔的〕”(林前五 1)。另一次在“像我这”一语中出现(门 9；参现中)。(三)二十三次作名词用——(1)七次(皆为复数)指事：一次用在“遇着这样的事”(林前七 15)、即是“在这种情形之下”(思高、新译，参现中)一语中，其余六次皆指“这样的事”(加五 23；弗五 27〔原文〕)，其中四次在“行这样事的人”这词组中出现(罗一 32，二 2〔思高〕、3；加五 21)。(2)十六次(全部有冠词)指人：“这样的人”(单数九次：林前五 5、11；林后二 6、7〔原文〕，十 11a〔思高〕，十二 2〔原文〕、5〔思高〕；加六 1〔原文〕；多三 11〔思高、现中〕。复数七次：罗十六 18；林前七 28〔新译、现中〕，十六 16、18；林后十一 13〔新译〕；腓二 29；帖后本节)。

“靠主耶稣基督”的原文直译是“在主耶稣基督里”；此词组可能不

---

[98] *toioutos*. Cf. BAGD 821 (s.v.).

[99] *hoios* ... *toioutos*.

仅有“靠着主耶稣基督〔所赋的权柄〕”（新译）、因此即是“奉主耶稣基督的名”（现中、当圣）之意，并且表示保罗觉得基督有份于他“吩咐、劝戒”的行动（详参“帖前释”286）。“吩咐”或“命令”（现中、当圣）有权柄的含意（参“帖前释”331－332）；“劝戒”（新译同，参现中：“警告”）原文为“劝勉”，这字加在严肃的“吩咐”之上，使保罗的语气变得较为温和，不过“吩咐……并劝勉”（思高）仍然是比“请求和劝勉”（帖前四1，思高）较强的讲法（参思高：帖前二12，“劝勉……忠告”；提后四2，“反驳……斥责……劝勉”）。[100] 这是因为帖城这些问题人物经过保罗在前书的劝喻后（四11～12）仍没有痛改前非，故此保罗要严肃地“命令”他们，但同时亦“劝他〔们〕如弟兄”，就如他稍后教导帖城信徒的（15节）

“要安静作工，吃自己的饭”　“安静”原文是名词，与前书四章十一节的动词“作安静人”同字根，在新约另外只出现三次（详参“帖前释”329）。原文用的介词词组，其功用等于副词（“带着安静”＝“安静地”），[101]所形容的是紧随其后的“作工”这分词，二者合起来（“安静作工”）则形容（即是解释了如何可以）“吃自己的饭”。这里的“安静”有释经者解为心灵的平静，与因误以为主的日子已到而引起的兴奋或忙乱相对。但从文理看来（其中并无提及主的再来），“安静”是与上一节的“专管闲事”相对，[102]就如“作工”与“不肯作工”（11节）相对，“吃自己的饭”与“白吃别人的饭”（8节，现中）相对。“安静作工”可能有“安分守己”（当圣）的含意，[103]不过此意思在这里显然远不及在哥林多前书七章十七至二十四节一段那么清楚。无论如何，“要……自食其力”（新译、当圣），即是“亲手做工来维持生活”（现中）这项命令，除了一些明显的例外（例如提前五9），是所有信徒都当遵守而行的，[104]经文中“这样的

---

[100] Cf. O. Schmitz, *TDNT* V 796.“吩咐”此动词（就如“主耶稣基督［的名］”一样）在6～12节的首尾都出现，藉着这种称为 *inclusio* 的文学手法，全段的教训显为一种权威性的命令（Collins, *Letters* 233）.

[101] Cf. M.J. Harris, *NIDNTT* III 112.

[102] So Ellicott 132*a*; Lightfoot 132; Best 341 — over against Milligan 116*a*; Frame 306, 307; Morris II 256 n.19.

[103] Calvin 420 干脆把“安静地”解为“保守自己和平地在所蒙之召的范围内”。

[104] Cf. Mare, ‘Pauline Work Ethic’ 368.

人"尤其需要遵从这命令。

(III) 关于不听劝戒的人(三 13～15)

13 弟兄们，你们行善不可丧志。
14 若有人不听从我们这信上的话，要记下他，不和他交往，叫他自觉羞愧，
15 但不要以他为仇人，要劝他如弟兄。

三 13 "弟兄们，你们行善不可丧志" 本节原文以强调格式的"你们"一字开始，随后有"但是"(现中)一字，[105]这两点表示保罗这段话的对象不再是上两节那些闲懒不作工者，而是教会其他的成员。强调的"你们"意即"至于你们"(思高)，不管其他人如何。这是信上第八次亦是最后一次直接称读者为"弟兄们"(参一 3 注释)，这称呼同样表示本节是一个新段落的开始。

"丧志"的原文动词[106]在新约共用了六次，总是与否定词"不"字连着出现，其余的五次显示两个略为不同的意思：(一)"厌倦"(加六 9，思高)；(二)"灰心"(路十八 1)、"丧胆"(林后四 1、16；弗三 13)或"沮丧"(新译)。厌倦很容易变成灰心，灰心不难变成沮丧。本句与加拉太书六章九节上半非常相似，[107]意思亦是"你们行善，不可厌倦"(当圣)，由后面的动词引申而得"松懈"(现中)、"懈怠"(思高)、"灰心"(新译)、"丧志"等意思。

"行善"的原文是个复合动词，[108]在新约出现仅此一次，但由"行"与"善"这两个字合起来的"行善"一词则在保罗书信出现了至少八次(罗七 21〔现中〕；林后十三 7〔思高〕；加六 9；[109]罗七 18〔思

---

[105] *hymeis de*.

[106] *enkakeō*. Cf. BAGD 215 (s. v.).

[107] 比较：*to kalon poiountes mē enkakōmen* (加六 9a)
mē enkakēsēte kalopoiountes (帖后本节)

[108] *kalopoieō*.

[109] 以上三次原文用 *poieō* + *to kalon*.

高、新译、现中〕;[110]罗二 10;加六 10;弗四 28〔新译:"作正当的事"〕;[111]罗十三 3b;参罗七 19〔思高:"我所愿意的善,我不去行"〕;弗六 8〔思高:"不论行了什么善事"〕[112])。"行善"的意思有时是"做对的事"(罗二 10,七 18、21,十三 3b;林后十三 7;加六 9),有时是"善待(别人)(加六 10)。

"行善"在本节有两种解释:一说认为此词的意思是"做对的事",而所谓"对"的事又至少有三个解释——我们不能确知所指的是什么;指挽回犯错中的弟兄;指"用不给食物来惩戒游手好闲的人"。[113] 但较简单和自然的做法,是将"行善"理解为"善待(别人)"之意。按此理解,"行善不可厌倦"这句话本身可视为一项笼统性的原则(如在加六 9 一样),但较可能仍是针对着闲懒不作工者的问题而发,因为紧接着的下文(14～15 节)显然与上文(6～12 节)有关连。保罗说这话的用意,似乎是要勉励那些忠于自己工作的教会大部分的成员,不要因少数游手好闲的人滥用弟兄相爱的道理,而放弃对真正有需要的人提供帮助。[114]"不可厌倦"这话的原文结构[115]所表达的意思——"不可〔现在〕开始感

[110] 原文用 *katergazomai* + *to kalon*.

[111] 以上三次原文用 *ergazomai* + *to agathon*.

[112] 以上三次,原文依次用:*poieō* + *to agathon*, *poieō* + *agathon*, *poeiō* + *ti agathon*.

[113] 依次见:Best 342; Morris II 257;多马斯 276.用来支持"做对的事"这解释的一个理由,就是强调 *kalos* 指本身是对的事,*agathos* 才是指对人有益的事(cf. Milligan 116b)。但新约的用法似乎并不这样严格地区别这两个字;参"帖前释"438 注 567;亦参注 109 至 112 及所属正文;E. Beyreuther, *NIDNTT* II 102(作者将帖后本节的 *kalopoieō* 与提前六 18 的 *agathoergeō* 视为同义词)。

[114] Cf. Calvin 420; Moffatt 53*b*; Whiteley 110. Marshall 226 则认为保罗是要帖城信徒不但继续善待(即是接济)其他有需要的会友,而且继续善待那些游手好闲的人;作者认为下文(14～15 节)所表达的精神支持此看法,此看法亦完全符合早期基督教的精神,就是以爱对待那些不配得到爱、亦不回报爱的人。但继续接济闲懒不作工者的做法,与保罗在上文的主旨(尤其是 10、12 节)背道而驰;因此作者此看法值得怀疑。此外,作者在上文(219)曾谓保罗所建议的惩治包括不让他们继续接受教会供给的食物,前后的说法似乎不一致。

[115] *mē* + aorist subjunctive (on which cf. MHT 1.124), not *mē* + present imperative. 在这动词(见注 106)与 *mē*(而非 *ou*,如在林后四 1、16)字连着用的四次中,三次是现在时态(*enkakein*,路十八 1;弗三 13;*enkakōmen*, 加六 9),只有帖后本节是过去不定时时态(见注 107)。

到疲倦〔而松懈、放弃〕”——支持这个解释。

三 14 “若有人不听从我们这信上的话” “但是如果有人”(思高)这译法反映了原文有一小字,[116]此字在这里可能是个没有实际意义的过渡词(因此许多中英译本都没有把它译出来),[117]但较可能是个反语词,不过它不像另一个(通常译为“但是”的)反语词[118]那么强烈,中译可作“不过”。[119] 这个“不过”引出与上一节不同的情形和相应的教训。

“有人”原文是单数的“任何人”(第十节的“有人”则为复数的“一些人”),表示保罗不是在想及一班人,而是个别的会友;他可以想象,在那些游手好闲者当中,“也许有人”(现中)会不“听从”(字词研究见一 8 注释)“我们这信上的话”——意即“我们在这封信上所吩咐的话”(现中)。[120] 在二章二节和十五节,“信”和“话”是表达信息的不同方式,但在本节(如在林后十 11)“信”是表达“话”的媒介。[121] 保罗在“我们……的话”之后(按原文次序)加上“在这封信上”(现中)这词组,也许是为了免得有闲懒不作工者以为,保罗(和同工)既不再在他们中间,便可不必理会他(们);无论如何,他这句话有这样的含意:他信上所写的话,跟他亲口面授的吩咐有同样的权威,并且他“在这封信上”对有关的题目所写的话就是他最后的结论。[122] 这“话”特指本章六至十三节(尤其是 12 节)的“教训/训勉”(当圣/新译);这教训基本上重申了保罗原先的口头教导以及在前书的劝勉(10 节;帖前四 11～12),因此不听从“这信上的话”的人,其实已不止一次漠视保罗的教训,是难逃顽梗倔强之罪名的。

“要记下他” 此句较贴近原文次序的译法是:“这样的人,你们要

---

[116] *de*.

[117] 和合、新译、现中、当圣;RSV, NEB, NIV. Cf. AV, RV, NASB ('and').

[118] *alla*.

[119] Cf. Frame 298: 'however'.

[120] *tōi logōi hēmōn dia tēs epistolēs*.“我们”和“藉着这封信”都是形容“话”字的。此处的介词词组之前不必重复冠词,此点可参 BDF 269(2); MHT 3.187; Ellicott 133b; Lightfoot 133. 同一个词组在林前五 9(“在信上”,思高)并不是指林前本身,因此“信”字之前有冠词并不一定是“这封信”之意,不过就本节而论,原文词组的意思确是“〔藉着〕这封信”(新译、现中)而不仅为笼统性的“〔藉着〕书信”(思高)。

[121] Cf. G. Kittel, *TDNT* IV 101.

[122] 依次见:Lightfoot 133; Moffatt 53*b*.

留意”(现中),即是“这样的人”占有强调位置。不过原文不是用较笼统的“这样的人”(12 节,复数),而是用单数的“这人”,[123]指上一句刚提及的那固执顽抗的人。“记下”(新译、当圣同)或“记出”(思高)的原文动词[124]在新约出现仅此一次。这字在七十士译本(中间语态,如在本节)也只用了一次(诗四 7:“主啊,你的面光已放在我们身上为记号”),[125]它在蒲草纸文献中惯常用来指收据或正式通告上的签署,文法学者则以它的主动语态来表达“注意”的意思。[126] 中间语态在早期教父革利免壹书四十三章一节的意思是“记/录下”(“摩西把所给了他的一切命令都记下在圣书上”[127])。就本节而论,有释经者认为这字应解为信徒以某种方式通知教会(其含意即是由教会采取进一步的行动),或由教会正式“点名”“把这人记出”(思高),加尔文甚至把它解为向使徒本人报告;[128]不过,教会要集体对这人采取正式的行动这一意思在经文中并不明显(参较林前五 3～5),因此,原文较可能的意思是要那些忠于使徒教训的信徒,各人个别地“留意”(现中)那不听从此信上教训的人。按此理解,“要记下他”跟“要留意(躲避)他(们)”(罗十六 17)同义。[129]

事实上,按一位释经者的看法,鉴于罗马书十六章十七至二十节跟本章十四至十六节的相似处(该段同样提到读者顺服保罗的教训,强调要避开引起麻烦的人,并提及赐平安的神),保罗在本段所关注的不仅是闲懒不作工者的行径,而且包括他们用来支持这种有失基督徒体统

---

[123] *touton* (from *houtos*).

[124] *sēmeioomai* = middle of *sēmeioō*. Cf. BAGD 748 (s.v.).

[125] *esēmeiōthē eph' hēmas to phōs tou prosōpou sou, kyrie*. Cf. Bruce 210; K. H. Rengstorf, *TDNT* VII 266.

[126] MM 573(s.v.).

[127] *Mōÿsēs ta diatetagmena autōi panta esēmeiōsato en tais hierais biblois*. Cf. Bruce 210.

[128] 依次见:Ridderbos, *Paul* 470 n.126; Whiteley 110; Calvin 421. Holland 55 谓此动词指“将某人或某事看为一种征兆”:这人的“不听从”大抵表示“离道反教”之事存在于教会之中;参同书 149-150.

[129] Cf. K.H. Rengstorf, Bruce (as in n.21). 罗十六 17 的“留意”原文是 *skopeō*:“留意”的目的在该节是为要“避开”(新译),在腓三 17 是为要“效法”,在加六 1(“小心”)是为免“陷入诱惑”(思高),在路十一 35(“小心”,思高)是为免“内里的光成了黑暗”(思高)。此字在新约出现的其余两次(林后四 18;腓三 4),意思都是“顾念”或“关心”(现中)。

之行为的错谬教训,即是二章二节所言有关主再来的教训。[130] 不过上文已一再指出,认为游手好闲者的问题是由他们对主再来的误解而引起的这一看法,其实缺乏经文的支持(参三 6～16 注释引言注 3 及所属正文),因此笔者亦未能赞同上述这位释经者的论点。

“不和他交往” 从文法的角度看,这是跟“记下他”平行的另一个命令,[131]但按逻辑来说,“不和他交往”是“记下他”的目的;换言之,保罗要读者“留意”这个人,为要进一步不与他交往。“和〔某人〕交往”的原文动词[132]在新约另外只用了两次:保罗曾写信告诉哥林多人,“不可与淫乱的人来往”,其后他在哥林多前书要澄清“淫乱的人”的意思,就是指“称为弟兄,却是行淫乱”的人,他说“这样的人,不可和他来往,连和他吃饭都不可”(林前五 9、11,新译)。在本节,“不和他交往”这话的内涵是什么? 释经者提供了至少三种答案。

(一) 加尔文和一些近代的释经者认为所指的是革除这人的会籍,把他完全摒诸教会的门外;[133]按此理解,“不和他交往”是完全避开他,“远离他”(6 节)才是指不与他有亲密的来往。但本段不但没有用“把这样的人交给撒但”、“把那……人从你们中间赶出去”(林前五 5〔参 2〕、13),或“看他像外邦人和税吏一样”(太十八 17)等严厉的话,而且正面地要读者“劝他如弟兄”(15 节),可见在保罗心中,这人仍有“弟兄”的身份,仍是教会一分子。[134] (二)另一说认为保罗在此提倡的做法正是他在哥林多前书五章十一节所说的(“与他吃饭都不可”);帖城的信徒不应把饭食供给闲懒不作工者,因为这样作等于鼓励他们去继续过着游手好闲的生活。[135] 但在哥林多前书五章十一节,“与他相交”跟“与他吃饭”显然是分开的两件事,“连一起吃饭也不可”(思高)这种讲

[130] Cf. Marshall 227.

[131] *synanamignysthai* = infinitive for imperative (Frame 308) or imperatival infinitive (Hendriksen 206 n. 134).

[132] *synanamignymai*. Cf. BADG 784 (s. v. *synanameignymi*).

[133] Cf. Calvin 421, 422; H. Greeven, *TDNT* VII 854, 855. Schmithals (*Paul* 199 - 200)也是这样解释,并谓此词在保罗书信中是个专门术语,指排拒于教会团契之外。

[134] Cf. J. Jeremias, *TDNT* III 753 n. 84; Ridderbos, *Paul* 470; Bruce II 1165*b*.

[135] Moore 120.

法更表示"与他相交"是比"与他吃饭"更强的关系。[136] 因此,本节经文所说的"不和他交往",不能直接解为不和他一起用饭。[137] (三)第三个看法认为"不和他交往"包括不和他一起吃饭,后者则解为"不让他参与爱筵及圣餐",或除此之外亦不在家中款待他。[138] 但"不让他参与爱筵及圣餐"是教会整体(或其领袖)才能做到的事,而上文已指出("要记下他"一语注释),教会要集体对这人采取正式行动的意思在经文中并不明显,经文亦没有明确提及"一起吃饭"的事或提出他可否继续参加聚会的问题,[139]因此(四)"不和他交往"较宜解为其他信徒与这人在个人关系的层面上(不是在教会聚会的层面上)不可和他有经常的、亲密的交往,[140]不和他交往大抵包括(仍是在个人关系的层面上)不和他一同用饭,[141]更不容他白吃别人的饭;因此这话对于那有闲懒不作工者"寄生"在其他人身上的弟兄,有特别的适切性,按着这话去做能有效地迫使这人自食其力。这解释的含意就是,这人仍可参加教会的聚会,包括参与圣餐。下一句话所指出的动机,和下一节所表达的宽大精神,似乎支持这种推论。尤其值得留意的,就是本段(6～15 节)对读者的教训的重点,是在于他们自己要"远离"那闲懒不作工者,要"不和他交往"(6、14 节),而不是要把那人驱逐或禁止他参与教会的某种活动,此点是第四个解释的有力根据。

"叫他自觉羞愧" 这句表达了"不和他交往"的目的。保罗假定,

---

[136] Marshall 228 似乎赞同 H. Greeven (*TDNT* VII 854－855)对林前五 11 下半的解释,即是认为"不可与他相交"的意思由随后的"不可与他吃饭"表达了,整句的意思等于:"这样的一个人,你们不应和他一起纪念主的晚餐。"但是在 *mē synanamignysthai* ... *mēde synesthiein* 这结构中,把 *mēde* 看为解释 *mē* ('not to associate ..., that is to say, not to eat with them')这做法是颇有疑问的。参下面注 141。

[137] 这种解释的另一例子是石 113:"不和他交往……在此可能是不让他们和大家一起吃公共饭食,或领享圣餐及爱筵。"

[138] 依次见:Best 343;多马斯 275(引句出处);Marshall 228.

[139] Best 343－344 及多马斯 275 皆认为答案是肯定的。

[140] Hendriksen 200,205.

[141] Cf. Grosheide, *First Corinthians* 129－130:"不与人交往强过不一起吃饭。前者指经常的交往,包括一起用饭,后者指一起吃一顿饭,并不包括经常的来往。"Robertson — Plummer (*First Corinthians* 107)认为林前五 11 的"连一起吃饭也不可"(思高)并非指圣餐而是指彼此款待。

当教会其他成员都以实际的、某种程度的"排斥"行动表明他们并不赞许游手好闲者的生活方式时，这人便会静思己过[142]而"自觉羞愧"——从而改变他的生活方式，使之符合使徒的教训和榜样。

"自觉羞愧"在原文只是一个字，此字[143]在新约共出现九次，分为三个用法：(一)主动语态一次，意思是"使(你们)觉得惭愧"(林前四 14，现中)。(二)被动语态六次有中间语态的主动性意思，即是"尊敬"(太廿一 37；可十二 6；路二十 13；来十二 9〔现中〕)、"尊重"(路十八 2、4)。(三)被动语态另外两次的意思是"感到羞愧"(多二 8，思高)、"觉得惭愧"(本节，新译、现中、当圣)。同字根的抽象名词[144]在新约只用了两次，两次都是在"我说这话，是为叫你们羞愧"(思高：林前六 5，十五 34)这句子里面。

三 15　*"但不要以他为仇人，要劝他如弟兄"*　"但"(新译同)、"可是"(思高、现中)、"只是"(当圣)等译法，都是把原文的连接词看为反义词，[145]但此词最通常的意思是"而且"。这里用"而且"而不用"但是"，有释经者认为可能有这样的含意：这人一自觉羞愧，其他的信徒便应把他当基督徒看待。[146] 较自然的看法是，保罗在此把这一项命令加在上一节的命令上，本节的命令与前一个命令是和谐一致的，上一节的命令其实也是基于本节的原则，即是以挽回那人为目的。[147] 也许最好的解释，就是认为保罗的本意是以"而且"一字引出"要警戒他，不过要像对弟兄一样警戒他，不是把他看作敌人"这意思(即："要记下他，不和他交往，……并且警戒他"三者平行)，但由于保罗急于要缓和他心中所想的

---

[142] Robertson (*Pictures* 4.61; Morris II 259)谓原文动词的被动语态的意思是"把思想转到自己身上"。虽然此词源式的解释有待商榷，但"自觉羞愧"很可能牵涉"静思己过"在内。

[143] *entrepō*. Cf. BAGD 269 (s.v.).

[144] *entrepē*.

[145] *kai* = 'and yet'. Cf. Dana - Mantey 221(2).

[146] Bruce 210. Holland 56 认为 14～15 两节的指示只能应用于那些因这封信(帖后)而悔改的"不守规矩"者。

[147] Ellicott 134; Morris II 259.

警戒的严厉性，句子的结构在“而且”一字之后便有所改变：“要把他当弟兄规劝”（思高）这个主要意思，反被形容它的“不要把他看作仇敌”（新译）这个次要意思超前而占了句子的首位。[148]

“以（他）为”的原文动词已在前书五章十三节出现过（字词研究参“帖前释”424－425），在这里的意思是“把（他）看作”（新译）、“把（他）当……看待”（思高）；“当作敌人”（现中）意即“仿佛（他）是个敌人似的”。[149] 有释经者认为，这话可能反映了旧约及犹太教拉比的看法，即是要恨恶仇敌，并认为这里所指的不是个人的仇敌，而是教会的仇敌，即是与教会为敌的人，这样的人，信徒不应与他交往；[150]按此理解，“仇人”有主动之意。但保罗这话显然不大可能有以下的含意：“倘若他是个仇敌，你们便可恨恶他”；在“不要把他当仇敌看待，但要把他当弟兄规劝”（思高）的对比中，重点显然是在后一句，前一句只是给后一句做衬托；因此（基于上述两点），“仇敌”的意思较可能是被动的，此句意即“不要把他看为你们敌意的对象”（参伯十九 11），“不可敌视他”（当圣）。这个被动意思比主动之意更符合文理：对着一个固执不改的游手好闲者，人性的自然反应就是厌恶甚或憎恨，保罗却提醒信徒，就是这样的一个人，也不可存着愤恨、以敌意待他。

> “仇人”（当圣同）或“仇敌”（思高、新译）的原文[151]在新约共出现三十二次（保罗书信占了九次），其中两次是形容词，都有主动的敌对之意（太十三 28：“敌人”即是“存敌意的人”〔原文有“人”字〕；西一 21：“与他〔神〕为敌”）。其余的三十次都是作名词用，其中三次有被动的意思，都是单独使用，但从文理可知有关的“仇敌”是谁的仇敌（即是敌方是谁）：一次是人（帖后本节），另两次是神（罗五 10，十一 28；在后一节“是仇敌”与“是蒙爱的”相对）。

---

[148] Lightfoot 134.

[149] *hōs echthron* = ‘as if he were an enemy’：BDF 416(1)；MHT 3.161.

[150] W. Foerster，*TDNT* II 814；H. Bietenhard，*NIDNTT* I 554.

[151] *echthros*. Cf. BAGD 331 (s.v.).

余下的二十七次都有主动的意思，分为三种用法：(一)单独使用——分别指以色列人的“仇敌”(路一 74)、基督的“仇敌”(林前十五 25)，指魔鬼(太十三 39；路十 19)，指死乃“最后〔的〕仇敌”(林前十五 26，现中)。(二)敌意的对象是物，以所有格表达——“一切正义的仇敌”(徒十三 10，思高、现中)、“基督十字架的仇敌”(腓三 18)。“你〔耶路撒冷〕的仇敌”(路十九 43)是拟人化说法，因此可视为介乎这用法及下一个用法的过渡性例子。(三)敌意的对象是人、基督或神，以所有格表达——(1)对象为神：“与世俗为友的，就成了上帝的仇敌”(雅四 4，新译)。(2)对象为基督：神应许基督，要“把你的仇敌放在你的脚下”(新译：太廿二 44；可十二 36)，“使你的仇敌作你的脚凳”(新译：路二十 43；徒二 35；来一 13)；这正是基督现今在等候的(来十 13)。(3)对象是人：“人的仇敌”(太十 36)、“我〔的〕这些仇敌”(路十九 27，原文；即是“敌对我……的人”〔思高〕)、“我们的仇敌”(路一 71，原文；与“恨我们之人”平行)、“你们的仇敌”(路六 27，与“恨恶你们的”〔现中〕平行；太五 44，与“迫害你们的”〔新译〕平行；路六 35〔思高：“你们的仇人”〕；加四 16)、“你的仇敌”(罗十二 20；太五 43〔与“你的邻舍”相对〕)、“他的仇敌”(太十三 25，新译)、“他们的仇敌”(启十一 5、12)。

“但要把他当弟兄规劝”与上一句“不要把他当仇敌看待”(思高)在原文构成交叉式排列法，即是：不要(A)当仇敌(B)看待，乃要(B)规劝(A)如弟兄；[152]这种排列法的效果，就是把重点放在“不是当仇敌，乃是如弟兄”这对比上。在上一句，“当”字的意思是“仿佛他是”，但在本句“当/如”字则有“按着他(真正)……的身份”之意；[153]这个人不仅是“称为弟兄”的(林前五 11)，故此其他的信徒除了要“远离他”“不和他交

---

[152] *mē* *hōs echthron* (A) —— (B) *hēgeisthe*
alla *noutheteite* (B) —— (A) *hōs adelphon*

[153] *hōs adelphon* = ‘as in fact he is, a brother’, ‘in his character as a brother’. 此点足以使 Holland 52－53 的理论(见三 6 注释注 17)显得十分值得怀疑。

往”外(6、14节),还要“劝他如弟兄”。

译为“劝”字(新译、当圣同)的原文动词已在前书用了两次(五12、14),两次的重点都在于对信徒提出警告和警戒(参“帖前释”423-424);本节的对象是比前书五章十四节所提到的闲懒不作工者“更进一步”的犯错者,因此动词在这里不大可能仅是“劝导”(现中)或“规劝”(思高),至少也是“劝戒”(帖前五12),更可能是“警戒”(帖前五14)之意。劝戒或警戒大抵包括对犯错者指出他的不是之处,解释其他信徒所采取的“纪律行动”(“远离他”“不和他交往”)的原因和目的,并警告他执迷不悟的严重后果(参多三10;太十八17)。不过,“如弟兄”这词组表示,这种劝戒或警戒必须是存着爱心(包括“温柔的心”,加六1)、并以挽回弟兄为目的而发。爱心与警戒并不互相排斥,因为“当面的责备,强如背地的爱情”(箴廿七5),一种在有需要时也不加以谴责的“暗中的溺爱”(思高)在道德方面是无用的。[154]

有释经者认为帖城信徒只能以这样的方式实行这句话:他们不可主动与犯错者交往,但遇到与他们有接触时,却应利用机会来警戒他们;或是由教会的领袖执行这警戒的任务。[155] 但若“不和他交往”并不表示这人不可继续参加教会的聚会(见14节注释),“劝他如弟兄”这句话便可较自然地解为在教会的聚会中警戒他;这是教会整体(即所有信徒)的责任(帖前五14;参罗十五14;西三16),尤其是教会领袖的责任(帖前五12)。[156]

总括这两节的教训,保罗吩咐读者处理固执的游手好闲者的方法主要有两方面:在个人关系上,他们要不和他有经常的、亲密的来往,藉此激发他羞愧之心;与此同时,他们要在教会的聚会中劝戒或警戒他,为使他们觉悟而痛改前非。这可说是颇柔和的“教会纪律”,远不及哥林多前书五章的指示那么严厉,这个分别反映了两个问题(闲懒不作工,犯乱伦之罪)的严重性不同;我们今天把有关的经文应

---

[154] Cf. Kidner, *Proverbs* 165.

[155] Marshall 228. Holland 75 干脆认为不能同时“远离”及“警戒”一个人,后书的作者在15节对14节的指示作出修正,可能是故意要使其教训与帖前五14a的指示(“要警戒不守规矩的人”)相符。

[156] Cf. Hendriksen 207; Best 343-344.

用出来的时候，也应按问题的严重程度施行不同程度的“教会纪律”。[157]

(IV) 第三次为读者祷告(三 16)

16 愿赐平安的主随时随事亲自给你们平安。愿主常与你们众人同在。

三 16 “愿赐平安的主随时随事亲自给你们平安” 本句原文以略为强调的“亲自”(思高同)一词[158]开始，如在二章十六节(及前书三 11，五 23)一样；此词的解释见“帖前释”261，456－457。这是信上第三次祈愿，它的对象不是神[159](如在帖前五 23)，也不是神和基督(如在二 16；帖前三 11)，而是基督，像在本章五节一样；这大抵是由于保罗重复了他在第五节的做法，上文刚提及“主耶稣基督”(12 节)，因此他在本节更有理由以基督为他祷告的对象。

保罗称基督为“赐平安的主”，就如他多次称神为“赐平安的神”(帖前五 23；保罗书信另四次，详参“帖前释”457)；比较之下，可见在赐平安的事上保罗把基督看为享有与神一样的特权(参一 2；帖前一 1)。原文并无“赐”字，“平安的主”，像“荣耀的主”(林前二 8)一样，是一种以名词代替形容词的闪族语法，[160]因此，单就此词组本身而论，“平安”可指基督本性的一面，但鉴于随后的“给你们平安”这句话，“平安的主”在此的主要意思可能确是“赐平安的主”，不过我们应当记着，他先享有平安，然后才能赐下平安(参冯：“腓立比书”441)。

“愿……主……赐你们平安”(当圣)似是旧约祭司的祝福里“愿耶

---

[157] 关于在今天实行“教会纪律”的困难，参 Marshall 229－230 的讨论。亦参余达心、蔡元云等著：《呐喊文粹》(香港学生福音团契 1989)，页 110－114，122－128。

[158] *autos de*. Cf. MHT 3.40－41.

[159] 笔者在“帖前释”290－291 误把本节列入以神为“给”字之主词的经文中；故 290 页第二段首二行的“二十二次”应为“二十一次”，291 页第五行的“九次”应为“十次”。

[160] 二词依次为：*ho kyrios tēs eirēnēs*, *ho kyrios tēs doxēs*. Cf. H. Bietenhard, *NIDNTT* II 513.

和华……赐你平安"（民六 26）一语的回响。[161] "平安"（字词研究见"帖前释"387）在原文有冠词，表示所指的是这位"平安的主"所赐的平安[162]（参约十四 27："我的平安"；亦参西三 16："基督所赐的和平"〔现中〕）。有释经者认为保罗面对的情况，就是那些闲懒不作工者与其他的会友可能分裂，因此"平安"在此的意思可能就是我们通常所谓的平安，即是没有纷争；[163]可是，信上并无证据表示帖城信徒在"彼此和睦"（帖前五 13）的事上发生了严重的问题，[164]那些游手好闲者似乎只是少数的人（参 11 节注释第四段），其余的人仍要"劝他〔们〕如弟兄"（15 节），因此，"可能分裂"是言过其实的。特别在民数记六章二十六节的提示下，"平安"较宜按其广义来解释，指健全的状态（与"救恩"几乎同义），而这种正面的状态自然包括（或说假定了）没有负面的情况（如教会内的纷争）；这广义的解释从接着的（按原文次序）"随时随事"这笼统和概括性的话进一步获得支持。[165]

"随时"（新译、现中、当圣同）的原文结构[166]在保罗书信只出现另一次（罗十一 10，引诗六十九 23〔七十士译本六十八 24〕），意思是"时常"或"常常"（思高），在新约另外用了八次，也是这个意思，分别指：旧约的祭司"常常进入第一进会幕，执行敬拜的事"（来九 6，新译），大卫"时常看见主"在他面前（徒二 25〔引诗十六 8，七十士译本十五 8〕，现中），耶稣升天后，他的门徒"时常在圣殿里颂赞上帝"（路廿四 53，现中），哥尼流"常常祷告神"（徒十 2），保罗力求对神对人都"时常保持良心无愧"（徒廿四 16，思高），信徒的使者

---

[161] 此语在七十士译本作 *kyrios … dōiē soi eirēnēn*；参帖后本节 *dōiē hymin tēn eirēnēn*. *dōiē* 亦见于罗十五 5；提后一 16、18。"赐给"（思高）一字的字词研究，详见"帖前释"289－291。

[162] Bruce 212.

[163] Whiteley III. Holland 77 同样地把"平安"解为会众之中各种困难（参 12 节）获得解决的结果。

[164] So, correctly, Ellicott 135a.

[165] Cf. Best 345－346.

[166] *dia pantos*, with *chronou* understood（BAGD 179, s. v. A II 1 a）. 有时写成一个字 *diapantos*.

在天上"常常"见到天父的面(太十八 10),他们应"常常把颂赞的祭品献给上帝"(来十三 15,新译);有一次"常"的意思由"昼夜"加以补充和说明(可五 5)。"时时"(思高)在本节亦是"继续不断"之意。

"随事"似乎只是一种意译。"随地"(新译、当圣)或"处处"(思高)及"用各种方法"(现中)这两种译法分别反映了原文两个不同的说法。[167] 前者是较常见的词语(参帖前一 8;林前一 2;林后二 14/提前二 8:"各处"/"随处"),后者却比基本上同义的词组[168]较为笨拙,而且"随时随地"是个比"随时用各种方法"较自然的对比,因此有抄者将后者改为前者比相反的做法可能性得多;换言之,"用各种方法"应被采纳为原来的说法。[169] 这样,保罗此祈愿的第一部分,就是愿主继续不断地并以各种方法赐读者平安,即是让他们经历"平安"这福泽的丰富内涵(健全康泰、与神和好、与人和睦、内心和谐一致)。[170]

"愿主常与你们众人同在" 这是保罗祈愿的第二部分;原文无"常"(当圣同)字。[171] "愿上主与你/你们同在"这祈愿早见于旧约(思高:士六 12/得二 4),在新约他处亦有出现(路一 28;参同义的"愿主与你的灵同在",提后四 22a);因此,虽然此特别格式在保罗书信出现只有这一次,此点却无法成为保罗不可能用此格式这看法的理由。[172] 上一句求平安的主赐平安给读者,本句求这同一位主与他们同在;罗马书十五章三十三节的祈愿则求赐平安的神与读者同在;这两点都提示我们,赐恩者(赐平安的主)与所赐的恩(平安)不能分割,后者不能离开前者而单独存在(参冯:"腓立比书"457、507)。保罗在"你们"之前(按原

---

[167] *en panti topōi*, *en panti tropōi*. Lightfoot 134－135 采纳前者。

[168] *panti tropōi*("无论怎样",腓一 18),*kata mēdena tropon*("〔不要……〕任何方法",帖后二 3,思高)。Cf. *kata panta tropon*("各方面",罗三 2:思高、新译、现中)。*tropos* 的字词研究见二 3 注释。

[169] Cf. Ellicott 135*a*; Milligan 118*a*; Metzger 638.

[170] Cf. H. Beck, C. Brown, *NIDNTT* II 781.

[171] 亦无动词。但顺应着上一句祈愿式语法的动词(见注 161),本句可合理地补充另一祈愿式语法的动词 *eiē* ('may he be').

[172] Cf. Marshall 230－231 (against W. Trilling).

文次序）加上“众人”一词（参 18 节；林前十六 24；林后十三 13；弗六 24〔原文〕；多三 15），反映了他爱心的宽宏大量：“大家”（现中）不但包括为神的国受苦者（一 4、5）、在主的日子何时来到一事上可能被错谬的教训误导者（二 2）、坚守遵行保罗和同工的教训者（三 4，参二 15），连那些闲懒不肯作工者（三 6，参 12 节），也包括在此祈愿之内。[173]

---

[173] Cf. Neil 198; Morris II 261.

柒　结语(三 17～18)

这是保罗书信的结语(详见“帖前释”474 注 1)中最短的一次(在原文只有二十四个字——提前及腓利门的结语依次为二十五和二十六个字),由“亲笔问安”及“最后祝福”两部分构成。

(Ⅰ) 亲笔问安(三 17)

17　我保罗亲笔问你们安。凡我的信都以此为记,我的笔迹就是这样。

三 17　“我保罗亲笔问你们安”　蒲草纸的文献清楚显示,在新约书信成书那段时间的同期内,私人的信札常是由代笔人书写,然后于结束时由发信人亲笔问安。有若干的例子在信上注明,这是由于发信人没有受过教育或写字写得慢;[①]不过,即使写字没有困难的人也常雇用代笔人,大抵因为他们可以用颇相宜的代价便能省去要取得写信所需品的麻烦。[②] 这做法清楚反映于本节及另外数封保罗的书信(罗十六22;林前十六 21;加六 11;西四 18;门 19)。

本句的原文在另两封保罗书信的结语部分出现(林前十六 21;西四 18),“我(保罗)亲笔写”一语亦见于加拉太书(六 11,现中)及腓利门书(19)的结语部分。在这五节经文里,“笔”字原文是“手”,即是“手”有“手笔”“笔迹”之意。

此字[③]在保罗书信另外出现十二次(新约共一百七十七次),除了一次以手代表敌意的力量外(林后十一 33:保罗“逃脱了〔在大马色亚哩达王手下的提督〕的手”〔思高、新译、现中〕),其余的十

① *mē idotes grammata/agrammatos*, or *dia to bradytera auton graphein*.
② Cf. Longenecker, ‘Ancient Amanuenses’ 282 - 288 (esp. 287 - 288).
③ *cheir*. Cf. BAGD 879 - 880 (s.v.).

一次都有其字面意思："手"，像"脚"和"眼"，是身体上的肢体（林前十二 15、21）；律法是"藉天使经中保之手设立"的（加三 19）；关于以色列人，神说："我整天向悖逆违抗的民族，伸出我的手"（罗十 21〔思高〕，引赛六十五 2）；男人要"举起圣洁的手"祷告（提前二 8）；保罗（提后一 6）和"长老团"（提前四 14，思高）一同参与为提摩太按手之礼（参冯："恩赐"126－127），也指示提摩太，"不可随便给人行按手礼"（提前五 22，现中）；从前偷窃的应"亲手作正当的事"（弗四 28，新译），所有信徒都当像保罗等人一样（林前四 12），"亲手作工"（帖前四 11）。

本句的原文直译是："这问安〔是〕用我保罗的手〔写的〕"，[4]即"问安"是个名词（字词研究见"帖前释"476－477）。有释经者认为此"问安"所指的是第十六节，因为该节提及"平安"，而"平安"正是中东的人，尤其是犹太人，问安的内涵；按此理解，保罗亲笔写的是十六至十八节。[5] 可是，此句在保罗书信出现的另外两次（林前十六 21；西四 18），其上文都没有提及"平安"，该两次的"问安"显然就是"我保罗亲笔问（你们）安"这话本身；比较之下，本句在此亦应同样解释，现代中文译本正确地把它意译为："我亲笔写：'保罗祝你们好。'"[6]换句话说，保罗亲笔写的，只是本节和下一节，[7]就如他在前书亲笔写的也只是最后两节（参"帖前释"481）。

"凡我的信都以此为记" 较贴近原文的译法是："这是我每/每一封信的记号"（思高/新译）。"这"字在原文是中性的关系代名词（因此在文法上与上一句阳性的"问安"及阴性的"手〔笔〕"都不相符，而只与下一句中性的"记号"相符），它引起的问题是：保罗的每一封信都以之为记号的是什么？换言之，这里所说的"记号"是由什么构成的？答案

---

④ *ho aspasmos tēi emēi cheiri Paulou* (*gegraptai*). The use of genitive *Paulou* in apposition with dative *emēi* is in accordance with a common Greek idiom (Milligan 118*b*).

⑤ Best 347. Longenecker ('Ancient Amanuenses' 291)也是认为保罗亲笔写了 16～18 节，但他所用的理由与前一位作者所用的不同。

⑥ Cf. Marshall 231; H. Windisch, *TDNT* V 502.

⑦ Neil 199 则认为是从 *Paulou* 一字开始（参注 4）。

不可能是"我保罗亲笔问你们安"这句话本身,因为(如上文指出的)这话只在另两封保罗书信的结语部分出现(林前十六 21;西四 18);这记号也不是保罗"每封信都这样签字"(现中),因为他在信末签字的也是只有这三封信。"这"所指的最可能是他亲笔问安的事实,而重点不在"问安",乃在"亲笔",[⑧]他的笔迹就是个"记号",即是"真确之凭据",证明有关的信确是保罗的原作。[⑨] 这解释从下面一句获得证实——"我的笔迹就是这样"(新译同)或"这是我的笔迹/字体"(现中/思高),保罗要读者特别留意的,乃是他亲笔问安时的笔迹或字体是怎样的。当代圣经把"这就是我的笔迹了"一句提前放在"凡从我而来的信都有此记号"之前,把"我的笔迹"就是"此记号"的意思表达得非常清楚。

若此信是写于前书之后,前后书都是出自保罗之手(如笔者所持的看法),这话的自然含意就是,看过保罗在前书亲笔写的那部分(五 27～28)的读者,会认得保罗在后书亲笔写的那部分的笔迹,后书的读者若将此信有关部分的字体和前书有关部分的字体比较,便可看出后书是否真正来自保罗的信。正因为这样,若后书是(写于前书之后的)冒名之作,则作者想藉着本节的话使读者信以为真,其成功的机会是不大的。[⑩]

就现存的保罗书信而论,此信只是第二封(若前书是最早的)或第

---

⑧ Cf. Ellicott 135a; Lightfoot 135; Milligan 118*b*; Moffatt 54*a*; Whiteley 111; Bruce 216; Marshall 231 - 232.

⑨ Cf. K. H. Rengstorf, *TDNT* VII 259: *sēmeion* probably means 'proof of authenticity'. 作者指出,这字在此相当于偶尔出现的 *symbolon* (*xymbolon*)一字,后者指古代信札由作者亲笔加上的部分。

⑩ So, correctly, Jewett 185 - 186; Marshall 232. Bailey ('II Thessalonians' 138) 谓三 17 的话有"此地无银三百两"一语的作用:冒名的作者惟恐此信会被人怀疑为并非保罗所作,因此刻意指出此亲笔问安就是他(保罗)每一封信的记号。可是,虽然保罗在其他地方(林前十六 21;加六 11)亲笔写下结束部分,但其目的并不是要证明该信的真确性;而且前书并无亲笔问安,足见三 17 不大可能是保罗写的。但是,(1)前书很可能有保罗亲笔写下的部分(五 27～28,参"帖前释"481);(2)三 17 不必解释为冒名作者弄巧成拙的结果(见正文上文);(3)我们难以想象有冒名的作者竟如此"大胆"用这种"欺诈"的手段(Bailey, art. cit. 144 谓我们必须承认作者存心欺骗)来表明其作品真是保罗的书信(F. W. Beare, *IDB* IV 626a)。

三封(若加拉太书早于帖前),因此,若“我每一封信”(“信”字的字词研究见“帖前释”482 注 24)是指此信之前的保罗书信,这话便意味着保罗还写了其他的信,是今已失传的;[11]这是个合理的推论,因为保罗一蒙召作使徒便立即开始传福音的工作(参加一 17;冯:“真理”63－68),他的所谓“首次布道旅程”(徒十三、十四章)亦已是距今(保罗写此信时)十二三年前的事了,若谓在这期间他只写了一两封信(而且帖前只是与帖后同一年之内写的,加拉太书亦只是早两年写的),是难以相信的。但若“我每一封信”是指此信及以后的书信,这话的含意便是:连那些没有(如在罗十六 22)提及代笔人或(如在本节;林前十六 21;西四 18;加六 11;门 19)明说保罗“亲笔写/问安”的信,亦含有保罗亲笔问安的话。[12] 以上两个解释不是互相排斥的,而是可合并起来:除了现今仍存的保罗书信外,还有其他写于此信之前或之后、但今已失传的保罗书信,大抵都有他亲笔问安的部分,尽管他不一定特别指出此点来吸引读者的注意。[13]

“我的笔迹就是这样” 此句原文直译是:“我是这样写的”。[14] 副词“这样”的意思,不是“我每封信都亲笔问安”(这是上一句话的意思),而是“我现在〔在这两节〕所写的字体就是我的笔迹了”。“这样”自然的含意,就是保罗的字体跟代笔人的字体之间有可见的、认得出来的分别。

“写”字(参帖前四 9,五 1)的原文(见注 14 末字)在保罗书信共出现六十三次(新约全部为一百九十次),主要分为三种用法:(一)三次指写字的动作(本节;加六 11;门 19)。(二)二十一次指写信给某人,所用的词语包括:“我们现在写给你们(的话)”(林后

[11] Cf. Lightfoot 136; Kümmel, *Introduction* 251.

[12] Cf. Neil 199; Longenecker, ‘Ancient Amanuenses’ 288－292.按后一位作者的理解,保罗亲笔所写的有以下各段:罗十六 25～27;帖后三 16～18;林前十六 19～24;西四 7～18;加六 11～18;门(全书);林后十三 11～13;弗六 21～24;腓四 21～23;帖前五 25～28;提前六 17～21;提后四 19～22;多三 15。这些结论部分有待商榷。

[13] Cf. H. Windisch, *TDNT* I 502.

[14] *houtōs graphō*. Cf. BAGD 166－167 (s.v. *graphō*).

一 13);[15]"我写给你们(的)"(加一 20;林前十四 37);[16]"我写信给你们"(罗十五 15;林前五 9、11;林后二 4,七 12);[17]"我写信给你"(门 21)、"我(把这些事)写给你"(提前三 14,新译);[18]"我写了(那信)"(林后二 9,思高);[19]"写信给你们"(林后九 1;帖前四 9,五 1);[20]"你们……所写(的事)"(林前七 1,思高)。所写的内容(即动词的受词)包括:"这封信"(罗十六 22,新译、现中)、"这些话"(新译:林前四 14,九 15;林后十三 10)、"同样的事"(腓三 1,原文直译,参思高)、"这样/那样的信"(林后二 3,新译/思高)。(三)此字有三十五次是用来指旧约圣经的记载(尤其是用于引句之前),所用的词语包括:"如经上所记"(十九次:罗一 17,二 24,三 4、10,四 17,八 36,九 13、33,十 15,十一 8、26,十五 3、9、21;林前一 31,二 9;林后八 15,九 9;林前十 7);[21]"因为经上记着"(八次:罗十二 19,十四 11;林前一 19,三 19;加三 10a,四 22、27;加三 13);[22]"经上……这样记载说"(林前十五 45,思高);[23]"摩西写着说"(罗十 5),"在摩西的律法上记着说"(林前九 9,新译),"律法上记着"(林前十四 21);[24]"经上所记载的这句话"(林前十五 54,思高),"正如经上记着说"(林后四 13),"律法书上所写的"(加三 10b,新译),"不可过于圣经所记"(林前四 6)。[25] 其余的四次,"写"(罗四 23,十五 4)或"记载"(林前九 10,思高)有"记/记录下来"(林前十 11,新译/思高)之意。[26]

---

[15] *graphomen hymin*.

[16] (*ha*) *graphō hymin*.

[17] *egrapsa hymin*.

[18] *egrapsa/graphō soi*.

[19] *egrapsa*.

[20] *graphein hymin*(前二节),*hymin graphesthai*(后一节)。

[21] *kathōs gegraptai*(前十八节),*hōsper gegraptai*(最后一节)。

[22] *gegraptai gar*(前七节),*hoti gegraptai*(最后一节)。

[23] *houtōs ... gegraptai*.

[24] *graphei*(首节),*en ... gegraptai*(后二节)。

[25] 以上四次,原文依次为 *ho logos ho gegrammenos*, *kata to gegrammenon*, *tois gegrammenois en tōi biblōi tou nomou*, *to mē hyper ha gegraptai*.

[26] *egraphē*.

保罗为什么特地要读者留意他亲笔问安的事实呢？有释经者认为这是由于保罗预期，在那些游手好闲者当中有人会以“并非出自保罗之手”为托辞而拒绝听从保罗在信上的教训；[27]但此说的臆测成分甚高，因此缺乏说服力。另一个答案是：保罗怀疑可能有冒名的书信以错谬的教训搅扰读者（参二 2），因此强调他亲笔问安的记号，不过本节并不证明确有冒名的书信存在。[28] 事实上，就是二章二节“似乎出于我们的书信”那句话也并不清楚表示冒名的书信确实存在（参该处注释），“我保罗亲笔问你们安”这句话另外出现的两次（林前十六 21；西四 18），完全不需要解为是因保罗怀疑有冒名的书信而说的；因此，也许保罗在本节的用意并非要否认可能存在之冒名书信的真确性，而完全是要强调此信的真确性及其中的教训的重要性，他的亲笔问安和他的签字，构成一种双重的保证，证明这确是来自使徒保罗的信，故此其中的教训赋有使徒的权威，是读者所当遵行的。[29]

(II) 信末祝福(三 18)

18 愿我们主耶稣基督的恩常与你们众人同在。

除了加上“众人”一词外，本句与前书五章二十八节完全一样（参“帖前释”484 - 485）。这里的“众人”回应了第十六节的同一个词，其意义亦与该处的“众人”相同（参该节注释）。

---

[27] Cf. Frame 24,311.

[28] Cf. Best 43 - 44,347.

[29] Cf. Marshall 232 - 233,36.

参考书目

（在书中以作者姓氏及缩短的书名或文章题目引述）

见笔者的《帖撒罗尼迦前书注释》（香港天道 1989）之参考书目的有关部分。另加：

冯荫坤：《保罗与妇女事奉的再思》，《中国神学研究院期刊》，第二期（一九八七年一月），页 98 - 146

Aus，R. D.，'God's Plan and God's Power：Isaiah 66 and the Restraining Factors of 2 Thess 2:6 - 17'，*JBL* 96(1977) 537 - 553

Bailey，J. A.，'Who wrote II Thessalonians?'，*NTS* 25(1978 - 79) 131 - 145

Barrett，C. K.，*The First Epistle to the Corinthians*（HNTC；New York and Evanston 1968）

Barrett，C. K.，*From First Adam to Last*（London 1962）

Barrett，C. K.，*The Second Epistle to the Corinthians*（BNTC；London 1973）

Bassler，J. M.，'The Enigimatic Sign：2 Thessalonians 1:5'，*CBQ* 46(1984) 496 - 510

Brown，R. E.，*The Epistles of John*（AB；Garden City 1982）

Bruce，F. F.，*Answers to Questions*（Exeter 1972）

Bruce，F. F.，*The Epistles to the Colossians，to Philemon，and to the Ephesians*（NICNT；Grand Rapids 1984）

Bruce，F. F.，*I & II Corinthians*（NCBC；London 1971/Grand Rapids and London 1984）

Bruce，F. F.，*The Gospel of John*（Grand Rapids 1983）

Bruce，F. F.，*New Testament History*（rev. ed.；London 1971）

Bruce，F. F.，*Tradition Old and New*（Exeter 1970）

Collins，R. F.，*Letters That Paul Did Not Write：The Epistle to the Hebrews and the Pauline Pseudepigrapha*（Good News Studies 28；Wilmington，Delaware 1988）

Conzelmann，H. and Lindemann，A.，*Interpreting the New Testament：An Introduction to the Principles and Methods of N. T. Exegesis*（E. T.；Pea-

body, MA 1988)
Cullmann, O., *Christ and Time* (E.T., rev. ed.; London 1962/1967)
Dibelius, M. and Conzelmann, H., *The Pastoral Epistles* (Hermeneia; Philadelphia 1972)
Dunham, D.A., '2 Thessalonians 1:3-10: A Study in Sentence Structure', *JETS* 24(1981)39-46
Ellis, E.E., *Prophecy and Hermeneutic in Early Christianity* (Grand Rapids 1978)
Fee, G.D., *The First Epistle to the Corinthians* (NICNT; Grand Rapids 1987)
Fung, R.Y.K., 'Ministry in the New Testament', in D.A. Carson (ed.), *The Church in the Bible and the World* (Exeter 1987)154-212,318-342
Fung, R.Y.K., 'The Relationship between Righteousness and Faith in the Thought of Paul, as Expressed in the Letters to the Galatians and the Romans' (2 vols.; unpublished Ph.D. thesis, Manchester University, 1975)
Fung, R.Y.K., 'Revelation and Tradition: the Origins of Paul's Gospel', *EQ* 57(1985)23-41
Giblin, C.H., 'The Heartening Apocalyptic of Second Thessalonians', *BibToday* 26(1988)350-354
Glasson, T.F., 'Theophany and Parousia', *NTS* 34(1988)259-270
Grosheide, F.W., *The First Epistle to the Corinthians* (NLC; London 1954)
Guthric, D., 'The New Testament Approach to Social Responsibility', *VE* 8(1973)40-59
Harris, M.J., 'Titus 2:13 and the Deity of Christ', in *Pauline Studies* (*FS* F.F. Bruce), ed. D.A. Hagner and M.J. Harris (Exeter and Grand Rapids 1980)262-277
Hartman, L., *Prophecy Interpreted: The Formation of Some Jewish Apocalyptic Texts and of the Eschatological Discourse Mark 13 Par.* (ConB, New Testament series 1; Lund 1966)
Havener, I., 'First and Second Thessaloians: An lntroduction', *BibToday* 26(1988)324-327
Johnson, L.T., *The Writings of the New Testament: An Interpretation* (Philadelphia 1986)
Kelly, J.N.D., *The Epistles of Peter and of Jude* (BNTC; London 1969)
Koester, H., *Introduction to the New Testament* (E.T., 2 vols; Philadelphia 1982)

Köster, H., 'Apostel und Gemeinde in den Briefen an die Thessalonicher', in *Kirche* (*FS* G. Bornkamm), ed. D. Lührmann and G. Strecker (Tübingen 1980)287－298

Lock, W., *The Pastoral Epistles* (ICC; Edinburgh 1924/1966)

Longenecker, R. N., 'Ancient Amanuenses and the Pauline Epistles', in *New Dimensions in New Testament Study*, ed. R.N. Longenecker and M.C. Tenney (Grand Rapids 1974)281－297

Manson, T. W., *Studies in the Gospels and Epistles*, ed. M. Black (Manchester 1962)

Martin, R.P., 'Authority in the Light of the Apostolate, Tradition and the Canon', *EQ* 40(1968) 66－82

Mauser, U. W., '"Heaven" in the World View of the New Testament', *HBT* 9(1987) 31－51

Mitton, C.L., *Ephesians* (NCB; London 1976)

Morris, L., *The Biblical Doctrine of Judgment* (London 1960)

Munck, J., *Paul and the Salvation of Mankind* (E.T., Richmond 1959)

O'Brien, P.T., *Colossians*, *Philemon* (WBC; Waco, Texas 1982)

Plummer, A., *The Second Epistle of St Paul to the Corinthians* (ICC; Edinburgh 1915/1966)

Robinson, J.A., *St Paul's Epistle to the Ephesians* (2nd ed.; London n.d.)

Scott, E.F., *The Pastoral Epistles* (MNTC; London 1939)

Stanley, D., 'Imitation in Paul's Letters: Its Significance for His Relationship to Jesus and to His Own Christian Foundations', in *From Jesus to Paul* (*FS* F.W. Beare), ed. P. Richardson and J.C. Hurd(Waterloo, Ont. 1984)127－141

Strong, R., 'Articles on the Second Coming of Christ', in *The New Testament Student at Work*, ed. J.H. Skilton (vol. 2 of *The New Testament*; Nutley NJ 1975)131－168

Townsend, J.T., 'II Thessalonians 2:3－12', in *Society of Biblical Literature 1980 Seminar Papers*, ed. P.J. Achtemeier (Chico 1980)233－250

Vermes, G., *The Dead Sea Scrolls in English* (Penguin Books 1962/1970)

Werner, J.R., 'Discourse Analysis of the Greek New Testament', in *The New Testament Student and His Field*, ed. J.H. Skilton and C.A. Ladley (vol. 5 of *The New Testament*; Phillipsburg 1982)213－233

Wilkinson, T.L., 'The Man of Lawlessness in II Thessalonians', in *The New Testament Student and His Field*, ed. J.H. Skilton and C.A. Ladley (vol. 5 of *The New Testament*; Phillipsburg 1982)124－149

补充书目(三刷)

董俊兰:《保罗书信的终末论思想》,《神学与教会》,第 24 卷第 1 期(1989 年 12 月),页 72 - 82

Bassler, J.M. (ed.), *Pauline Theology Volume I: Thessalonians, Philippians, Galatians, Philemon* (Minneapolis 1993)52 - 85,183 - 265

Beavis, M.A., '2 Thessalonians', in E.S. Fiorenza (ed.), *Searching the Scriptures. Volume 2: A Feminist Commentary* (London 1995)153 - 195

Betz, O., 'Der *Katechon*', *NTS* 9(1962 - 63)279 - 291

Bockmuehl, M.N.A., '"The Mystery of Lawlessness" (2 Thes 2:7)', *Revelation and Mystery* (WUNT [Wissenschaftliche Untersuchungen zum Neuen Testament] 2/36; Tübingen 1990)195 - 198

Brauch, M.T., '2 Thessalonians', in W.C. Kaiser Jr., P.H. Davids, F.F. Bruce, M.T. Brauch, *Hard Sayings of the Bible* (Downers Grove 1996) 661 - 664

Brown, R.E., 'Second Letter to the Thessalonians', *An Introduction to the New Testament* (New York 1997)590 - 598

Brown, S.G., 'The intertextuality of Isaiah 66.17 and 2 Thessalonians 2.7: A Solution to the "Restrainer" Problem', in C.A. Evans and J.A. Sanders (ed.), *Paul and the Scriptures of Israel* (JSNTSS①83; Sheffield 1993)254 - 277

Coppens, J., 'Note on the "obstacles" of 2 Thess 2:7', in J. Murphy - O'Connor and J.H. Charlesworth (ed.), *Paul and the Dead Sea Scrolls* (New York 1990)156 - 158

Crook, Z.A., 'Paul's Riposte and Praise of the Thessalonians', *BTB* 27 (1997)153 - 163

Dixon, P.S., 'The Evil Restraint in 2 Thess 2:6', *JETS* 33(1990)445 - 449

---

① *Journal for the Studv of the New Testament* Supplement Series.

Donfried, K. P., '2 Thessalonians and the Church of Thessalonica', in B. H. McLean (ed.), *Origins and Method: Towards a New Understanding of Judaism and Christianity* (J. C. Hurd *FS*; JSNTSS [see n. 1]86; Sheffield 1993)128 - 144

——. 'The Theology of 2 Thessalonians', in K. P. Donfried and 1. H. Marshall, *The Theology of the Shorter Pauline Letters* (New Testament Theology; Cambridge 1993)81 - 113

Dunn, J. D. G., 'Anti-Semitism in the Deutero-Pauline Literature', in C. A. Evans and D. A. Hagner (ed.), *Anti-Semitism and Early Christianity: Issues of Polemic and Faith* (Minneapolis 1993)151 - 165

Ewert, D., '1 - 2 Thessalonians', in W. A. Elwell (ed.), *Evangelical Commentary on the Bible* (Grand Rapids 1989)1064 - 1097 (on 2 Thessalonians, 1086 - 1097)

Farrow, D., 'Showdown: The Message of Second Thessalonians 2:12 and the Riddle of the "Restrainer"', *Crux* 25(1989)23 - 26

Fee, G. D., 'On Text and Commentary on 1 and 2 Thessalonians', in E. H. Lovering, Jr. (ed.), *Society of Biblical Literature 1992 Seminar Papers* (Atlanta n. d.)165 - 183

——. 'Pneuma and Eschatology in 2 Thessalonians 2. 1 - 2: A Proposal about "Testing the Prophets" and the Purpose of 2 Thessalonians', in T. E. Schmidt and M. Silva (ed.), *To Tell the Mystery* (R. H. Gundry *FS*; JSNTSS [see n. 1] 100; Sheffield 1994)196 - 215

Gaventa, B. R., *First and Second Thessalonians* (Interpretation; Louisville 1998)89 - 133

Giblin, C. H., 'The Second Letter to the Thessalonians', in R. E. Brown et al. (ed.), *The New Jerome Biblical Commentary* (Englewood Cliffs, NJ 1990)871 - 875

Holmes, M. W., *The NIV Application Commentary: 1 and 2 Thessalonians* (Grand Rapids 1998)

Hughes, F. W., *Early Christian Rhetoric and 2 Thessalonians* (JSNTSS [see n. 1]30; Sheffield 1989)

LaRondelle, H. K., 'The Middle Ages within the Scope of Apocalyptic Prophecy', *JETS* 32(1989)345 - 354

Martin, D. M., *1, 2 Thessalonians* (New American Commentary; Bioadman 1995)21 - 45, 195 - 293

Menken, M. J. J., *2 Thessalonians* (New Testament Readings; London/ New York 1994)

——. 'Paradise Regained or Still Lost? Eschatology and Disorderly Behaviour in 2 Thessalonians', *NTS* 38(1992)217－289

Peerbolte, L.J.L., 'The κατέχον/ κατέχων of 2 Thess. 2:6－17', *NovT* 39 (1997)138－150

Powell, C.E., 'The Identity of the "Restrainer" in 2 Thessalonians 2:6－17', *BS* 154(1997)320－332

Poythress, V. S., '2 Thessalonians 1 Supports Aruillenialism', *JETS* 37 (1994)529－538

Richard, E., 'Contemporary Research on 1 (& 2) Thessalonians', *BTB* 20 (1990)107－115

Richard, E.J., *First and Second Thessalonians* (Sacra Pagina; Collegeville, MN 1995)1－32,295－396

Russell, R., 'The Idle in 2 Thess 3:6－12: An Eschatological or Social Problem?' *NTS* 34(1998)105－119

Schmidt, A., 'Erwägungen zur Eschatologie des 2 Thessalonicher und des 2 Johannes', *NTS* 38(1992)477－480

Schnelle, U., 'The Second Letter to the Thessalonians', *The History and Theology of the New Testament Writings* (E.T.; London 1998)315－326

Simpson, Jr., J. W., 'Thessalonians, Letters to the', *Dictionary of Paul and His Letters*, ed. G.F. Hawthome et al. (Downers Grove 1993),932－939

Sumney, J.L., 'The Bearing of a Pauline Rhetorical Pattern on the Integrity of 2 Thessalonians', *ZNW* [*Zeitschrift für die neutestamentliche Wissenschaft*] 81(1990) 192－204

Thurston, B., *Reading Colossians, Ephesians & 2 Thessalonians: A Literary and Theological Commentary* (Reading the New Testament Series; New York 1995)155－197

Weima, J.A.D., *Neglected Endings: The Significance of the Pauline Letter Closings* (JSNTSS [see n.1] 101: Sheffield 1994)77－155,187－191

Winter, B.W., '"If a Man Does Not Wish to Work ..."A Cultural and Historical Setting for 2 Thessalonians 3:6－16', *Tyndale Bultetin* 40(1989) 303－315

补充书目(四刷)

甲部:中文书刊

张达民、黄锡木:《帖撒罗尼迦后书》,载于张达民、郭汉成、黄锡木著:《情理之间持信道:加拉太书、帖撒罗尼迦前后书析读》(圣经通识业书;香港基道 2003),页 239 - 286

陈廷忠:《"你们要一同效法我":保罗的权柄对今日华人教会的挑战》,《神学与生命塑造》,澳洲维省圣经学院华人事工部,3(1998.11),页 6 - 11

斯托得著,甘燿嘉译:《帖撒罗尼迦前后书》(圣经信息系列;台北校园 1999),页 3 - 21、161 - 235、243 - 246

杨克勤:《保罗末世神学》,《基督教文化学刊》,3(2000),页 47 - 78

刘彼得:《主再来:忽临兴先兆——论〈帖前〉〈帖后〉末世观之随机性及互容性》,《神学论集》,132(2002),页 268 - 287

乙部:英文书刊

Achtemeier, P.J., Green, J.B. and Thompson, M. M., 'Paul's Letters to the Thessalonian Christians', *Introducing the New Testament: Its Literature and Theology* (Grand Rapids/Cambridge 2001)427 - 446[esp. 439 - 46]

Adams, Jr., E. R., 'Preaching from 1 and 2 Thessalonians', *SWJT*①42 (1999 - 2000)66 - 78

Ascough, R. S., 'The Thessalonian Christian Community as a Professional Voluntary Association', *JBL* 119(2000)311 - 328

Barclay, W., *The Letters to the Philippians, Colossians, and Thessalonians* (3rd[rev.] ed.; Louisville, KY 2003)205 - 212,243 - 255

Beale, G.K. *1 - 2 Thessalonians* (IVP New Testament Commentary; Downers Grove, IL 2003)17 - 23,29 - 37,179 - 269

① *Southwestern Journal of Theology*.

Blight, R.C., *An Exegetical Summary of 1 & 2 Thessalonians* (Dallas 1989) 3 - 7,198 - 292

Bridges, L.M., '2 Thessalonians', in W.E. Mills et al., *Acts and Pauline Writings* (Mercer Commentary on the Bible, Vol.7; Macon, GA 1997) 261 - 267

Burke, T.J., 'Family Matters in Thessalonica', *TynB*② 52.2(2001)299 - 302

Burkett, D., 'The imminent parousia: 1 and 2 Thessalonians', *An Introduction to the New Testament and the Origins of Christianity* (Cambridge 2002)345 - 352 [esp. 347 - 352]

Canoy, R.W., 'Teaching Eschatology and Ethics in the Thessalonian Correspondences', *RevExp*③ 96(1999)249 - 261

Clarke, A.D., '1 & 2 Thessalonians — a Community influenced by Pagan Culture', *Serve the Community of the Church: Christians as Leaders and Ministers* (First-Century Christians in the Graeco-Roman World; Grand Rapids 2000)197 - 201

——. '"Be Imitators of Me": Paul's Model of Leadership', *TynB* 49.2(1998) 329 - 360[esp. 340 - 342]

Couch, M., *Hope of Christ's Return: Premillennial Commentary on 1 and 2 Thessalonians* (Chattanooga, TN 2001) [Review: R.B. Zuck, in *BS*④ 159(2002)500]

deSilva, D.A., 'Honor Discourse in 1 and 2 Thessalonians', *The Hope of Glory: Honor Discourse and New Testament Interpretation* (Collegeville, MN 1999)91 - 117

Donfried, K.P., and Beutler, J. (ed.), *The Thessalonians Debate: Methodological Discord or Methodological Synthesis?* (Grand Rapids/Cambridge 2000) ⑤

Ehrman, B.D., 'In the Wake of the Apostle: The Deutero-Pauline and Pastoral Epistles', *The New Testament: A Historical Introduction to the Early Christian Writings* (2nd ed.; New York 2000)341 - 362 [esp. 344 - 346]

Esler, P.F., '2 Thessalonians', in J. Barton and J. Muddiman (ed.), *The Oxford Bible Commentary* (Oxford 2001)1213 - 1220

② *Tyndaie Bulletin*.

③ *Review & Expositor*.

④ *Bibliotheca Sacra*.

⑤ 书评见《帖撒罗尼迦前书》(第四刷 2004)534。

Fee, G.D., 'On Text and Commentary on 1 and 2 Thessalonians', *To What End Exegesis? Essays Textual, Exegetical, and Theological* (Grand Rapids/Cambridge/Vancounver 2001) 57 - 79 [reprinted from *SBLSP 1992* 〔见上面 405〕]

——. 'Pneuma and Eschatology in 2 Thessalonians 2:1 - 2: A Proposal about "Testing the Prophets" and the Purpose of 2 Thessalonians', *To What End Exegesis?* 290 - 308 [reprinted from R.H. Gundry *FS*〔见上面 406〕]

Fee, G.D., and Stuart, D., '2 Thessalonians', *How to Read the Bible Book by Book: A Guided Tour* (Grand Rapids 2002)369 - 372

Gorday, P. (ed.), *Colossians, 1 - 2 Thessalonians, 1 - 2 Timothy, Titus, Philemon* (Ancient Christian Commentary on Scripture: New Testament 9; Downers Grove 2000)101 - 127

Graves, M., 'Preaching from the Thessalonian Correspondences', *RevExp* 96(1999)233 - 247

Green, G.L., *The Letters to the Thessalonians* (Pillar New Testament Commentary; Grand Rapids 2002) 1 - 77,275 - 360

Hannah, D.D., 'The Angelic Restrainer of 2 Thessalonians 2.6 - 7', in M. Percy (ed.), *Calling Time: Religion and Change at the Turn of the Millennium* (Sheffield 2000) 28 - 45

Harrison, J.R., 'Paul and the Imperial Gospel at Thessaloniki', *JSNT*⑥ 25.1(2002)71 - 96

Havener, I., '2 Thessalonians', in R.J. Karris (ed.), *The Collegeville Bible Commentary: New Testament* (Collegeville, MN 1992)1172 - 1178

Holmes, M.W., *The NIV Application Commentary: 1 and 2 Thessalonians* (Grand Rapids 1998)17 - 34,209 - 288

Hughes, F.W. 'The Rhetoric of Letters', in K.P. Donfried & J. Beutler (ed.), *The Thessalonians Debate* 〔见上页〕194 - 240

Jones, I.H., 'Once More, Isaiah 66: The Case of 2 Thessalonians', in S. Moyise (ed.), *The Old Testament in the New Testament* (J.L. North *FS*; JSNTSS⑦189; Sheffield 2000)235 - 255

Keeney, D.E., 'Resources for Congregation and Classroom on Thessalonians', *RevExp* 96(1999)295 - 299

Kennedy, G.A., 'Thessalonians, Galatians, Romans', *New Testament Interpretation through Rhetorical Criticism* (Chapel Hill, NC1984) 141 -

⑥ *Journal for the Study of the New Testament*.

⑦ 见上面 404 注 1。

156[esp. 141 - 144]

Knust, J. W., '2 Thessalonians and the Discipline of Work', in L. E. Vaage & V. L. Wimbush (ed.), *Asceticism and the New Testament* (New York 1999)255 - 267

Lambrecht, J., 'Loving God and Steadfastly Awaiting Christ (2 Thessalonians 3,5', *ETL*⑧ 76(2000)435 - 441

Malherbe, A. J., *The Letters to the Thessalonians* (AB 32B; New York 2000)7 - 52, 347 - 463⑨

Martin, M., '"Example" and "Imitation" in the Thessalonia Correspondence', *SWJT* 42(1999 - 2000)39 - 49

Matera, F. J., '2 Thessalonians', *Strategies for Preaching Paul* (Collegeville, MN 2001)173 - 178

McDonald, L. M., and Porter, S. E., '2 Thessalonians', *Early Christianity and its Sacred Literature* (Peabody, MA 2000)422 - 429

Mitchell, M. M., '1 and 2 Thessalonians', in J. D. G. Dunn (ed.), *The Cambridge Companion to St Paul* (Cambridge 2003)51 - 63

Morris, L., *The First and Second Epistles to the Thessalonians* (rev. ed.; NICNT; Grand Rapids 1991)1 - 30, 189 - 264

Motyer, A., and Motyer, S., *1 & 2 Thessalonians* (Crossway Bible Guides; Leicester 1999)9 - 17, 121 - 192

Murphy-O'Connor, J., 'Learning with the Thessalonians', *Paul: A Critical Life* (Oxford 1997)102 - 129

Nicholl, C., 'An Annotated Bibliography of 1 and 2 Thessalonians', *JTS*⑩n. s. 50(1999)721 - 726

Nicholl, C. R., *From Hope to Despair in Thessalonica: Situating 1 and 2 Thessalonians* (Cambridge/New York 2004)

——. 'Michael, the Restrainer Removed (2 Thess. 2:6 - 17)', *JTS* n. s. 51 (2000)27 - 53

Richards, E. R., 'Ministering in a Tough Place: Paul's Pattern in Thessalonica', *SWJT* 42(1999 - 2000)17 - 38

Skeen, J., 'Not as Enemies, But Kin: Discipline in the Family of God — 2 Thessalonians 3:6 - 10', *RevExp* 96(1999)287 - 294

---

⑧ *Ephemerides Theologicae Lovanienses*.

⑨ 书评见《帖撒罗尼迦前书》(第四刷 2004)537。另见:H. D. Betz, *JR* [= *Journal of Religion*] 84(2004)272 - 174.

⑩ *Journal of Theological Studies*.

Soares-Prabhu, G. M., '2 Thessalonians', in W. R. Farmer et al. (ed.), *The International Bible Commentary: A Catholic and Ecumenical Commentary for the Twenty-First Century* (Collegeville, MN 1998)1721 -1729

Stacey, R. W., 'Introduction to the Thessalonian Correspondences', *RevExp* 96(1999)175 - 194

Stern, D. H., '2 Thessalonians', *Jewish New Testament Commentary* (6th ed.; Clarksville, MD 1999)626 - 631

Still, T. D., 'Eschatology in the Thessalonian Letters', *RevExp* 96(1999) 195 - 210

——. 'Paul's Thessalonian Mission', *SWJT* 42(1999 - 2000)4 - 16

Stott, J. W. R., *The Message of Thessalonians* (The Bible Speaks Today; Leicester 1996[1991])7 - 21,137 - 199,203,213 - 216

Strecker, G., 'Against the False Eschatological Teachers — Second Thessalonians', *Theology of the New Testament* (E. T.; New York 2000) 594 - 603

Sumney, J. L., *'Servants of Satan', 'False Brothers' and Other Opponents of Paul* (JSNTSS 188; Sheffield 1999) [esp. 13 - 32,229 - 252,303 - 322]

Vang, P., 'Sanctification in Thessalonians', *SWJT* 42 (1999 - 2000)50 - 65

Weima, J. A. D., *Neglected Endings: The Significance of the Pautine Letter Closings* (JSNTSS 101; Sheffield 1994) 187 - 191 [and other relevant parts in the preceding section of the book]

——. '2 Thessalonians', in C. E. Arnold (ed.), *Zondervan Illustrated Bible Backgrounds Commentary*, Vol. 3 (Grand Rapids 2002)432 - 443

Weima, J. A. D., and Porter, S. E., *An Annotated Bibliography of 1 and 2 Thessalonians* (New Testament Tools and Studies; Leiden 1998)

Welch, J. W., 'Chiasmus in the New Testament', in J. W. Welch (ed.), *Chiasmus in Antiquity: Structures, Analyses, Exegesis* (Provo, UT 1999)211 - 249 [esp. 213]

Wenham, D., *Paul and Jesus: The True Story* (Grand Rapids/Cambridge 2002)111 - 120

史丹理基金公司　识

1963年菲律宾史丹理制造公司成立后，由于大多数股东为基督徒，大家愿意把公司每年盈利的十分之一奉献，分别捐助神学院、基督教机构，以及每年圣诞赠送礼金给神职人员，史丹理制造公司也因此得到大大祝福。

1978年容保罗先生与笔者会面，提起邀请华人圣经学者著写圣经注释的建议，鼓励笔者投入这份工作。当时笔者认为计划庞大，虽内心深受感动，但恐心有余而力不足，后来决定量力而为，有多少资金就出版多少本书。出版工作就这样开始了。

1980年11月，由鲍会园博士著作的歌罗西书注释交给天道书楼出版，以后每年陆续有其他经卷注释问世。

1988年史丹理制造公司结束二十五年的营业。股东们从所售的股金拨出专款成立史丹理基金公司，除继续资助多项工作外，并决定全力支持天道书楼完成出版全部圣经注释。

至2000年年底，天道书楼已出版了三十六本圣经注释，其他大半尚待特约来稿完成。笔者鉴于自己年事已高，有朝一日必将走完人生路程，所牵挂的就是圣经注释的出版尚未完成。如后继无人，将来恐难完成大功，则功亏一篑，有负所托。为此，于2001年春，特邀请天道书楼四位董事与笔者组成一小组，今后代表史丹理基金公司与天道书楼负责人共同负起推动天道圣经注释的出版工作，由许书楚先生及姚冠尹先生分别负起主席及副主席之职，章肇鹏先生、郭志权先生、施熙礼先生出任委员。并邀请容保罗先生担任执行秘书，负责联络，使出版工作早日完成。

直至2004年，在大家合作推动下，天道圣经注释已出版了五十一册，余下约三十册希望在2012年全部出版刊印。

笔者因自知年老体弱，不便舟车劳顿，未能按时参加小组会议。为此，特于6月20日假新加坡召开出版委员会，得多数委员出席参加。愚亦于会中辞去本兼各职。并改选下列为出版委员会委员——主席：

姚冠尹先生；副主席：施熙礼先生；委员：郭志权博士、章肇鹏先生、容保罗先生、楼恩德先生；执行秘书：刘群英小姐——并议定今后如有委员或秘书出缺，得由出版小组成员议决聘请有关人士，即天道书楼董事，或史丹理基金公司成员担任之。

至于本注释主编鲍会园博士自 1991 年起正式担任主编，多年来不辞劳苦，忠心职守，实令人至为钦敬。近因身体软弱，敝委员会特决议增聘邝炳钊博士与鲍维均博士分别担任旧、新约两部分编辑，辅助鲍会园博士处理编辑事项。特此通告读者。

至于今后路线，如何发展简体字版，及配合时代需求，不断修订或以新作取代旧版，均将由新出版委员会执行推动之。

许书楚　识

2004 年　秋

天道圣经注释出版纪要

由华人圣经学者来撰写一套圣经注释，是天道书楼创立时就有的期盼。若将这套圣经注释连同天道出版的《圣经新译本》、《圣经新辞典》和《天道大众圣经百科全书》摆在一起，就汇成了一条很明确的出版路线——以圣经为中心，创作与译写并重。

过去天道翻译出版了许多英文著作；一方面是因译作出版比较快捷，可应急需，另一方面，英文著作中实在有许多堪称不朽之作，对华人读者大有裨益。

天道一开始就大力提倡创作，虽然许多华人都谦以学术研究未臻成熟，而迟迟未克起步，我们仍以“作者与读者同步迈进”的信念，成功地争取到不少处女作品；要想能与欧美的基督教文献等量齐观，我们就必须尽早放响起步枪声。近年来看见众多作家应声而起，华文创作相继涌现，实在令人兴奋；然而我们更大的兴奋仍在于寄望全套“天道圣经注释”能早日完成。

出版整套由华人创作的圣经注释是华人基督教的一项创举，所要动员的人力和经费都是十分庞大的；对于当年只是才诞生不久的天道书楼来说，这不只是大而又难，简直就是不可能的事。但是强烈的感动一直催促着，凭着信念，下定起步的决心，时候到了，事就这样成了。先有天道机构名誉董事许书楚先生，慨允由史丹理基金公司承担起“天道圣经注释”的全部费用，继由鲍会园博士以新作《歌罗西书注释》（后又注有《罗马书》上下卷，《启示录》）郑重地竖起了里程碑（随后鲍博士由1991年起正式担任全套注释的主编），接着有唐佑之博士（《约伯记》上下卷，《耶利米哀歌》）、冯荫坤博士（《希伯来书》上下卷，《腓立比书》，《帖撒罗尼迦前书》，《帖撒罗尼迦后书》）、邝炳钊博士（《创世记》一二三四五卷，《但以理书》）、曾祥新博士（《民数记》，《士师记》）、詹正义博士（《撒母耳记上》一二卷）、区应毓博士（《历代志上》一二卷，《历代志下》，《以斯拉记》）、洪同勉先生（《利未记》上下卷）、黄朱伦博士（《雅歌》）、张永信博士（《使徒行传》一二三卷，《教牧书信》）、张略博士（与张永信博士合著《彼得前书》,《犹大书》)、刘少平博士(《申命记》上下卷,《何西阿书》,《约珥书》,《阿摩司书》)、梁康民先生(《雅各书》)、黄浩仪博士(《哥林多前书》上卷,《腓利门书》)、梁薇博士(《箴言》)、张国定博士(《诗篇》一二三四卷)、邵晨光博士(《尼希米记》)、陈济民博士(《哥林多后书》)、赖建国博士(《出埃及记》上下卷)、李保罗博士(《列王纪》一二三四卷)、钟志邦博士(《约翰福音》上下卷)、周永健博士(《路得记》)、谢慧儿博士(《俄巴底亚书》,《约拿书》)、梁洁琼博士(《撒母耳记下》)、吴献章博士(《以赛亚书》三四卷)、叶裕波先生(《耶利米书》上卷)、张达民博士(《马太福音》)、戴浩辉博士(《以西结书》)、鲍维均博士(《路加福音》上下卷)、张玉明博士(《约书亚记》)、蔡金玲博士(《以斯帖记》,《撒迦利亚书》,《玛拉基书》)、吕绍昌博士(《以赛亚书》一二卷)、邝成中博士(《以弗所书》)、吴道宗博士(《约翰一二三书》)、叶雅莲博士(《马可福音》)、岑绍麟博士(《加拉太书》)、胡维华博士(《弥迦书》,《那鸿书》)、沈立德博士(《哥林多前书》下卷)、黄天相博士(《哈巴谷书》,《西番雅书》,《哈该书》)等等陆续加入执笔行列,他们的心血结晶也将一卷一卷地先后呈献给全球华人。

当初单纯的信念,已逐渐看到成果;这套丛书在20世纪结束前,完成写作并出版的已超过半数。同时,除了繁体字版正积极进行外,因着阅读简体字读者的需要,简体字版也逐册渐次印发。全套注释可望在21世纪初完成全部写作及出版;届时也就是华人圣经学者预备携手迈向全球,一同承担基督教的更深学术研究之时。

由这十多年来"天道圣经注释"的出版受欢迎、被肯定,众多作者和工作人员协调顺畅、配合无间,值得我们由衷地献上感谢。

为使这套圣经注释的出版速度和写作水平可以保持,整个出版工作的运转更加精益求精,永续出版的经费能够有所保证,1997年12月天道书楼董事会与史丹理基金公司共同作出了一些相关的决定:

虽然全套圣经六十六卷的注释将历经三十多年才能全部完成,我们并不以此为这套圣经注释写作的终点,还要在适当的时候把它不断地修订增补,或是以新著取代,务希符合时代的要求。

天道书楼承诺负起这套圣经注释的永续出版与修订更新的责任,由初版营收中拨出专款支应,以保证全套各卷的再版。史丹理基金公司也成立了圣经注释出版小组，由许书楚先生、郭志权博士、姚冠尹先生、章肇鹏先生和施熙礼先生五位组成，经常关心协助实际的出版运作，以确保尚未完成的写作及日后修订更新能顺利进行。该小组于2004年6月假新加坡又召开了会议，许书楚先生因年事已高并体弱关系，退居出版小组荣誉主席，由姚冠尹先生担任主席，施熙礼先生担任副主席，原郭志权博士及章肇鹏先生继续担任委员，连同小弟组成新任委员会，继续负起监察整套注释书的永续出版工作。另外，又增聘刘群英小姐为执行秘书，向委员会提供最新定期信息，辅助委员会履行监察职务。此外，鉴于主编鲍会园博士身体于年初出现状况，调理康复需时，委员会议决增聘邝炳钊博士及鲍维均博士，并得他们同意分别担任旧约和新约两部分的编辑，辅助鲍会园博士处理编辑事宜。及后鲍会园博士因身体需要，退任荣誉主编，出版委员会诚邀邝炳钊博士担任主编，曾祥新博士担任旧约编辑，鲍维均博士出任新约编辑不变，继续完成出版工作。

21世纪的中国，正在走向前所未有的开放道路，于各方面发展的迅速，成了全球举世瞩目的国家。国家的治理也逐渐迈向以人为本的理念，人民享有宗教信仰自由，全国信徒人数不断增多。大学学府也纷纷增设了宗哲学学科和学系，扩展国民对宗教的了解和研究。这套圣经注释在中国出版简体字版，就是为着满足广大人民在这方面的需要。深信当全套圣经注释完成之日，必有助中国国民的阅读，走在世界的前线。

容保罗　识

2011年　春

图书在版编目(CIP)数据

帖撒罗尼迦后书注释/冯荫坤著.—上海：上海三联书店，2020.6(重印)
"天道圣经注释"系列
主编/邝炳钊　旧约编辑/曾祥新　新约编辑/鲍维均
ISBN 978-7-5426-5192-1

Ⅰ.①帖…　Ⅱ.①冯…　Ⅲ.①《圣经》-注释　Ⅳ.①B971

中国版本图书馆 CIP 数据核字(2015)第 110336 号

帖撒罗尼迦后书注释

著　　者 / 冯荫坤
策　　划 / 徐志跃

责任编辑 / 邱　红　陈泠珅
特约编辑 / 张　兖
装帧设计 / 徐　徐
监　　制 / 姚　军
责任校对 / 张大伟

出版发行 / 上海三联书店
　　　　　(200030)中国上海市漕溪北路 331 号 A 座 6 楼
邮购电话 / 021-22895540
印　　刷 / 上海惠敦印务科技有限公司

版　　次 / 2017 年 12 月第 1 版
印　　次 / 2020 年 6 月第 2 次印刷
开　　本 / 890×1240　1/32
字　　数 / 265 千字
印　　张 / 9.875
书　　号 / ISBN 978-7-5426-5192-1/B·417
定　　价 / 48.00 元

敬告读者，如发现本书有质量问题请与印刷厂联系 021-63779028